西北大学"双一流"建设项目资助
Sponsored by First-class Universities and Academic Programs of Northwest University

管 理 学

GUANLIXUE

主　编　曹　蓉
副主编　伍　勇

西北大学出版社
·西安·

图书在版编目（CIP）数据

管理学 / 曹蓉主编. -- 西安：西北大学出版社, 2024. 12. -- ISBN 978-7-5604-5600-3

Ⅰ. C93

中国国家版本馆 CIP 数据核字第 20241K87A8 号

管理学

主编 曹 蓉

出版发行　西北大学出版社
（西北大学校内　邮编：710069　电话：029-88302825）
http://nwupress.nwu.edu.cn　　E-mail: xdpress@nwu.edu.cn

经　　销	全国新华书店
印　　刷	西安博睿印刷有限公司
开　　本	787 毫米×1092 毫米　1/16
印　　张	23
版　　次	2024 年 12 月第 1 版
印　　次	2024 年 12 月第 1 次印刷
字　　数	420 千字
书　　号	ISBN 978-7-5604-5600-3
定　　价	64.00 元

本版图书如有印装质量问题，请拨打电话 029-88302966 予以调换。

前　言

管理学是研究组织管理现象和揭示管理规律的一门学科。自19世纪末20世纪初科学管理理论诞生以来，管理学逐渐从实践经验中提炼出系统化的理论和方法，形成了独立的学科体系。时至今日，管理学已发展成为一门研究组织、资源、行为与决策过程的综合性交叉学科，既承载着理论的传承，又与管理实践紧密相连。

为了进一步完善教材建设，编写组成员认真调研了高等学校管理学专业本科人才培养方案和课程大纲，系统学习了国内外相关的教材，以丰富的管理学知识为基础，借鉴管理学经典著作中的观点，结合管理实践，将管理学的最新前沿成果融入本教材编写中，最终形成了教材的主要内容。

本教材旨在为学习者系统地呈现管理学的基本原理与核心内容，构建清晰的逻辑框架。教材从管理学的基础理论入手，逐步深入到实际管理过程中的关键职能，如计划、决策、执行与控制，重点探讨组织层面的管理，涵盖组织设计、文化、变革与人力资源管理，同时结合领导力、激励机制与创新等核心领域的思想与方法，全面展示管理学的应用与实践。本教材具有以下几个特点：

(1)准确性。教材所涉及的管理学概念、原理和理论，采用了经典的学术表达方式，力求提供清晰、准确且全面的阐释，避免内容模糊与误解。

(2)系统性。教材内容完整系统、深入浅出，每章内容按照从理论到实践、从一般到特殊的层次顺序展开，确保知识点的传递既系统又富有条理。

(3)逻辑性。教材每一章节的论述都从明确的论点出发，通过丰富的案例、数据和研究成果来支撑论据，条理清晰，思路连贯。

(4)时代性。紧跟时代发展，结合数字化转型、全球化和中国式现代化等背景，融入中国特色的管理以及当前最新的研究成果与管理实践，反映学科的动态演变和实践需求。

管理学是一门实践性极强的学科，正如现代管理学之父彼得·德鲁克所言，管理是一种实践,其本质不在于"知",而在于"行"。管理学作为一门科学,从其产生之日起就与管理实践须臾不可分离。管理学随着管理实践的产生而产生,随着管理实践的发展而发展,其最深刻的本质在于与时俱进的实践性。基于此,本教材的每个章节除了包含主要内容及回顾之外,还增加了本章习题及参考答案、案例讨论、拓展阅读几个部分。通过本章回顾,对章节主要内容进行巩固强化,促进学生对教材中核心内容的掌握,教材中所提供的习题及参考答案,主要供学生在自学过程中参考,以检验自己对知识、技能的掌握情况。在案例讨论部分,将教学和研究结合起来,提前对案例进行学习和研究,然后在课堂上组成多个"案例讨论小组",通过观点的交锋,形成案例的二次分析与升华。拓展阅读部分是针对教材内容进行的阅读延伸,目的是扩展学生的阅读视野,让学生了解章节内容的相关知识并拓宽其思路。

本教材适合作为高等院校经济与管理类大学本科生管理学课程的教材。教材的编写大纲由曹蓉教授拟订,编写团队经过多次讨论与修改,打磨与完善,确保内容的科学性与实用性。各章撰写分工如下:马子博(第一章、第三章、第四章、第五章);丁兆刚(第七章、第八章、第十三章、第十四章);杨杲辉(第九章、第十章、第十一章、第十二章);伍勇(第二章、第六章);刘瑛(第十五章);皇鑫鑫(第十六章)。在本教材的撰写和修改过程中,得到了西北大学公共管理学院硕士研究生黄晨阳、汤帆、李馨、温小雨、魏池、杨才玉、孙佩瑜、齐倩茹等同学的大力支持,深表感谢。特别需要感谢的是西北大学公共管理学院刘文瑞教授对教材编写的全程指导和鼎力支持。

在教材编写过程中,我们参阅、引用了很多学术同人的研究成果,大部分已在教材中标注,有的可能由于疏漏未注明,在此向所有研究成果的原作者表示衷心的感谢。尽管我们在编写过程中尽最大努力确保内容的完整性与准确性,但由于知识和实践的不断发展,教材中难免存在不足之处,我们诚挚地希望各位专家学者以及使用本教材的教师和学生提出宝贵意见和建议,以便在未来的版本中不断完善与提升。

编者

2024 年 11 月

目　录

第一章　管理与管理学概述 （1）
第一节　管理的必要性与定义 （1）
第二节　管理者的角色与技能 （6）
第三节　管理的职能与方法 （9）
第四节　管理学 （11）

第二章　管理理论的历史演变 （15）
第一节　中外早期管理思想 （15）
第二节　古典管理理论 （20）
第三节　现代管理理论 （26）
第四节　当代管理理论 （31）
第五节　管理发展新趋势 （37）

第三章　管理的道德与社会责任 （42）
第一节　管理活动中的道德作用逻辑与功能 （42）
第二节　管理的道德要素与实现 （45）
第三节　企业社会责任 （49）

第四章　管理的环境 （56）
第一节　管理的外部环境 （56）
第二节　管理的内部文化 （62）

第五章 计 划 (67)

第一节 计划的内涵与功能 (67)
第二节 计划的要素与依据 (70)
第三节 计划的流程与评价标准 (73)

第六章 战略管理 (80)

第一节 战略计划过程 (80)
第二节 战略分析 (84)
第三节 战略设计 (89)

第七章 决 策 (97)

第一节 决策的定义、原则与前提 (97)
第二节 决策的不同观点 (100)
第三节 决策过程与影响因素 (105)
第四节 决策机制与类型 (111)
第五节 决策方法 (116)

第八章 执 行 (123)

第一节 流程管理 (123)
第二节 质量管理 (128)
第三节 目标管理 (134)
第四节 绩效管理 (139)

第九章 控 制 (147)

第一节 控制过程与类型 (147)
第二节 控制的方法 (153)
第三节 危机管理与控制 (164)

第十章 组织与组织文化 (172)

第一节 组织理论的演进 (172)

第二节　正式组织与非正式组织 …………………………………（183）
　　第三节　组织文化 ……………………………………………………（194）

第十一章　组织设计 ……………………………………………………（206）
　　第一节　组织设计的任务、要素与影响因素 ……………………（206）
　　第二节　组织结构的类型与演化趋势 ……………………………（214）
　　第三节　组织整合 ……………………………………………………（224）

第十二章　组织变革 ……………………………………………………（235）
　　第一节　组织的变革理论 …………………………………………（235）
　　第二节　组织变革的类型与方法 …………………………………（247）
　　第三节　当代组织变革中的关注焦点 ……………………………（257）

第十三章　人力资源管理 ………………………………………………（263）
　　第一节　人力资源管理的原则与流程 ……………………………（263）
　　第二节　人员选聘 ……………………………………………………（267）
　　第三节　人员考评 ……………………………………………………（276）
　　第四节　人员培训 ……………………………………………………（282）

第十四章　领　　导 ……………………………………………………（286）
　　第一节　领导概述 ……………………………………………………（286）
　　第二节　领导特质理论 ………………………………………………（290）
　　第三节　领导行为理论 ………………………………………………（293）
　　第四节　权变领导理论 ………………………………………………（301）

第十五章　激　　励 ……………………………………………………（310）
　　第一节　激励的原理 …………………………………………………（310）
　　第二节　内容激励理论 ………………………………………………（311）
　　第三节　过程激励理论 ………………………………………………（320）
　　第四节　管理实践中的激励问题 …………………………………（327）

第十六章 创 新 ……………………………………………（333）

第一节 创新的定义与意义 ………………………………（333）
第二节 建立创新型组织 …………………………………（337）
第三节 制定创新战略 ……………………………………（342）
第四节 创新过程 …………………………………………（345）

参考文献 ……………………………………………………（356）

第一章 管理与管理学概述

导言

第一节 管理的必要性与定义

一、管理的必要性

在原始状态下,人类面对大自然和自身的生存发展时会遇到诸多难题,单个个体几乎无法应对,于是人们不得不形成一个个群、一个个组织来对抗大自然的威胁,以谋求个人无法获得并实现的生存和发展的机会、条件、资源和目标。此时管理作为协调人群,使每个个体努力工作,以便实现大家共同目标的活动就已经存在,并且成为成功不可或缺的要素。随着社会的不断进步、科学技术的迅速发展、组织任务的复杂化程度不断提高,人类社会愈加需要通过集体协作来达成集体目标,管理在其中发挥着举足轻重的作用。那么,管理在人类活动中究竟发挥了哪些作用呢?

(一)合理配置有限资源

资源稀缺是一种长期的经济现象,特别是资金、能源、原材料的短缺往往成为企业和社会经济发展的桎梏。如何将有限的资源进行合理的配置和利用,使其最大限度地形成有效的社会生产力,则是管理和技术不断创新应当解决的问题。若管理不善,不仅资源得不到合理使用,甚至可能导致行贿受贿、贪污腐败等一系列社会经济弊端的产生。

(二)协调各种关系

高度专业化的社会分工是现代国家和现代企业建立的基础。把不同行业、不同专业、不同分工的各种人员合理地组织起来,协调他们相互间的关系,协调他们与政府间的关系,协调他们与各种资源的关系,从而调动各种积极因素,都要依靠有效的管理。若管理不善,不仅不能调动积极性或者只调动了一部分人的积极性,而且很可能引起组织内部的矛盾和冲突,从而导致效率低下,阻碍社会或企业的发展。

(三)形成共识化的目标体系

实现社会发展或任何社会组织发展的预期目标,需要全体成员长期的共同努力。把每个成员千差万别的局部目标聚合为组织的整体目标,把无数分力组成一个方向一致的合力也要依靠管理。如果管理不善,组织就如一盘散沙,内耗不止,毫无向心力,不仅预期目标不可能实现,而且与强手相比,距离会越拉越远,最后可能因找不到立足之地而被社会淘汰。

(四)有效利用科学技术

无论是本国发现或发明的科学技术,还是引进的科学技术,并不一定都能自动转化为生产力。许多科技发明被闲置,不少引进的项目技术水平一般,许多引进的先进设备得不到充分利用,重复引进、重复布点的项目屡禁不止,伪劣产品充斥市场……各种各样不成功的事例随处可见。关键原因在哪里?关键原因仍在管理:宏观管理失控、微观管理又缺乏约束机制。实践一再证明:只有通过有效的管理,才能使科学技术真正转化为生产力。

(五)社会生活质量提升的引擎动力

以数字技术为基础,信息技术、互联网等在中国各行各业中得到了空前迅速的应用和普及,既极大地推进了中国管理现代化的进程,也使人们亲身感受到了现代管理的巨大能量。管理通过迅猛发展的互联网、数字技术、人工智能和大数据正在改变着人类经济活动、社会活动及日常生活的方式、方法和内涵。工作质量、服务质量和生活质量的提高都依赖于管理水平的提高。没有管理工作质的飞跃,我们就不可能得到现代科技和物质文明所给予的一切,贫穷、落后将成为不可避免的事实。

二、管理的定义

自管理学成为一门独立的学科以来,中外许多学者都曾对管理下过定义。由于管理的广泛性和复杂性,以及管理情境的不同,至今未形成统一的概念。

科学管理之父泰罗认为,管理就是"确切地知道你要别人去干什么,并使他用最好的方法去干"。在泰罗看来,管理就是指挥他人用其最好的工作方法去工作。所以他在其名著《科学管理原理》中主要讨论和研究:①员工如何寻找和掌握最好的工作方法,提高劳动生产率;②管理者如何激励员工努力工作以获得最佳的工作业绩。

赫伯特·西蒙(Herbert A. Simon)教授对管理概念曾有一句名言:"管理即制定决

策。"在西蒙看来,管理者所做的一切工作,归根结底是面对现实与未来、面对环境与员工时不断地做出各种决策,使组织可以不断运行下去,直到获取令人满意的结果,实现令人满意的目标要求。

真正对管理的定义有重大影响的是法国人亨利·法约尔(Henry Fayol)。自从法约尔在其名著《工业管理和一般管理》中给出管理的概念之后,这一概念就产生了整整一个世纪的影响。法约尔认为,管理是所有人类组织都有的一种活动,这种活动由五项要素组成:计划、组织、指挥、协调和控制。法约尔的这一看法使人相信,当你在从事计划、组织、指挥、协调和控制工作时,你便在进行管理活动。管理等同于计划、组织、指挥、协调和控制。

然而,法约尔对管理的定义也受到过挑战。日本著名管理学者占部都美认为,法约尔关于管理的定义仅仅指出了管理由计划、组织、指挥、协调和控制五项要素构成,并未给管理确定统一的概念。乌尔里希则认为,法约尔"没有确立一定的准则,什么是管理、什么是组织的准则"。

基于以上学者对管理的定义,本书认为管理是为了实现组织的共同目标,在特定的时空中,对组织成员在目标活动中的行为进行协调的过程。管理包含以下四重含义:

(1)管理是一个协同工作的过程。这个过程代表了一系列进行中的有管理者参与的职能活动。

(2)管理是与他人或通过他人实现组织的目标。这就对管理岗位和非管理岗位进行了区分。

(3)效率和效果是管理活动追求的两大目标。其中效率是指以尽可能少的投入获得尽可能多的产出,效果是指所从事的工作和活动有助于组织达到目标。效率是关于做事的方式,而效果涉及结果,两者相辅相成,共同构成管理活动追求的目标。

(4)管理的本质是协调。集体协作过程中存在大量的矛盾和不平衡。由于个体、群体、部门之间利益关系、权力关系、认知和价值的差异,矛盾对立、不平衡成为组织管理面对的基本事实。管理的实质在于围绕共同目标,化解矛盾,协调力量,达成共识。

三、管理的性质

(一)科学性

管理活动可以分为两大类:一是程序性管理活动,二是非程序性管理活动。所谓程序性管理活动,就是有章可循,照章运作便可取得预期效果的管理活动。所谓非程序性管理活动,就是无章可循,需要边运作边探讨的管理活动。这两类管理活动虽然不同,但又是可以转化的。事实上,现在的程序性管理活动是以前的非程序性管理活动转化而来的。这种转化的过程实际上是人们对这类活动与管理对象规律性的科学总结，管理的科学性在这里得到了很好的体现。对新管理对象所采取的非程序性活动只能依据过去的科学结论进行，否则对这些对象的管理便失去了可靠性，而这本身也体现了管理的科学性。

(二) 艺术性

管理对象分别处于不同环境、不同行业、不同的产出要求、不同的资源供给条件等情境下，这就导致对每一具体管理对象的管理没有一个唯一的有章可循的模式，特别是对那些非程序性的全新管理对象。一方面，具体管理活动的成效与管理技巧的发挥有很大的相关性，管理主体对这种管理技巧的运用与发挥体现了管理主体设计和操作管理活动的艺术性。另一方面，由于达成资源有效分配的目标与担负现行责任的过程中可供选择的管理手段多种多样，因此，在众多可选择的管理方式中选择一种合适的并运用于现实的管理中，体现了管理者进行管理的艺术性。艺术性更多地依赖于人的天赋与直觉，是一种非理性的活动。

(三) 经济性

资源配置是需要成本的，因此管理就具有经济性。一方面，管理的经济性反映在资源配置的机会成本上。管理者选择一种资源配置方式，是以放弃另一种资源配置方式为代价的，这个过程就会付出机会成本。另一方面，管理的经济性反映在管理方式选择的成本比较上，因为在众多可进行资源配置的方式中，其所付成本不同，所以如何选择就存在着经济性的问题。管理是对资源有效整合的过程，而资源的相关程度以及整合中的摩擦系数会导致另外的成本支出，因此选择不同资源供给和配比会引发成本高低的差异，这是经济性的另一种表现。

(四) 动态性

管理活动的动态性主要表现在这类活动需要在变动的环境与组织中进行，需要消除资源配置过程中的各种不确定性。事实上，由于各个组织所处客观环境与具体的工作环境不同，以及各个组织的目标、从事的行业也不同，从而使得每个组织中资源配置存在差异性。这种差异性是动态性的一种派生，因此不存在一个放之四海而皆准的管理模式。

(五) 创造性

管理的艺术性与管理的另一个特征相关，这就是创造性。既然管理是一种动态过程，且针对每一个特定管理对象没有一种唯一的有章可循的模式可供参照，那么欲达到既定的目标与责任，就需要有一定的创造性。管理活动是一类创造性的活动，正因为它是创造性的活动,才会有成功与失败的存在。试想,如果按照程序便可实施有效的管理,如果有某种统一模式可供参照,那么岂非人人都可成为卓有成效的管理者。管理的创造性植根于动态性之中,与科学性和艺术性相关,正是由于这一特性,管理创新才成为必要。

四、管理的前提

(1)组织是管理活动的载体。组织是一切管理活动的载体,管理不能脱离组织而单独存在。所谓组织,是指具有明确目的和系统性结构的实体。从这个意义上来讲,无论是国家、军队等大型单位,还是企业、学校、医院等小型机构都属于组织的范畴,它们都具有三种基本的特征:①组织由两个及以上的人员组成。单独个人是不能构成组织的,组织是两个及以上人员的集合体,是借以开展工作达成目标的首要因素。②每个组织都有一个明确的目的。组织的目的通常以一个或者一组目标来表达。③每个组织都具有系统性的结构,用以规范和限制成员的行为。组织的结构既可以是弹性的、开放的,也可以是刚性的、严密的,但不管其类型如何,都要求具有某些精细的特征,以便明确组织成员间的工作关系。

(2)特定的时空是管理的必要条件。任何管理都是在特定的时空条件中进行的,并且对任何管理都必须有特定的时空要求。做什么事?在什么地方做?什么时间开始?什么时间完成?管理如果没有时空要求,就没有任何意义。

(3)管理以人的行为为介体对象。组织目标必须分解为许多具体工作,通过相关人员的实际行为去实现,所以管理以协调人的行为为前提。要协调好他人的行为,一方面,管理者必须加强自我管理,约束自己的行为,"打铁必须自身硬",管理者务必使自己的管理行为做到公平、正义和专业,才能有效协调他人的行为;另一方面,管理者要运用一系列科学的理念和方法,使他人充分发挥积极性和创新精神,为实现组织目标而共同努力。

(4)管理以资源合理配置为过程前提。资源配置是指根据组织目标和产出物内存结构要求,对有限的不同类型的资源,在量、质等方面进行不同的配比,并使之在产出过程中始终保持相应的比例,从而使产出物顺利地产出。资源配置有两个重要要求:一是要有达到与产出物结构需求一致的资源配置结构,如果做不到这一点,有限的资源就会有滞存和浪费的风险。二是要对资源的市场价格变化做出反应,在配置过程中既要保持所需结构,又要进行适当调整,在保持产出物品质的条件下,最大限度地降低资源的成本。实现这两个重要要求的过程就是资源配置的过程,管理就是这一过程中的一类活动。如果按照管理活动的基本特性分类,就有了计划、组织、指挥、协调、控制、沟通、决策、经营、公关等类型。这些有具体特性的管理活动的产生是管理分工的结果,是提高管理效率的必然要求。管理作为对组织内有限资源有效整合的活动,贯穿于组织资源配置的全过程。

(5)实现组织目标是衡量管理成败的唯一标准。组织目标包含两方面的要求:一是"效率",就是要用正确的方法做事,用最少的投入获得最大的产出。二是"效果",就是要做正确的事,在确保安全环保的前提下,最大限度地满足用户的需求。在实践中,效率和效果可能是矛盾的,管理的任务就是通过协调使两者统一起来,在统一过程中绝不能使客户的需求受到损害。

第二节 管理者的角色与技能

一、管理者的内涵

组织中的人承担着不同的角色,在各自的岗位上为组织的发展做出自己的贡献。其中,管理者是相对于非管理人员而言的。通常,我们这样定义管理者:他们是组织中做决策、分配资源、指导别人行为、监督别人活动并对达到组织目标负有责任的人。在传统的组织里,管理者按照所处的层级不同,可划分为基层管理者、中层管理者和高层管理者,如图1-1所示。

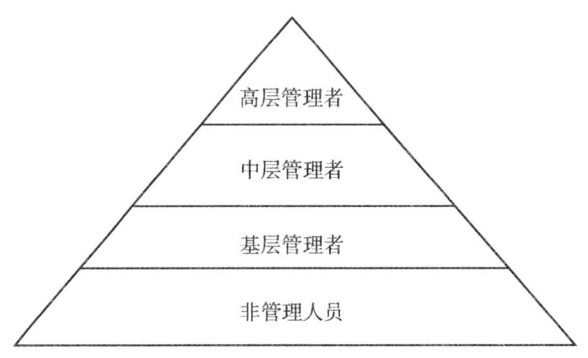

图1-1 不同层次的管理者和非管理人员

基层管理者通常被称为主管、领班或工长等。他们是组织中最低层次的管理者,与直接从事产品生产和提供服务的非管理人员接触。中层管理者包括所有处于基层管理者和高层管理者之间的各个管理层级的管理者。他们对基层管理者负有管理职能,通常被称为经理或部长。高层管理者处于或接近组织顶层,他们承担着组织决策、制定战略和目标的责任,通常拥有总裁、董事长、总经理或首席执行官的头衔。虽然在那些非常灵活或结构松散的组织中,管理层不像传统组织这样表现为明显的金字塔型结构,但是其仍然需要某些人扮演管理者的角色。这些管理者或是协调一个团队的活动,或是监督团队任务完成情况,以便能实现组织目标。

值得指出的是,管理者和领导者是人们常常容易混为一谈的两个概念,有些人甚至将二者等同起来,实际上二者并不完全一样。管理者是受上级任命在岗位上从事工作的,他们的影响力来自这一职位所赋予的正式的权力。而领导者可以是组织正式任命的,也可以是通过群体自发产生的,他们的影响力可以来自正式权力,也可以通过专业知识、工作技能和控制信息等其他途径获得。

二、管理者的角色

根据亨利·明茨伯格(Henry Mintzberg)的一项被广为引用的研究,管理者扮演着十种角色,这十种角色可被划归为三大类:人际关系角色、信息传递角色、决策制定角色。如表1-1所示。

表1-1 管理者的角色

人际关系角色	信息传递角色	决策制定角色
挂名首脑 领导者 联络者	监听者 传播者 发言人	企业家 混乱驾驭者 资源分配者 谈判者

(一)人际关系角色

管理者扮演的人际关系角色有三种,分别是挂名首脑、领导者和联络者。从责任归属角度来看,挂名首脑并不实际行使组织职权,却要承担相应的组织责任。他们通常履行具有礼仪性和象征性的职责,如迎接来访者、签署法律文件,企业中称其为法人代表。作为组织的领导者,管理者需要对组织各项人力资源进行有效整合以实现组织目标。管理者不能依靠个人去实现组织目标,他必须依靠对各项资源的开发、获取以及整合,如对下属进行有效的激励和指导。作为组织的联络者,管理者必须协调好组织行为,维护好外部关系,以便获得广泛的支持和帮助;必须掌握足够的数据来源,以便及时获取信息。

(二)信息传递角色

在组织信息传递的过程中,管理者成了组织中的信息监听者、传播者和发言人。监听者角色要求管理者寻求和获取政府、员工、市场客户、竞争者等多方面的信息,以便透彻地理解组织与环境。传播者角色通过举办信息交流会或其他有效的沟通手段将从外部人员和下级那里获取的信息及时传递给组织的其他成员。当管理者召开董事会、记者招待会或以其他方式向外界发布组织的计划、政策和行动等信息时,他就是在扮演组织发言人的角色。对内是传播者,对外是发言人。由于组织内外对管理者的期待不同,所以其扮演的角色也不同。

(三)决策制定角色

决策制定是做出抉择的活动,管理者扮演着企业家、混乱驾驭者、资源分配者和谈判者四种角色。企业家角色要求管理者密切关注并着力寻求组织与环境中的机会,制定合理的组织变革和改进方案,以谋求组织的发展壮大。混乱驾驭者角色要求管理者在组织面临重大与意外的混乱和危机时挺身而出,采取纠正行动和应对措施,以维护组织的正常秩序。同样,资源分配者角色要求管理者分配和调度组织的各类资源,使人尽其才、物尽其用。谈判者角色是指管理者作为组织的代表参加各种类型的谈判活动,如参加与项目合作者的合同谈判等。企业家角色的要点是创新,而创新意味着打破秩序;混乱驾驭者角色的要点是维护秩序;资源分配者角色的要点是为创新和驾驭混乱提供资源支持;谈判者角色的要点是集前三种角色为一体的现场处置。

三、管理者的技能

根据罗伯特·卡茨(Robert L. Katz)的研究,管理者要具备三类技能,分别是技术技能、人际技能和概念技能。管理者在行使管理职能和扮演三类角色时必须具备这三类技能。

(一)技术技能

技术技能是指运用管理者所监督的专业领域中的过程、惯例、技术和工具的能力。例如,监督会计人员的管理者必须懂会计,尽管管理者未必是技术专家,但他必须具备足够的技术知识和技能,以便卓有成效地指导员工、组织任务,把工作小组的需要传达给其他小组以解决问题。技术技能对于各层次管理者的重要性各不相同:对于基层管理者最重要,对于中层管理者较重要,对于高层管理者较不重要。

(二)人际技能

人际技能是指成功地与他人交往,并与他人沟通的能力。人际技能包括对下属的领导能力和处理组织内外各有关部门、有关人员之间关系的能力。管理者要特别注意提高自己与他人合作的能力,处理好与同事的关系,以便树立团队精神。管理者作为组织中的一员,其工作能力首要表现在处理人际关系的能力上。人际技能对于所有层次的管理者都十分重要。

(三)概念技能

概念技能是指把观点设想出来并加以处理以及将关系抽象化的精神能力。具有概念技能的管理者往往把组织视作一个整体,并且了解组织各个部分的相互关系。同时,具有概念技能的管理者能够准确把握工作单位之间、个人之间以及工作单位和个人之间的相互关系,深刻了解组织中任何行动的后果,正确行使各种管理职能。强大的概念技能为管理者识别存在的问题、拟订可供选择的解决方案、挑选最好的方案,并辅助实施提供了便利。概念技能对于高层管理者最为重要,对于中层管理者较为重要,对于基层管理者较不重要。

第三节 管理的职能与方法

管理的职能即在特定的组织或事件情境下,管理者所要承担的任务和履行的责任。管理的职能通常由相关制度加以规定。通俗地讲,管理的职能就是探讨管理做什么的问题。管理者只有在明确自己的工作任务和职责要求后才能运用适宜的管理方法和手段以及组织所赋予的权力,有针对性地开展管理活动,并承担相应的责任。反之,如果管理仅凭借经验与感觉随意而为,则可能造成该做的事情无人承担,不该插手的事情偏要管的混乱局面,这非但无益于组织目标的实现,还会徒然耗费有限的精力和资源。因此,对管理的职能的准确界定无疑具有非常重要的意义,它是达成管理目标的前提条件。

管理领域的不同学派在探讨管理的职能时,从各自的不同视角来观察管理者的实际工作,从而得出不同的结论。本书参考各学派的观点,将组织中各级管理者承担的基本职能归纳为五类,分别是计划、组织、领导、控制和创新。

一、计划

计划是指根据组织的内外部环境,并结合自身的实际情况,制定合理的总体战略和发展目标的过程,通过工作计划将组织战略和目标逐层展开,形成分工明确、协调有序的战略实施和资源分配方案。计划能够描绘组织的未来蓝图,指明组织发展的前进方向,为管理者的日常决策提供必要的依据,为组织成员的工作绩效提供适当的考评标准,因而无论环境如何复杂多变,都不应该忽视计划职能的重要性。

二、组织

组织是管理活动的实体,主要是指在战略和目标的指导下,明确组织当前的工作任务并对任务进行分类与整合,通过设置一系列机构和职位来承担这些工作任务,同时通过明确组织中的指挥链,并进行相应的职责和权限划分构建起完整的组织管理体系。简言之,组织工作就是一个"搭台子—组班子—定规则"的连续动态过程,是落实组织目标和工作计划,并确保其有效执行的必要环节。

三、领导

领导是指充分利用各种方法和手段对下属进行有效的激励,并为下属提供必要的指导和支持,以集中精力实现组织预期目标的过程。有效领导不仅需要管理者掌握丰富的沟通技巧,与下属进行充分的交流,掌握其思想和工作动态,充分挖掘新的激励点,还要求管理者建设发展独特的组织文化,营造和谐的工作氛围,为组织内部的良性竞争提供健康有序的环境条件。

四、控制

控制是指为确保组织目标的顺利实现,遵照一定的科学程序对组织内部各项工作的进展情况及效果进行监控和评估,并在其偏离预定轨道时采取措施加以纠正的过程。控制活动可以使工作失误得以及时发现和迅速补救,有助于组织从整体上维护自身的根本利益。因此,它贯穿于管理过程的始终,是组织获得成功的重要手段和必要保障。

五、创新

迄今为止,很多研究者并没有把创新列为一项管理职能。但是,最近几十年来,由于科学技术的迅猛发展,社会经济活动空前活跃,市场需求瞬息万变,社会关系也日益复杂,管理者每天都会遇到新情况、新问题,如果因循守旧、墨守成规就无法应付新形式的挑战,也就无法完成肩负的重任。现在已经到了不创新就举步维艰的地步。管理者成功的关键就在于创新。无论是国家的改革,还是创办实业、兴办学校、设立医院、发行报纸或者推销产品都要敢于走新的道路,开辟新的天地。所以,创新已经成为管理过程中不可或缺的重要职能。

当然,管理的实际情况比我们所描述的职能要复杂千万倍,计划、组织、领导、控制和创新,这五项职能并不存在泾渭分明的界限,管理者从事实践工作时常常会发现,五项职能是你中有我、我中有你,既彼此包含又相互推动。因此,将管理职能描述为一种过程的观点更符合实际情况。换言之,管理者在进行管理时始终处于一种动态过程当中,以连续的方式从事计划、组织、领导、控制和创新活动。

第四节　管理学

一、管理学的内容

虽然管理的历史源远流长,但是管理学是一门年轻的学科,它兴起于20世纪初的科学管理运动,经过一百多年的发展与演变,尤其是第二次世界大战之后的丰富与变迁,其理论体系日臻完善。随着社会生产力和科学技术的飞速发展,管理学呈现出迅猛发展之势,研究范围不断拓展,研究内容不断深入,在科学总结管理实践经验的基础上不断与时俱进。发展到今天,管理的理论体系已经日趋成熟,管理的方法与技术也在实践中发挥着非常重要的作用。管理学是系统研究管理活动的基本规律和一般方法的科学,是管理实践经验的科学总结和理论提升。

虽然管理学是一门新兴的学科,但已发展为一个庞大的学科体系,主要由管理学基础理论和门类众多的分支学科构成。经济管理、行政管理、教育管理、工商管理等管理学分支学科将管理学的基础理论运用于各专业领域,目的在于指导管理者解决实践中的特殊管理问题,因此它们的研究内容都具有各自的特性。管理学基础理论是对管理活动的基本规律和一般方法展开研究的,目的在于为管理实践和其他分支学科的发展提供一般性指导,因而管理学基础理论有自己的研究内容体系。

(一) 管理原理

管理原理主要研究基础理论中的一般性问题,即研究普遍适用于人类社会或某一特定社会形态的一般原理、理念、原则与基本规律。例如,管理的含义、目的、特征、理念、动态原理与效率原则等。

(二) 管理职能

管理原理的作用是在管理者履行各项职能的过程中体现出来的,管理职能研究主要是从管理的功能、过程、技能与角色活动等多个角度探讨管理者要做什么。例如,计划、组织、领导、控制、人际技能与企业家角色等。

(三)管理技术和方法

管理职能的履行是依靠管理的技术和方法手段来实现的。技术和方法研究主要是探讨管理者如何做。例如,人员测评技术、计划评审技术与关键事件分析法等。

(四)管理者

管理者是管理活动的主体,既包括个体也包括群体。管理者研究主要是探讨什么人来做。例如,个体层面的价值观、知识能力与技能,群体层面的结构、功能与关系等。

(五)管理环境

任何组织都生存在一定的外部环境当中。管理环境研究主要是探讨管理外部条件。例如,利益相关者关系、社会文化、政治法律、经济技术、人口地理等。

(六)管理效果

管理活动是否有效的主要标志是效果。管理效果是对管理目标实现程度的衡量,它所探讨的领域是做得怎样。

(七)管理思想史

管理思想史是在考察管理实践发展历程的基础上对思想的演变过程所做的理论回顾。管理思想史研究主要是对管理史上的各种观点、主张、思想、理论进行梳理和提炼,目的在于继承和发展管理学研究成果。

上述七项内容是当今管理学研究的主要内容,但每项内容涵盖领域都十分广泛,且限于目前科学技术水平和人类认知能力的局限性,许多未知领域还有待进一步完善。当然,在管理实践推动下,管理学研究的范畴正在不断扩大,具体内容也在不断更新,这有助于管理学基础理论体系的继续发展与完善。

二、管理学的研究方法

一般而言,管理学研究的基本方法有五种,分别是实验法、调查法、实地研究法、非介入性研究法和评估研究法。

(一)实验法

实验法是一种能够让管理研究者探索因果关系的观察法,一般在一定控制条件下的实验室里进行,但也可以用于研究现实世界中管理事件的效应。实验法适合于范围有限、界定明确的概念和假设,其主要缺点在于人为操作,实验中发生的事情未必会在现实世界中发生。其优势在于:①它能够将自变量独立开来,从而可以进行因果推论;②相对容易复制;③具有很强的逻辑严密性。著名的霍桑实验就是运用实验法进行管理学研究的一个典范。

(二)调查法

调查法是管理研究中相当普遍的一种方法,即从研究总体中抽选样本,并对样本进行问卷调查。研究者可以通过邮寄问卷、亲身访谈、在线调查等多种方式收集资料。调查法尤其适合对一个规模较大的总体进行描述性研究,当然,调查的资料也可以用作解释性的目的。调查法的优势在于经济,可以收集到大量的资料,且资料的标准化程度高;其缺点在于容易受人为因素影响,难以挖掘有深度的信息,实施起来相对不够灵活。政府部门经常实施的民意测验就是运用调查法测量公众态度和倾向性的一个显著典范。

(三)实地研究法

实地研究法是一种在自然的管理情境下直接观察管理活动表象的研究方法,也叫田野法。一般而言,实地研究法是定性的而不是定量的。实地研究法尤其适用于那些难以定量化的、适宜在自然环境下进行研究的主题与过程,其中包括实践、情节、角色、关系以及亚文化等。实地研究法的优势在于能够提供深入的理解,有弹性并且花费小,但是实地研究常常会遇到伦理困境,且不适合对大规模群体进行统计描述。

(四)非介入性研究法

非介入性研究法可以细分为三种方法:内容分析法、既有资料分析法和历史(比较)分析法。其中每一种方法都可以使研究者无须身处实地来研究管理活动,且不会在研究过程中影响研究对象。非介入性研究依赖于成文文件、现有统计资料以及历史记录,因此其缺点在于局限于记录下来的内容,且存在效度和信度问题,但是它具有经济、安全和能够研究较长时间内发生的事件等优势。

(五)评估研究法

评估研究法是一种应用性研究,通常采取实验或准实验设计,有时也可能使用资料收集和分析的方法。它所研究的是管理干预的效果,因此在准备实行管理干预时,评估研究法很适用。评估研究法有助于对管理决策的正确与否进行判断,但是在实施过程中也面临着伦理问题等困境。

本章回顾

- 管理的必要性表现为管理对有限资源的合理配置、管理对各种关系的协调、管理对共识化目标体系形成的推动、管理对科学技术的有效利用以及管理作为社会生活质量提升的引擎动力。
- 管理是为了实现组织的共同目标,在特定的时空中,对组织成员在目标活动中的行为进行协调的过程。管理具有科学性、艺术性、经济性、动态性和创造性五大特征。

- 组织是管理活动的载体;特定的时空是管理的必要条件;管理以人的行为为介体对象;管理以资源的合理配置为过程前提;实现组织目标是衡量管理成败的唯一标准。
- 管理者是组织中做决策、分配资源、指导别人行为、监督别人活动并对达到组织目标负有责任的人。管理者扮演着人际关系塑造者、信息传递者与决策制定者三种角色。为了履行职责,管理者还应具备技术技能、人际技能和概念技能。
- 管理的职能主要包括计划、组织、领导、控制和创新。
- 管理学研究的主要内容包括管理原理、管理职能、管理技术和方法、管理者、管理环境、管理效果、管理思想史。
- 管理学研究方法通常包括实验法、调查法、实地研究法、非介入性研究法和评估研究法。

本章习题

习题及参考答案

案例讨论

案例

讨论:
1. 案例中体现了管理的哪些职能?
2. 结合材料说明为什么管理是科学和艺术的统一体。
3. 结合案例说明管理者应该具备哪些管理技能。

拓展阅读

拓展阅读

第二章 管理理论的历史演变

导言

第一节 中外早期管理思想

一、中国古代管理思想

任何管理思想都根植于一定的社会和文化土壤之中,而社会文化又与历史传统息息相关、无法割舍,它们总是在继承中不断发展,在发展中不断继承。只有这样,才能逐步形成一套适合本国国情、符合本国文化的管理理论,并拥有强大生命力。所以,研究早期管理思想必须从中国古代传统的管理思想开始。

(一)中国的社会文化与历史传统

中国是世界上历史最悠久的文明古国之一。虽然在近代因为闭关锁国而落后于世界,但是中华民族的悠久历史积累了丰富的管理实践经验以及对后世影响深远的管理思想,为世界管理理论的发展做出了重要贡献。中国自古以来就是世界上人口众多、幅员辽阔的国家之一。随着时代的变迁,中国的历史长河也为我们留下了有关国家管理、政权巩固、军队统率、战争组织、经济治理、生产发展以及社会安定等方面极为丰富的经验和理论,其中包含着丰富的管理思想,它们像星星一样,照亮着中国的历史长河,闪耀着无与伦比的光辉。

中国建造了许多闻名世界的伟大工程,向世界昭示着中国高超的工程管理水平。早在春秋战国时期,长城就开始修筑,后来经过历代修缮,终于在明朝万历年间形成西起甘肃嘉峪关,东至河北山海关,横跨七个省(自治区、直辖市),总长约为六千七百公里的万里长城;都江堰水利工程集排洪、灌溉、防涝于一体,建成了令人惊叹的伟大工程;还有兵马俑、赵州桥等,也堪称中国乃至世界系统工程和品质管理的杰作。

(二) 中国古代的管理思想

中国古代的管理思想十分丰富,从宏观角度来看,中国古代管理思想大致可以分为三部分:治国学、治生学和治身学。治国学适应中央集权国家的需要,包括财政赋税管理、人口田制管理、市场管理、货币管理、漕运驿递管理以及国家行政管理等方面;治生学则是在生产发展和经济运行的基础上通过官、民的实践逐步积累起来的,包括农副业、手工业、运输业、建筑工程以及市场经营等方面的学问;治身学主要是研究谋略、用人、选才、激励、修身、公关、博弈以及奖惩等方面的问题。

在管理思想发展的过程中诞生了许多伟大的思想家。老子作为先秦道家学说的创始人,其思想体系中不仅有着丰富的哲学思想,也包含着政治、经济、文化以及军事等各方面的管理思想,如"道法自然""无为而治"等;孔子作为儒家学派的创始人,以仁为核心、以礼为准则、以和为目标的以德治国思想是其管理思想的精髓,成为中国传统思想的主流;孟子"性善论"的人性观、施"仁政"的管理准则以及"修其身而天下平"等思想,对中国管理思想的完善与发展做出了重要贡献;孙子作为中国古代著名的军事家,在其传世之作《孙子兵法》中,"不战而屈人之兵""上兵伐谋""必以全争于天下""出其不意,攻其不备"等思想至今仍为管理者所推崇。诸子百家将思想汇聚于书籍,写成《道德经》《论语》《孟子》《孙子兵法》等经典,成为传世之作。

二、西方工厂制度的早期探索

西方的管理实践和思想有着悠久的历史。古埃及人首先意识到"管理幅度"并付诸实践,古巴比伦王国的《汉谟拉比法典》和古希腊的大哲学家苏格拉底、色诺芬、柏拉图、亚里士多德等人的著作中都闪耀着管理思想的火花。罗马天主教履行等级森严的层级管理制度,宗教著作《圣经》中体现的管理思想也对后世具有深远的影响。

欧洲文艺复兴时期,意大利的尼克罗·马基雅维利(Niccolo Machiavelli)在《君主论》中论述了领导者的素质问题,强调人民在国家生活中的作用;早期空想社会主义者托马斯·莫尔(Thomas More)在《乌托邦》中论述了社会制度、国家管理、经济管理和生产管理等方式。这些著作所体现的管理思想对现代管理有一定的借鉴意义。

随着 18 世纪 60 年代工业革命的兴起,管理思想发生重大转变。管理开始被系统地研究,逐渐发展成为一门统一的知识体系,并成为一门正式的学科。工业革命的发展促进了资本主义的发展,推动了工厂制度的建立。而在新的社会生产组织形式下,如何提高效率和取得利润最大化成为许多经济学家和管理实践者研究的中心问题。

(一)亚当·斯密的管理思想

最早对经济管理思想进行系统论述的是英国经济学家亚当·斯密(Adam Smith)。斯密是英国古典经济学体系的建立者,他在1776年出版的《国民财富的性质和原因的研究》一书,对后世有着极为重大的影响。时至今日,经济学界依然不断有"回到斯密"的呼声。如1998年诺贝尔经济学奖得主阿玛蒂亚·森(Amartya Sen),在他的著述中反复阐明斯密的贡献。在经济学界,斯密几乎成为被征引最多的作家。从2007年起,英格兰银行将斯密的头像印在了英国20镑面值的新版钞票上。

那么,斯密对管理学的贡献到底是什么?本书认为,斯密的经济学理论是管理学诞生的理论前提。斯密在研究经济现象时,提出"经济人"假设的基本论点,即经济现象是由那些利己者的活动所产生的。他认为,人们在经济活动中,追求的完全是自身利益。但每个人的私人利益又受到其他人利益的限制,这就迫使每个人必须顾及其他人的利益,由此产生了相互的共同利益,进而产生社会利益。

斯密认为,劳动是国民财富的源泉,各国人民每年消费的一切生活必需品的源泉是本国人民每年的实际劳动。这些生活必需品的供应情况,取决于两个因素:一是这个国家人民的劳动熟练程度、劳动技巧和判断力水平;二是从事有用劳动人数与无用劳动人数的比例。他同时还提出,劳动创造的价值是工资和利润的源泉,并经过分析得出了工资越低、利润越高,工资越高、利润就会降低的结论。这揭示了资本主义经营管理的本质。

斯密在分析增进"劳动生产力"的因素时,特别强调了分工的作用。他对比了一些工业和手工制造业实行分工前后的变化,也对比了易于分工的制造业和不易分工的农业的情况,得出分工可以提高劳动生产率的结论。他认为,分工的益处主要有三点:①劳动分工可以使工人重复完成单项操作,从而提高劳动熟练程度,提高劳动效率。②劳动分工可以减少由于变换工作而损失的时间。③劳动分工可以使劳动简化,使劳动者的注意力集中在一种特定的对象上,有利于创造新工具和改进设备。他的上述分析和主张,不仅符合当时生产发展的需要,也成了此后企业管理理论中的一条重要原理。除此之外,斯密还提到管理中的控制职能。他认为,如果要真正地对一个人进行控制,他必须为自己的成绩对某人负责,否则就无法对他人施加影响。

通过斯密的理论,我们得出推论:管理是生产力。改革开放前,我们在强调生产力时,往往只强调人才是生产力中最核心和最重要的因素。毛泽东曾说:"世间一切事物中,人是第一个可宝贵的!"在共产党领导下,只要有了人,什么人间奇迹都可以创造出来。改革开放以后,在邓小平的领导下我们开始强调科学技术的重要性,认为科学技术是第一生产力,而科学技术实际上是生产力的工具面。毛泽东强调了生产力中人的因素,邓小平强调了生产力的工具因素。伴随着改革开放的深化,人们又发现:同样的人、同样的工具会产生不同的效果。尤其在20世纪80年代改革期间,这一点尤为突出。同样的企业,同样的生产流程和生产工艺,不同的厂长、组织者会产生不同的效果。这个时候我们才认识到,管理是生产力。为了认识管理,中国经历了漫长且不断深入的过程。

(二)罗伯特·欧文的人事管理革命

在工业革命时代,机器工业得到了前所未有的大发展。但在发展的同时也隐藏着许多深层次的问题无法解决。早期对工业革命带来的管理问题和社会问题进行分析并提出解决办法的人并不多,罗伯特·欧文(Robert Owen)就是其中一位。欧文是英国的空想社会主义者、合作运动的创始人,也是英国职工大会最早的组织者之一,在管理实践和管理思想方面有着重要的贡献。

欧文的管理思想基于"人是环境的产物"这一法国唯物主义学者的观点,他在新拉纳克所进行的一切实验都是为了证明:"用优良的环境代替不良的环境,是否可以使人由此洗心革面,清除邪恶,变成明智的、有理性的、善良的人;从出生到死亡,始终苦难重重,是否能够使其一生仅为善良和优良的环境所包围,从而把苦难变成幸福的优越生活。"正是基于这样一个充满希望和想象的伟大理念,才形成了他超越当时现实生活的管理思想。

通过实验,欧文强调有什么样的环境,就会产生和塑造出什么样的人。他把这种思想应用到企业中,并进行了管理实验。1850年,欧文在苏格兰一座棉纺厂中尝试了一种新的工厂管理制度,即大力减轻劳动强度,改善劳动条件,为职工提供较多的福利设施。他认为,好的环境可以使人形成良好的品行,坏的环境则使人形成恶劣的品行。同时欧文也对当时很多资本家过分注重机器而轻视人的做法提出了强烈批评,并采用多种办法致力于改善工人的工作环境和生活环境。

欧文的管理思想中,教育制度占据很大的比重。为了普及教育,他主张建立教育制度,实行教育立法。欧文认为:"教育下一代是最重大的课题","是每一个国家的最高利益所在","是世界各国政府的一项压倒一切的紧要任务"。他的教育理念是"人们在幼儿时期和儿童时期被培养成什么样的人,成年后也就是什么样的人。现在如此,将来也是如此"。欧文非常重视儿童教育,他禁止自己的工厂雇用10岁以下的童工,并于1816年耗资1万英镑在厂区建立了第一所相当接近现代标准的公共学校——"性格陶冶馆"。

不管后世对欧文的评价如何,在管理学中,他是以人为本、实行人性化管理的第一人。他也因较早注意到企业中的人事管理问题,被后人称为"人事管理之父"。新拉纳克的棉磨坊和公共学校,记录着这位先驱的昔日辉煌。2001年,新拉纳克被批准为世界文化遗产。专家们认为,新拉纳克的社区模式是19—20世纪的样板,代表着欧文实施的进步教育、工厂改革、仁道工作实践、国际合作以及花园式城市建设等,对社会进步产生了深远的影响。

(三)查尔斯·巴贝奇的一般管理原则

这一时期著名的管理学家还有查尔斯·巴贝奇(Charles Babbage),他是一位数学天才,却从数学领域转向了研究经济;他以发明极度近似计算机的解析机闻名于世,解析机最终并未成功用于实践;他的一生都在为解析机的发明锲而不舍,却因为好奇心和兴趣提出了新的管理思想。这些因素使他在泰罗创立科学管理之前,就已经提出了与科学管理密切相关的理论和方法,成为管理思想领域中的一位重要人物。1832年,他在《论机器和制造业的经济》一书中,论述了他从管理实践中总结的关于专业分工、工作方法、机器与工具的使用以及成本记录等方面的管理思想。巴贝奇的管理思想主要可以概括为以下三个方面:一是提出了在科学分析研究的基础上有可能制定出企业管理的一般原则。对于科学分析,他建议经过严密调查而获得数据。二是发展了斯密关于分工的思想,通过时间研究和成本分析进一步分析了分工能提高劳动生产率的原因。巴贝奇还指出,脑力劳动也同体力劳动一样可以进行分工。三是在劳资关系方面,强调劳资协作,强调工人要认识到工厂制度对他们有利的方面。巴贝奇认为工人同工厂主之间存在利益共同点,并极力提倡一种固定工资加利润分享的制度,即工人可以按照其在生产中所做的贡献获取工厂利润的一部分。

巴贝奇也很重视对生产的研究和改进,主张实行有益的建议制度,鼓励工人提出改进生产的建议。他认为工人的收入由三个部分组成:一是按照工作性质所确定的固定工资;二是按照对生产率做出的贡献所分得的利润;三是为提高生产率提出建议而应得的奖金。提出按照生产效率不同来确定报酬的具有刺激作用的制度,是巴贝奇做出的重要贡献。

可以看出,巴贝奇的许多观点和泰罗极为相似,比如对规律、原则的追求,以及对工厂制度的拥护。所以,后来有人曾经误以为是泰罗"抄袭"了巴贝奇。然而,这位科学管理先驱并没有像泰罗那样提出一整套系统的关于工厂制度的思想,他仅仅是零星地散射出管理思想的火花,而泰罗所构建的是整个工厂制度的大厦。

上述管理思想是随着生产力和工厂制度发展的需要而产生的,虽然并没有形成系统的、全面的、专业化的管理理论和学派,但是对于促进生产及科学管理理论的产生和发展都有积极的影响。

第二节 古典管理理论

19世纪末20世纪初,早期管理思想基本建立,成为管理理论的萌芽。在这个阶段所形成的管理理论称为"古典管理理论"或"科学管理理论"。随着生产力的发展和科学技术的进步,自由竞争的资本主义逐步走向垄断的资本主义。企业规模不断扩大,市场迅速扩展,对管理也提出了更高的要求。19世纪末期,由于生产技术日益复杂、生产规模不断扩大以及资本的日益雄厚,企业的管理职能便逐渐与资本所有权分离,资本家则将管理职能委托给以经理人员为首,各部门管理人员共同管理的机构承担。自此,出现了专门的管理阶层,管理工作也成为一门专门研究的学问,"科学管理理论"由此诞生。

一、泰罗的科学管理理论

泰罗是科学管理理论的主要创始人,被后人尊称为"科学管理之父"。1856年3月,泰罗出生于美国费城一个富有的律师家庭。1872年考入哈佛大学法律系,但不幸因眼疾而被迫辍学。1875年,他进入一家小机械厂当学徒。1878年,22岁的泰罗进入费城米德维尔钢铁公司工作,开始当技工,后来被迅速提升为工长、总技师,直至总工程师,进入管理阶层。1915年,泰罗因肺炎逝世。由于他生前在科学管理方面所做的特殊贡献,人们在他的墓碑上镌刻"科学管理之父 F.W.泰罗",以示纪念。

泰罗对生产现场非常熟悉,他始终对工人的低效率感到震惊,认为工人的生产率只达到应有水平的三分之一,并且经营者和工人都存在着问题。于是,他从1880年开始在车间里尝试用科学方法来纠正这种状况。他花了二十多年的时间,以极大的热情寻求从事每一项工作的"最佳方法"。为此,他先后进行了著名的"搬运生铁块试验""铁砂和煤炭铲掘试验""金属切削试验"等,系统地研究工人的操作方法、动作和劳动所花费的时间。

泰罗的主要著作有《计件工资制》(1895年)、《工厂管理》(1903年)、《论金属切削技术》(1906年)、《科学管理原理》(1911年)以及《在美国国会的证词》(1912年)。

泰罗的科学管理理论体系被称为泰罗制,他的思想可以归纳为以下几个方面:

(1)工作定额原理。泰罗认为,科学管理的中心问题是提高劳动生产率。要提高劳动生产率就要制定科学的工作方法,在研究动作-时间的基础上,为工人制定"合理的日工作量"。这一原理为开发科学方法代替传统方法奠定了基础。

(2)标准化原理。制定标准化的、科学的操作方法使工人掌握,其中包括标准化的工具、机器和材料以及标准化的作业环境,即"标准化原理"。泰罗认为工人提高劳动生产率的潜力是巨大的。挖掘潜力的方法应是把工人多年积累的经验和技巧归纳整理并结合起来,通过分析找出其中具有共性和规律性的东西,并将其标准化。用这一方法对工人的工作动作、使用工具、劳动和休息时间等进行合理搭配,同时对机器安排和环境因素等进行改进,消除种种不合理因素,再把最好的因素结合起来,这就为提高生产率提供了根本保证——泰罗将其视为管理当局的首要职责。

(3)能力与工作相适应的原理。为了挖掘人的最大潜力,提高劳动生产率,必须做到人尽其才,或者说,必须找到最适宜从事这项工作的人,同时还要最大限度地挖掘这个人的最大潜力。因此,泰罗认为对任何一项工作必须挑选"第一流的工人",并且要制定科学的方法对工人进行培训。企业管理当局的责任在于为工人安排最合适的工作,培训他成为第一流的工人,使其能力与工作相匹配。

(4)实行差别计件工资制。泰罗认为,工人"磨洋工"和生产效率低下的一个重要原因是当时的工资制度不合理。为了调动工人的积极性,克服消极怠工的现象,泰罗于1895年提出了刺激性工资制度——"差别计件工资制"。其主要内容有:①通过工时研究和分析,制定工作定额或标准,这样就把定额的制定从以估计和经验为依据改变为以科学为依据。②采用"差别计件工资制",即计件工资率按完成定额的程度而浮动,从而鼓励工人完成或超额完成工作定额。③工资支付的对象是工人而不是职位,即根据工人的实际工作表现而不是根据工作类别来支付工资。

(5)计划职能与执行职能相分离,变经验工作法为科学工作法。经验工作法指每个工人根据个人的习惯和经验决定用什么方法操作和使用什么工具等。科学工作法是通过试验和研究的结果制定标准,按照标准开展工作。为此,泰罗主张明确划分计划职能与执行职能,由专门的计划部门制定标准化的操作方法、工具和定额,拟订计划并发布指示和命令,进行有效的控制。现场的工人和部分工长则从事执行职能,按照计划部门制定的操作方法使用规定的标准工具,从事实际工作,不得自行改变计划。

(6)实行"职能工长制"。泰罗主张实行"职能管理",将管理工作予以细分,使所有的管理者只承担一种管理职能。他设计出八种职能,分别由八个工长执行,其中四个在计划部门,四个在车间。每个职能工长负责某一方面的工作,在其职能范围内向工人发布命令。

(7) 实行例外原则。所谓例外原则,即企业的高级管理人员把例行的一般日常事务授权给下级管理人员去处理,自己只保留对例外事项即重大事项的决策权和控制权,如企业发展战略和重要的人事任免等。例外原则至今仍是管理的重要原则之一,以例外原则为依据的管理原理,后来发展成为管理上的分权化原则和事业部制的管理体制。

(8) 劳资双方都要进行"心理革命"。泰罗认为,在管理上"用科学方法取代经验的方法,会给雇主和雇员双方带来巨大的收益"。科学管理实际上是一种将人从传统的小农思想意识转变为现代的社会化大生产思想意识的"革命"。对雇主来说,他们关心的是成本的降低;而对工人来说,他们关心的则是工资的提高。因此,工人和雇主都必须认识到提高效率对双方都有利,他们都要进行一次"心理革命",这是工人与管理当局协调与合作的基础,双方只有协作,劳动生产率才能更快提高。

1911年,泰罗的《科学管理原理》问世,标志着企业管理由漫长的经验管理阶段,迈进了划时代的科学管理新阶段。此后,泰罗制产生了巨大的社会影响,不论是资本主义国家还是社会主义国家,都感受到了泰罗制的巨大威力。泰罗制在资本主义社会里发起了一场社会变革。这场变革以管理方式的改进为切入点,生产的基本要素得以重组,社会达成了新的共识,即泰罗所谓的"心理革命",培育并形成了新的社会阶层结构。泰罗制对社会主义的作用,是在列宁的倡导下展开的,列宁在苏维埃俄国建立后不久,就主张把泰罗制移植过来。与美国不同的是,苏俄推行泰罗制,不是从微观层面来改进企业的管理模式,而是直接介入到国家的宏观层面,通过建立新的国家管理形式来实现社会的直接转型。如果说泰罗制在美国是在一个个企业中发挥作用,进而扩展到社会,那么在苏俄,泰罗制是把整个国家作为一个大型工厂来实施管理的。由此可见,资本主义是由具体企业实行泰罗制,而国家失效;社会主义是由国家整体实行泰罗制,而企业失效。总结其中的经验教训,具有较大的现实意义。

值得一提的是,20世纪70年代改革开放以来,作为后发型现代化的发展中国家,我国重视对泰罗制效用的总结,为我国社会转型的路径选择提供了重要的参照系。

二、法约尔的一般管理理论

伦敦商学院教授哈默尔曾说:"20世纪管理理论集大成者,首推法约尔。他提出的管理的一般原则生生不息,人们惊叹它如此强大的生命力。法约尔是欧洲第一位管理大师,遗憾的是,在他辞世的75年里,欧洲没有培养出第二个像法约尔这样的伟人。"由法约尔建立的一般管理理论框架,至今主宰着管理学的基本走向,他的贡献,历久弥新。

法约尔是法国杰出的经营管理思想家,1841年出生在法国一个资产阶级家庭,1860年从圣埃蒂安国立高等矿业学院毕业后进入康门塔里-福尔香堡采矿冶金公司,担任过工程师和总经理,晚年曾在大学教授管理学。法约尔于1916年首次发表了《工业管理与一般管理》,此文在1925年作为著作正式出版。这一著作是他一生管理经验和管理思想的总结,是其最主要的代表作。由于很早就进入了企业管理高层,所以法约尔的著作是以一个整体的大型企业为研究对象,研究组织的经营问题等,对管理进行了高层领域的开创性研究,因而他被称为"管理过程理论之父"。

按照法约尔的归纳,可以把企业的所有活动概括为六种:①技术活动(生产、制造和加工等);②商业活动(购买、销售和交换等);③财务活动(筹集和利用资本);④安全活动(保护财产和人员);⑤会计活动(各种核算和统计等);⑥管理活动(计划、组织、指挥、协调和控制)。管理活动在这六种活动中占据核心地位,所有组织都离不开管理。对于一个组织成员来讲,他在组织中的地位层次越高,其管理能力就越重要。

法约尔还提出了管理人员解决问题时应遵循的十四条原则:

(1)劳动分工。分工属于自然规律,目的是生产得更多更好。法约尔认为,分工不只适用于技术工作,也适用于管理工作。分工存在一定的限度,不应该超越这些限度。

(2)权力与责任。权力是指挥和要求别人服从的权利。法约尔将组织规定的正式权力和领导人品质的人格权力区别开来。他认为,领导人的智慧、博学、经验、精神、道德、指挥才能和工作实绩等因素产生的人格权力是正式权力的补充。责任是权力的孪生物,凡行使权力的地方就有责任,权力必须和责任相称。

(3)纪律。纪律的实质是对企业与员工之间协定的遵守,是与这些协定相一致的服从、勤勉、积极和尊敬的表现。纪律是领导人造就的,"无论哪种社会组织,其纪律状况都主要取决于其领导人的道德状况"。纪律状况由三个因素决定:好的领导、公平明确的协定和合理的惩戒。

(4)统一命令。一个雇员只应接受一位上级的命令。法约尔认为,双重领导会使权力和纪律遭到严重破坏,只要承认和遵守统一命令原则,部门之间和个人之间由于权限冲突产生矛盾的根源就能消除。

(5)统一指挥。各种活动要根据同一项计划而展开。统一命令是对组织结构的要求,统一指挥是对组织行为的要求。没有统一命令就不能保证统一指挥,但有了统一命令也不一定就有统一指挥。

(6) 个人利益服从集体利益。一个人或一些人的利益不能置于企业利益之上。这一原则意味着要克服无知、贪婪、自私、懒惰以及人类的一切为了个人利益而忘掉集体利益的冲动。

(7) 合理的报酬。雇员的报酬应该合理,并尽量使雇主和雇员双方都满意。

(8) 集中。集中的本质是降低下级的作用。权力的集中和分散没有优劣之分,只有是否恰当之别。集中的程度应视管理人员的性格、下级的可集中性和公司的情况而定。

(9) 等级制度。等级制度是从最高权力直至基层员工的管理序列,它表明权力等级的顺序和传递消息的途径。尊重等级序列意味着逐级管理,但它并不是最迅捷的途径。为了提高效率,法约尔主张将尊重等级序列与保持行动迅速结合起来,提出了允许横跨权力线直接联系的"跳板"原则("法约尔桥")。这种"跳板"只有当所有各方都同意(授权),且上级人员随时都了解情况的时候才能建立。

(10) 秩序。秩序是指每个人和物品都有一个位置,且每个人和物品都处在最能发挥作用的位置上。所谓秩序,本质是物得其所,人得其用。秩序不能只追求形式,更要评估其效果。

(11) 公平。公平是由善意与公道两个部分产生的,基本上接近于后来人们所说的平等和公正。法约尔认为,公道是实现企业和所属人员之间已订的协定,企业应该在公道的同时,以善意来对待其所属人员。

(12) 人员的稳定。法约尔指出,生意兴隆的企业,其领导人是稳定的;那些运气不佳的企业,其领导人是经常变换的。企业应采取措施使雇员稳定,但没有绝对的稳定,人员的稳定原则也是一个尺度问题。

(13) 首创精神。首创精神就是发明并保证发明的执行,建议与执行的自主性也属于首创精神。企业要尽可能地鼓励和发展这种能力,领导者要学会"牺牲自己的虚荣心以满足部下的虚荣心"。

(14) 人员的团结。对于任何组织而言,全体人员的和谐与团结都是它的巨大力量,千万不要对"分而治之"形成误解。

法约尔强调,自己的"原则"是灵活的,是可以适应于一切需要的,它并非死板的教条。法约尔认为,灵活地运用原则,必须具有智慧、经验、判断力和掌握分寸的能力,这是一门很难掌握的艺术。他还指出:"没有原则,人们就处于黑暗和混乱之中。没有经验与尺度,即使有最好的原则,人们将仍处于困惑不安之中。原则是灯塔,它能使人辨明方向,它只为那些知道通往自己目的道路的人所利用。"

法约尔的理论贡献是巨大的,正如丹尼尔·A 雷恩(Daniel A.Wren)在《管理思想的演变中》一书中所言,在法约尔那个时代,他是唯一试图建立一种基本的管理理论的人,这种尝试的价值是无法估量的。现在经过百年传承,法约尔理论犹如陈年老酒,仍然吸引着众多管理学家不断品尝和发掘。

三、韦伯的组织理论

马克斯·韦伯(Max Weber)是 20 世纪初期德国最伟大的学者之一,按照他自己的观点,他的学术研究范畴属于社会学,后世也公认韦伯是现代社会学奠基人之一。其实他的学术贡献并不限于此,韦伯在学术上的贡献可以说是全方位的,在整个社会科学的多个学科都有广泛而深远的影响。

19 世纪后期,很多德国组织都是个人管理型或家族管理型企业。员工忠于某个人而不是所在的组织或组织的使命。这种类型的企业的负面结果就是资源被用来满足个人需求而不是实现组织目标,实际上是员工掌控组织并且使用组织的资源来实现他们自己的目标而不是服务顾客。韦伯想象中的组织管理基础是非个人的和理性的,这种形式的组织被称作官僚机构。它具有以下特点:

(1)专业化分工。韦伯从社会学意义上探讨分工问题,他把专业化和人类理性紧密联系起来。分工的实际意义,不仅在于斯密强调的提高效率,而且在于消除等级社会的人身特权。在韦伯的分工体系中,人的差别只有技术能力的差别,而不再是身份和社会地位的差别。所以,组织成员的选拔,必须采用考试方式。专业能力代替了个人效忠,权力和责任属于职位而不属于个人,这些权力和责任以法律制度的形式固定在组织之中。由此形成的组织,不仅可以通过分工方式提高效率,创造更多的财富,而且能够形成新的以理性为准则的组织关系,改变整个资本主义社会的结构。

(2)等级制。官僚组织中的职位,按权力大小和"命令-服从"关系,形成金字塔形的等级序列。官僚组织中的等级制,是按组织权力形成的。这种权力摆脱了对人身的依附,其实质是专业技术和知识差异。成员有职权的高低大小之分,却没有身份地位高低贵贱的区别。正是官僚制打破了传统农业社会中森严的社会等级,为建立近代以来的人人平等的契约型社会创造了先决性的条件。

(3)对法理化规则的遵从。在韦伯的理想状态中,官僚制组织的构建形成、部门分工、职位设置、成员选拔,一直到组织的运作,每一个成员的权力和责任,都是由法律制度(成文制度和不成文制度)明确规定的。

(4)非人格化。组织的运行不以个人的意志为转移,不受个人感情的支配。理性化的另一种表述,就是非人格化。

官僚制作为一种理性的和有效率的管理体制,它极大地推动了近代资本主义的工业化进程。一方面,官僚制满足了工业大生产的生产模式和管理复杂化的需要。其在精确性、快捷性和可预期性等方面的表现是其他社会组织形式所无法企及的。另一方面,官僚制以非人格化和制度化得到了科学理性时代的文化认同。而这些都是对传统社会的各种组织中普遍存在的任人唯亲、下级对上级的人身依附、官员决策的任意性与不可预测性等弊端的纠正,是时代发展的产物。当然,官僚组织自身的缺陷也十分明显,但是,韦伯曾毫不客气地指出,家长制组织和个人崇拜组织问题更大。人们在管理社会时当然可以选择不同方式,官僚组织只是其中之一。时至今日,人们对官僚组织的批评已经非常普遍了,但仔细考察就不难发现,无论是现实中的管理运作,还是书斋里的理论探索,我们都无法跳出韦伯的组织模型窠臼。

第三节　现代管理理论

古典管理理论单纯强调如何提高效率,但人类生活从物资匮乏时代进入生活富裕阶段,社会问题并没有得到解决。

1929—1933年的经济大危机给资本主义社会带来了严峻的挑战。在这一挑战面前,管理学开始了新的探索,思考发展生产的目的是什么？提高效率的目的是什么？工业生产和社会变革的目的是什么？这种思考导致了古典管理学后的第一个转向,诞生了现代管理学。现代管理学的代表人物有埃尔顿·梅奥(Elton Mayo)、切斯特·巴纳德(Chester I. Barnard)、赫伯特·西蒙(Herbert A. Simon)。梅奥主持的霍桑实验提出了社会人假设,展开了行为研究;巴纳德以组织平衡论确立了人的主体性,以组织构成论打通了组织与社会的关系,以权威接受论引入民主管理和责任伦理;西蒙以有限理性确立了行为研究的基本思路,以决策分析建构了管理研究模式。

现代管理学的基本特点是不再局限于单纯追求效率,而是确立了"以人为本"的理论基础,深入研究管理中人的问题,专注于研究人的行为与组织行为,并致力于决策理论和战略管理方面的研究。现代管理学的关键词是"人本"。

一、行为管理理论

1924—1932年进行的霍桑实验,对行为科学做出了开创性的贡献。这项实验因在西方电气公司设在伊利诺伊州西塞罗的霍桑工厂进行而得名。实验的中后期工作主要是在梅奥的领导下进行的,并由此产生了人际关系学说。梅奥原籍澳大利亚,后移居美国,是人际关系理论的创始人、美国艺术与科学院院士、行为科学家。1924 年,美国国家研究委员会和西方电气公司合作,开始在霍桑工厂进行实验,这一实验最初试图回答一个非常质朴的问题:工作场所的照明对雇员的绩效会产生什么样的影响? 从1924 年到1932 年,实验先后进行了四个阶段。

第一阶段:工作场所照明实验(1924—1927)。研究人员选择一批工人并将其分为两组,一组为"实验组",先后改变工作场所照明强度;另一组为"控制组",照明强度始终维持不变。研究人员希望通过实验推测出照明强度的变化对生产率的影响。但实验结果发现,照明强度的变化对生产率几乎没有影响。不论照明条件如何,两组的产量都提高了。研究人员由此得出结论:

1)工作场所照明强度只是影响工人生产效率的一个微不足道的因素。

2)实验中存在着太多的变量导致无法准确衡量照明强度对产量的影响,最重要的可能是"人类个体的心理状态"。

第二阶段:继电器装配室实验(1927—1928)。梅奥加入了这一阶段的实验。为了能更有效地控制影响工作效果的因素,研究人员选定 6 名女工,安置在一间与其他工人隔离的继电器装配室内。同时指定一名观察员,专门记录室内发生的一切,并与工人保持友好的气氛。通过材料供应、工作时间、劳动条件、工资以及管理作风与方式等各个条件变化对工作效率影响的试验,研究人员发现,无论各个因素如何变化,产量都是增加的。这些因素对生产率也几乎没有影响,似乎是督导方法的变更,使员工的态度改善,因而产量增加。

第三阶段:大规模访谈实验(1928—1931)。研究人员在上述实验的基础上进一步开展了全公司范围的普查与访谈,调查了两万多人次,发现所得结论与上述实验所得相同,即"任何一位员工的工作绩效,都受到其他人的影响"。实验结果表明,影响生产率的最重要因素是工作中发展起来的人际关系,同时也表明新型的领导方式对提高生产率的重要性。

第四阶段:接线板工作室实验(1931—1932)。实验选了 14 名男工,其中接线工 9 名,每 3 人一组,每组再配 1 名焊接工,还有 2 名检验工对接线工和焊接工的工作质量进行检验。工人的报酬是以集体计件工资制为基础来计算的,该制度强调他们在工作中要协作,以便共同提高产量,进而增加工资报酬。实验开始后研究人员发现:

1)大部分工人都故意自行限制产量,公司规定的产量标准是每天焊合 7 312 个结点,但他们只完成 6 000—6 600 个结点,原因是工人们担心如果他们的产量超过了正式的产量定额,工资率就会降低,或者正式的产量定额就会提高,同时也担心因此而造成工作速度较慢的同事失业。这个非正式的产量定额是靠小团体的压力维持的,工人们都不愿意被小团体所抛弃,因此都自觉维持着非正式的产量定额。

2)工人对待不同层次的上级持有不同的态度。一般职位越高,受到的尊重就越大,大家对他的妒忌心理就越强。

3)成员中存在着一些小派系。研究人员对工作室中的社会关系进行了分析,结果表明,在正式组织中存在着两个小团体即非正式组织,两个非正式组织各有 5 个人。有 4 个人被排斥在非正式组织之外,其中一人过分自信,同别人难以协作,一人喜欢向工头告密,一人有语言障碍,一人在检验中过于认真。非正式组织存在的目的是对内控制成员的行为,对外保护自己派系的成员。在非正式组织中有自己的行为规范,成员必须遵守。这个阶段的实验研究人员采取了旁观的态度,所以工人能继续维持过去那种非正式的做法。

梅奥等人对实验结果进行了分析总结,得出了主要结论:生产效率不仅受物理和生理因素的影响,而且受社会环境和社会心理的影响。这一点与科学管理的观点是截然不同的。梅奥等人的观点主要表现在以下几个方面:

(1)企业的职工是"社会人"。从斯密到科学管理学派都把人看作是仅仅为了追求经济利益而进行活动的,或者说是对工作条件的变化能够做出直接反应的"机器模型"。但是,霍桑实验表明,物质条件的改变,不是劳动生产率改变的决定性原因,甚至计件制的刺激工资制对于产量的影响也不及生产集体所形成的自发力量大。因此,梅奥等人创立了"社会人"假说,即认为人不是孤立存在的,而是属于某一工作集体并受这一集体的影响。他们不仅单纯地追求金钱收入,还要追求人与人之间的友情、安全感以及归属感等社会和心理欲望的满足。梅奥等人曾经用这样一句话来描绘人:人是独特的社会动物,只有把自己完全投入集体之中才能实现彻底的"自由"。

(2)满足工人的社会欲望和提高工人的士气(工作积极性、主动性、协作精神等结合成一体的精神状态)是提高生产效率的关键。梅奥等人从人是"社会人"的观点出发,认为"士气"高低取决于安全感、归属感等社会和心理方面欲望的满足程度。满足程度越高,"士气"就越高,生产效率也越高。

(3)企业中实际存在着一种"非正式组织"。组织可分为"正式组织"和"非正式组织"两种。所谓"正式组织",是指企业组织体系中的环节,是指为了实现企业总目标而担当着明确职能的机构,这种组织对于个人有强制性,这是古典组织论者所强调和研究的。人群关系论者认为,企业职工在共同工作和共同生产中,必然产生相互之间的人群关系,产生共同的感情,自然形成一种行为准则或惯例,要求个人服从,这就构成了"非正式组织"。这种非正式组织对于工人的行为影响很大,是影响生产效率的重要因素。

(4) 企业应采用新型的领导方法。新型的领导方法,主要在于组织好集体工作。领导应采取措施提高员工士气,促进员工协作,使企业的每个成员都能与领导真诚持久地合作。例如,建立邀请职工参加企业各种决策的制度,实行上下级意见交流,建立面谈制度,美化工作环境等。

霍桑实验及梅奥对霍桑实验结果的分析,对西方管理理论的发展产生了重大而深远的影响,这些结论使人们重新认识了组织中的人,西方管理思想也在经历了科学管理理论阶段之后,进入了行为科学理论阶段。

二、组织与社会系统理论

巴纳德是西方现代管理理论中社会系统理论的创始人。巴纳德在漫长的工作经历中积累了丰富的经营管理经验,并深入分析现代管理的特点,其著作中最著名的是1938年出版的《经理人员的职能》,被誉为美国现代管理科学的经典著作。该书连同他10年后出版的《组织与管理》是其毕生从事企业管理工作的经验总结。他将社会学概念应用于分析经理人员的职能和工作过程,并将研究重点放在组织结构的逻辑分析上,提出了一套协作和组织的理论。社会系统理论的要点有以下几个方面:

(1) 组织是一个有意识的协作系统。巴纳德认为,组织是一个由人们有意识地加以协调的各种活动的系统。其中最为重要的因素是经理人员,只有依靠经理人员的协调,才能维持一个协作系统。经理人员有三个主要职能:①制定并维持一套信息传递系统;②促使组织中每个人都能做出重要的贡献,包括选聘工人和合理的激励方式;③明确组织的目标。

(2) 组织可以在学理上分为正式组织和非正式组织。巴纳德把组织分为正式组织和非正式组织,指出在正式组织中还存在着一种无形的非正式组织。它的活动对正式组织有双重作用,既有不利的影响,又可能提高组织的效率。

(3) 组织存在三个基本条件。正式组织作为一个协作系统,无论级别的高低和规模的大小,都包含三个基本要素:明确的目标、协作的意愿和良好的沟通。

(4) 组织效力和组织效率原则。所谓组织效力,是指组织实现其目标的能力或实现其目标的程度。一个组织协作得很有效,它的组织目标就能实现,这个组织就是有效力的。若组织无法实现其目标,那么这个组织就是无效的,组织本身也必然瓦解。

因此,组织具有较高的效力是组织存在的前提条件。所谓组织效率,是指组织在实现其目标的过程中满足成员个人目标的能力和程度。一个组织若不能满足成员的个人目标,就不能使成员具有协作意愿,也不能使成员做出实现组织目标所必需的贡献,他们就不会支持甚至退出组织从而使组织的目标无法实现,使组织瓦解。所以组织效率就是组织的生存能力。

(5)权威论。巴纳德认为管理者的权威并不是来自上级的授予,而是来自自下而上的认可。管理者权威的大小和指挥力的有无,取决于下级人员接受其命令的程度。单凭职权发号施令是不可取的,更重要的是取得下级的同意和支持。巴纳德分析了承认指令的权威性并乐于接受指令的四个条件:①他能够真正理解指令;②他相信指令与组织的宗旨是一致的;③他认为指令与他的个人利益是不矛盾的;④他在体力和精神上是胜任的。

巴纳德的这一理论为后来的"社会系统学派"奠定了理论基础。

三、决策理论

"决策理论"学派是以统计学和行为科学为基础的。自第二次世界大战以后,许多运筹学家、统计学家、计算机专家和行为科学家都力图在管理领域寻找一套科学的决策方法,以便对复杂的多方案问题进行明确的、合理的和迅速的选择。随着这方面研究工作的进展,决策理论得到了迅速的发展。

在这个学派中,做出突出贡献的是美国卡内基梅隆大学的教授西蒙。他长期讲授计算机和心理学等课程,还从事过经济计量学的研究。由于他在决策理论研究中做出了重要贡献,1978年获得了诺贝尔经济学奖。他的主要著作有《管理行为》《组织》《人工科学》《管理决策的新科学》等。

决策理论学派的主要观点如下:

(1)决策贯穿于管理的全过程,管理就是决策。

(2)决策过程包括四个阶段:搜集情报、拟定计划、选定计划和评价计划。这四个阶段中的每一个阶段本身都是一个复杂的决策过程。

(3)在决策标准上,用"令人满意"准则代替"最优化"准则。

(4)一个组织的决策根据其活动是否反复出现可分为程序化决策和非程序化决策。

(5)一个组织中集权和分权的问题是和决策过程联系在一起的,有关整个组织的决策必须是集权的,而由于组织内决策过程本身的性质及个人认识能力有限,分权也是必须的。

第四节 当代管理理论

　　古典管理学到现代管理学完成了华丽转身,从效率转变为人文,那么这种转身是否结束了?20世纪60年代,西方出现社会危机,民权运动和社会变化对资本主义社会形成新的冲击。在社会变化之中,管理学开始了新的探索,涌现了一批学者,代表人物有克里斯·阿吉里斯(Chris Argyris)、亨利·明茨伯格(Henry Mintzberg)、彼得·德鲁克(Peter F. Drucker)等,他们不约而同地提出了管理学的转向问题,当代管理学由此萌发。当代管理学是在传统管理的全面反思基础上发展起来的,主要特点是通过实践提炼和检验管理理论,改变个人与组织之间的对抗现象,追求管理由他治向自治的转化。

一、组织学习理论

　　在众多的管理学大师中,阿吉里斯可能不是最著名的,但无疑是著述最多的。时至今日,阿吉里斯已出版30多部著作,发表300多篇论文。正是这位大师,奠定了组织学习理论的基石。

　　阿吉里斯在从教生涯中,以管理咨询出名。许多知名大公司聘请他担任管理顾问。他的研究领域涵盖了心理学、经济学、社会学、教育学和组织行为学等多个学科。20世纪50年代,他以研究个人与组织的关系一举成名。我国目前的管理学书籍和论文对阿吉里斯的研究尚未给予足够的重视,有的书籍在介绍西方管理学的发展史时,往往忽略了阿吉里斯的思想,即使有所介绍,绝大部分也仅仅涉及他的"人性与组织"理论。虽然"人性与组织"是阿吉里斯的一个很重要的理论,但从整体看,它只是阿吉里斯整个学术体系的开端,是其整个学术生涯的一个前导。在后续研究中,阿吉里斯进一步提出了行动科学理论和组织学习理论。

　　(一)行动科学理论

　　20世纪70年代,咨询家以及其他观察家开始呼吁对美国商界的组织和运作模式进行彻底的变革。这样的思考,首先引起了阿吉里斯自己关于研究方法的一场变革。阿吉里斯与唐纳德·舍恩(Donald Schon)认识到,是时候让社会科学研究走下象牙塔,进入组织并自成体系了。于是他们二人在共同发展管理咨询和训练实务的工作中,合作提出了"行动科学"理论,并详细论述了该理论在市场环境下的应用。可以说,这项理论的提出,是阿吉里斯相对于其他行为科学家在研究方法上的一个巨大超越,彻底改变了传统的社会科学研究理念和方式。正是这样一种思路,把个人与组织的关系融合起来,也为阿吉里斯提出组织学习理论奠定了基础。

(二)组织学习理论

组织学习理论的提出,是阿吉里斯对于组织变革问题的一种继续思考和研究的结果。阿吉里斯认为组织学习是所有组织都应该培养的一种技能。在《组织学习》中,他强调:"优秀的组织总是在学习如何能更好地检测并纠正组织中存在的错误。组织学习越有效,组织就越能够不断创新并发现创新的障碍所在。这里所指的错误是指计划与实际执行之间的差距,错误可能出现在技术、管理和人员等各个方面。"

(1)组织防卫。阿吉里斯认为,阻碍组织学习和不断创新发展的最重要因素是"组织防卫"。组织防卫产生于阿吉里斯在"行动科学"中所提出的"防卫性推理"。这种推理拒绝公开和坦诚相对,以信息的含混为基本特征,而这又源于人们从孩提时就接受的社会化训练。人们在日常生活和工作中使用防卫性推理进行思考和行动,是因为他们长久地生活在这样的环境中,逐渐养成了这样的习惯。随着个人进入组织中,这种防卫性推理也被带入组织,就形成了组织防卫。因为已经成为习惯,所以人们并没有意识到自己所提倡的"名义理论"和自己所实际使用的"应用理论"之间存在着较大的差距。由此可见,防卫性推理的使用,也会阻止人们对防卫性推理本身的质疑、检测和修正。

习惯性防卫存在于组织的各个方面和各个层次,组织的所有事项都需要由人来操作和完成,而只要有人的地方就会存在习惯性防卫。习惯性防卫通常会在人们面对和处理具有障碍性或威胁性的工作或人际问题时显现出来,如沟通时隐藏自己的真实想法、维护自己和别人的面子、将错误归因于他人或环境的因素等,但此时恰恰是需要有效解决这些问题的时候。所以,习惯性防卫是一种保护性的、阻止人们勇敢面对错误和纠正错误、阻碍组织不断学习和发展的重要因素。阿吉里斯对于组织的习惯性防卫的研究是从各个角度和各个层次进行的。另外,他还分析了在人力资源管理活动以及实证研究者的工作中是如何出现防卫性推理的,以及这种现象会给组织带来什么样的严重影响。阿吉里斯认为,社会科学的研究不仅要尽可能准确、全面、经济地解释现实状况,而且应该创造出实际可以应用的知识以供人们改变现实状况。所以,他不是停留在发现问题和找出原因的阶段,而是更深入地进行研究,提出相应解决方案。

(2)双环学习。帮助人们将自己的"名义理论"转化成实际中的"应用理论",也就是把与应用理论模式Ⅰ相一致的"单环学习"系统,转化成与应用理论模式Ⅱ相一致的"双环学习"系统,形成创造性的推理和相应的行动策略,并使这样的理念和方法成为人们自身的一种技能,提高人们作为组织成员的学习能力,进而提高整个组织的学习能力,如图2-1所示。

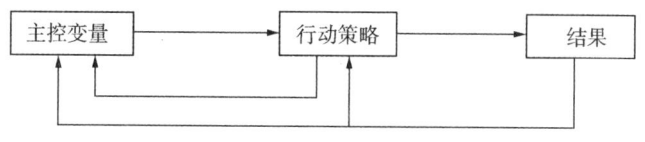

图2-1　单环学习和双环学习示意图

阿吉里斯和彼得·圣吉(Peter M. Senge)都认为,组织本身是不会学习的,是组织内的个体行为代表组织产生了组织学习的行为。因此,他们都强调在个体层次上进行探寻和研究的重要性。在这一点上,阿吉里斯的思想对圣吉的理论模式影响比较大。圣吉在其著作《第五项修炼:学习型组织的艺术实践》中提出了建立学习型组织的五项修炼,即自我超越、心智模式、建立共同愿景、团队学习和系统思考。其中,"心智模式"这一项明显受到了阿吉里斯对人们行为背后内容心理推理过程的研究结果的影响,即消解人们的防卫性推理,发现和改变自己的推理方式等内容。在圣吉的"团队学习"这一项中,也可以看到阿吉里斯思想的影子。圣吉所提出的组织学习障碍中的"归罪于外",与阿吉里斯提出的"习惯性防卫"表现形式相近。但同圣吉相比,阿吉里斯的"行动科学"学习理论,更侧重于组织员工;而圣吉的"系统动力学"学习理论,更侧重于组织本身。

阿吉里斯的组织学习,目的是营造出适应当代社会发展的新型组织。这种组织应该具有更多的创造性,应该对新工艺、新产品有更多的前瞻性,应该使员工产生更多的协调与合作,应该能够适应复杂性和多变性的挑战。而能否形成这样的组织,又取决于员工与组织之间持续且公开的接触,取决于自由的互信和交流,取决于以互信为基础的组织凝聚力,取决于互助式的风险和责任承担方式。组织学习的最终效果是要实现员工的个性发展、组织的协调一致以及效益的内外平衡(组织内部效率和外部效应的平衡)。当代有太多的专家过于热衷组织结构和发展战略的变革,却忽视了组织行为方式的变革,这在一定程度上反映出管理中的某种偏差。所以,组织学习是走向新时代的出路。正因为如此,阿吉里斯的理论,更多地适应了高度发达的后工业化社会的需求,因为其以高素质的组织员工为实施条件,以"知识工作"和"知识管理"为背景。也许,对于中国的大多数企业来说,阿吉里斯的理论还显得过于超前,但它能够使我们窥斑见豹,看到未来的趋势。

二、管理角色理论

在众多的管理大师中,明茨伯格是一个另类。他以离经叛道的姿态,创立了管理角色学派,对现有的管理学理论展开全方位的挑战。他毫不留情地批评几乎所有的管理学流派,揶揄几乎所有的管理学大师,否定几乎所有的管理学权威。在批判的同时,他的建树同样众多,从管理的本质研究开始,他对管理理论、战略流派和战略研究以及管理教育都有杰出的贡献。他在批判管理五职能论时,提出了经理人员十角色论;在批判战略计划论时,提出了手艺式战略;在批判 MBA(工商管理教育)时,提出了 IMPM(国际实践管理教育)。他就像一只牛虻,在刺激着管理学不断前进。他的成就,可以同德鲁克媲美,汤姆·彼得斯(Tom Peters)称他为"真正深刻的管理思想家"。

在哈罗德·孔茨(Harold Koontz)所说的"管理理论丛林"中,明茨伯格是经理角色学派的创始人。经理角色学派是 20 世纪 70 年代在西方出现的一个管理学派,它是以对经理所担任的角色分析为中心来考察经理的职务和工作的。明茨伯格认为,对于管理者而言,从经理的角色出发,才能够找出管理学的基本原理并将其应用于经理的具体实践中去。

经理角色学派的代表作就是明茨伯格的《经理工作的性质》,也译为《管理工作的本质》。管理者真正做了什么?他们是怎么做的?为什么要这样做?对这些古老的问题早就有着许多现成的答案,但明茨伯格并不轻易相信这些现成答案,而是深入观察研究现实,并解释说:"角色这一概念是行为科学从舞台术语中借用过来的。角色就是属于一定职责或者地位的一套有条理的行为。"根据他自己和别人的研究成果,得出结论:管理者们并没有像人们通常认为的那样按照职能来工作,而是进行其他多种工作。明茨伯格将管理者的工作分为十种角色。这十种角色分为人际关系角色、信息传递角色以及决策制定角色三大类,具体描述见本书第一章第二节。

明茨伯格把研究结论归纳为以下十个方面:

(1)经理的职务是极为相似的。车间主任、总经理、政府官员以及其他经理人,都可以用十种角色和六大特点来描述。也就是说,经理角色理论抓住了管理的共性。

(2)经理工作确实存在着差别,但这种差别并不排斥共同角色和共同特点。

(3)经理工作具有挑战性和非计划性,但每位经理都有正常的一般工作,尤其是传递信息和保持地位。许多经理必须做的具体工作(接待顾客、洽谈合同等)往往被人看作是非经理性工作,这种观点有些武断。经理从事的工作,甚至是一些明显看来

"不属于管理"的工作,但最终都会涉及他们作为经理的角色。

(4)经理既是通才又是专家。对他所在的组织而言,他是信息中枢和处理纷乱的中心,是通才;对经理岗位而言,他在具体角色中需要技巧,是专家,但管理学往往对这些技巧所知甚微。

(5)经理的权力很大一部分来自他掌握的信息,有些信息是他独占的,还有相当多的信息是口头的并缺乏有效的传递方法,所以,他必须对本单位的战略制定承担全部责任。

(6)经理的工作过于繁重,时间过于仓促,因而多数问题的处理都流于肤浅。经理职务不适宜思考型的计划者,而适宜适应性很强的信息处理者。经理行为模式偏向于"刺激-反应"型,而不是"犹豫-选择"型。

(7)经理的工作缺乏科学性,他们依赖于口头信息和直觉处理问题。管理学家迄今为止对经理的工作方式几乎没有造成任何影响。

(8)经理处于"恶性循环"之中。职务的压力使经理难以接受管理学家的帮助,其自身的工作流于肤浅,这又反过来导致了更大的压力,大型机构的高层经理压力更大。

(9)管理学家可以帮助经理打破这种"恶性循环",但学者们需要理解经理的工作并能接近经理的口头信息基地。管理学家对经理的帮助主要体现在制定战略和信息处理方面。

(10)管理工作是非常复杂的,它比管理学文献中描述的要复杂得多,切忌满足于用一个简单处方来解决困难,只有在对管理有明确理解后才有可能做出重要改进。

要想真正掌握明茨伯格的经理角色理论,千万不能把他提出的十种角色割裂开来。这十种角色是一个相互联系、密不可分的整体。在任何情况下,人际的、信息的和决策的角色都是无法割裂开来的。明茨伯格的理论对经典管理学是一个颠覆。他的学术锋芒直刺管理学理论的各个方面。

21世纪的管理学究竟走向何方?不同的学者有不同的回答和猜想。尤其是关于管理学是不是科学的争论,几乎吵翻了天。在这一争论中,明茨伯格认为,管理中有科学的成分,但不全是科学。管理中科学的成分是关于人在组织中的行为和互动规律的总结与提升。对于管理的本质,明茨伯格归纳了三个关键词:科学、艺术和手艺。

三、德鲁克对管理理论的贡献

在管理界,德鲁克的名声如雷贯耳,在他不平凡的一生中,共出版了40部著作,涉及社会学、政治学、经济学、管理学、心理学、文学、艺术以及历史等学科。当然,德鲁克的成就绝不仅在于他的著作数量上,而且在于他的著作改变了人们的生活,更新了人们对社会的观念,对个人、企业、政府以及非营利组织都产生了深远的影响。

1954年,德鲁克出版《管理的实践》,开启了管理学发展史上的新时代。在管理学的学科发展方向上,德鲁克以其浓厚的人文和实践色彩,致力于矫正现代管理学过于科学化、理论化的倾向。他提出的目标管理理论,是管理行为由他治走向自治的标志。

德鲁克认为:"管理是一种实践,其本质不在于'知',而在于'行',其验证不在于逻辑,而在于成果。"而学院派管理学者往往以经济学的思路研究管理,试图将管理学构建为类似于经济学的逻辑体系。在管理科学化、理论化的趋势下,德鲁克被学院派"客客气气"地冷落在一边。以至于以讲座和咨询闻名的彼得斯愤懑不平地抱怨说,他在斯坦福大学商学院学习时期,从来没有听到一位教授谈起过德鲁克。对德鲁克自己来说,他一直关注管理实践,担任多家大公司的管理咨询顾问,其管理思想同管理实践基本保持同步,既保持着管理学的经验本色,同时又能以敏锐的洞见指出经理忽视或者未感受到的东西,因此得到了企业CEO的热烈追捧。对此,我们不妨说,德鲁克以对管理实践的重视,以先知式的感悟和思考,引领着管理思想,而学院派则以实证的、数理的和逻辑的方法,把思想变成规范的学术。美国管理协会主席爱德华·瑞利(Edward T. Reilly)甚至在颁奖时称:"如果我们说管理是20世纪最伟大的发明,那么德鲁克就是无可争议的最伟大的发明家。"

着眼于德鲁克管理思想的组织和社会层面,管理评论家约翰·伯恩(John A. Byrne)指出,德鲁克于20世纪40年代总结通用汽车公司管理实践的经验和教训,提出事业部制分权思想,成为后来全球各大公司奉行的基本原则。20世纪50年代,德鲁克提出员工是企业的资源,而非成本,并强烈主张建立"工厂社区",尊重和信任工人,重建员工的"公民权"。20世纪60年代,德鲁克强调制度的重要性,呼吁将魅力型领导的风格制度化。20世纪70年代,德鲁克率先关注知识工作者的生产率问题,其难度甚至超过20世纪初泰罗和吉尔布雷斯夫妇等人提高体力劳动者生产率的动作研究,关乎21世纪西方文明的盛衰。伯恩的评价,基本上概括了德鲁克在不同时期的主要贡献,但他忽视了德鲁克思想的一些基本内容,没有涉及德鲁克20世纪80年代以来的新思想。

显然,不论何种评价都注意到了德鲁克非同凡响的两个特点:一是思想的领先性,二是管理的社会性。德鲁克确立的是管理在现代社会中的地位和功能。现代社会是由各类组织构成的,而组织如同社会的器官一般。"组织的社会"和"社会的器官"的对应,定位了管理所处的位置。正是在这一意义上,德鲁克是20世纪最重要的管理思想家,而铸成这一重要性的途径和方式,就是德鲁克的社会生态分析。

第五节 管理发展新趋势

20世纪90年代,互联网和人工智能迅速兴起和发展,为组织变革提供了技术条件,这对管理活动也提出了新的挑战。知识经济超越传统产业,虚拟经济超越企业实体,呼唤着管理学的变革。杰夫瑞·菲佛(Jeffrey Pfeiffer)提出的"循证管理"和萨曼特·高歇尔(Sumantra Ghoshal)提出的"个性化公司",就是其中的两个例子。但这种转变至今尚未全面展开,新变革的方向依然不明确,但主题已然显露,主要集中在由自治到创新、组织变革等方面。这个时期的关键词是个性。管理学的发展与时代紧密相关,其关键词经过生产、效率、人本、自治、个性的变化,概括了管理学理论的演变过程。

一、信息技术对管理理论的影响

20世纪以来,信息技术的飞速发展成为管理学领域的巨大推动器,推动着管理学领域乃至管理学理论的飞速发展。

信息技术的发展对流程再造的影响是巨大的。所谓流程再造,就是利用信息技术打破旧有的常规。迈克尔·哈默(Michael M. Hammer)和詹姆斯·钱皮(James A. Champy)强调,如果公司领导人不能改变自己的信息技术观念,就不会有流程再造,新的信息技术不能仅仅用来改善当前的工作,而是要用来做以前没有做过的工作。信息技术不是用来帮助企业原有流程更好运行的改进工具,而是用来摧毁原有流程的重磅武器。正是基于这种思路,信息技术的一个重要特点,就是使信息可以在多个地方被重复使用,实现增值,却不会增加成本。

信息系统不是着眼于发挥专家的作用,而是着眼于使通才式的非技术人员能够完成过去只有专家才能完成的工作。以往的组织结构往往在集权和分权上争执不休,而信息技术可以使组织同时获得集权和分权的好处,在强大的信息系统支持下,高度集权和高度分权可以在同一时空出现。在这种全新的组织结构中,决策变成了所有组织成员的分内工作,而不再是经理的专利,公司最基层和最高层之间的距离被大大缩短,甚至可以零距离运作。因此,流程再造必须创造性地利用信息技术,通过再造转换管理模式,使先进的信息技术真正发挥管理效益。

流程再造的理念要得以推广并付诸实践,在很大程度上依赖于IT产业的兴起和计算机技术的应用。在业务流程的再设计和整合中,信息技术的广泛介入和恰当使用是关键。以1998年信息产业部的成立为标志,中国信息产业进入一个新的发展时期。近年来,中国信息产业持续快速发展,已成为国民经济的支柱产业之一,这为中国运用流程再造理论提供了技术前提和平台。如今,信息技术的应用已由公司的局部环节扩展到了公司的整体运营,信息技术的范围已经由办公自动化扩展到了决策过程和组织层面。从这个角度上来讲,企业流程再造理论在中国的应用基础已经形成:中国电器行业领军者海尔集团于1998年9月8日开始进行以市场链为纽带的业务流程再造,以"人单合一"为内容的组织变革,取得了很好的效果。

除此以外,迈克尔·波特(Michael E. Porter)在《战略与互联网》一文中也认为,现代信息技术的发展,大大改变了企业竞争的性质和结果。如果企业在竞争中能够运用信息技术占据先机,那么就能给企业带来暂时的竞争优势。之所以说这种竞争优势是暂时的,是因为某一单项的技术,很容易被其他企业模仿。同技术的改进对企业竞争优势的影响几乎一样,企业的其他活动也会在某个时刻发挥关键的作用,至于具体什么条件下哪一项活动会起作用,则要视产业发展阶段和技术进步情况而定。

由此可见,信息技术的发展对现代管理思想的发展影响深远,并深深扎根于管理学的各个领域之中,潜移默化地影响着人们的生活。

二、个性化和平面化对管理理论的影响

管理学界有两个"三部曲"已久负盛名,一是阿尔弗雷德·D.钱德勒(Alfred D. Chandler, Jr.)的企业史三部曲,二是波特的竞争战略三部曲。20世纪90年代以来,又有一个三部曲直追其后,这就是哥印拜陀·克利修那·普拉哈拉德(Coimbatore K. Prahalad)的未来三部曲。普拉哈拉德和核心竞争力的研究,已经成为当下的管理时尚。

普拉哈拉德1941年出生于印度南部泰米尔纳德邦的哥印拜陀镇。从1990年普拉哈拉德和加里·哈默尔(Gary Hamel)首次提出"核心竞争力"到今天,国内外相关理论家和实践者就好像发现了一处管理学的新矿,正围绕它进行多方位的勘探发掘,对核心竞争力做出多种解读,并在其外延和内涵上不断拓展。如今,核心竞争力已成为衡量企业发展与否的重要标准,无论在理论界还是实践界都备受关注。

普拉哈拉德将核心竞争力精辟地总结为"组织中经过整合了的知识和学习技能,尤其是如何协调各种生产技术以及如何将众多的知识一体化"。通俗一点说,核心竞争力既不是产品,也不是服务,而是隐藏在产品和服务背后的不断扩展和提高的知识和技能。一个企业要想在全球化、信息化社会获得发展,必须拥有自身的核心竞争力。这种核心竞争力不是任何企业都普遍拥有的人力、资源、管理和技术等方面的能力,而是一种其他企业难以模仿、无法复制,且社会和顾客又不可缺少的能力。如何使企业拥有竞争力,进而拥有别的企业无法超越的核心竞争力,是经营战略的关键。

在普拉哈拉德和哈默尔看来,核心竞争力最明显的特征主要有两点:一是市场定位对准客户需求;二是难于被竞争对手模仿,即对内要拥有自身优势,对外要迎合客户需求。

基于普拉哈拉德和哈默尔对管理学的贡献,当今的管理学界几乎人人都在谈论核心竞争力。当今的企业要打造并提高核心竞争力,千万不要仅聚焦在产品上。在经营企业时,重视产品无疑是正确的,但这不是核心竞争力,而是生存的底线。从企业员工到掌舵人都应该平心静气地反思一下,自己所在的企业,有没有形成核心竞争力的基础条件?有没有走在形成核心竞争力的路上?如何做才能形成属于自己的核心竞争力?如果拿唐代诗人为榜样,作为员工,要力求运用自己的各种能力整合形成诗人的品质和能力,并不断升华自己的技能;作为经理尤其是高层管理者,要在企业中形成唐诗那样的场域和环境,这才是核心竞争力的根本。

三、不确定性的冲击

(一)高歇尔和个性化公司

除了信息技术和创新观念的影响,管理学领域还面临着其他不确定性的冲击。萨曼特·高歇尔(Sumantra Ghoshal)是欧美具有广泛影响的亚裔管理学家,他与克里斯托弗·巴特利特(Christopher Bartlett)合作出版的《跨边界管理》一书,开创了跨国公司管理这一研究领域。他所归纳的跨国公司经营模式,已经获得学术界认可。在传统与变革、组织结构与文化氛围以及管理角色的不同类型等方面,高歇尔提出了新的研究构架,其著作已经成为跨国公司管理的经典,被广泛引用和传播。在管理思想上,他与巴特利特合作出版的《个性化公司》,深入讨论管理变革与人本理论,极具冲击力且富有哲学内涵,对管理学的发展方向有着前瞻性思考。高歇尔的学说,在对企业社会价值重新定位、推动管理由他治向自治的转变以及管理方法的彻底变革等方面形成新见解,直接挑战以经济学为基石的管理学术体系。他在遗作《恶劣的管理理论正在破坏优良的商业实践》一文中,直指商学院的教育模式和管理理论的基本假设,批判管理学的"科学化"和"去人性化"倾向,在全世界引起了广泛讨论。高歇尔虽然英年早逝,但他的思想已经成为管理思想史上的珍贵遗产。

（二）菲佛和萨顿的循证管理

杰弗瑞·菲佛（Jeffrey Pfeffer）和他的同事罗伯特·萨顿（Robert Sutton），是循证管理的开创性人物。他们借鉴循证医学的理念，试图对管理学的发展方向做出革命性的探索。菲佛提出的资源依赖理论，在组织理论中自成一家，在组织生态和权力研究上有着巨大影响；菲佛和萨顿的《知行裂隙》，对管理中的知识和行为关系进行了开创性研究；他们在《管理的真相》一书中，系统构建了循证管理的思路和框架。循证管理立足于后现代式的解构分析，把貌似神圣的管理学原理，用企业经营中的事实予以评判，一切从证据出发，辨析加分析，揭开笼罩在管理理论上的神话，区分真假参半的传言，澄清没有根据的谬论，使管理学回归现实，坚持对真相的尊重和对生活的回归，从而给管理学竖立了穿越理论迷宫的路标。

除了对循证管理的开创性贡献，菲佛还对知识不能转化成行为的问题进行了入木三分的揭示，对管理的六大传言进行了鞭辟入里的论证。在一定意义上，循证管理不仅是管理实践者的操作指南，而且是管理研究者的思考方向，对于调整管理理论与管理实践的关系，发掘管理的本质，改进管理的方法以及变革管理的思维，有着时代性的贡献，在管理思想的当代发展上进行了可贵的探索。

本章回顾

- 早期资本主义时代，大规模生产开始，管理行为逐渐增多，为提高工厂生产效率，有不少学者探索管理相关理论，其中的代表就是亚当·斯密的分工理论，罗伯特·欧文的人事管理革命以及查尔斯·巴贝奇的一般管理原则。
- 随着资本主义的不断发展，以"经济人"为假设。西方古典管理理论不断丰富，泰罗带来了科学管理理论，开创了科学管理的先河；法约尔的一般管理理论至今被沿用；马克斯·韦伯的官僚制引发了几个世纪的讨论，关键词是效率。
- 现代管理学的基本特点是不再局限于单纯追求效率，而是确立了"以人为本"的理论基础，研究管理中人的问题，专注于个体行为与组织行为。现代管理理论主要包括行为管理理论、组织社会系统理论以及决策理论，关键词为人本。
- 当代管理学通过实践提炼和检验管理理论，改变个人与组织之间的对抗现象，追求管理由他治向自治的转化。当代管理学主要包括组织学习理论、管理角色理论以及目标管理理论，关键词是自治。
- 随着信息技术的发展，世界来到了一个完全不同的时代，不断拥抱个性和追求创新是这个时代生存的本能。管理学未来也应该走向个性，寻求新的发展。

本章习题

习题及参考答案

案例讨论

案例

讨论：

1. 宝洁公司和爱立信公司分别是如何进行变革的？
2. 二者在变革中分别采用了哪些现代管理理论？
3. 二者的变革有何不同？

拓展阅读

拓展阅读

第三章 管理的道德与社会责任

导言

第一节 管理活动中的道德作用逻辑与功能

一、管理道德的内涵

所谓管理道德,是指管理活动中一个组织的基本价值观和它希望员工遵守的道德规则与职业伦理,它既有关涉职业道德的正式文件,也有管理行为所遵循的常规惯例和无意识准则。管理道德包含以下几方面的内容:①管理道德是管理活动中所应遵循的价值准则与伦理规范;②管理道德既包括无形的组织价值、组织文化与组织管理,也包括有形的有关道德伦理的组织制度规范;③管理道德应与社会道德和个体伦理相统一,且管理道德应该足够宽松,从而允许员工有自由裁量和自我判断的空间。

二、管理道德的分化

(一) 功利主义的管理道德观

功利主义的管理道德观认为组织目标在于大多数人的利益最大化,即组织效用最大化。依照功利主义的观点,组织应该进行末位淘汰,解雇那些效率低的员工,从而使整个组织的效率保持最佳。一方面,功利主义的管理道德观有利于提升效率和生产力,并符合企业利润最大化目标;另一方面,功利主义的管理道德观可能会忽略组织中弱势群体的利益,以至于导致资源配置不合理,公平性丧失。

(二) 公平主义的管理道德观

与功利主义的管理道德观相对立,公平主义的管理道德观要求管理者公平公正地执行规则,并在管理活动中做到过程公平,在组织资源分配中做到结果大致均等。例如,秉承公平主义的管理道德观的管理者鼓励员工对组织决策的积极参与,给新入职的员工支付高于最低限度工资的薪金。在管理活动中秉持公平主义的道德观保护了组织中的弱势群体和话语权不足的群体,但也会引发组织风险承诺降低、创新力不足和生产效率低下等弊端。

(三)权利主义的管理道德观

权利主义的道德观主张组织公权力不能干预员工私权利。权利主义的管理道德观认为在管理活动中应该尊重和保护个人自由与特权,如隐私权、价值自由、言论自由和法律赋予个体的各种权利。权利主义的管理道德观一方面可以弱化员工与组织之间的利益冲突张力,另一方面也可能导致组织凝聚力不足,管理活动过于墨守成规,进而阻碍生产力和效率的提高。

三、管理道德的作用逻辑

人们通常认为管理活动是一种经济行为,而企业伦理道德建设是非经济行为,因而对管理活动与伦理道德建设二者的关系产生模糊甚至错误的认识:一是"管理活动价值无涉论",认为企业管理作为一种经济行为要现实地发挥作用就要尽可能地减少各种非经济因素的干扰。非经济因素的干扰不仅有碍企业管理活动功能的发挥,而且最终会以牺牲企业的经济效益为代价。二是"管理伦理道德建设无用论",认为伦理道德建设是非经济行为,它不可能给企业带来任何利润和好处,在没有效益就没有企业生存的今天,企业伦理道德建设显得多余。与这种观点相似的还有一种"形式主义论",他们把管理伦理道德建设、思想文化建设和精神文明建设都斥之为"形式主义",在反"形式主义"的口号下,主张取消企业管理的思想、文化和道德建设。三是"管理伦理道德建设偏离中心论",主张企业伦理道德建设在新形势下要"退居二线"。以上三种观点,共同的错误在于把管理行为与企业伦理道德建设对立起来,把企业活动中的经济行为与非经济行为对立起来,只看到了二者矛盾的一面,并没有看到二者的内在统一性。

实践证明,管理活动与企业伦理道德建设二者的内在是统一的。首先,其统一性表现在二者是企业物质文明建设与精神文明建设的统一,体现了社会主义企业"两手都要抓,两手都要硬"的办企方针。物质文明与精神文明建设二者既相互区别,又相互联系、相互促进的辩证关系原理,是企业伦理道德建设活动的基础理论之一。

其次,管理活动与伦理道德建设都是为企业的生存和发展服务的。科学的管理是生产力,它能给企业带来直接的经济效益;企业的伦理道德建设也是生产力,它能使企业保持良好的企业形象和声誉,提高企业的知名度和增强企业的市场竞争力,给企业带来巨大的和无形的收益。正因为如此,市场才有"信誉值千金"之说。

再次,二者的统一性还表现在管理活动在内容上包含着企业伦理道德建设。管理者在管理过程中必须利用各种手段,包括政治的、经济的、法律的和道德的等来调节企业与国家之间、企业与企业之间以及企业内部职工之间的各种利益关系。因此,没有伦理道德建设的管理活动就不是完整意义上的管理活动。企业伦理道德建设,不仅是企业管理活动中的重要内容,也是企业管理活动的一个重要手段。

最后,管理活动与道德伦理建设的统一性还表现在它们功能的发挥是内在与外在的统一。企业管理活动是管理者所实施的一种主体性行为,相对于企业职工个人而言,是外在作用于个体的过程。而企业伦理道德建设则是从培养个体内在的思想道德素质出发,重在培养企业职工"爱岗敬业"的内在自觉性,使企业职工能最大限度地发挥其潜力和主观能动性,为企业创造财富。因此,那种把企业管理活动与企业伦理道德建设完全对立起来的观点不仅在理论上是错误的,而且在实践中对企业的发展是极其有害的。

四、管理道德的功能

(一)保证程序公正

程序公正是指组织成员能够在影响其自身利益的相关组织决策中发出自己的声音和发挥应有的影响力。程序公正包括对待不同组织成员、居于不同时段均能保持良好的一致性,充分考虑组织成员的利益,以及对于组织偏见、敏感性信息和错误程序纠正等所具备的处理能力。

(二)促进分配公正

分配公正主要聚焦于组织资源的公正配置。如组织资源的支出和对组织成员的资源使用约束等,因此组织成员对组织分配公正的认同感是与其对组织补偿机制以及组织行为结果的满意程度相关联的。

(三)维持互动公正

个体在决定如何对权威形象做反应时依靠的是互动公正,在决定如何对整个组织做反应时依靠的是程序公正。互动公正预测与上司有关的后果,程序公正预测与组织有关的后果,互动公正对以代理人为参照的后果比对以系统为参照的后果有更强的预测力。

第二节 管理的道德要素与实现

一、管理的道德要素

(一) 职业伦理

管理的职业伦理包括职业目标、关系和规范等几个方面。职业目标是从业者及其组织对于所从事工作行为的目标的认识,按不同层次可分为个人目标、工作对象目标和社会目标等。职业关系是从业者与其所从事工作相关人际因素间的互动状况,包括从业者与工作对象、所在组织以及社会间的工作关系。职业规范是从业者所应该遵循的相关法律及组织规章、制度和行为要求等。

(二) 组织伦理

管理的组织伦理包括伦理法则、沟通机制、报酬系统、组织监管和伦理培训等几个方面。伦理法则是组织基本道德观念和希望其成员遵守的道德规则的正式文件,描述了组织对利益相关者的责任或者对员工行为的期望,明确了公司所持的道德观念、追求的道德目标以及能够负责的内容。沟通机制是组织伦理控制的重要因素,包括沟通机构、沟通方式和沟通程序等几个方面的内容。报酬系统是组织收入分配方案的重要组成部分,是组织成员获取劳动报酬或其他报酬的参照标准和获取途径,伦理作用体现在报酬定位和报酬公平性两个方面。组织监管是组织建立的基于股东利益和成员考察的监管系统,定期检查组织伦理程序的执行状况。伦理培训是组织通过规则学习、伦理讨论和角色扮演等培训过程,强化个人的组织伦理意识,明确组织伦理要求,提高组织成员的伦理识别能力、敏感程度和决策技巧,统一员工伦理行为,协调内外部伦理矛盾,从而有效控制组织伦理的形成和发展方向。

(三) 个人伦理

管理的个人伦理包括个人价值观、道德发展阶段和道德获准等几个方面。伦理决策的最初影响来自决策者的个人价值观,这些价值观是人在一生的经验中形成和改变的,其形成受到个人能力素养、个人对环境的依赖性、个人对命运的理解方法等影响。劳伦斯·柯尔伯格(Lawrence Kohlberg)将个人道德发展分为三个层次,每个层次又分为两个阶段。这一理论为正确的道德行为提供了新的理论基础,即从以自我为中心转变为以团体为中心,进而发展为原则中心主义。个人道德获准是"避免受到道德反对的愿望"。戴维·弗里切(David J. Fritzsche)认为,道德获准理论的基础是行为的四个组成部分:后果大小、罪恶确信、合谋程度和受强迫程度。

二、影响道德的因素

(一)社会道德发展水平

个体存在并发展于社会交互当中,不断的社会交互促成个体的社会化,并使其形成稳定的价值道德观。因此,社会道德发展水平在一定程度上决定了个体的道德水平。有研究表明,社会道德发展存在三个水平(前惯例水平、惯例水平和原则水平),在每一个相继的发展水平上,个人道德判断变得越来越不依赖外界的影响。

在前惯例水平上,个人被物质、惩罚、报酬或互助等自利性行为卷入其中,才对正确或错误的价值观念做出反应。当演进到惯例水平时,道德价值存在于维护传统秩序和共同体的期望之中。进一步发展至原则水平时,个体将做出明确的努力,摆脱他们所属的团体或一般社会权威,并确定自己的道德原则。

(二)规则和制度

具有规约效应的规则和制度可减少不确定性,岗位说明和明文规定的道德准则可以有效整合组织行为。相关研究表明,上级的行为对员工的道德或不道德行为具有强有力的影响。人们总是审视管理当局会做什么,并以此作为什么是可接受的和期望于他们的行为标准。一些绩效评价系统聚焦业绩结果,体现结果理性;而另一些绩效评价系统既注重结果,也重视过程和手段。如果仅以结果作为评价绩效的制度,则会增加人们不择手段追求成果指标的压力。与评价制度密切相关的是报酬分配制度,奖罚依赖于具体的绩效输出,绩效目标可能和道德标准存在冲突,它们之间面临着此消彼长的情境。此外,时间、竞争、成本和工作压力越大,组织员工就越有可能放弃自我道德标准。

(三)组织文化

组织文化作为一种外在的道德环境可影响管理道德行为。组织可能形成较高的道德标准文化,如具有高风险承受力以及对冲突高度宽容的文化。处于此种文化中的管理者将被激励采用创新、授权以及进取的管理道德行为,并对他们认为不符合组织公序良俗的或与组织预期相悖的管理行为做出反抗与挑战。

(四) 价值偏好和排序

管理者对道德问题本身的判断也会深刻地影响管理行为,决定其问题价值判断的六个要素如下:

(1) 道德伦理对相关人员的行为整合作用有多大?

(2) 某种道德行为的受害者(受益者)受到多大程度的伤害(受益)?

(3) 管理行为实际发生和将会引起可预见的危害(受益)的可能性有多大?

(4) 在该行为发生到产生预期结果之间,持续的时间多久?

(5) 你认为在社会、心理或物质上,你与该种邪恶(有益)行为的受害(受益)有多么接近?

(6) 多少舆论认为这种行为是邪恶的(善良的)?

依据以上原则,人们感知所受的伤害越大,认为这种行为是邪恶的舆论越强,行为发生和导致实际伤害的关联性越高,从行为到后果的间隔时间越短,观察者感觉与受害者利益越密切,对相关人员的规约效应越强,则问题的价值判断强度就越大。总体而言,这六个要素决定了道德价值偏好。当一个道德问题对管理者很重要时,我们有理由期望管理者采取更符合道德的行为。

三、管理活动中的道德冲突

管理活动中的道德冲突的表现形式有角色异化、角色模糊和角色多元,具体如图3-1所示。

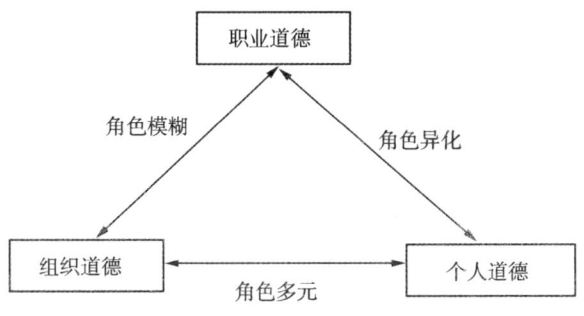

图 3-1 管理活动中的道德冲突

(一) 角色异化

个人价值观与职业价值观无法匹配,组织员工在保持个人价值观和遵照职业价值观之间产生两难冲突,无法放弃既有的个人价值而又不得不努力寻求职业价值的最低容忍度,以完成自我价值确证。

（二）角色模糊

由于职业伦理与组织伦理间存在较大的价值分歧或冲突,导致组织员工在具体工作中,特别是面临伦理困境时,无法进行清晰的价值选择。

（三）角色多元

组织成员由于面临个体价值观念与组织价值要求之间的矛盾冲突,压力之下被迫扮演"多面人"角色,根据组织的不同要求调整个体行为,而每个角色之间可能存在着反向张力。

四、管理活动的道德实现

（一）道德思维

伦理型组织的组织思维特征,不是纯粹的经济思维,也不是纯粹的道德思维,而是基于组织伦理规则要求,从更加宏观、更加整体的视野,综合平衡内外部经济性、合法性和道德合理性,协调组织长短期的经济文化发展目标,谋求组织在更长时期内与组织成员、合作伙伴以及所处外部环境间的共同发展。

（二）制度规约

制度支持表现在组织机构和规章制度两个方面。伦理型组织为实现其伦理价值目标,在组织机构上常设有专业的伦理监管部门,负责日常组织运营中伦理规则的制定、伦理方向的把握、伦理问题的处理以及对组织成员的伦理沟通和伦理培训等。组织伦理规则明确了组织伦理价值目标和伦理行为规范,指导组织成员产生正确的、符合组织伦理要求的工作行为,而相关的奖励、处罚制度则从物质和精神两个层面引导、激励组织成员追求共同的组织伦理目标。

（三）宽泛取向

伦理型组织所追求的经济合理,除一般意义上的货币含义外,更多的是对于组织伦理目标自身的追求,包括各种不同的组织伦理构成要素,如员工、顾客、社会和环境等。宽泛取向对单纯经济取向的超越,构成伦理型组织的基本特征,这一特征决定了伦理型组织在具体运营过程中基于伦理价值目标的行为模式,也决定了其组织运营目标的整体性和道德合理性。

（四）员工发展

伦理型组织为员工发展建立了良好的机制和途径,包括时间、财政与工作机会上的支持和员工发展方向的正确引导。组织员工能够感受到学习和发展的机会,包括个人和职业生涯的各个方面,从而意识到个人与组织间关系的重要性,以及组织对个人的重视程度,并因此自觉从组织整体出发规划自身行为,努力实现与所处组织的共同发展。

第三节　企业社会责任

一、企业社会责任的内涵

随着社会经济的迅速发展和企业主体地位的不断加强,现代企业不再仅仅是经济机构,它对社会、经济和政治等人类生活的方方面面都有着深刻的影响,已经成为整个社会体系中的重要组成部分。因此,社会对企业提出了更高的要求,即在发挥自身经济功能的同时,承担更多的社会责任,更好地发挥自身的社会功能。那么,什么是社会责任?

最早提出"企业社会责任"这一概念的是英国学者奥利弗·谢尔登(Oliver Sheldon),见于其1923年著作《管理哲学》。随后学术界发生了两次著名的关于企业社会责任的论战,其中一个是"贝利-多德论战",主要针对公司的经理人员代表谁的利益。多德认为公司是一个公众团体,经理人员对和公司有密切关系的任何利益相关方都要负责;而贝利则认为追求利润才是公司的主要目标,所以经理人员只对所有者和公司的投资者负责。他们的论战引起人们对企业社会责任的广泛关注,同时也为企业社会责任的发展奠定了坚实的思想基础。

关于企业社会责任如何界定,历来都是争议的焦点,股东利益最大化派的代表人物米尔顿·弗里德曼(Milton Friedman)认为,企业社会责任就是在遵守国家法律和社会道德的前提下追求公司利润最大化,除了维护股东利益、生产销售产品和服务以及吸收就业之外,无须承担其他任何社会责任。但更多的学者不同意弗里德曼的观点。学术界对企业社会责任的一些探讨,如表3-1所示。

表3-1　企业社会责任代表性概念

学　者	企业社会责任的定义
霍华德·鲍恩 (Howard Bowen)	企业经营者具有按照社会目标和价值观去确定政策、做出决策和采取行动的义务
斯蒂芬·罗宾 (Stephen P. Robbins)	企业社会责任主要是企业为了实现发展目标,在不违背法律和经济底线的情况下所担负的责任

续表

学 者	企业社会责任的定义
约翰·埃尔金顿 (John Elkington)	企业应守住三重底线:经济底线、社会底线和环境底线,要承担经济责任、社会责任和环境责任
乔治·斯坦纳 (George Steiner)	企业社会责任主要有内在责任和外在责任两种,内在的主要是对员工的责任,外在的则是对少数社会团体的责任,如残疾人员等
戴维斯 (Keith Davis)	企业社会责任指的是企业管理者对整个社会的进步和保护社会的整体利益所承担的一种管理责任,必须与企业的社会权利相称
彼得·德鲁克 (Peter F. Drucker)	企业有三大社会责任。第一是盈利,盈利带来成长,创造社会财富;第二是优秀的管理,这样才能合理地运用社会资源;第三是引导社会理念,提升社会凝聚力

不论是学术界还是工商界抑或政法界,对企业社会责任都没有一个统一的定义。在一定意义上,企业社会责任是各个国家、地区和行业根据自身需要对社会责任进行针对性强调的内容。本书认为,企业社会责任应指企业超越道德、法律以及公众要求的标准,在商业经营活动中应当考虑其利益相关者所造成的影响,如员工、顾客、供应商、社会团体、母公司或附属公司、合作伙伴、投资者和股东。除了追求利润目标之外,还应把对社会和环境的影响纳入自身责任之内,其目标应包括改善环境,保护和增加社会福利以及促进社会和谐发展等。

二、企业社会责任的内容

（一）经营责任

公司治理结构是否科学,决定了该企业能否正常经营与未来发展。科学的治理结构涵盖了小股东投票权、董事会结构、独立董事比例和监事会体系信息。

（二）企业治理法人责任

企业法人对股东、债权人和管理者的责任。其责任包括考量投资关系、股东的知情权和股东利益以及利润分配等办法;对债权人要有债务风险提示;对管理者报酬和业绩激励问题的处理。

（三）客户责任

为客户提供安全可靠的产品及服务,保障客户自由选择和公平交易的权利,尊重客户。

（四）雇员责任

保障员工的福利,并为他们提供安全健康的工作环境和提升自我能力的机会,丰富员工的文化生活等。

（五）承担社会公益事业的责任

对文化体育教育事业的投入和赞助，为公共交通、医疗保健服务、市政和娱乐设施建设等方面提供人力、财力和物力的支持等。

（六）环境影响和资源使用的责任

企业对环境影响和资源使用负有责任，包括合理高效利用国家资源，充分保护环境，创新科技，改进技术，节约能源和降低单位产品能耗。有条件者应安排专项资金来保护环境，让各项目符合环保标准和行业法规。

（七）政府责任

企业应合法经营，依法纳税，接受政府的依法管理和监督。

三、企业社会责任履行的影响因素

（一）股权结构

股权结构对公司控制权的分布有决定性作用，同时能够明确所有者与经营者之间委托代理关系的性质。其中，国有股的根本属性是全民所有，它所产生并上缴的红利理应由全民共享。政府监督企业的目标主要是社会稳定、提高就业率以及让企业获得最大化收益，因此政府也负有很多社会责任。

（二）董事会特征

董事会是公司治理的重要机制，它的行事特点和决策风格影响着企业的各种表现，进而影响到企业社会责任的履行问题。随着董事会规模的扩大，成员之间会出现相互搭便车等代理问题，而且人数过多导致各成员的目标函数更加分散，这样的董事会更像花瓶，不仅会增加其决策难度，还会降低效率，即董事会规模与企业绩效呈负相关。

独立董事一般由与公司所处行业有关的专家担任，他们与公司没有直接的利益纠葛，所以能够以局外人的身份看待公司的各种行为，行使相应的监督、建议和指导权。他们一般很少与经理层合谋，做出有损其他利益相关方的行为，这在一定程度上也能促使企业形成注重社会责任的行事风格。

（三）高管薪酬

高级管理人员、企业股东和董事会成员等利益相关者拥有不一样的利益占比，对高管进行约束和激励是一种直接有效解决相关冲突和矛盾的方法。这使得绝大部分人的目标函数都与公司利益相一致，从而降低道德风险和逆向选择问题出现的可能性，最终增加企业的绩效。

(四)法律健全程度

市场经济的灵魂在于"市场"二字,而市场需要法治来维持其竞争的活力和公正公平。健全的法律体系有利于降低交易成本,监督经济合同合法高效地履行,也能增强投资者的信心指数,保护市场参与者的合法权益。从《公司法》《劳动法》《劳动合同法》到《环境保护法》,都对企业的法律责任予以明确,但是其实施的效力和强度则是法律起作用的另一个关键维度。

(五)政府干预

"看不见的手"和"看得见的手"两个比喻都强调市场独立的重要性。政府干预在一定程度上虽然能够推动区域的发展,如美国的西海岸城市群建设和我国的西部大开发战略,但过度的政府干预会加重企业压力,不利于社会资源的合理分配,从而导致企业目标函数不清晰。政府干预会使企业借用行政力量不断地成长,进而发展为垄断,形成权贵资本。在行政力量的一路绿灯之下,企业会逐渐丧失基本的竞争力,这样也增加了代理成本。政府的功能是创造竞争的环境而非直接介入竞争的过程。政府过多干涉企业,则会阻碍企业的长远发展。

四、企业社会责任的实现

(一)完善制度规范

我国仍有不少企业管理者认为承担社会责任会减少收益,因此政府应加强对企业的监督和管理来促使企业主动承担社会责任。政府作为市场中的领导者,应该制定相关的制度来督促企业履行社会责任。这也意味着政府需要评价企业履行社会责任的行为,可通过制定一套完善的社会责任评价系统来完成。同时,政府可建立一套完整的奖惩体系,对表现优秀的企业进行奖励,对表现较差的企业进行处罚,以此来调动企业主动承担社会责任的积极性。

(二)加强舆论宣导

企业社会责任的履行同样也离不开社会公众的监管。加大对企业社会责任的宣传能让公众更好地认识到企业对员工、股东、债权人、政府、社区以及环境的责任。这有利于较好地履行社会责任的企业在市场竞争中获得更多优质的潜在资源,最终促进各企业主动承担社会责任。

(三)强化外部监督

加强外部监督管理涵盖了两个层次的内容:第一,披露企业社会责任的信息体系应当完善。现有的企业会计准则对社会责任会计信息的披露范围做了规范,采用强制的约束手段规定企业要将所有对企业有利或者不利的消息按时对外报告。通过这样的强制执行,能统一规范社会责任信息,保证企业对社会责任活动进行良性管理。第二,加强相关法律法规对企业社会责任的监督。目前我国企业总体履行社会责任的情况并不令人十分满意,究其原因可能在于企业违法成本远低于企业违法所获得的收益。因此,政府相关部门应该制定严格的法律法规,通过硬性的监督和约束确保企业规范自身行为,达到履行社会责任的最低要求。奖惩制度也要分明,对于有大额捐献支出的企业给予一定的税收减免优惠,对于存在违法行为的企业绝不姑息,充分发挥政府在推动企业社会责任发展落实过程中的重要作用。

要想充分调动企业履行社会责任的积极性和主动性,企业需要认识到承担社会责任有助于其价值增值这一本质,将对利益相关者承担责任与自身利益联系在一起,才会自觉履行社会责任。同时,辅之以必要的外部监督管理来规范履行社会责任的行为,才能从根本上改善企业履行社会责任的情况。

（四）塑造企业文化

意识往往决定着行为,因此,企业必须明确认识到承担社会责任不仅是公民的基本义务,而且可以为企业创造源源不断的价值。企业不应将履行社会责任当作一种额外的负担,而应将其看作是获取社会资本的一种投入,并且这种投入能获得长期有效且额度相当的回报。履行社会责任有利于企业实现价值最大化的目标,并使其转变经营理念。企业只有强化履行社会责任的意识,提高履行社会责任活动的质量,统筹兼顾企业所有利益相关群体的整体权益,才能从长远角度提升企业的核心竞争力,获得可持续稳健发展。此外,企业务必要和政府建立融洽的社会关系,遵纪守法,照章经营,按时纳税,以获得政府各方面的支持,同时还要保障股东和员工各方面的权益。

企业文化是一个企业的立足之本,决定了企业的发展导向,关系到企业的战略问题。它是追求利润至上？还是想成为引领行业的标杆企业？抑或是想成为当地的经济支柱,以造福一方为目的。这在很大程度上决定了企业承担社会责任的积极性。社会责任意识是内源性的动力,如此企业才不会抗拒履行社会责任,从而自觉地履行自身的社会责任,同时在挑选商务合作伙伴时会不自觉地或刻意地调查对方的社会责任履行情况。

（五）优化治理机制

企业治理涉及公司的总体架构,进而决定着整个公司的运营情况,上至战略决策、长短期目标、各种管理方式和规定,下至企业工作氛围、工作方式和员工关怀等,是一个顶层设计问题。高效的公司治理机制可以在很大程度上降低道德风险和减少逆向选择,极大地提升公司的竞争力和效率,创造一种积极向上的价值观,这将影响各个利益相关方的权益,进而提升企业社会责任的履行意愿和履行能力。企业可以建立利益相关者互相制衡的治理模式,这种治理模式在西方国家早有实践。例如,采取员工与经营者持股的管理模式来平衡各利益相关者的权益;设立相对独立的社会责任委员会,赋予公司各利益相关者重大决策的知情权,充分发挥其表达自主意愿的权利以确保企业决策的正确实施;建立完善的利益相关者监事制度和激励机制。据此,企业可结合自身实际情况予以一定的借鉴和完善。同时,企业应当认真贯彻落实社会责任。例如,企业应积极宣传社会责任的正确理念,可以定期组织座谈会和培训以及组织实施社会责任活动,建立有效的奖励制度;可以组织社会责任活动试点,领导应起到标杆带头作用,为其他员工树立榜样,规范具体行为,树立企业正确的思想观;还可以建立内部社会责任审计机制,监督各部门认真履行社会责任并及时反馈情况,促使企业向健康有序的方向发展。

(六)建立企业社会责任评价机制

企业社会责任的信息不对称会引发道德风险和逆向选择。对于利益相关者而言,有一个公开的平台披露和评价企业社会责任信息至关重要。但披露存在成本,这些成本既包括为进行企业社会责任信息披露可能发生的支出项目,也包括某一披露行为可能给企业带来的损失,即信息披露的机会成本。这些因素反过来作用于信息披露的质量,进而影响对公司的评价和利益相关方的决策。要跳出这一循环,只有推进披露和评价的法治化和常态化,同时借助媒体和社会舆论对其进行公开点评,以推进企业社会责任进一步落实,从而将社会责任履行不良的企业逐出市场。

本章回顾

- 管理道德是管理活动中所应遵循的价值准则与伦理规范。管理道德既包括无形的组织价值、组织文化与组织管理,也包括有形的有关道德伦理的组织制度规范。
- 功利主义的管理道德观认为组织目标在于大多数人的利益最大化,即组织效用最大化;公平主义的管理道德观要求管理者公平公正地执行规则,并在管理活动中做到过程公平,在组织资源分配中做到结果大致均等;权利主义的道德观主张组织公权力不能干预员工私权利。
- 管理活动中的道德功能在于保证程序公正、促进分配公正和维持互动公正。
- 管理活动中的道德要素包括职业伦理、组织伦理以及个人伦理。
- 影响管理活动道德的因素包括社会道德发展水平、规则和制度、组织文化以及价值偏好和排序。

- 管理活动中面临着道德冲突,主要体现为角色异化、角色模糊以及角色多元。
- 在管理活动中需通过塑造道德思维、完善制度规约、宽泛价值取向以及促进员工发展来实现管理道德伦理。
- 企业社会责任指企业超越道德、法律以及公众要求的标准,在商业经营活动中应当考虑其利益相关者所造成的影响。
- 企业社会责任的内容包括经营责任、企业治理法人责任、客户责任、雇员责任、承担社会公益事业的责任、环境影响和资源使用的责任以及政府责任。
- 企业社会责任履行的影响因素包括股权结构、董事会特征、高管薪酬、法律健全程度以及政府干预。
- 促使企业履行社会责任的路径包括完善制度规范、加强舆论宣导、强化外部监督、塑造企业文化、优化治理机制以及建立企业社会责任评价机制。

本章习题

习题及参考答案

案例讨论

案例

讨论:

1.程所长面临着哪些道德责任？如何化解这些责任之间的冲突？
2.如果你是程所长,你会如何选择？

拓展阅读

拓展阅读

第四章 管理的环境

导言

第一节 管理的外部环境

一、管理的外部环境的内涵

管理的外部环境是指存在于组织之外,对管理系统的建立、存在和发展产生影响的客观因素和条件。管理的外部环境的实质是作为开放的组织获取赖以生存和发展资源的空间场域。环境既包括那些对管理者的决策和行动产生直接影响并与实现组织目标直接相关的因素,也包括泛在的影响组织的经济与技术、政治与法律、社会与文化以及人口与地理等因素。

二、管理的外部环境的要素

（一）经济体制

经济学研究表明,不同经济体制对经济增长率的影响是不同的。在计划经济体制和相对封闭的政策环境下,企业自身没有自主的价格竞争和非价格竞争行为,也没有进入或退出市场和兼并或重组等组织调整的权力。计划经济体制下的企业数目、规模和相对地位长期不变,企业所在的组织环境较为稳定和单一,缺乏外部环境的动态竞争压力。同时,计划经济体制造成的产业组织环境僵化、企业之间竞争机制和竞争活力的缺乏,导致资源配置效率低下,产业结构升级乏力。

随着改革开放的深化,计划体制逐步被市场体制所替代。市场经济体制是企业竞争力提升的基本环境,开放和竞争的外部环境是研究企业竞争力的前提条件。在开放和竞争的市场经济体制下,企业需要随时把握市场需求的变化、产业技术的发展、与关联产业或企业的关系、竞争对手现实的或潜在的战略以及生态环境的要求,适时调整自己的行为,包括确定成本、价格,挖掘和利用新资源,进入或退出部分市场,扩大或缩小规模以及选择竞争或合作对象等,以保证在激烈的竞争环境下持续生存和发展。

尽管目前我国国内市场与国际市场的体制已经逐渐趋同,但我国与发达国家的市场成熟程度不同,无论从消费模式还是从竞争手段方面来看,国内与国外市场都存在较大差距。在加入世贸组织和经济全球化的宏观背景下,我国企业面临着与国际顺利接轨的挑战,既要面对实力不断增强的国内竞争对手,又要面对经验丰富、实力雄厚的国际跨国公司,环境关系更加复杂。

(二) 市场结构

1.参与交易者数量和需求差异

市场参与交易者数量及其需求差异与企业发展有很大关系,参与交易者越多,每个参与者的交易量占市场交易的比重越小,需求差异越大,对市场价格越缺乏控制能力,企业所处的环境也就越为复杂。

2.产品差异性与替代性

产品差异是同一种产品在质量、品牌、形式和包装等方面的差别,产品差异可以分为物质差异、售后服务差异和形象差异。产品差异可引起垄断,产品差异越大,垄断程度越高。产品差异越小,相互之间的替代品越多,企业面临的环境也越复杂。

3.行业进入条件

进入行业的限制来自组织原因和立法原因。组织原因指资源控制与规模经济,如果某个企业控制了某个行业的关键资源,其他企业得不到这种资源,就无法进入该行业。立法原因则是法律限制进入某些行业,如军工行业。行业进入的限制,主要体现在资源流动的难易程度上,企业能否自由进入某个行业,取决于资源在这个行业中流入和流出的难易程度。如果生产某种产品的原材料被控制,又没有适当的替代品,其他生产者就很难进入这个行业,那么企业所处的环境就较为明朗。

4.信息对称性

在信息时代,信息是企业经营的生命,市场信息通畅程度影响着企业的竞争力,市场信息流通渠道越通畅,企业对环境的适应能力就越强。如果企业对供求关系、产品质量、价格变动、销售方法和广告效果等经济与技术的信息十分了解,那么其竞争力就会因获取的信息而提高。

(三)技术、教育和文化环境

1. 技术环境

企业的生产系统处于整个产业及相关产业的分工协作系统中,一个企业的技术能力往往不是某个企业自身能培育的,一个国家的总体技术水平影响该国企业的竞争力,如美日机床工业的竞争优势便来自数字技术和计算机技术的优势。我国技术的落后是我国企业竞争处于不利环境的根源,如通信和电信产品是信息经济时代的支柱产品,我国通信和电信设备与国际先进水平存在一定差距,主要是因为支撑这类产品的核心技术——半导体及芯片技术相对落后,因此我国这一行业的企业处于劣势竞争环境当中。

2. 教育体系

企业所需要的高素质且"熟练"的劳动者,最根本的来源是国家教育体系的供给,一国的教育体系及教育水平是企业所处的另一项资源环境。教育对企业效率有着重要的影响,"教育是物质财富生产上的一个重要手段","所有资本中最有价值的是对人本身的投资"。世界银行的调查研究显示,教育对于经济增长的贡献巨大,劳动力受教育的平均时间增加一年,GDP 增加 9%,发展中国家的教育投资边际收益率更高。联合国教科文组织提供的研究结果表明,劳动生产率与劳动者文化程度呈现出高度的正比例关系。

3. 文化环境

任何一个国家、产业或企业,在一切创造物质价值的活动背后,都存在着一种支配价值创造行为的文化价值体系在发挥作用。在相同的经济制度和竞争环境下,竞争主体价值观的差异会导致不同的经济行为。英国学者查尔斯·特纳(Charles H. Turner)在研究国家竞争力与创造财富的价值体系的差异时追问了这样一个问题:"为什么资本主义能使英美老牌资本主义国家和亚洲'四小龙'创造出经济奇迹,而没有振兴东欧与其他一些发展中国家?"他指出,价值观、哲学和风俗习惯等是影响社会经济成就的一种隐性的但具有重大作用的因素。塞缪尔·亨廷顿(Samuel Huntington)指出日本及亚洲"四小龙"的工业经济发展起码与以下文化特征相联系:"有非常强的就业取向的工作伦理,在家庭以外的一些群体中存在着高度的集体团结感,对教育赋予相当高的声誉,同时对于子女的教育有很强的动机。"因此,企业所处的文化环境在很大程度上会影响其管理行为和实践。

(四)产业结构

产业是居于微观经济细胞企业与宏观经济单位国民经济之间的一个系统概念。

在现代市场经济条件下,一个产业主要是由生产同类或存在替代关系的不同企业组织体构成的。产业组织是联系宏观产业结构与微观企业组织的纽带,一方面,不同产业组织的相互关系会对整个宏观经济系统产生影响,另一方面,产业组织会反映和影响产业内部企业的生存发展关系。由于产业发展有各自的兴衰周期,不同的产业具有不相等的、持续性不同的盈利能力,从而具有不同的产业吸引力。这种来自产业固有的盈利能力在很大程度上决定了该产业中企业的盈利水平,从而在一定程度上塑造了企业所处的资源环境。

一个产业不可能永远处于高盈利水平,新兴产业的不断出现使高盈利水平的产区处于动态变化之中。一个企业要保持持久的竞争力,必须在战略上做出重大选择来不断适应这种变迁,否则被淘汰的命运将不可避免。企业通过战略选择可以进入更有吸引力的产业之中,也可以在某产业链上处于相对具有竞争优势的环境之中。

现有企业所处产业环境的优良与否取决于现有产业内部竞争企业的数量和规模以及本产业产品的市场需求规模。潜在的进入者取决于该产业的吸引力和进入壁垒,如果产业的盈利水平能够吸引足够的潜在进入者,并且进入障碍如规模优势、商标与商誉以及转换成本等不足以阻止新的竞争者进入,那么相对的竞争力量就会很强。阻止潜在进入者的力量越小,产业内创造价值的能力转移的可能性越大。来自替代品的竞争作用主要取决于产品的相对价格及消费者的消费偏好,替代品的价格决定了企业产品价格的上限,原料供应商的竞争力量取决于原材料的稀缺性、替代材料投入的难易程度以及供方的数量与价格等因素。产品买方的影响因素也有很多,主要因素有买方对价格的敏感性、需求市场的规模以及需求者对品牌的偏好等。买方的竞争力量决定了企业能够在多大程度上实现他们创造的价值。

(五)利益相关企业

1. 上游供应链

企业所处行业的上游供应产业或企业对企业环境有重要的影响。波特指出,日本机械工具的优势离不开世界级的数控机床、电动机和其他零件,瑞士在装配制品如滚珠轴承和切削刀具行业中的竞争力源于它的特殊钢行业,意大利的制鞋业竞争力受到其供货商竞争优势的有力支持。企业的竞争优势不仅取决于其自身的能力和策略,也取决于供货商的能力和策略,具有国际竞争力的供货商能带动下游企业提高竞争力,进而优化产业环境。

根据波特的研究,企业创造价值的活动不仅来自价值链内部的联系,还来自企业价值链与供应商价值链之间的联系,波特将这些联系称为纵向联系。企业价值链与供应商价值链之间的联系意味着企业与卖方的关系并非是一方受益、另一方受损的"零和游戏",而是一种双方都受益的关系,为企业增强了环境适应力。例如,英国大型零售企业马克斯·斯宾塞公司通过积极致力于帮助供应商采用最先进的技术,从而使自己在英国零售业中取得了低成本的优势地位。

2.同类或替代性企业

传统的竞争思维把竞争对手视为威胁,总是将注意力集中在如何战胜竞争对手、夺取市场份额以及如何防止竞争对手进入市场方面。然而,把竞争对手视为纯粹"敌人"的观念已被打破,竞争性合作对推动企业竞争力的作用也逐渐得到企业界的认同。松下幸之助就曾经指出,竞争本身是好事,通过竞争,为了使自己立于不败之地,势必相互要发挥各自的智慧去努力工作,从而提高产品质量、降低成本,但是,过火的竞争会带来危害。因此,同类或具有替代性竞争企业之间的横向联盟已登上企业战略的舞台。例如,苹果公司已经与两家竞争对手进行合作,根据一项协议,原来的竞争对手将帮助改进和销售苹果公司的通信产品。同时,苹果公司未来的高价位个人电脑将采用微处理机,通过改变竞争要素来优化环境。

(六)政府

事实上,政府对企业环境的影响是通过各种宏观经济政策渗透到企业的。例如,西部的重型化工业结构正是当初的计划经济体制、优先发展重工业战略的产业布局政策的产物。企业缺乏战略发展思想、缺乏创新能力、缺乏良好的企业文化,以及缺乏组织协调能力等问题也正是政府长期过度干预微观经济活动的结果。地区产业结构的"同构化"则是政府过度介入产业经济活动,以及地区和政府部门之间条块分割与过度博弈的结果。西部地区与东部地区相比,本来在区位条件上就处于劣势,而向东部倾斜的政策则更加重了地区间的不平衡,使西部地区的企业发展受到制约。因此,从微观经济层面来讲,企业运行需要安全且有序的环境,政府作为政策和制度的制定者,其作用尤为重要。政府对于企业优良环境的创造是不可或缺的。

按照传统理论,亚当·斯密认为经济应该由市场这只"看不见的手"来调控,政府不该干预经济运行。但到了20世纪30年代,西方经济陷入了空前严重的大危机,凯恩斯学说在这样的时代背景中应运而生。他强调政府对经济的干涉作用,这一思想被当时的美国政府所采纳,是"罗斯福新政"的"精神支柱"。自"罗斯福新政"以来,西方发达国家的政府纷纷走上了干预经济之路,尽管各个国家、各个时期干预的程度有所不同,但政府对推进本国经济发展的作用越来越不可忽视。克林顿政府对美国经济的推动作用在美国有限的历史上成绩斐然。在克林顿政府实施的所有经济政策和计划中,推出的"国家信息高速公路计划"及出台的相关政策最为重要。它不但把握了世界技术及产业发展的方向,使美国站在信息时代的前沿,而且提升了美国企业尤其是高科技企业的国际竞争力,并重新夺回了六七十年代被日本夺去的优势。

世界银行副行长、著名的美国经济学家约瑟夫·斯蒂格利茨(Joseph E. Stiglitz)认为,政府在干预经济和支持企业发展中,主要作用在于促进教育、改善技术、支持金融部门、投资基础设施、防止环境恶化以及建立和维护社会保障体系。从微观经济角度来讲,政府创造良好营商环境的政策主要包括竞争政策、产业政策、创新政策、金融政策、财政政策、税收政策和贸易政策。

三、组织外部环境的管理

（一）评估环境

评估环境就是评估其不确定性程度。组织环境的变化程度和复杂程度是评估环境不确定性的两个维度(图4-1)。就变化程度而言,如果组织环境的构成要素经常变化,可称其为动态环境;反之,则称为稳态环境。尤其要指出的是,所谓的变化程度,指不可预测的变化。那些能够精准预测的快速变化应该归类于稳态环境。就复杂程度而言,评估的标准在于组织环境中的要素数量以及组织所拥有的与这些要素相关的知识。与组织互动的竞争者、顾客、供应商以及政府机构越少,组织对这些外界要素的认知程度越高,则组织环境的复杂性越小;反之亦然。

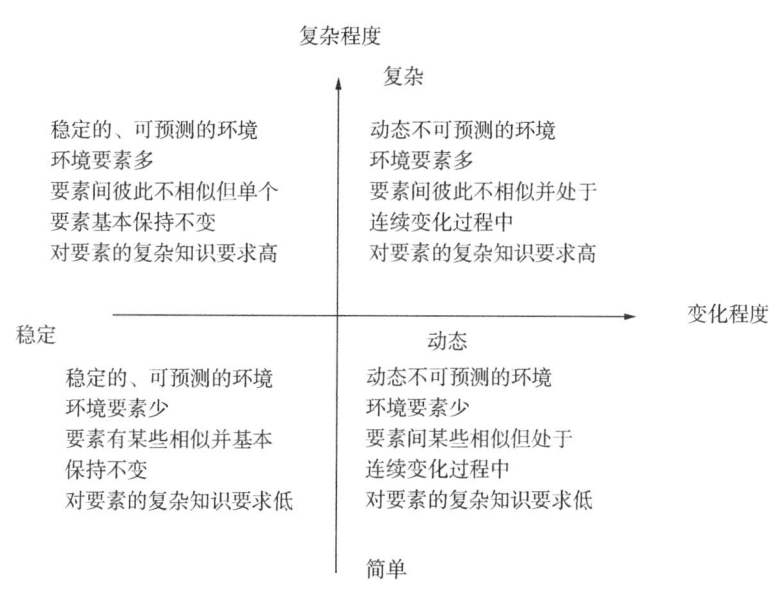

图4-1 环境不确定性矩阵

稳定简单的环境代表了不确定性水平最低的环境,它基本上不会对组织的成败构成威胁;动态复杂的环境所代表的不确定性水平最高,因此对组织的影响最大,是管理者千方百计加以控制的一种环境。事实上,如今大多数组织处于这种复杂的、持续变化的环境中,管理者通常处于被动的地位,难以迅速有效地回应环境不确定性所带来的诸多挑战。

(二)利益相关者关系的管理

利益相关者是指组织外部环境中影响组织决策和行动的任何相关者,包括组织外部的顾客、竞争者、供应商、政府、社区和行业协会等群体。之所以要加强外部利益相关者关系的管理,就是因为这种管理有助于增强环境的可预测性。如何管理这种关系,需要辨析以下问题:①谁是组织的利益相关者?②这些利益相关者可能存在的特殊利益或利害关系是什么?③对于组织决策和行动来说,每一个利益相关者的关键程度如何?④通过什么具体方式来管理这些利益相关者?通常而言,利益相关者的管理方式取决于他们对组织的关键程度以及在环境中的不确定性程度。具体而言,当环境的不确定性水平很高时,组织应该与关键的利益相关者通过协商方式建立伙伴关系,与他们一起实现共同目标;对于非关键的利益相关者,管理者需加强跨域管理,使组织边界更具有交叉性和柔性,通过加强互助合作、彼此传递和分享信息等方式来降低环境的不确定性。反之,当环境的不确定性水平很低时,管理者则应该针对关键的利益相关者进行直接管理,比如,开展顾客需求调研,鼓励供应商之间的竞争活动;对于非关键的利益相关者,管理者只要利用组织的信息情报部门简单地扫描和监控环境中可能变化的趋势和力量即可。

第二节 管理的内部文化

管理的内部文化即做出管理行为的组织所秉持的价值体系与习惯传统。组织文化是一个组织不断发展并持续提升自身能力的标志,它能够不断使组织以引导成员行为为目的,在塑造成员行为方式的过程中增强组织的凝聚力、感召力和向心力。

一、企业文化的内涵与特征

(一)企业文化的内涵

企业文化是企业的精神和灵魂,是企业生命力、竞争力和发展力的源泉。相对于企业的生产、经营和管理的具体实质而言,企业文化其实是相对空泛和抽象的。它更多地表现在企业的精神层面,表征为企业的使命、愿景、精神、宗旨、价值观和经营理念等形而上的形式。企业文化的形成需要企业核心人员的构想,更需要每个员工的参与,是一个长期积淀的过程。企业文化植根于企业一切活动之中,又抽象于企业一切活动之上。实质意义上,企业文化影响甚至主导着企业管理的理念与企业人员的行为方式,进而影响着企业内部人员整体的工作与服务态度。

(二)企业文化的特征

1.企业文化的经济性

企业作为一种经济组织,其直接目的就是追求经济利益,作为该组织成员的首要行为也是经济行为,因而企业文化不可避免地具有经济性,尤其是企业价值观需要为企业经济管理提供利润导向。

2.企业文化的人文性

以人为本是企业管理中的基本哲学,人是企业中最具活力的部分。这一文化特征在大部分组织机构中也有体现,这些组织在经营管理中十分重视人的因素。

3.企业文化的群体性

企业聚集了劳动力作为自身的生产要素,属于一种整体的群体组织形式。企业家的价值观必须被企业成员接受才能形成企业共同的价值观,才能发挥企业家在企业文化形成中的重要作用。

4.企业文化的独特性

企业文化经过了企业成员的集体创造、享用、继承和更新,具有相对稳定性,与其他企业相比具有一定的独特性。对企业文化产生影响的因素有很多,如企业背景、运营状况和企业家等。

5.企业文化的实践性

文化是具有精神层面意义的范畴,并没有物质层面的具象化体现,但文化形成过程必须借助各种物质载体来实现,包括机器设备和人力资本等实体,在实践中体现文化的意义。企业文化在不断完善融合并实现更高层次的改进中,对现实具有指导意义。

二、企业文化的功能

(一)导向功能

企业文化对企业和员工的价值和行为起到引导作用,主要体现在目标导向和价值导向两个方面。系统和完整的企业文化具有独特的价值观和运行规则,当企业成员出现与企业价值观和运行规则相悖逆的行为时,企业文化可将其引导并纠正到企业价值观和运行规则上来。

(二)凝聚功能

企业员工对企业文化内容认可并认同后,全体员工凝聚共识,同心同力。企业文化就好像一种黏合剂,可以团结企业员工,使企业内部形成强大的向心力和凝聚力,增强员工对企业的归属感和责任感,便于员工将个人思想和行为统一到企业发展上来,与企业同甘共苦。

(三)激励功能

企业文化对员工的内在动机和潜在能力产生激发效应,使员工奋勇拼搏、追求创新,为实现企业目标而努力。从企业文化的精神、制度、行为和物质四个方面鼓舞和激励员工,使员工的贡献可以得到领导的肯定以及同事的鼓励与赞赏,进而使员工产生成就感、自豪感和归属感,获得心理上和精神上的满足,从而充分调动员工的精神力量。

(四)约束功能

企业文化对员工之间、各部门之间和企业之间的关系起到协调和约束作用,它是一种文化软约束力。通过企业文化氛围、共同习惯和集体意识等无形的文化软力量,对企业和员工的思想和行为形成约束和规范作用,以此弥补企业规章制度的不足。

(五)辐射功能

企业在其内部和外部传播企业文化、产品和服务时,对员工和顾客等群体产生文化辐射影响。借助各种社会渠道,如媒体、新媒体和公共关系活动等,对社会产生影响,使企业文化对社会的作用越来越大,所扮演的角色越来越重要。

(六)创新功能

在优秀的企业文化影响下,企业内部凝心聚力,激发员工的创新动力,不断开拓进取。例如,苹果公司的企业文化核心价值观是鼓励创新、敢于冒险,在这种价值观的引领下,苹果公司不断推出引领潮流、外观新颖的科技产品;IBM 是美国拥有专利数量最多的公司,这与公司重视创新、鼓励创新、引导创新的企业文化氛围息息相关。当今,企业只有不断创新,才能生存和发展。

三、企业文化的认同与内化

企业文化的内化包括要素认知→情感认同→自我评价→行为表现这四个阶段。其中,要素认知是指组织成员熟悉组织文化的特色和传统;情感认同是指组织成员对相关组织及文化滋生了归属意识,在情感方面出现了"组织内"与"组织外"的不同;自我评价是指组织文化符合组织成员的道德检判,对所属组织不仅有了认同,还滋生了喜爱等情愫,在组织内部有愉悦的感觉;行为表现是指组织成员不只在认知和情感层面认同该组织文化,更以具体的行为来支持组织文化的发展和壮大。这四个路径的具体含义如表4-1所示。

表4-1 组织文化的内化路径

路 径	表 征
要素认知	组织成员全面认知组织文化的内容、价值观、经典角色和光荣轶事,与品牌及宣传词等相关内容
情感认同	组织成员青睐组织的文化价值观、工作环境和社会声誉等
自我评价	组织文化与自我价值道德的一致性感知、评价、认同与情感共鸣
行为表现	组织价值观、制度和规范对员工行为模式的形塑以及员工行为对组织文化的反塑造

本章回顾

● 管理的外部环境是指存在于组织之外,对管理系统的建立、存在和发展产生影响的客观因素和条件。管理的外部环境的实质是作为开放的组织获取赖以生存和发展资源的空间场域。

● 管理的外部环境要素包括经济体制,市场结构,技术、教育和文化环境,产业结构,利益相关企业以及政府。

● 组织外部环境的管理包含评估环境和利益相关者关系的管理这两个环节。

● 企业文化表现在企业的精神层面,表征为企业的使命、愿景、精神、宗旨、价值观和经营理念等形而上的形式。企业文化具有经济性、人文性、群体性、独特性以及实践性等特征。

● 企业文化具有导向功能、凝聚功能、激励功能、约束功能、辐射功能以及创新功能。

● 精神要素、制度要素、行为要素和物质要素共同构成了企业文化。

● 企业文化的内化包括要素认知→情感认同→自我评价→行为表现这四个阶段。

本章习题

习题及参考答案

案例讨论

案例

讨论：
1. 娃哈哈运用了哪些内外部环境管理策略？
2. 在全球化背景下，娃哈哈的企业战略需要做出哪些优化？
3. 娃哈哈的经营战略给了我们什么样的启示？

拓展阅读

拓展阅读

第五章 计 划

导言

第一节 计划的内涵与功能

一、计划的内涵

计划是组织根据环境的需要和自身特点,确定组织在一定时期内的目标,通过计划的编制、执行和监督来协调组织的各类资源以顺利达成组织目标的过程。具体而言,计划包括厘定组织目标、制定战略愿景以及开发一组广泛的相关计划文本以整合和协调组织的工作。从计划的概念可知,计划职能的履行既需确定组织当前的目标,也需考虑组织的未来;既需考虑组织长期的使命和发展战略,也需考虑具体业务开展计划;既关系到结果,也关系到手段。正如孔茨所言:"计划工作是一座桥梁,它把我们所处的这岸和我们要去的对岸连接起来,克服这一天堑。"

通常而言,计划内容包括"5W1H",计划必须清楚地确定和描述这些内容:①What——做什么?即目标和内容。②Why——为什么做?计划的依据。③Who——谁去做?人员配置。④Where——何地做?计划的情境。⑤When——何时做?计划的周期。⑥How——怎样做?计划的方法与手段。

二、计划的类型

基于计划的概念,可依据不同的标准将计划划分为不同的类型,最常见的分类标准是从广度、周期、明确性和组织层次角度进行划分,具体如表5-1所示。

(一)基于广度的计划类型

基于广度,可将计划划分为战略计划、战术计划和作业计划。战略计划从组织整体出发,为组织确立整体目标并寻求组织在环境中的定位,高层管理人员负责战略计划的制定和实施。战略计划是组织最高层次的计划,覆盖的领域最宽,并涵盖组织的各方,战略计划制定是企业战略管理的主要职能。战术计划是为了实施战略计划制定的中等层次的计划,一般由组织内部中层管理人员依据战略计划负责制定并加以实施。战术计划在规模较大的公司内部较为常见,而在小规模组织中可能被作业计划所取代。作业计划又称为执行计划,是由基层管理者制定的阐明作业目标的行动方案,它是对上一层次计划的进一步细化过程。其覆盖面最窄,涵盖的时间范围最短,如月度计划、周计划,甚至日计划。

表 5-1 计划的类型

分类标准	计划类型
广度	战略计划、战术计划、作业(执行)计划
周期	长期计划、中期计划、短期计划
明确性	指导性计划、具体计划
组织层次	高层管理计划、中层管理计划、基层管理计划

(二)基于周期的计划类型

基于周期,可将计划划分为长期计划、中期计划和短期计划。长期计划是组织对发展方向和定位所做的较长周期的规划和设计,规定了组织在未来一段时间内的蓝图。短期计划是对组织运行中的具体内容方面所做的短期安排,它是组织内部在最近一段时间内所要完成的任务。介于长期计划和短期计划之间的计划称为中期计划,它是衔接长期计划与短期计划的桥梁。但是,在某些情境下中期计划在组织管理过程中表现得不是很明显。通常,人们习惯将 1 年以内的计划称为短期计划,2—5 年的计划称为中期计划,5 年以上的计划称为长期计划。

(三)基于明确性的计划类型

基于明确性,可将计划划分为指导性计划和具体计划。指导性计划确定达到目标的指导性原则,但并不会详细规定达到目标的具体活动、行动步骤和进展速度等。这使得指导性计划具有更大的弹性,易于应对不可预见的环境变化。但是,指导性计划要以丧失一定的清晰性为代价。具体计划是清晰定义且没有任何自由裁量空间的计划。它具体陈述目标,不存在模糊性,也不存在理解上的歧义。例如,一个企业的销售部门管理者试图在未来一年中提高其产品销售额,目标是比上一年度提高 10%,那么其需要给出具体做法,包括程序和步骤,如何招聘和分配员工、制定预算以及活动的进度计划,以达到其目标。当环境的不确定性较大时,具体计划所要求的清晰性和可预见性就缺乏必要的条件。此时,计划需要更大的灵活性,而这恰好是指导性计划的优势。

(四)基于组织层次的计划类型

基于组织层次,可将计划划分为高层管理计划、中层管理计划和基层管理计划。高层管理计划由组织中的高层管理人员制定,一般以整合组织为目标,着眼于组织整体的和长远的安排,一般属于战略规划;中层管理计划由中层管理人员制定,一般着眼于组织中各部门的定位及相互关系,既可能包含各部门的分目标等战略性内容,也可能包含各部门的工作方案等作业性质的内容;基层管理计划由基层管理人员制定,着眼于每一个岗位、每一个员工以及每个工作时间的工作安排,属于作业性质的内容。

需要指出的是,这些分类标准并非绝对的,很多情境下它们是交叠在一起的。如战略计划一般是长期的和指导性的高层管理计划,而作业计划一般是短期的和具体的基层管理计划。此外,还存在着其他一些划分标准,如按照专业化程度划分为综合性计划和专业性计划;按照职能或目的划分为营销计划、理财计划和筹资计划等。

三、计划的功能

计划的目的在于有效使用组织资源,把握未来发展,提高组织绩效。计划的功能包括以下几方面。

(一)明确方向,协调组织活动

计划活动能够协调组织成员所做出的各项努力。当组织所有成员了解了组织的目标和为达到目标须做出哪些贡献时,他们就能开始协调各自的活动,将个人的力量朝向组织目标的方向,这可以有效避免缺乏计划所导致的组织力量的内耗,有利于有效实现组织目标。

(二)预测未来

任何组织都不可能完全消除组织环境的不确定性,但是,科学的计划工作有助于管理者具备前瞻性,使组织较早预见未来的变化,减少环境变化带来的冲击,从而大大降低组织面临的风险。

(三)减少浪费和重复,提升效率

组织确定了目标之后,还需要明确实现目标的路径,而达成目标的途径有多种,必须进行甄别和选择。通过计划行动,组织可以寻找最优的或者最适合的方法,从而将资源的浪费以及冗余降到最低程度,以最低的成本取得预期结果。计划强调组织各部门或子系统的协调,将无效或者低效率的活动降到最低程度,以提高组织效率。

(四)设立目标和标准以利于控制

一般而言,控制就是保障组织的活动按照计划进行,计划工作所建立的目标可用于控制,进而作为控制的标准。而通过控制,将实际的绩效与计划所设立的目标相比较,可以发现存在的差异,并进行查漏补缺。因此,计划先于控制,没有计划,控制就是空中楼阁。

第二节 计划的要素与依据

一、计划的要素

有效计划的制定是一项系统工程,因此,计划不能听任各部门、各单位随意自由制定。计划需要明确其所包含的要素,对制定过程进行全面综合的考虑。计划系统的设计不是要设计出一套适应每一个部门的模式,也不是分别为不同部门设计模式,而是针对各部门、各类计划的共同点和基本点做出一般性规定。而这些一般性规定就是计划的基本要素。

(一)计划的制定者

由谁来制定计划?一般来说,计划应该由对计划确定事项担负决策责任的人或计划的执行者制定。但是在现实的企业活动中,计划往往由专门从事计划工作的职能管理人员制定。职能管理人员制定的计划很容易成为纸上谈兵的内容,不切实际。从本质上来说,制定计划是直线管理人员的职责,职能管理人员不过是作为参谋和辅助而已。因此,在确定计划制定者时,应当将其与组织结构确定的职能和职务划分有效地结合起来,使计划的制定更适合实际情况。

(二)计划的范围

不同的计划涉及的范围不同,属于各部门、各层次的局部计划,范围一般都比较明确。有些计划涉及几个部门之间的协调,应以主要职责部门为主,相关部门进行配合,上级管理者亲自过问。计划范围的确定与计划制定者的确定应该有效地结合起来。

(三)资源配置与协调

计划必然伴随着资源的配置。如果要增加某种商品的广告宣传,就需要进行广告预算。如果要制定一定时期内的增产计划,就必须考虑必要的投资设备。在计划制定过程中,人、财、物是必须考虑的因素。然而,在计划的实际制定过程中,经常出现资源配置脱节的情况。如企业中的人员和资金这两种资源,分别由人事部门和财务部门制定人事计划和财务计划。由于各个部门的独立性,导致计划容易脱节,这也是一些企业的计划沦为纸上谈兵的原因。计划设计过程中必须考虑资源配置的协调,这样才能确保计划的有效实施。

(四)计划的评价

计划确定的内容是计划期内应该实现的目标。计划确定的内容要想真正成为业务工作的方案,需要计划的执行者将计划作为工作指针认真对待。通常计划执行者对自己制定的计划能够认真对待、切实贯彻,因此由计划执行者自己制定计划是最好的选择。需要强调的是,使执行者认真对待、切实贯彻计划的另一个重要条件是让计划与业绩评价相协调,特别是事后评价,因为计划执行者最关心的便是事后评价。确定计划的哪些内容与业绩评价挂钩,在操作上并不是一件简单的事情,因为计划制定的行动方案和目标完全建立在之前预想的基础上。大多数情况下,环境的变化是人们难以预料的,盲目地按照事前制定的方案行动未必是计划的理想状态。

(五)计划的形式

计划的形式即以什么样的形式来描述计划文本。以适宜的形式对计划进行描述也是计划制定过程中的重要问题。例如,有的企业要求将计划最主要的内容汇集在一页纸之内,即在提案中以最简要的形式对计划的基本目标与特征、计划执行的主要问题以及计划执行的结果进行描述。这样的形式能够引导人们对计划的核心问题进行思考,但会忽略一些枝节问题。

上述五个方面是任何类型的组织在计划制定过程中都需要考虑的要素。由谁制定计划,计划涉及哪些内容,如何进行资源配置,怎样与事后业绩评价结合起来以及计划以何种形式呈现,都是计划制定中必须考虑的要素。

二、计划制定的依据

(一)组织目标

计划制定的第一步就是要清楚表述组织目标。这也是保证行动计划与组织愿景紧密衔接的关键。阿什瑞奇·斯库(Ashridge School)认为组织目标的陈述应包括四个要素:①目的。组织为何存在?组织存在是为了做什么?如果组织不存在,世界会有什么不同?②战略。战略是对组织如何达到其目标的陈述。组织提供什么?为谁服务?人们为什么要购买组织的东西?竞争优势是什么?③价值观。价值观是组织信仰的陈述。如果组织成功的话,为什么世界将变得更好？④行为标准。陈述包括日常管理、措施步骤等为了实现其价值而采取的政策。组织为了开展业务,哪些可以做？哪些不可以做？

(二)组织人力资源

计划需要通过能动的个体予以实现。组织拥有的人力资源是指组织的所有成员,这些人的知识结构、业务技能和创新能力,以及他们的素质、文化修养和性格爱好等,都会影响组织的发展和收益。一个组织必须拥有生存和发展所必需的人力资源,如果缺乏就需要引进,如果目前的人力资源尚达不到组织要求,那么就必须进行教育与培训,提高组织成员的技能与能力。组织在制定行动计划前对组织的人力资源进行分析的目的就是使行动计划有人力资源的支持,使行动计划更加可靠。当一个组织内部的人力资源缺乏时,组织还可以采取其他办法,如借用组织外部的人力资源来为组织服务,利用"外脑"就是许多组织采用的一种方法。问题是这个组织能否或可以在多大程度上利用组织外的人力资源。

(三)组织经营性资源

组织经营性资源是指企业组织用于生产产品或提供服务的资源。经营性资源是组织计划得以顺利实施的重要资源支撑。企业组织建立的经营性资源基础类型取决于多个因素,如企业提供的产品或服务及其规模技术都是非常重要的因素。通常而言,经营性资源包括以下几种类型:①生产设备,指企业生产产品或提供服务所用的设备;②建筑物,建筑物或厂房作为空间资源来容纳员工和设施;③贮藏和分销设施,贮藏设施用来贮存原料、在制品和成品,分销设施则主要用于产品的销售和推广,构成了产品从生产者到最终消费者的沟通渠道;④研究和发展资产,有些企业支持研发以推动产品技术革新,这就需要实验室和技术仪器;⑤办公设备,办公设备用来维持企业的管理,即使很小的企业也需要有一些家具、电脑及通信工具等。此外,管理的成效、经营效率和融资成本等要素也需要和计划相匹配,支撑计划的实施,才能保证组织目标的实现。

(四)组织发展阶段

与有机体类似,每个组织均有其生命周期,组织依次经历着形成期、成长期、成熟期和衰退期。在组织发展的不同阶段,计划的类型应在计划的时间长度和明确性上做相应的调整。在组织的形成期,组织目标具有一定的尝试性,各类不确定因素较多,计划需要很大的灵活性,管理者应该更多地依赖指导性计划,只提出重点,使管理者随时可以根据需要与实际情况进行调整,而不把管理者限定在具体的目标和行动方案上。在组织的成长期,各种不确定性因素大大减少,虽然仍以短期计划为主,但计划更为具体明了,中层与基层管理者的自由度相对减少。当组织进入成熟期,处于相对稳定阶段,可预见性最大,最适用于制定长期而具体的计划。当组织进入衰退期,组织面临的变化和不确定性增多,这时计划应该从长期和具体性内容转入短期和指导性内容。

(五)环境不确定程度

环境不确定程度越大,计划就应该更具有指导性,计划期限也应更短。环境要素诸如社会、经济、法律、技术或其他方面发生了重大变化,精确确定计划实施方案反而会成为组织活动的障碍。变化越大,计划越不需要精确,管理越应当具有灵活性。

综上所述,组织计划是否合理,很大程度上取决于计划制定者对组织内部资源、外部环境以及组织使命目标三者的考虑是否充分、透彻,是否能将三者有机结合在一起以达到最大效用。事实上,计划制定过程中,仍需要具体分析企业内部活动,这样才能保障计划方案能够贯彻组织的发展定位。

第三节　计划的流程与评价标准

一、计划的方法

计划执行的科学性在很大程度上取决于计划制定时所采用的方法。以往人们常常采用定额换算法、系数推导法和反复平衡法等传统方法来制定计划。定额换算法是根据有关的技术经济定额来计算确定计划指标的方法。系数推导法是利用过去的相关经济指标之间长期形成的稳定比例来确定有关指标的方法,也称比例法。反复平衡法是从内在关系出发考虑各项指标之间的相互制约关系,经过反复试算求得平衡的方法。传统的计划方法仍有一定的用武之地,但由于现代组织要面对更加复杂和动荡的外部环境,组织规模也在不断扩大,传统的计划方法已不能完全适应现代计划工作的需要,各种现代计划方法应运而生。由于它们可以帮助组织确定各种复杂的经济关系,提高综合平衡的准确性,并能采用计算机辅助工作,加快计划工作的推进速度。因此,它们被越来越多的管理人员所采用。下面简要介绍其中三种常用的方法。

(一)滚动计划法

滚动计划法将短期计划、中期计划和长期计划有机地结合起来,根据近期计划的执行情况和环境变化情况,定期修订未来计划。由于在计划工作中很难准确地预测未来,计划期限越长,这种不确定性就越大。为提高计划的有效性,可以采用滚动计划法。其具体做法如下:在制定本期计划的同时制定未来若干期的计划,但计划内容采用近细远粗的方法,即把近期的详尽计划和远期的粗略计划结合在一起。在近期计划完成后,根据计划执行情况和环境变化情况,对原计划进行修订和细化。以后根据同样的原则逐期向前滚动。

(二)运筹学方法

运筹学方法的核心是运用数学模型,力求把相关因素用变量形式反映在模型中,然后用数学和统计学的方法在一定范围内解决问题。将运筹学运用于计划工作包括以下步骤:

(1)根据问题的性质建立相应的数学模型,同时界定主要变量和问题范围。为了简化问题和突出重点影响因素,需要做出各种假设。

(2)根据模型中变量和结果之间的关系,建立目标函数,作为比较结果的工具。

(3)确定目标函数中各参数的具体数值。

(4)求解模型,找出目标函数的最大值或最小值,以此得到模型的最优解,即问题的最佳解决方案。

运筹学方法广泛用于解决优先资源如何合理运用以实现既定目标的问题,典型的运筹学方法当推线性规划法。

(三)网络计划方法

网络计划技术包括以网络为基础制定计划的各种方法,如关键路线法、计划评审技术和组合网络法等。网络计划技术将一项工作分解成多种作业,然后根据作业的先后顺序进行排列,通过网络的形式对整个工作进行统筹规划和控制,从而使用较少的资源,在最短的时间内完成工作。

网络计划技术比较适合于包含上万项作业、需要众多单位配合的大型工作项目。它的优势体现在以下几个方面:①能把整个工程的各项任务的时间顺序和相关关系清晰地表示出来,指出完成工程的关键环节和路线,使管理人员在制定计划时既可以统筹安排又不失去重点;②通过调动非关键路线上的人力、物力和财力,加强关键作业,对工程的时间进度与资源利用实行优化;③可事先评定达到目标的可能性,指出实施中可能发生的困难点及其影响,减少计划完成的风险;④便于组织和控制,特别对于复杂的大项目,可分为许多子系统来进行控制。

二、计划的流程

虽然计划种类有很多,并且不同组织、不同行业的计划内容千差万别,但是管理人员在编制任何完整计划的时候,实质上都遵循基本类似的步骤,如图5-1所示。

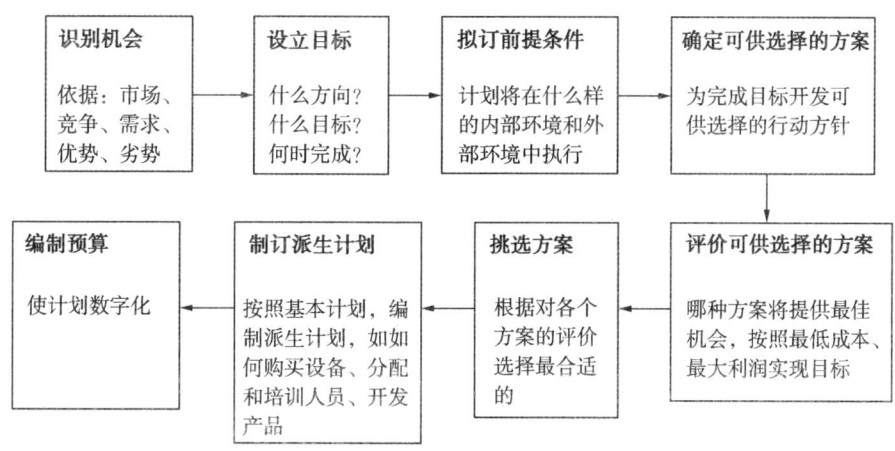

图5-1 计划工作的步骤

(一)识别机会

识别机会是编制计划的起点。管理者应当先评价组织内部的优势和劣势,识别外部环境中存在的机会和威胁,发现可能出现的各种风险,并清楚预期产出,这样才能确立切实可行的目标。

(二)设立目标

制订计划的第二个步骤是设立组织目标。首先需要设立组织的整体目标,然后通过一定的方式将组织目标向下承接或分解,依次确定每个下属部门的目标。在一个组织中,不同层级的各类目标实际上构成一个目标层级体系,各个部门之间的目标要相互协调,同时应为实现组织总体目标而服务。目标又可分为长期目标和短期目标,其作用在于指明组织发展方向、规定预期产出并说明要去做哪些工作。

目标设立的方法包括传统目标设立法和目标管理法。传统目标设立法的中心是先确定组织的最高层目标,然后将其分解为每一个组织层次的子目标。例如,一个制造企业的最高层将目标设立为改善企业的绩效,提高利润;然后,通知负责生产的部门将其产品的生产成本控制在一定的水平,通知销售部门未来一段时间内销售水平应达到什么程度;接下来,生产部门和销售部门会进一步分解目标,直至到达企业的每一位员工。一旦组织各个层次的目标被清晰定义,就形成了一个目标网络,或称为手段目的链,下一层的目标成为实现上一层目标的手段,依次类推,这就是传统目标的设立过程。而目标管理法强调必须和每一位员工共同制定一套便于衡量的工作目标,并且定期与员工讨论其目标完成情况。主要包括计划目标、实施目标、评价结果和反馈这四个步骤。

(三)拟订前提条件

计划编制的第三个步骤是拟订计划实现的前提条件,并在组织内取得一致的意见。前提条件是关于待实现计划环境的假设,这些假设条件非常重要,需要管理人员达成共识。在前提条件的确定上,预测的作用很重要:未来的市场情况如何？销售量会有多大？价格水平和产品需求情况如何？需要哪些技术开发？成本和工资率如何？政治和社会环境怎么样？长期发展趋势如何？

管理人员可以利用相关机构发布的大量信息进行预测。统计局、政务网站和国家发展改革委等机构会定期发布关于经济运行和行业发展的报告,一些商业期刊也会发布相关信息。此外,管理人员还可以运用一定的预测方法进行预测。需要注意的是,环境是复杂的,并且具有不确定性,要对一个计划在将来实施过程中所处环境的所有细节都做出预测和假设是不现实的,也是不必要的。拟定前提条件需要集中于那些对计划实施来说是关键性的或者具有战略意义的条件,即那些最影响计划贯彻实施的变量和假设条件。

(四)确定可供选择的方案

当目标确立,且分析了计划实施的环境之后,接下来的工作就是在此基础上拟定实现目标的行动方案。确定可供选择的方案时要全面,尤其是不要忽略那些不引人注目的方案。同时,在完备性的基础上,更为重要的内容不是搜寻可供选择的方案,而是要逐步减少可供选择方案的数量。

(五)评价可供选择的方案

当可供选择的方案确定后,接下来的工作便是根据前提条件和目标,对各方案的优缺点和可行性等进行评估,以选择最为合适的方案。方案评估往往要综合考虑各个方面的因素,从多个指标进行评价,大致包括预期收益、风险程度以及需要的资金投入等。环境不确定性也是无法忽略的一个因素。

(六)挑选方案

挑选方案是采用计划的关键一步,也是制定计划的关键所在。为了保持计划的灵活性,选择的结果往往可能是两个或多个方案,并决定先采取哪个方案,同时将其余的方案也进行细化和完善,作为后备方案。

(七)制订派生计划

当选择了实现目标的最适合的行动方案之后,就需要为行动方案的具体实施创造必要的条件,这就需要编制支持性的派生计划。例如,人员的招聘或培训、设备的采购和原材料的采购等。

(八)编制预算

当方案及其相应的支持计划确定之后,就要进行预算,使计划数字化。组织对计划的全面预算能够体现收入和支出的总额、预期利润或盈余,以及主要资产负债表项目的预算,如现金支出和资本支出等方面。编制预算可为计划提供物质资源的配置方向,并为控制提供依据。

三、计划的评价标准

(一)目标的一致性

第一个标准是行动方案是否与组织确定的目标相一致。可以从多方面考虑,其中重要的方面包括销售额及利润的增长,在市场上的实力得到加强,与客户及分销商的关系得到改善以及产品革新率的提高等。对行动方案必须考察其是否能够带来这些效果。

(二)行动方案的阶段成果

在确定了行动方案与组织设立的目标一致之后,接下来需要考虑预期的回报和所需物资。例如,该行动方案在现金收益方面是否有吸引力?为组织设定的时间点是否正确?通常可以运用正规的投资回报衡量技术来评价行动方案的吸引力。

(三)行动方案的可接受性

一项行动方案的可接受性是组织里所有利益相关者如何看待所选择的行动方案,即他们是否可以接受。投资人对风险有什么样的感受?员工们是否愿意将其投入实践并付诸行动?购买者会觉得合适吗?一项测验曾提出这样的问题:该行动方案与组织使命是否一致——尤其是道德内容。

(四)行动方案的可行性

一项行动方案的可行性是根据组织的现有资源和能力,确认该方案是否能够实施。战略计划如何运用金融资源、经营资源与人力资源,如何建立和发展组织的竞争优势,这些都是考察其是否可行的重要问题。可行性要考虑是否利用组织的资源优势而规避其劣势,同时能否实现组织的竞争优势。

(五)行动方案的可实现性

一项行动方案的可实现性是考虑在组织当时的外部环境条件下其成功的可能

性。重要的因素包括组织所在市场的性质、市场的分割与增长、顾客需求以及竞争对手的可能反应。可实现性与组织面临的机会及威胁联系在一起,同时组织内部的人力资源、经营资源与金融资源与行动方案能否匹配也是非常关键的。

（六）行动方案的有效性

所有行动方案都是根据某些假定制定的,这些假定是关于组织及其能力和潜力、客观形势、市场状况及竞争对手的举措等。假定的正确与否直接影响行动方案的有效性。因此,考察方案的有效性时应首先考虑假定是否正确。

（七）行动方案的风险性

风险性问题是建立在有效性基础之上的。该问题的含义是如果假定是错的,那么行动方案的风险有多大。应该提出多种疑问来考察该方案:行动方案是否仍会带来预期的结果？成本会受到什么样的影响？何种情况下有可能取消原来的决定而实施新的计划？如果实施新计划,成本会是多少？这样做对参与实施行动方案的人会有多大的影响等。

本章回顾

● 计划是组织根据环境的需要和自身特点,确定组织在一定时期内的目标,通过计划的编制、执行和监督来协调组织的各类资源以顺利达成组织目标的过程。

● 计划内容包括"5W1H",即做什么？为什么做？谁去做？何地做？何时做？以及怎样做？

● 按照广度可将计划分为战略计划、战术计划与作业(执行)计划;按照周期可将计划分为长期计划、中期计划与短期计划;依照明确性可将计划分为指导性计划与具体计划;按照组织层次可将计划分为高层管理计划、中层管理计划与基层管理计划。

● 计划的功能在于明确方向,协调组织活动;预测未来;减少浪费和重复,提升效率;设立目标和标准以利于控制。

● 计划的要素包括计划制定者、计划的范围、资源配置与协调、计划的评价以及计划的形式。

● 计划制定的依据包括组织目标、组织人力资源、组织经营性资源、组织发展阶段以及环境不确定程度。

● 计划流程为"识别机会→设立目标→拟订前提条件→确定可供选择的方案→评价可供选择的方案→挑选方案→制订派生方案→编制预算"。

● 常用的计划编制方法包括滚动计划法、运筹学方法以及网络计划方法。

- 计划是否合理,可从以下七个方面加以评价:目标的一致性、行动方案的阶段成果、可接受性、可行性、可实现性、有效性以及风险性。

本章习题

习题及参考答案

案例讨论

案例

讨论:

1. 你对这位经理关于 POAR 适应性的说法作何回答?
2. 你是否认为在一家油煎鸡商店,POAR 作为计划的一种形式是适宜的?
3. 你是否同意斯卡格斯应像他所做的那样来推行计划职能?

拓展阅读

拓展阅读

第六章　战略管理

导言

第一节　战略计划过程

一、战略计划的基本概念

(一) 战略

"战略"一词原指战场上的指挥员指挥战争或战斗的谋略和艺术。随着社会的不断发展,"战略"已被人们广泛运用于军事领域之外,人类社会的政治、经济、社会、文化、教育和科技等各个方面都被纳入了战略管理的范畴。在中文与英文的语境中,战略的含义则略微有所不同。在西方,战略来自希腊语"strategos",还具有"策略""谋略"的意思。而在中文中,战略更加侧重于对"全局"概念的描述。因此,字典中对"战略"的进一步解释为"战略泛指重大的,带全局性的或决定全局的谋划"。

现代社会组织面对的环境日益复杂和多变,客观上要求组织的领导者必须具备长远发展的观点,具备运筹帷幄的能力,提高组织对市场的抗争能力。因此,以往军事学上的战略思想与观点逐步被人们用于各类组织的管理中。对于战略,人们有着各种各样的解释。概括而言,战略是指组织面对复杂多变的环境,为谋求生存和不断发展而做出的总体性和长远性的谋划和方略。其目的在于使组织在正确分析和估量外部环境及内部条件的基础上,获得组织的目标、结构和资源配置与外部环境提供的机会的动态平衡,从而在变化的环境中求得组织的生存和不断发展。

(二) 战略管理

战略管理是指用以制定与实施战略的决策与行动的集合,它为组织及其环境提供了适应竞争的优化匹配,从而保证组织目标的实现。管理者会提出如下问题:竞争性的环境出现了什么样的变化与趋势?我们的竞争对手是谁?他们的优势与劣势是什么?我们的顾客是谁?我们该提供什么样的产品与服务?我们如何才能最有效地将其提供给顾客?我们所在行业的未来是什么样的?我们如何才能改变游戏规则?回答这些问题有助于管理者做出判断:相对于竞争对手,组织在环境中具有什么样的定位。卓越的组织绩效并非因为幸运,而是得益于管理者做出的选择。战略管理的特征如图6-1所示。

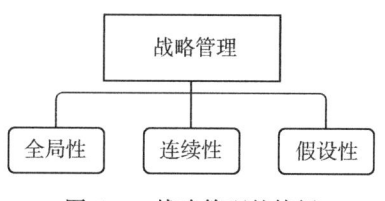

图6-1 战略管理的特征

(三)战略规划

战略规划是对组织的长期目标和战略进行设计。战略规划有很强的外部导向,涉及组织的各个方面。尽管高层管理者通常并不亲自制订和实施整个规划,但他们要对战略规划的形成和执行负责。

(四)战略目标

战略目标指与组织长期生存、实现价值以及成长相关的主要目标或最终结果。战略管理者(高层管理者)通常制定旨在提高效果(提供合适的产出)和效率(较高的投入产出比)的目标。典型的战略目标包括增加市场份额、提高盈利能力、提高投资回报、提高产出的质量和数量、提高生产力、改善客户服务以及奉献社会等。

二、战略计划过程

(一)战略计划因素

企业制定战略时应考虑以下要素:选择目标客户,开发核心竞争力,获得协同效益和传递价值。

1.选择目标客户

一个有效的战略必须明确组织的客户及必须满足的那部分需求。管理者可以从地理上定位一个目标市场。例如,有些企业把目标客户定位为主要通过网络购物的人群,有些企业则把目标客户定位为那些喜欢在小商店购物的人,这类小商店仅提供有限种类的高质量商品。

2.开发核心竞争力

一家企业的核心竞争力是指与它的竞争对手相比,该企业做得尤为出色且难以被他人模仿的地方。核心竞争力代表一种竞争优势,因为这意味着该企业具备其他竞争对手所不具备的专长。核心竞争力可能存在于杰出的研发、专业技术的诀窍、流程效率或者附加客户服务等领域。

3.获得协同效应

组织的各个部分相互影响,从而产生一种共同的效应,这种共同效应大于各个分支,诸如成本、市场地位、技术或者管理技能等方面的特殊优势。若管理得当,协同效应能够使组织利用现有资源创造出附加价值,大幅度提高盈利水平。

4.传递价值

将价值传递给客户是战略的核心部分。价值可以定义为获得的利益与付出的成本之比。管理者通过修订战略,开发核心竞争力并获得协同效应来帮助公司创造价值。

(二)战略计划过程

现在很多企业正在改变其制订和执行战略计划的方式。过去,战略计划的重点一直是自上而下地设定目标和计划。也就是说,高层管理者和特别指定的战略计划部门为整个组织制订目标和计划。战术和运作管理者收到这些目标和计划,然后简单准备本部门的流程和预算。然而今天,高层管理者越来越愿意让整个组织的管理者参与战略计划的整个过程,在当前高度竞争和快速变化的环境下,高层管理者需要从组织的各个层面寻找想法。虽然高层管理者继续提供组织的战略方向或"愿景",但战术和运作管理者对组织的战略计划提供着有价值甚至不可缺少的信息。这些管理者还可以制订或改变自己的计划,使组织更加灵活、快速地响应。

基于这种趋势,战略计划成为一项进行中的活动,鼓励所有管理者既从战略角度思考长期的和外部的问题,也思考短期的战术和运作问题。战略计划过程主要有六个组成部分,具体如图6-2所示。

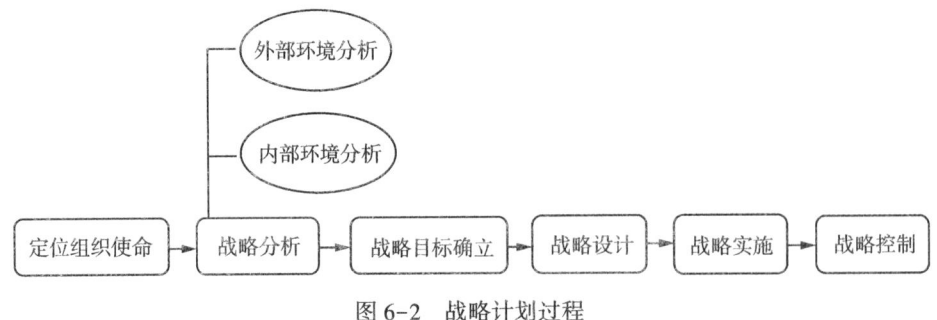

图6-2 战略计划过程

1.定位组织使命

战略计划的第一步就是确立组织的使命、目标和愿景,清晰明了地表达组织的基本目的。它描述组织做什么、为谁做、基本的产品或服务以及自身价值。愿景和宣言可有效地激励组织成员,提供整个组织通过共同努力所要实现的有价值的目标。这些宣言通常没有严格的财务规定,因为单纯的财务目标并不能激励全体组织成员。但对于组织来说,内部或外部发生的事件有时暗示着需要重新制定使命或目标,或者需要制定新的公司层、业务层或职能层战略。改变公司实现目标能力的因素被称为战略问题。在动荡的环境与迅速变革的行业中,管理者必须对需要做出改变的战略问题保持警觉,从而适应内部与外部变化。所以,这时我们就需要用战略分析来确定组织现阶段真正的战略目标。

2.战略分析

战略分析需要内外部环境分析相结合。

3.战略目标确立

在战略分析完成之后,企业要确定新的战略目标。

4.战略设计

战略设计的方法比较多元化,可分为发展战略和风险战略。

5.战略实施

与计划一样,仅制定合适的战略还远远不够。战略管理者必须保证新战略的实施是有效果和效率的。近年来,公司和战略顾问对实施问题给予了极大的关注,他们意识到,除了高超的技术和完善的计划,战略还必须得到组织结构、技术、人力资源、薪酬体系、信息系统、企业文化和领导风格等方面的支持。组织战略不但要与外部环境相适应,还要考虑影响其实施的各种内部因素。各个层次的管理者都要参与战略的制定、识别和实施。高层管理者仍然是战略实施的总指挥,但他们把责任和权力更多地分配给组织中的其他人。一般来说,战略实施包括以下四个相关的步骤:

(1)定义战略任务。用简明的语言明确公司在某个特定的业务领域的做法来创造或维持竞争优势。定义战略任务是为了让员工清楚他们可以为整个公司贡献什么。

(2)评估组织能力。评估组织实施战略目标的能力。一般任务团队会与公司的员工和经理面谈,确认哪些具体问题会有助于或有碍于组织目标的有效实施,并且由公司的最高管理层评估结果。

(3)制定实施日程。管理层应当决定,公司的管理风格将在多大程度上被改变,怎样处理关键的连接点,在关键任务中需要什么样的技能和个人,什么样的结构、措施、信息和奖励最终可能支持所需的行为。

(4)实施计划。最高管理层、任务团队和其他人制定实施日程,由最高管理层掌控整个过程,任务团队负责反馈组织中其他人对变革的看法。

这一过程虽然看似简单,但实施起来并不容易。为防止出现问题,高层管理者需要积极参与,提出员工可以接受的战略方向和偏好。战略实施过程中沟通很重要,最高管理层应该与各级机构分享大量的信息。负责战略执行的管理者应确保组织的各部门之间协调工作,避免目标分歧。同样,基层管理者需要指导和培训,以帮助他们更有效地带领团队。如果战略实施缺乏有力的领导,那么那些不能履职的管理者将不得不被替换。

6.战略控制

战略管理过程的最后一步是战略控制。战略控制系统是为支持管理者评估组织战略过程而制定的系统,如果存在差异,就要采取纠正措施。系统必须鼓励与计划一致的有效行动,同时要允许为适应变化而采取的灵活行动。与所有的控制系统一样,组织必须制定绩效指标(一个信息系统)和特定机制来监控进展。

控制系统的两个目标——效率和灵活性,对预算来说通常是矛盾的。预算规定了费用的上限,但在预算期间内发生的变化和创新,又常常对预算有新的要求。为解决这个难题,一些公司往往制定两套预算:战略和运作。

第二节　战略分析

制定战略环节中最重要的是战略分析。如果战略制定中缺乏环境分析,那么即使有一个很好的想法,也可能会输给那些对各个因素进行了认真分析并形成战略的竞争者。任何一家企业都会受到其内部和外部环境中诸多势力的影响,管理者必须识别出其公司内部环境中的所有组成部分,包括企业的目的、资源和技能,从而对企业的潜能做出评估。除此之外,管理者还必须探索企业的外部环境,尤其要关注环境中那些会对企业未来成败造成影响的相关因素,管理者需要识别出哪些因素可以被企业影响,从而对企业的愿景和目标给予支持。在分析内外部环境时,管理者需要全面了解企业的各种利益相关者所拥有的权力和需求,利益相关者的影响力取决于具体的行业及业务。管理者必须识别出哪些利益相关者具有最大的影响力,并采取有效的方法来满足他们的需求,通过对这些因素进行细致的分析,更好地把握企业内外部环境现状,明确企业愿景、使命和目标,制定有利于企业发展的战略,并建立一套能够让企业实现愿景的行动体系。这个过程的最终目标是打造一个行动网络,使行动间保持策略维度的匹配,且难以被复制。

一、SWOT 分析法

不同学派在战略分析上采用的方法是不一样的,SWOT 分析法是战略分析中最常见、最普通,也是被广泛应用的一个方法。只要讲管理学肯定会涉及 SWOT 分析法,它是一种对影响企业绩效的优势、劣势、机会和威胁进行分析和评估的方法。管理者获取的关于机会和威胁的外部信息来自各种渠道,如客户、政府工作报告、专业期刊、供应商、银行家及来自其他组织的朋友。许多公司与特定的环境分析组织签订合约,以获得剪报资料、网上研究资料和相关国内外趋势分析。也有公司雇用市场化的智库专家,使用情报团队来寻找竞争对手的相关信息。

SWOT 分析法实际上将影响战略的主要因素分为四个方面:优势(Strength)、劣势(Weakness)、机会(Opportunity)和威胁(Threat)。

优势和劣势主要是对自身和内部的分析。优势是指组织能够用来实现绩效目标的积极内部特征;劣势是可能会限制组织绩效的内部特征。管理者对特定职能,如市场营销、财务、生产和研发等进行内部审核,对总体的组织结构、管理能力和质量以及人力资源特征进行内部分析评估。基于对这些领域的了解,管理者能够确定企业内部相较于其他企业的优势与劣势。

机会和威胁主要存在于外部,研究外部的环境能够提供什么样的条件,能够产生什么样的威胁。机会是指有可能帮助组织实现或超越其战略目标的外部环境特征,威胁是那些可能会阻碍组织实现其战略目标的外部环境特征。

分析这四个因素时会形成一个四象限的分析模式,如表 6-1 所示。这种四象限分析方法非常普遍,根据经验判断,只要两种因素互相作用,就可以用这种四象限的方法构建一种模型,形成不同的组合和不同的战略。这种方法的优势:简便实用,既可以进行浅薄的认识性分析,也可以进行深入的数据性分析。

由于 SWOT 分析法过于简单,应用时会带有主观性和人为性,往往要靠个人的经验进行判断,有没有管理经验和足够的相关知识,决定着这个方法是否好用。其中对优势、劣势、机会、威胁的认定带有非常大的主观性,不同人的看法是不一样的。实际上这个方法最大的不足就在于任意性过强,容易受主观判断的影响。因此,波特在 SWOT 分析法的基础上,提出了分析产业结构的五力模型,以求战略分析的细化和深化。

表 6-1　SWOT 分析模式

	优势(S) 列出优势	劣势(W) 列出劣势
机会(O) 列出机会	SO(战略) 发挥优势 利用机会	WO(战略) 利用机会 克服劣势
威胁(T) 列出威胁	ST(战略) 利用优势 回避威胁	WT(战略) 减少劣势 回避威胁

二、波特五力模型

波特五力模型主要对现有竞争者、潜在竞争者、替代品供应者、顾客和供应商进行分析,如图 6-3 所示。

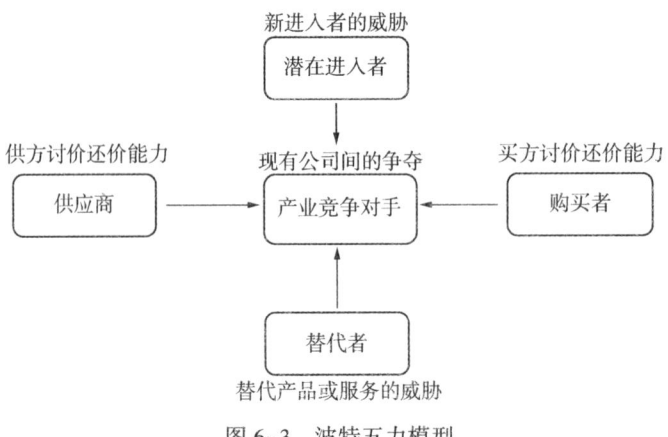

图 6-3　波特五力模型

(一)现有的竞争对手

现有竞争对手最常见的考察指标有以下三项:

(1)市场份额即营业收入,这是企业地位的标志。我们经常听到"世界企业 500 强"这样的说法,就是按市场份额的标准进行评选,有些世界 500 强企业可能发展缓慢、增长率不高,但市场份额很大。

(2)业务增长率,这是企业前景的标志。业务增长率一定要和行业结合起来。例如,在钢铁行业中,业务增长率能够达到 3%—5% 就已经是快速增长了,但在 IT 行业,业务增长率仅增长 3%—5% 就意味着面临困境。因此,同行业的业务增长率意味着本企业在这个行业的发展前景。

(3)利润率,这是企业可持续发展的标志。利润率是企业发展的根本因素,有市场份额却没有利润率,市场份额很快就会丧失。利润率实际上是支撑一个企业发展的最基本的指标。利润率和企业创新息息相关,创新的本质是可以产生较高的利润率。从全球范围来看,利润率较稳定且较高的往往是那些在单一产品领域里做到世界最强水平的企业。

一般来说,只要具备这三个指标,大概率就是现有的竞争对手。对竞争各方情况的了解,还包括企业自身的固定成本和库存成本、产品差异化程度、产业的市场容量和市场增长速率、竞争对手的复杂程度以及退出壁垒的高低等。只有对自己和其他在位企业进行深入比较的基础上,才有可能较为准确地把握自身的优势和劣势。

(二)潜在的竞争对手(进入威胁)

进入威胁的大小通常取决于两个因素:进入壁垒和在位企业的报复手段。规模经济的存在,使新进入者在初期就要形成一定的生产规模,否则同在位者相比难以取得成本上的优势。在位者已经形成了自己被社会认可的特色,新进入者要想取得市场份额,就必须耗费大量资金和时间,以建立品牌知名度和顾客忠诚度。任何产业都有资本需求,新进入者需要支出不可回收的前期研发费用和广告费用等,这意味着新进入者比在位者要承担更大的投资风险。客户转向新商家采购,会造成额外的转换成本。只有新进入者提供的产品给客户带来的价值超出转换成本时,客户才有动力更换供应商。在一定程度上,在位者已经控制着产品的分销渠道,新进入者要确保其产品的销售,必须付出让分销商接受自己产品的代价,甚至要新建分销系统。新进入者由于刚刚进入,在原材料来源、专有技术、地点优势、获得政府补贴和经营经验等方面往往不如在位者,这也会提高产业的进入壁垒。其中政府的准入政策,包括政府的许可限制、原材料获取限制、产品标准规范和生产标准规范等。

(三)替代品的威胁

替代品指的是那些同现有产品具有相同功能的产品,世界上有许多东西都可以被替代,但有替代的可能并不一定会发生替代。在管理学上有一个最经典的例子就是美国的公路和航路替代了铁路,美国早年铁路发展非常迅猛,拥有世界上最早最发达的铁路网,但是好景不长,大概在 20 世纪 50 年代,铁路逐渐被公路和航路所替代。

替代品是否产生替代效果,关键在于替代品能否提供比现有产品更大的价值/价格比。所以,替代产品的实际功能,是对现有产品造成价格上的限制,进而限制行业的收益。只有替代品具有价格优势时,替代才会发生。

替代品指的是那些同现有产品具有相同功能的产品。从经济学的角度来分析,任何一个替代品真正要产生替代效应靠的一定是性价比优势,没有性价比优势就无法替代现有产品。但需要说明的是,不是新产品就好用,而是创新带来的超额收益使得价格迅速下降,性能迅速提升,产生了性价比优势,替代品才会迅速普及。例如,现在在文具店里已经看不到复写纸了,20世纪80年代复写纸很普遍,能够作为替代品的复印机却很少被人使用,那个时代的人们,普遍工资是几十元,复印一张是四毛钱,所以多数人宁愿选择拿复写纸抄两份,而不会选择复印机这种替代产品。反观现在,人均普遍收入上涨,选择复印一张一两毛钱的复印机也是合情合理的,所以复印机的普及是由于它的性价比优势。

(四)客户的价格谈判实力

作为生产性的客户,本企业的产品就是客户的原材料。而客户的利润跟原材料的采购价格具有很大的关系。如果客户能够以较低价格采购,在其他条件不变的情况下,其利润率就会上升。通常,客户的砍价能力同下列几个因素相关:客户的购买量,客户从本企业购买的产品占其总成本或购买数额的比例,本行业产品的标准化程度,客户的可转移成本,客户的盈利情况,客户采取后向一体化战略的能力,产品对客户的影响程度以及客户对本行业信息的掌握程度。

(五)供应商的价格谈判能力

供应商的价格谈判能力和客户的价格谈判能力具有较大的雷同性。用产品流程来看,下游企业就是客户,上游企业就是供应商。当企业销售时就是供应商角色,当企业采购时就变成了客户角色。一般而言,供应商的价格谈判能力与下列几个因素有关:供应商所属行业的集中度,供应商产品的替代性,供应商产品在本企业成本组成中的重要性以及供应商进行前向一体化的能力。

以上是企业方面,政府也可以用波特五力模型,但是其内容和含义要进行相应的调整。

波特五力模型的框架能够帮助企业经营者恰当地判断自己的优势和劣势,帮助自己定位,这比SWOT分析法更为客观和准确。但SWOT分析法和波特五力模型都存在一个问题:它们不能代表所有经营战略的分析,波特五力模型作为定位学派的一个代表,它只是战略管理的一个分支,而战略管理涉及的分析层面要广泛很多。

明茨伯格列出的十大战略学派(参见明茨伯格等《战略历程:纵览战略管理学派》)并没有把自己提出的战略列进去,但明茨伯格不光是一位管理学家,也是一位战略学家,他提出过与众不同的战略——手艺式战略。战略的分析和设计是不断地在碎片化的信息中捕捉和战略相关的信息,然后不断地调整自己的行动方向和行动策略,逐步形成自己的战略。这个战略的分析和设计过程像一个雕刻师拿着一块木头,他会想象这块木头与何物相似,怎样雕刻更合适。

明茨伯格的手艺式战略是受本田的启发。本田最开始生产摩托车,后来生产汽车。本田刚成立时,日本汽车市场趋于饱和,国际市场上美国和德国的汽车具有更大的优势,若是按照SWOT分析法或波特五力模型分析,本田公司本不该成立。那么本田到底是如何发展壮大的呢?明茨伯格举例说,本田在主营业务还是摩托车的时候就想要打开美国市场,指派了推销员到美国推销自己的摩托车。他们在推销的时候想当然地以汽车做类比,鉴于美国人喜欢驾驶大车、豪华车、大排量车,而日本车大都是节能型,所以打算在美国推销排气量在300cc的大型摩托车,认为这将有可能占领美国市场。然而推销员在美国奔波了几个月,订单非常不理想。实际上,在美国,大型摩托车本身种类繁多,本田摩托车对美国人基本没有吸引力,但是推销员很快传回来一个信息:他们去推销的时候骑的是50cc的小摩托,很多人询问这个小摩托的售价。公司获悉这一情况后,认为可以一试,果不其然,小摩托的销量不错,本田的策略就转变为以推销轻骑、小摩托为主。

战略有时是不可能事先分析设计出来的,它是通过生成过程中碎片式的信息不断地分析加工,形成一个主攻方向,最终形成一个产业定位,就好像手工艺人在局部信息中间不断地琢磨推敲,这就是手艺式战略。虽然手艺式战略不在十种战略之中,但是它是可以在实际中看得见并用得着的。SWOT分析法和波特五力模型在战略分析中非常重要,它们却不是唯一的战略分析方法,实际上战略分析方法不但有数量性的还有经验性的,不但有科学性的还有工艺性的,我们应该根据具体情况去选择相应的分析方法。

第三节 战略设计

战略可分为发展战略和风险战略,这两大战略会形成不同的战略模式。除此之外,还可以将战略分为公司战略和业务战略。战略设计的分类方法具有多样化的特点,具体如下。

一、发展战略

任何战略的基本点都是立足于发展的,发展战略贯彻其中,企业战略在于经济的发展,政府战略在于社会的发展。在发展的过程中经常会产生风险问题,战略如何防范和规避风险就是另一种战略——风险战略。在战略设计里面以这两大类战略为标准,将其分为四种战略模式,在发展战略里分为两种模式:低成本战略和差异化战略;在风险战略里也有两种战略模式:一体化战略和多元化战略。

(一)低成本战略

低成本战略通常靠规模化经营来实现。低成本战略是工业化以来制造企业最常用的战略,靠规模取胜,比较典型的就是福特汽车,大规模和大批量的生产可以迅速降低成本和价格,获取较高的利润。

从经济学的角度把规模化战略分析清楚采用的就是量本利分析方法,先要了解固定成本、变动成本,以及成本、利润和生产量三者的关系。由于任何企业都会涉及固定成本,所以存在一个问题:定价定为多少是划算的?例如,单次行程的机票,正常价格是三千多元,但是当飞机座位不满、机票滞销的时候,一百元也会出售。这是因为,它的成本是固定不变的,载满150个人和载90个人的成本是一样的,卖了总比不卖强。固定成本要分摊到每个产品上,而变动成本是每个产品固定的。就具体成本而言,在产品数量不固定的情况下,固定成本的分摊导致每件产品的固定成本是变动的,变动成本是固定的。低成本战略就是规模化战略。规模化的表现形式是"人有我强",但是这个强不是追求质量高,而是追求价格低。低成本战略往往立足于最大限度地减少研发、服务、推销和广告等方面的成本费用,表现为市场份额的扩大。

(二)差异化战略

差异化战略是"与众不同"。凡是差异化战略,都把成本和价格放在第二位考虑,先要看能不能做到标新立异,尤其注重能不能形成顾客黏性。差异化的表现形式是"人无我有",以经营特色获得超常收益。差异化的实质是实现用户满意的最大化,从而形成对本企业产品的忠诚,这种忠诚一旦形成,消费者对价格的敏感程度就会下降,因为人们都有"便宜没好货"的思维定式,同时也会对竞争对手造成排他性,抬高进入壁垒。但这一战略通常是同市场份额相冲突的,二者不可兼顾。市场份额的扩大,一般会意味着产品特殊性的下降。

发展战略最主要的基本模式就是这两种,但是这两种战略并不兼容,低成本战略必须追求低成本,差异化战略必须追求吸引力。一般来说,奢侈品实施的都是差异化战略,大众产品实施的都是低成本战略,因此,这两种思路是不一样的。大众产品可能是生产得越多越好,奢侈品却是限制产量会有更好的效果。这两种战略互相冲突且不兼容,但并不意味着一个公司不可以同时使用这两种战略,可以在不同的产品上选择不同的战略。

标新立异就是差异化,总成本领先就是规模化。波特也强调决不能夹在战略中间,一个企业既想占据成本优势,又想形成产品的特色,是很可能失败的。但是他提出一个调节的办法就是目标聚焦,即在细分的市场上进行恰当的界定:什么样的产品要标新立异,什么样的产品要规模化,可以形成两种战略综合的方式。所以,这三种战略模式并不是并列的,第三种目标聚焦针对细分市场,而前面两种战略则是针对全部市场的,如图6-4所示。

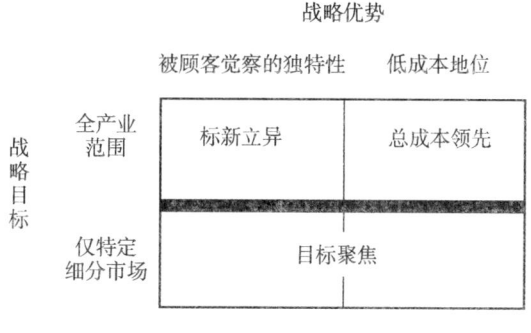

图6-4 波特的基本战略

二、风险战略

风险战略有两种模式:一种是一体化战略,另一种是多元化战略。

(一)一体化战略

一体化是指由若干关联单位组合在一起形成的经营联合体,主要有纵向一体化、横向一体化和混合一体化。

纵向一体化也称为垂直一体化,是指生产或经营过程相互衔接、紧密联系的企业之间实现一体化,按物流方向又可以划分为前向一体化和后向一体化。前向一体化是指本企业与用户企业之间的联合,后向一体化是指本企业与供应企业之间的联合。

例如,一个面粉厂专门磨面粉,每天卖面粉,原料是小麦,面对社会销售。遵循发展战略,如果面粉厂挣钱了,就再开一个面粉厂,把它扩张到很大,生产量在增加。但是伴随着面粉厂的扩大,就会产生原料能不能供应产品会不会积压、能不能售出等问题。于是经营者就会开始做选择,很可能拿出一部分利润来投资农户,甚至自己办农场,给高品质面粉解决原料问题,分散原料风险。假定面粉厂利润率是8%,但是投资农场生产小麦的利润率只有3%,就发展战略来说应该把农场卖了,将资金全部投入面粉厂。若从风险战略来说,尽管农场投资利润率很低,但它可以有效地降低原料风险。向着原料供应方向来扩展或者向着下游产品方向来扩展,形成完整的产业链来降低市场风险和原料风险,这就叫纵向一体化。

横向一体化也称为水平一体化,是指与处于相同行业、生产同类产品或工艺相近的企业实现联合,实质是资本在同一产业和部门内的集中,目的是扩大规模、降低产品成本和巩固市场地位。横向一体化和纵向一体化是不太一样的。纵向一体化主要是降低产业自身的风险,是在生产领域存在的风险;而横向一体化主要是为了降低市场利润的损失风险。

混合一体化是指处于不同产业部门、不同市场且相互之间没有特别的生产技术联系的企业之间的联合,包括三种形态:①产品扩张型,即与生产和经营相关产品的企业联合;②市场扩张型,即一个企业为了扩大竞争地盘而与其他地区生产同类产品的企业进行联合;③毫无关联型,即生产和经营彼此之间毫无联系的产品或服务的若干企业之间的联合。

(二) 多元化战略

多元化指同时经营两种以上基本经济用途不同的产品或服务,包括产品的多元化、市场的多元化、投资区域的多元化和资本的多元化。横向多元化是指以现有的产品市场为中心,向水平方向扩展事业领域;多向多元化是指在与现有产品和市场领域有关联的基础上,通过开发完全异质的产品和市场,向不同方向扩展事业领域;复合多样化是指所开拓的新事业与原有的产品、市场毫无相关之处,所需要的技术、经营方法和销售渠道等必须重新取得。

多元化战略与一体化战略不同。通俗来讲,一体化战略是把投资分散在和自己产业紧密相关的产业领域,形成有因果逻辑的产业链;而多元化战略是分散投资到和自己原有产业无关联的领域。例如,房地产的商人赚钱了,越做越大,想要分散投资,就会投资影视业。影视业和房地产其实没有任何关系,但它是分散投资的一种方法。

风险战略和发展战略是可以结合的。战略是以发展为主、防范风险为辅,还是以防范风险为主、发展为辅,这都是可以考虑的。很多人可能会认为风险战略也是为了发展,而发展肯定要防范风险,这个区分没有意义。实际上,发展战略追求的是快速扩张和增长,风险战略追求的是防范风险。那么,从发展战略的角度出发来考虑问题,假设面对不同市场,且拥有不同的产品,想要追求快速发展要怎么办？一般会选择将投资集中在最能盈利的产品上。所以,发展战略要集中资源,而风险战略要分散资源。以资本为例,发展战略是把资本放在最能盈利的地方,风险战略是把资本放在风险概率最低的地方。从事企业经营总会听到这样一句话：千万不要把鸡蛋放在同一个篮子里！实际上它强调的就是防范风险。美国钢铁大王卡耐基在别人问他经营的窍门时,他说他的办法就是把所有的鸡蛋都放在最能挣钱的那个篮子里,然后眼睛眨都不眨地盯紧这个篮子。很明显,他强调的是发展战略。

发展战略的两种基本模式和风险战略的两种基本模式是可以组合起来的。根据产业性质和经营方向选择不同的战略模式,而且力求做到发展战略和风险战略相结合。但是不能把一体化战略和多元化战略当成发展战略,一体化规避风险的作用更突出,而多元化和发展战略结合得更紧密。战略设计往往立足于一个基本的模式,然后根据自己的实际情况加以变通,形成适合自己特点的战略。

三、其他战略

(一) 全球战略

很多组织在全球运营并把关注全球业务作为它们追求的一个独特战略。高层管理者试图制定统一的战略使全球的运营产生协同效应,从而实现组织共同的目标。此时,管理者必须考虑的一个问题是全球标准化和本土响应性之间的战略悖论。企业走向国际化的第一步是向选定国家出口国内生产的产品,追求进一步国际扩张的组织必须确定是每个海外分支机构自主行事,还是所有海外机构的一切活动都标准化和集中化。这会导致管理者做出一个基本的战略选择：是采取全球化战略还是多国战略。另外,一些公司可能会试图通过跨国战略实现一定程度的对全球标准化与本土响应性的兼顾。

1. 全球化战略

一旦一个组织选择了全球化战略,就意味着它的产品设计和广告策略在全球都是标准化的,这个战略基于消费者和产品都存在单一的全球市场的假设。该假设认为,不管哪个地方的人都想买同样的产品,都有同样的生活方式。全球化战略能够帮助组织通过标准化产品设计和生产,使用共同的供应商,在全球更快地推广产品,协调价格,撤掉多余的设备而提高效率。例如,吉列拥有大量的生产厂,利用共同的供应商和流程来生产剃须刀和其他产品,这些产品的技术规格在全球范围内标准化。

2. 多国战略

一个组织一旦选择了多国战略,就表示每个国家分支机构的竞争都是独立进行的,与其他国家的分支机构毫不相干。也就是说,一家跨国公司会在很多国家有分支机构,它鼓励这些分支机构修改其营销、广告和产品设计,以适应每个国家特定的需要。

3.跨国战略

跨国战略寻求兼顾全球标准化和本土响应性的方法。但是真正的跨国战略是很难实现的,因为既需要密切的全球协作,又需要本土的灵活性。很多企业发现,日益加剧的竞争意味着它们必须实现全球高效率,不断满足当地需求的压力并且要求它们做出本土响应。虽然大部分跨国企业希望实现一定程度的全球标准化以降低成本,但即使是全球产品也需要做出某些调整以迎合各个国家的政府规定或消费者的偏好。另外,日益加剧的竞争意味着很多企业必须利用好全球机会,并对国际市场的差异性做出回应。

(二)职能战略

战略过程的最后一步是建立主要的职能战略。职能战略由组织的每个职能部门来完成,对业务战略提供支持,主要的职能部门包括人力资源、营销、研发、财务和分销。职能战略通常经过负责业务战略的高管批准和支持后,由各职能部门管理者实施;高层战略决策者检查职能战略,以确保每个职能部门的运行与组织的业务战略保持一致。所以在以产品创新为基础进行竞争的公司中,研发策略尤为关键。

讲到战略,经常会碰到一个词——创新。创新部分主要在十六章做具体介绍。我们强调创新,那么到底什么是创新？发明是不是创新？创意是不是创新？约瑟夫·阿洛伊斯·熊彼特(Joseph Alois Schumpeter)说的五种创新的核心在于它能够给企业带来新的收益。所以我们认为,无法带来新收益的创意就不是创新。进行战略设计的时候往往要考虑创新,但是如何衡量创新,尤其在中国的环境下如何区分真创新和伪创新,可以用三个标准来衡量:

(1)创新必须具有相应的资源。创意不等于创新,没有资源支持的创新是空中楼阁。古代传说里的千里眼和顺风耳是创意和想象,但是构不成创新,只有当现在有了无线电技术和资源才能够称为创新。

(2)创新必须有可实现的技术路径。技术也是一种资源,技术路径具有可操作性。曾经有专家在1958年到1960年连续写多篇文章谈亩产万斤,认为粮食亩产是绿色植物通过光合作用,在把太阳能转化为生物能的过程中形成的,而现在地球上的植物对太阳能的利用很有限,只要把太阳能的利用率提高一个百分点,粮食产量就可以成几倍甚至几十倍地增长。虽然理论是成立的,但缺乏可操作性。

(3）创新必须比原有的同性能物品成本低廉，在"性价比"上胜出，即具有性价比优势。20 世纪 90 年代的铱星计划是摩托罗拉无线通信的创新计划，摩托罗拉提出这个计划的起因是此前公司在谈一单很重要的生意时，有一个部门主管因度假联系不到而失去了这单生意，这在公司内部产生了一个笑话：做通联的员工连自己的主管都找不到，还导致丢掉生意。于是他们很快提出了一个设想：要发明一种新的通信系统，这个系统不用其他地面设备，单纯用卫星构成一个空中的网络，手机直接发送信号通过卫星链接到地球上的任何一点。公司很快将这个设想进行了技术论证并设计出具备可行性的操作方案。第一个方案是用 77 个地球同步卫星构成一个卫星网络，形成一个通信系统（因为金属铱有 77 个电子围绕在原子核外，故名铱星）。后来改进优化后发现用 55 个就把地球全部覆盖了。投资、预算和技术都没有问题，公司专门成立了子公司，在纳斯达克上市，发射运行，收获一片赞扬声，被评为世界十大科技进展之首。后来，问题开始显现，最初的设计考虑，盈亏临界点为全球 1 万名用户，而实际用户最高只达到了 6 000 名，这 6 000 名用户中还有一些是赠送用户，最后，摩托罗拉不得不申请破产。

一旦不能形成性价比优势或者不能带来好的收益，那么即使创新能实现也无法在社会上立足。最关键的是，创新必须能形成性价比优势，这对创新来说很重要。所以我们需要反复强调这个观点：任何一个公司，它的倒闭不是因为没有创新而是因为没有利润。

本章回顾

- 战略泛指重大的，带有全局性的或决定全局的谋划。战略管理过程始于组织的使命、愿景和目标的建立。
- 战略计划一般包括六个步骤：定位组织使命、战略分析、战略目标确立、战略设计、战略实施和战略控制。
- 常用的战略分析方法有 SWOT 分析法和波特五力模型。SWOT 分析法通过对优势（Strength）、劣势（Weakness）、机会（Opportunity）和威胁（Threat）的分析来判断战略的优劣。波特的五力模型主要对现有竞争者、潜在竞争者、替代品供应者、顾客和供应商进行分析。
- 战略设计分为发展战略和风险战略两大类。两大战略会形成不同的战略模式。发展战略和风险战略分类下分别有各种不同的战略，例如低成本战略和一体化战略等。

本章习题

习题及参考答案

案例讨论

案例

讨论：

1.本田公司售卖大型摩托车的战略为何会失败？采用分析方法分析其失败原因。

2.本田公司售卖小型摩托车为何会成功,转机是什么,战略是从何产生的?

3.本田公司售卖摩托车的案例,对你有什么启发?

拓展阅读

拓展阅读

第七章 决 策

导言

第一节 决策的定义、原则与前提

一、决策的定义

决策的定义有狭义和广义两类。狭义的定义即决策者从两个或两个以上的备选方案中选择一个;广义的定义将决策看作一个过程,认为决策是决策者了解决策问题,设定决策目标,基于自己的知识储备、社会经验和已知信息,综合主客观条件的可能性,提出两个或两个以上的备选方案,再依据一定的科学手段和方法进行比较、分析和评价,从中选择最为满意的方案,并对方案的实施情况进行反馈,以修正和控制方案,最终达到决策目标并解决问题的系统过程。从上述定义可以看出决策的最终目的是解决现实问题。

二、决策的原则

1.满意原则

决策遵循的是满意原则,而不是最优原则。为什么不是最优呢?因为对决策者来说,要使决策达到最优必须做到:①获得与决策有关的全部信息;②真实了解全部信息的价值所在,并据此制定所有可能的方案;③准确预期到每个方案在未来的执行结果。决策者在现实社会中进行决策时,因为每个人的能力是有限的,决策者很难获得与决策相关的全部信息,只能制定出数量有限的方案,一般也很难确切地把握每个方案的执行结果。三个条件无论哪一个都不可能完全做到,更何况三者都要满足,所以决策遵循满意原则。

2.系统原则

决策者在进行决策时应该将各子系统的特性放到系统的整体中去权衡,用整体系统的特征和总目标去协调各子系统的目标,形成整体优化,站在全局的高度去考虑问题,进行决策,这样决策的结果才是较为完整的。

3.信息原则

管理者在决策时离不开信息,信息的数量和质量直接影响决策水平。信息数量太多,容易让人眩晕,找不到对决策有用的信息;信息数量太少,决策的结果容易偏颇;所以,适量的信息是最好的。毋庸置疑的是,信息的质量当然越高越好。这就要求管理者在决策之前以及决策过程中尽可能地通过多种渠道收集有用的信息,并系统地对搜集的信息进行归纳整理、比较、选择和加工,最终作为决策的有效依据,更好地为决策服务。

4.预测原则

预测原则相对简单,它是指通过科学的预测,对未来事件的发展趋势和状况进行描述和分析,做出有根据的假设和判断,为决策提供科学依据和准则。决策的正确与否,很大程度上取决于对未来后果所做判断的正确程度。

5.比较优选原则

比较优选原则有两层含义:比较是指方案提出过程经过系统分析和综合,确定多个可达到预定目标的方案;优选是指从多个备选方案中选择满意方案的决断过程。决策者只能在方案的利弊之间进行合理的选择。

6.反馈原则

反馈原则指根据变化的实际情况和实践结果,对初始决策做出相应的调整或改变,使决策趋于合理的原则。反馈原则是实现动态平衡、提高决策质量以及实现决策科学化的保证。

7.效益原则

决策不能不做成本效益分析,决策的目标是以较低的成本获取较高的收益。当然,这种收益不能单纯以金钱作为衡量标准,决策既要讲经济效益,也要讲社会效益。

8.民主原则

决策时应坚持民主原则,实行民主决策,充分调动各系统,各类人员的积极性、主动性和创造性,以求高效率和高效益地解决决策问题、实现决策目标。

三、决策的前提

如果我们要做出决策,就必须了解决策的前提。有些前提是原本就存在的,如决策环境。而有些前提是需要人为满足的,只有对这些前提予以满足,才能使决策成为系统的过程,从而更好地解决问题。

约翰·卢西安·萨凡奇(John Lucian Savage)曾用一个鸡蛋煎饼的案例,以说明决策的内容与过程。一个家庭主妇准备用六个鸡蛋和一碗面粉做鸡蛋煎饼。她在做鸡蛋煎饼前先将鸡蛋打到碗里,然后再向盛着鸡蛋的碗里加入面粉搅拌。当她已经向碗里打了五个鸡蛋(假设已经打入碗中的五个鸡蛋没有坏的),在准备打第六个鸡蛋时,由于不知道第六个鸡蛋的好坏,她将会面临两种可能的状态:

第一种状态,第六个鸡蛋的质量是好的;

第二种状态,第六个鸡蛋的质量是坏的。

由于鸡蛋状态的不确定性,她将面临三种不同的可供选择的方案:

第一种方案,将第六个鸡蛋直接打入已有五个鸡蛋的碗里;

第二种方案,将第六个鸡蛋打入另外一个碗里以便检查其质量好坏;

第三种方案,将第六个鸡蛋扔掉。

下面我们将根据这一案例说明决策的六个前提:

1. 决策问题

没有问题就不需要决策。决策的最终目的就是解决问题,而决策问题往往是由人们根据经验和知识从生活和工作的实际需要出发所提出的。上述案例中的决策问题便是如何做出能够食用的含有足够鸡蛋的鸡蛋煎饼,这是家庭主妇做出决策的动机。

2. 决策者

决策者是决策分析的主体,既可以是个体,也可以是两个或两个以上个体所组成的群体。上述案例中决策者即为该家庭主妇,是个体。当决策问题较为复杂,个体的知识和经验不足以做出科学决策时,就需要具有不同知识背景和社会经验的决策者组成群体同时进行决策。决策者进行决策时会受到社会、政治、经济、文化和心理等各个因素的作用,而在群体决策中,每个个体的决策还会受到其他决策个体和交互结构等因素的影响。

3. 决策目标

决策目标是决策者在充分了解和分析决策问题后为解决决策问题所提出的目标。决策者必须有明确的需要达到的目标,可以是单个目标,也可以是多个目标。在该案例中,家庭主妇的目标为尽量使做成的鸡蛋煎饼在可食用的前提下含有更多的鸡蛋和付出最少的劳动。

4.决策方案

在设定决策目标后,决策方案也是不可或缺的,不同决策方案将会为人们提供达成决策目标并解决决策问题的不同方法。决策方案有明确方案和不明确方案两种,前者是指离散的、有限的且明确的方案,如案例中家庭主妇所面对的三种方案。后者一般仅仅是对于可能产生的方案提供约束的条件,而方案本身可能是无限且连续的,针对这种方案进行最优或满意选择可以借助运筹学的优化方法。

5.自然状态

在决策时,决策者将会面对决策环境并需要在决策时充分考虑决策环境的自然状态,自然状态是决策者无法控制但可以预测的。自然状态可以分成三种情况:确定的自然状态和不确定且离散的自然状态、不确定且连续的自然状态。在案例中,鸡蛋的质量状态是影响到决策的重要自然状态,也是决策不可或缺的前提,它是不确定且离散的,具有好和坏两种可能性。

6.决策准则

决策准则是用于评价决策方案是否达到了决策目标的一种价值标准,决策者的价值取向或偏好会影响决策准则的制定。如果决策者没有设定自己的决策准则,那么就很难从备选方案中选择最优方案或满意方案,因为决策准则是用于评价备选方案优劣的重要依据。决策准则往往不再是最优准则,而是满意准则。这是由于为达到最优准则必须了解关于决策的所有信息、清晰地认识到所有信息的价值和准确预测到每个方案在每种自然状态下的执行结果,但这些条件往往很难达到,因此只能退而求其次,选择满意准则。

第二节 决策的不同观点

一、古典决策观

古典决策观是从"经济人"假设发展而来的。它假设决策者是一个完全理性的人,这样的决策者在选择备选方案时是完全客观且符合逻辑的,即最大化个人或组织的利益。古典决策观还要求决策者完全了解决策相关的信息,即要求决策问题清晰明确,管理者的目标是具体确定的,备选方案与执行每一个备选方案所产生的后果也必须被决策者完全掌握。斯蒂芬·罗宾斯(Stephen P. Robbins)对于理性的决策进行了概括:问题是清楚的和不模糊的;要达到的是单一的且清楚定义的目标;所有的方案和结果是已知的;偏好是清晰的;偏好是不变和稳定的;不存在时间和成本的约束;最终选择将使回报最大化。

如果古典决策观的前提假设被全部满足的话,无论个人决策还是组织决策、单目标决策还是多目标决策,理性的决策者都可以从备选方案中选择能够最大化个人或组织利益的最优方案。但在组织决策中,理性的决策者不会做出使组织利益最大化的选择,而会利用决策的权力为自己谋取利益,其做出的决策会使自己的利益最大化从而使组织利益受损。即使忽略这个问题,古典决策观的前提假设也很难在现实中得到实现,现实的决策者往往会受到各种因素的影响,无法做到完全理性;决策相关的信息也几乎不可能被决策者完全了解,因为决策问题不是完全清晰的,决策目标以及不同目标的优先级可能是模糊的,在每种自然状态下执行不同备选方案的后果也很难被掌握,甚至决策者连自然状态发生的概率分布都可能无法了解。

二、行为决策观

尽管认识到决策者难以成为完全理性的"经济人",也很难掌握决策相关的全面信息,但决策者仍然被期望在进行决策时尽量遵循理性,为组织争取尽可能大的利益。因此决策者将会遵循有限理性的假设制定决策,即虽然受到信息获取与处理能力、知觉偏差以及感情因素等限制,但也要在这些限制下尽可能理性地进行决策,以求达到满意的决策结果而非使目标最大化的决策结果。最早提出行为决策观的是赫伯特·西蒙(Herbert Simon)。他在《管理行为》一书中指出,管理的决策过程很难由理性的和经济的准则准确说明,并基于此提出了"有限理性"原则和"满意"准则。行为决策观的内容大致可以概括如下:

(1)决策者既不是完全理性的,也不是完全不理性的,而是介于二者之间,是有限理性的。决策者之所以无法做到完全理性,是因为现实决策环境往往是不确定、非线性、高阶和多回路的复杂系统,即使决策的相关信息完备,以个人的逻辑思维、计算能力与知识储备,也很难对已知信息进行完美的处理和分析以得出最优解。

(2)在识别和发现问题的过程中,决策者易受认识能力的限制,将决策问题的部分信息当作全部认识对象,从而在判断未来的状况时,多使用直觉判断而非进行逻辑推理。

(3)在决策过程中,决策者难以完全掌握和了解决策环境的全部信息。即使完全掌握了这些信息,也会由于决策时间与可利用资源的限制而无法完全了解全部备选方案,因此做出的决策无法达到完全理性。

(4)在风险型决策中,决策者对于决策环境自然状态发生的概率分布了解有限;即使完全了解自然状态发生的概率分布,决策结果也会受到决策者风险偏好的影响。厌恶风险的决策者会尽量选择风险小的备选方案,与之相反,喜爱冒险的决策者会选择风险大但回报高的备选方案。这两种风险偏好的决策者选择的备选方案往往都不是期望收益最大的备选方案,也就无法做到完全理性。

(5)决策者往往自身并不愿意追求最佳方案,而只以满意为原则。在提出决策方案的环节,决策者往往因循守旧,出于自身的惰性不愿意探索新的备选方案,而是根据经验将相似决策的旧方案或现行方案作为备选方案。在方案的比较与评估环节,决策者如果要评价所有备选方案并做出最佳选择,往往需要消耗许多金钱和精力,而这是决策者不愿付出的。在备选方案的选择环节,理性的决策者会基于自己的利益最大化而非组织利益最大化选择备选方案。

(6)决策的制定还会受到组织内部环境的影响,如组织文化、组织的内部政治以及权力结构。这将导致"承诺升级"的现象,决策者即使认识到了最初选择的备选方案是错误的,也不会基于理性的原则对原定决策进行调整,选择最优的方案,而是会对最初选择的备选方案不断增加承诺。

三、当代决策观

随着决策对象越来越复杂,信息量越来越多,风险影响因素越来越多,机遇越来越难把握,于是继古典决策理论和行为决策理论之后,决策理论有了进一步的发展,形成了当代决策理论。当代决策理论的核心内容:决策贯穿于整个管理过程,决策程序就是整个管理过程。组织是由作为决策者的个人及其下属、同事组成的系统。整个决策过程从研究组织的内外部环境开始,继而确定组织目标、设计可达到该目标的各种可行方案、比较和评估这些方案,进而进行方案选择(做出择优决策),最后实施决策方案,并进行追踪检查和控制,以确保预定目标的实现。这种决策理论对决策的过程和原则、程序化和非程序化决策以及组织机构的建立同决策过程的联系等做了精辟的论述。

对当今的决策者来说,在决策过程中应广泛采用现代化的手段和规范化的程序,并以系统理论、运筹学、博弈论和电子计算机为工具,辅之以行为科学的有关理论。这就是说,当代决策理论把古典决策理论和行为决策理论有机地结合起来,它所概括的一套科学行为准则和工作程序,既重视科学的理论、方法和手段的应用,又重视人的积极作用。随着对传统的理性决策模式的质疑和批评,越来越多的研究者逐渐摒弃那种以"理性人"假设为前提,认为在区分事实和价值的基础上依靠理性选择就可以达到令人满意的决策结果的片面认识,继而选择了一种非理性主义的研究道路,其中比较有代表性的为"垃圾桶"决策模型及在此模型基础上提出的多源流议程分析理论(多源流理论)。

(一)"垃圾桶"决策模型

美国学者迈克尔·科恩(Michael D. Cohen)、詹姆斯·马奇(James G. March)和约翰·奥尔森(Johan P. Olsen)发表的论文《组织选择的垃圾桶模式》,正式提出了"垃圾桶"决策模型。虽然用了"垃圾桶"这个很生活化的比喻,但其本身是一个非常严谨的理论模型。理性决策理论认为,政策过程是一种逻辑的、理性的且按步骤进行的活动,决策是依据"问题界定→方案研制→方案优选"这样的步骤来进行的。但这种理性决策的前提是,决策者知道所有可能采取的方案,知道每个方案可能产生的后果,并有能力选择最有效且经济的方案。

然而在政策实践中,由于人们对知识和信息的把握和处理能力有限,理性决策显然也存在局限性。与理性决策不同,科恩等人提出的"垃圾桶"决策模型关注政策制定过程中的"非理性"的因素,并认为问题、偏好与解决方案之间并没有一致的逻辑推演关系,因此组织的决策程序并不是沿着"问题→方案→决策"这种直线式的思考路线进行的,而是一种相对"组织化的无序"状态。这种状态表现为以下三个特征:

(1)模糊偏好。决策者对解决问题的偏好缺乏一致和明确的界定。例如,多名决策者对问题的理解不一致,或者决策者的偏好会随着时间的不同而有所变化。

(2)不明技术。参与决策的成员往往只知道与自身职责相关的业务,对整个组织的运作没有全面的认识,因此,在参与涉及整体的决策过程时,他们对达成目标的手段或方法并不清楚。

(3)流动参与。组织决策像一个舞台,在不同的时间会有不同的人参与进来。即使是同一个政策议题,人们的参与也因时、因地而异,显现出流动性参与的特点。"垃圾桶"决策模型认为,在这种"组织化的无序"状态下,问题、解决方案、参与者和决策机会这四大源流会独立地进入组织结构。组织结构又受到净能量承载量、进入结构、决策结构和能量分布这四个变量的影响。四大源流经过四大变量的筛选、汇聚,最后产生决策结果。科恩等人认为,在关于某一个问题的决策机会到来之时,政策之窗会提供一个"垃圾桶",来自组织内部的所有信息都被倾倒进垃圾桶,从而让问题、参与者和解决方案等因素碰撞在一起,通过在"垃圾桶"中配对,从而产生决策。也就是说,组织决策是各种因素混合交叉的结果。

实际上,这个决策模型强调的是决策过程中一些不可控的因素。在他们看来,做出决定是一个相对模糊和不可预测的过程,有什么样的政策产出,取决于"垃圾桶"摆放的位置、当下会产生什么样的"垃圾"、可获得的"垃圾桶"的混合以及"垃圾"被收集和移走的速度。从这个角度来看,"垃圾桶"模型否认了理性决策所追求的完全理性目标。"垃圾桶"决策模型的意义在于,它将政策分析嵌入组织分析与制度分析之中,提供了一个视野广阔的分析框架。此外,从政策制定实践的角度,提供了一个容纳各种方案和意见的更大的空间。这个模型带给我们的启示是,决策有其复杂性,众多因素都会影响"完美决策"的做出。因此,既要在现有的条件下做出选择,又要承认决策的局限所在。

(二) 多源流理论

在借鉴"垃圾桶"决策模型的基础上,美国著名的公共政策学家约翰·金登(John W. Kingdon)建立了多源流理论,该理论最早出现于1984年金登所著的《议程、备选方案与公共政策》一书中。金登认为,议程的建立和备选方案的产生中存在着三种过程"溪流"(问题源流、政策源流和政治源流)和一个"政策之窗"。问题、政策和政治这三条过程溪流大部分时间是相互独立的,且各自都是按照自己的动态特性和规则发展的。但这些分离的溪流往往在某些关键的时候汇聚在一起。例如,解决办法与问题连接起来,而且它们都与一些有利的政治势力连接起来。而这种连接只有当"政策之窗"开启,即提出合适的政策建议或出现使特殊问题受到关注的机会时才最有可能出现。在需要决策的关键时刻,政策问题的提出者就将三者结合起来。三者的结合使一个问题获得政策制定者高度关注的可能性大大提高了。

多源流理论最大的特点在于"结合"。在一个关键的时间点上,当上述三大源流"融合"到一起时,问题就会被提上议事日程,金登将这样的时间点称为"政策之窗"。所谓"政策之窗",是政策倡导者把他们的注意力集中在政策问题上并为实现他们所喜欢的方案而开着的机会。政策倡导者准备自己所喜欢的政策方案,并等待他们所关心的政策问题表面化,或能够形成有利于他们的政策环境。有时候,"政策之窗"按可预测的日程打开,如预算审议和国政监督。相反,有时候,"政策之窗"因不可预测的政治和社会事件而打开。这样,政策倡导者只能准备好政策问题的定义和政策方案内容而等待"政策之窗"的打开。如果政策倡导者没有充分地利用已经打开的"政策之窗",就必须等待"政策之窗"的再次打开。"政策之窗"开着,就意味着从设定政策议题到最高决策为止的过程所必需的诸多条件已经成熟。从狭义的角度来看,如果"政策之窗"是开着的,那么就意味着一种议题已经从广泛的政府议题变为政策议题了。所谓政策议题,是包含已成为立法议题或正等待最终决策的那些议题。虽然成为决策议题并不意味着只有好的结果,但这种情况确实比作为政府议题处在更积极而有利的地位。

第三节　决策过程与影响因素

一、决策过程

在定义决策时我们曾经提到过,决策是一个过程,包含着许多必不可少的环节,这些环节有识别决策问题、确定决策目标、拟定备选方案、方案选择、方案实施以及评价与反馈。

(一)识别决策问题

进行决策的过程始于对决策问题的识别或提出决策问题。决策问题的产生是由于管理者在收集自己管理职能范围内的相关信息时,发现现实状况与自己所预期的状况存在差距而产生的。有时候决策问题的识别较为简单,管理者自然能想到,例如,本章第一节提到的家庭主妇做鸡蛋煎饼的案例,这一案例中的决策问题无非是如何处理最后一个鸡蛋以使做出的鸡蛋煎饼含有最多的鸡蛋。但有时决策问题并不易于被管理者发现,这是由于组织内外部环境的复杂性、个人获取信息和处理信息的能力不足、个人对相关问题的经验不足以及问题的隐蔽性等原因导致的。即使问题被发现了,也不尽然一定会被提出,管理者可能由于权力不足和个人动机等诸多因素放弃提出问题。一个管理者无法提出决策问题,有时甚至与发现决策问题但做出错误决策同样糟糕。如何快速而准确地识别出具有价值的决策问题,应当关注以下几点:

(1)管理者需要相对全面、精确而有质量的信息。信息是辅助决策者探索问题的基础,信息的质量越高,决策者越能够了解现实状况,从而比较其与决策者所期望状况的差距,进而意识到问题的存在。只有意识到问题的存在,才有提出问题的可能。

(2)管理者需要一个用于与现状比较的标准。决策者期望的状况不能过于主观,应当有所依据,使决策者的期望具有合理性,从而在解决问题后使现状达到标准。

(3)管理者需要有提出问题的动机。提出问题的动机可能是领导所施加的压力,也可能是竞争对手的行动带来的竞争压力,抑或是出自管理者自身的利益驱使。如果没有足够的动机,管理者即使发现了问题也不会提出。

(4)管理者还应该具有提出问题所必需的职权,组织也应该拥有解决该问题的能力或资源,否则管理者即使提出问题也会因人微言轻而受到忽视,或因为无法解决该问题而失去提出问题的意义。

(二)确定决策目标

决策目标是在一定的环境和条件下,决策者期望达到的状态,决策者希望通过实现决策目标以解决决策问题。确定决策目标对于决策具有重要的意义,因为决策目标会成为决策者制定备选方案时的重要参考依据,而能否更好地实现决策目标也是决策者对不同备选方案进行对比与评估时的准则。如果没有决策目标,决策的后续步骤将难以继续进行下去。

决策目标可以按照目标所覆盖的时间长短分为长期目标、中期目标和短期目标。长期目标通常是组织战略决策的目标,中期目标通常是组织战术决策的目标,短期目标通常是组织业务决策的目标。决策目标也可以分为主要目标和次要目标。主要目标针对的是具有决定性的主要问题,应当投入更多的资源去实现。决策目标还可以分为定量目标和定性目标。定量目标对于决策者而言更加清晰且更具有可操作性,决策者能够据此提出清晰的行动方案以求解决决策问题。但现实决策中的决策目标大多难以量化,只能以定性的方法予以描述,此时也应当使对决策目标的描述尽量清楚明确,以便决策者执行。以下几点将会帮助决策者制定明确而又契合需求的决策目标:

(1)目标的针对性。决策目标的影响将会贯穿整个决策过程,因此必须针对特定问题的关键症结而提出,以便决策者能够同样具有针对性地提出相应的备选方案并选择最为合适的备选方案。

(2)目标的需要与可操作性。决策目标要依据组织和决策者的切实需要提出,同时也不能违背上级组织和全社会的整体需求。决策目标的制定不能过度脱离现实,要考虑组织的具体执行能力和掌握的相关资源是否足以实现该目标,否则即使明确了目标甚至完成了决策,也无法实施据此而制定的方案。

(3)目标的明确性。只有保证决策目标的明确性,才能够制定出明确的备选方案,产生明确的决策结果用以执行,否则模糊不明的行动只会虚耗资源,无法解决决策问题。正如上文所提到的,决策目标应当尽量以量化的方式表达,无法量化之处,表述也应当尽可能地清楚。

(4)目标的约束条件。决策目标需要在一定的约束条件下制定,如时间约束、资金约束、人力资源约束以及制度和法律约束等。如果制定的备选方案能够达到决策目标却不能满足约束条件,那么这样的备选方案是没有意义的。

(5)目标体系。目标体系由不同层级的目标、主要和次要目标构成。将目标的层级细化将有利于制定更加细致的备选方案,而主次目标的确定将会有利于集中有限的资源解决问题的主要症结。

(三)拟定备选方案

拟定备选方案是提出实现决策目标与解决决策问题的尝试,在问题和目标明确后就需要着手进行。决策者要以决策目标为指导,尽可能多地提出备选方案设想,而不仅仅局限于曾经采取过的或现行的针对问题的方案,这一过程考验着决策者的知识储备、创造力、想象力和逻辑思维。通常以一个人的知识与经验难以提出太多的备选方案设想,这就需要决策者参考相关领域专家的意见或者直接以群体决策的方式制定备选方案,以集中多人的智慧,通常会使用头脑风暴法、名义小组法和德尔菲法。备选方案设想提出得越多,备选方案集就有更大的可能含有更好的备选方案,在决策中这些好的备选方案才有可能被选中。但方案设计也是有成本的,在备选方案设想到具体备选方案的完成过程中,并非越多越好,而要考虑备选方案的可行性,尤其是各种条件限制和约束,不能使备选方案违背约束条件,脱离现实。

拟订方案的过程可以分为三步:提出备选方案设想和框架、设计备选方案细节,估测备选方案的可行性。具体而言:

(1)提出备选方案的设想和框架。在这一步骤中,决策者需要发挥自己的想象力,尽可能多地提出备选方案思路。但这时的备选方案并不需要太过详尽,只需要有一个方向性设想,最多有一个框架即可。

(2)设计备选方案细节。在这一步骤中,决策者需要在之前提出的备选方案框架中根据约束条件限制补充方案的细节,使实施者能够按照方案解决问题。这一过程可以排除那些不切实际的或过于模糊而难以细化的方案。

(3)估测备选方案的可行性。在设计完备选方案细节后,应当对于每个备选方案的可行性予以评测,筛选出能够满足约束条件,以当前组织的能力和资源能够予以实施的备选方案。

(四)方案选择

方案选择是决策的核心步骤,直接决定了最终的决策结果。狭义上的方案选择,仅包括做出决定;广义上的方案选择,还包括对备选方案在决策环境的每个自然状态下的实施结果予以评估和比较,这样的方案选择才有足够的依据,减少了决策的主观性。

对备选方案进行评价的依据主要有两个:一是决策目标,二是决策准则。备选方案执行后对决策目标的完成程度是评价备选方案的重要参考,而对决策目标的完成程度可由一系列相对应的指标来表示。决策准则分为"最优"和"满意"两类,由于个人的理性有限、获取和处理信息能力等主观条件和自然状态不确定等客观条件的限制,决策者很难执行"最优"准则,因而只能退而求其次,选择"满意"准则作为评价备选方案的准则。在确定评估依据后,应当基于此采用定量或定性的方法对所有备选方案进行比较、分析和评估,然后将备选方案的优劣依次排列,从中选择较为满意的方案。

这一阶段的评估以及选择都将受到决策者自身的心理状况、个人偏好、知识储备、思考能力和相关经验的影响,需要决策者能够尽可能多地了解和分析各个方面的信息,对选择不同方案的利害得失进行详尽的分析判断,并拥有足够的决断能力。如果决策备选方案的评价指标和指标权重等相关信息都能定量表示,那么以上因素对决策的影响较小,决策者的能力不足也可能做出正确的决策;若决策的相关信息都无法定量描述,甚至出现模糊和缺失,那么决策者的自身特征将会对决策结果产生决定性的影响。

(五)方案实施

在狭义的决策概念中,备选方案的选择结束后决策也就结束了。但广义的决策概念中,方案选择之后有一个重要的步骤——方案实施。方案实施必须注意以下几点:

(1)由于组织环境的复杂性和不确定性,在方案实施前需要制定详细的计划以及计划出现差错时的处理措施,以应对一切可能出现的情形。

(2)对方案实施所需要的人力、物力、财力和信息等一系列资源做好预算,并在方案实施前确保所需资源配备完全。

(3)使参与计划的所有人员了解自己所需要执行的计划细节,并将决策目标层层分解,使每个人或单位都拥有明确的目标。

(4)建立明确的指挥结构和负责制度,保证计划的执行力度和信息的流通顺畅,以便随时对方案和实施计划进行调整,以适应具体的实施进度和执行困难。

正因为有以上环节,所以决策方案实施伴随着不间断的次级选择和决策,直到决策目标实现方告完成。在这一意义上,西蒙宣称"管理就是决策"。

(六)评价与反馈

在方案实施的过程当中,决策环境的自然状态、决策者对于决策问题的认知甚至决策问题本身都可能会发生变化,而正在实施的方案则是根据变化前的相关信息所制定的,难免会不适应现在的状况,从而难以达到原定的决策目标。此时就需要适时地对变化进行监督并反馈给决策者以便调整原有方案,甚至重新定义现有状况,建立新的分析和决策机制。即使上述因素没有发生改变,评价与反馈也是必要的。因为决策者的有限理性和信息不完备等因素的影响,决策者所选择的方案不一定是最好的方案,甚至未必能够达成决策目标和解决决策问题。在实践的过程中,原定方案必然会暴露出一些缺陷,这时就需要对原定方案的实施结果进行阶段性评价并总结得失,将其反馈给决策者,使其调整原有方案。在连续性活动中,可能会需要多阶段决策以保证问题的彻底解决,每一阶段实施方案的评价与反馈都将为下一阶段的决策提供借鉴。

如果原定的决策目标无法实现,则需要根据评价和反馈进行追踪决策。

二、决策的影响因素

(一)决策环境

决策环境对于决策的影响可以从以下两个方面予以说明:

(1)决策环境自然状态的特点影响着决策。如果决策环境自然状态发生的概率分布是较为稳定的或是有规律的,那么组织就可以根据自然状态发生的历史数据预测未来的自然状态,组织将会了解每一种备选方案在未来的自然状态下预期的收益,从而产生方案评价和方案选择的依据;如果决策环境自然状态的发生是不确定且无规律的,那么组织将无法预测未来的自然状态,决策者的决策主观性将会增强,很容易做出错误的决策。

(2)如果决策环境自然状态的变化规律长期稳定,那么组织的决策机制甚至备选方案等决策要素都将固化,进而削弱组织对于环境变化的应对能力。

(二)过去决策

大多数决策都不是没有过去经验的初始决策,因此总是以各种方式受到过去决策的影响。过去决策对于当前决策的影响大致可以分为以下三类:

(1)过去决策通过影响决策环境从而影响当前决策。不仅决策环境能够影响决策,决策也能够影响决策环境,从而影响当前的决策。过去决策可能会涉及组织的人事变动和结构调整,从而改变组织的内部环境;也可能会改变与竞争组织或合作组织之间的关系甚至改变市场态势,从而改变组织的外部环境。

(2)过去决策的备选方案将会被当前决策所参考。备选方案的提出影响最终决策结果,对于决策的成败至关重要。但提出新的备选方案又因为决策者知识水平、思维能力和创造力等的不足而存在一定困难。因此过去决策的备选方案常常作为宝贵的历史经验而被当前的决策者纳入备选方案中。如果过去决策的决策者就是当前决策的决策者,那么他甚至可能拒绝更换过去选择的方案,从而出现"承诺升级"现象。

(3)过去决策的实践结果会影响当前决策方案的评价。由于过去决策的备选方案也会成为当前决策的备选方案,所以过去决策所选择方案的实施结果将会作为评价该方案的重要依据。

(三)决策者对于风险的偏好

在现实世界中,由于决策环境的自然状态通常不是确定的,因此确定型决策很少见,而风险型决策占据决策的主流。在风险型决策中,决策者很难做到完全理性,总会受到自己对于风险偏好的影响。对于厌恶风险的决策者而言,他们倾向于选择风险较低的方案,即使这些方案相较于高风险方案收益更小;对于喜好风险的决策者而言,他们倾向于选择收益较高的方案,即使这些方案相较于低收益方案具有更大的风险。而一个理性的决策者应当兼顾风险和收益,选择期望收益最高的方案。

(四)伦理

决策者对于伦理的重视程度以及采用何种伦理标准将会对决策产生影响。重视伦理的决策者会将伦理的约束作为决策的约束条件之一,而不满足决策者伦理标准的备选方案将不会被他选作最终的决策结果;而轻视伦理的决策者将不会把伦理作为约束条件之一,只要能够更好地达到决策目标,即使违背伦理也并不重要。更多的往往是决策者会在伦理和利益之间进行权衡和妥协,再对备选方案进行选择。不同的社会文化会形成不同的伦理标准,伦理标准也将影响个人和组织的决策。

(五)组织文化

组织文化包括了组织理念、组织价值观、组织目标、组织精神、组织制度、组织战略和组织处事方式等组织的各个方面,深刻地影响着组织的每个成员和决策者,从而影响到决策。在偏向于守旧和维稳的组织中,组织的成员难以培养创新、进取和探索的精神,往往因循守旧,在遇到相似的决策问题时,会过度借鉴过去决策的经验,将过去决策的目标作为当前决策的目标,将过去决策的备选方案承袭下来,而很少探索新的方案,决策的机制也不会随着决策环境的变化而变化。这样的决策者通常会选择与过去相似的备选方案,即使决策者提出并选择了新方案,执行者也会产生抵触心理,降低执行效率,增加方案实施的成本。甚至在这样的组织中,人们会由于害怕改变,而没有动机提出决策问题。若组织的内外部环境不稳定,这样的组织将会一步步衰退。而在勇于探索和创新的组织里,组织成员会培养出较高的想象力和创造力,不仅会积极提出决策问题,还会提出新的决策目标、决策机制和备选方案,以适应组织内外部的新环境。

(六)时间

美国学者威廉·金(William R. King)和大卫·克里兰(David I. Cleveland)把决策划分为时间敏感型决策和知识敏感型决策。时间敏感型决策即急需做出的、截止期限迫在眉睫的决策。例如,应急决策就属于时间敏感型决策,由于突发事件是非线性系统,如果不尽快做出决策,灾情可能会迅速扩大到难以收拾的地步。这就要求决策者不能过度追求决策质量,即使在信息缺失且模糊的情况下也要尽快选择可行的方案。而知识敏感型决策则追求决策质量,对于时间限制要求不高,此时就需要决策者耐心地收集尽可能完善和准确的信息,并对收集的信息进行详尽的分析和充分的利用,在群体决策中则要尽量确保共识的达成。

第四节　决策机制与类型

一、决策机制

(一)分散型决策机制

分散型决策指的是在组织中的决策者为独立的个人,决策者之间的决策权互不重叠的决策机制。分散型决策具有以下优点:

(1)分散型决策具有信息收集的优势。以独立个人为决策者,则决策者能够直接收集信息,避免层层上报而可能导致的信息残缺或失真,也可加快信息传递的速度,使决策者能够更快地做出决策。

(2)分散型决策能够适应不确定的决策环境。决策环境对于决策者来说往往是不确定的,在决策过程中随时可能发生变化,备选方案不能一直依据原有的决策环境进行评估,需要随着决策环境的变化而变化,决策的结果也可能由此发生变化。当决策者为独立个人时,能够及时掌握决策环境的变化,针对决策环境的变化快速做出反应,并使决策适应新的决策环境。

(3)分散型决策中,决策者是对自己劳动资源最好的控制者。分散型决策中,个人是唯一的决策者,决策相关的所有工作均由其一人负担,决策的责任自然也由其一人承担,而不像层级式决策那样主要由高层决策者承担,这样决策结果的好坏与决策者的个人利益便相关了。因此决策者会更充分地利用其劳动资源,在决策过程中投入更多的时间和精力以便做出更好的决策。

分散型决策不可避免地会存在缺陷:一方面,个人的知识水平、社会经验和判断能力都是有限的,当遇到决策过于复杂的情况时,很难做出质量较高的决策;另一方面,分散型决策的实现完全依赖市场行为,提高了交易费用,导致决策成本过高。为弥补个人决策的缺陷,层级式决策机制应运而生。

(二)层级式决策机制

层级式决策指的是在决策者的管辖范围内,决策权力按照层级分配和行使的决策机制。层级式决策相对于分散型决策而言具有两点优势:

(1)层级式决策可以发挥群体决策的优势。一方面,相比分散型决策中的决策个体而言,层级式决策的决策群体具有更丰富的知识和经验,能够提供更加多样化的备选方案和观点,更有利于得出满意的决策结果;另一方面,层级式决策中决策参与者较多,这些参与者对于决策过程相对较为了解,有利于提高他们对决策结果的接受程度。

(2)层级式决策有利于降低决策成本。层级式决策促进了决策过程中组织内部的分工与协调,相对市场交易而言大大降低了交易成本,进而降低了决策的成本。

层级式决策也同样存在一些缺陷:

(1)层级式决策会导致信息的流失或失真。决策的层级结构使底层信息收集者不得不纵向向高层决策者传输信息,在高层决策者利用这些信息之前,还需要对不同来源的信息进行整理和汇总。在信息传输与整理汇总的过程中,势必存在信息流失甚至失真的情况,决策相关的层级越多,决策者所依据的信息和原始信息就存在越大的差距。信息流失意味着信息数量的减少,信息失真意味着信息质量的下降,这势必会影响决策的每一个环节,降低最终的决策质量。

(2)层级式决策会导致各层级决策的动力不足。层级式决策中主要的决策责任由最高决策者承担,这会使其他层级的决策者缺乏努力做好决策的动力,因此这种决策机制可能会导致"搭便车"行为的出现,决策者也更有可能引导决策结果偏向其个人利益最优而非组织利益最优。

健全的决策机制是有效决策的必要条件,其衡量标准是看其是否与决策的运行规律相符。一般而言,健全的决策机制包含以下三个方面:

(1)权力结构。即明确企业内部的权力关系。它的内容有两个方面:一是明确决策主体。企业决策分布于一个从简单到复杂的连续频谱,所涉及的领域也极其广泛,为增加决策的有效性,必须明确规定各种决策由谁为主体。二是权力均衡或称权力分散化,以保证决策的民主性。权力过分集中既违背管理幅度原则,又不利于广大职工积极性和创造性的发挥。

(2)责权利关系。决策者的行为由利益推动,由责任约束,由权力保证。为了保证决策行为合理化,要建立起与权力结构相适应的利益结构,正确处理责权利关系。

(3)组织保证体系。决策主体要行使职能,除了要有权力保证以外,还要依托组织保证,如智囊团、决策中心和信息系统等,为决策者出谋划策,做好方案评估、方案论证和决策宣传,提供及时、准确和适用的信息支援等。

二、决策类型

(一)战略决策、战术决策和业务决策

根据决策的范围和决策的重要性,可将决策分为战略决策、战术决策和业务决策。

战略决策是指组织为了使组织战略与组织内外部环境的变化相适应而进行的决策,针对的是组织长期、全局和根本的问题。由于组织内部的组织文化和人事变动等环境的变化以及组织外部的市场环境、国家政策、法律法规和科技水平等环境的变化,组织需要通过战略决策使组织战略与这些变化相适应,以促进组织的良性发展。

战术决策又称管理决策,是指为实现以组织战略为目标的计划、组织、指挥和控制而进行的决策。管理决策是执行战略决策的具体实施过程,是对组织的人力、财力、物力和信息等资源进行合理分配以最大程度扩大组织利益和完成组织战略的决策过程。例如,人事调动、设备更新和产品定价等都属于管理决策。

业务决策是指日常工作过程中为了提高工作质量和业务效率而进行的决策。业务决策仅对决策者所负责的工作产生影响,影响范围较小,但合理的业务决策所带来的绩效提升也是组织不能忽略的。例如,具体的生产进度安排、工作任务的分配和库存的控制等都属于业务决策的范畴。

从调整对象上来看,战略决策调整组织的活动方向和内容,解决"干什么"去的问题,是根本性决策;战术决策调整在既定方向和内容下的活动方式,解决"如何干"的问题,是执行性决策。从涉及的时间范围来看,战略决策面对未来较长一段时期内的活动,而战术决策则是具体部门在未来较短时期内的行动方案。战略决策是战术决策的依据,战术决策是在其指导下制定的,是战略决策的落实。从作用和影响上来看,战略决策的实施效果影响组织的效益与发展,战术决策的实施效果则主要影响组

(二)个人决策和组织决策

根据决策主体不同,可将决策分为个人决策和组织决策。个人决策是个人为了达到自己的特定目标而做出的决策。个人决策是为了实现自己的目标,决策者往往是个人,因此决策的过程和结果相较于组织决策更容易受决策者个人的生活习惯、价值判断和社会经验等因素的影响。例如,决定报考志愿和旅游地点等都属于个人决策。组织决策是指以组织成员为决策者,为组织的目标而进行的决策。组织决策的决策者可以是个人,也可以是群体,但最终都是为了实现组织目标而非个人目标,这就要求决策者尽可能减少个人偏好对决策的影响,尽量理性地做出决策。

(三)程序化决策和非程序化决策

根据决策过程的重复性以及程序的规范程度,可将决策分为程序化决策和非程序化决策。程序化决策是指常常重复进行的、所依赖的信息种类相对恒定的以及决策目标与目标完成标准相对确定的决策。程序化决策的决策问题是一些工作中经常出现的问题,对于这些问题进行决策已经积累了足够多的经验,形成了成熟的决策流程,对决策的每个环节都确定了相应的章程。在进行程序化决策时,只需要按照既定的规定进行决策就能得到相对合理的决策结果。原材料的采购、工作任务的分配和监督等业务决策往往都属于程序化决策。非程序化决策是指决策问题很少出现和决策过程没有规范的程序可以参照的决策。非程序化决策的问题通常都较为重要,属于管理决策甚至战略决策,需要谨慎对待。由于缺少过往决策,决策目标的制定、备选方案的提出和备选方案的评估等都需要从头开始,非常考验决策者的知识、经验和能力,尤其是想象力和创造力。

(四)确定型决策、风险型决策和不确定型决策

根据决策环境的自然状态不同,可将决策分为确定型决策、风险型决策和不确定型决策。

确定型决策指的是决策环境只有一种自然状态的决策。在这种决策中,决策者可以充分了解自然状态的相关信息,而确定的自然状态使每种备选方案的评估结果都变得确定,只需比较确定的自然状态下哪种备选方案能够带来更大的利益或更好地完成目标即可做出决策。

风险型决策是指存在两个或两个以上可能的自然状态且决策者可以预测每种自然状态可能发生的概率的决策。决策者可以先评估不同自然状态下每种备选方案的收益,再结合自然状态的发生概率做出决策。

不确定型决策是指存在两个或两个以上可能的自然状态且决策者无法预测每种自然状态可能发生的概率的决策。由于无法了解每种自然状态可能发生的概率,这种决策的主观性更大,很大程度上取决于决策者的个人意愿。

(五)静态决策和动态决策

根据决策过程的连续性,可将决策分为静态决策和动态决策。静态决策是指在某个特定的时间点或时间段所进行的单个决策。这种决策只需要做出一个决策即可,例如,前文提到的家庭主妇做鸡蛋煎饼的决策即为静态决策。动态决策又称序贯决策,是指一系列在时间上具有先后顺序且存在互相影响关系的决策。在动态决策中,前一个决策结果会影响后一个决策的决策环境,因此不能够独立地进行每个决策,而应该将所有决策视为一个整体,从全局出发进行合理的决策,以实现总体的决策目标。

(六)单目标决策和多目标决策

根据决策目标的数量,可将决策分为单目标决策和多目标决策。单目标决策是指决策者希望达到的决策目标只有一个的决策。决策目标只有一个意味着在进行备选方案评估时只需考虑可能完成这一个目标的程度,这使决策变得简单而具有操作性,但同时也增加了决策结果的局限性。多目标决策是指决策者希望达到的决策目标有两个或两个以上的决策。多目标决策中的目标往往相互制衡,若一个备选方案增加完成一个目标的程度,则会使另一个目标的完成程度降低。例如,购物时既希望所买的商品质量越高,又希望所买的商品价格越低,质量高的商品大多价格较高,因此需要在不同目标之间进行妥协,尽量做出总体最优的决策。

(七)定性决策和定量决策

根据决策问题的量化程度,可将决策分为定性决策和定量决策。定性决策是指决策问题难以用数学模型予以描述,仅能使用定性分析的决策。定性决策无法基于决策问题建立数学模型,主要依靠决策者自身的逻辑思维和知识储备等相关素质,主观性较强。定量决策是指决策问题可以用数学模型予以描述且基于定量分析的决策。由于定量决策可以建立数学模型描述决策问题,因此可以使用数理方法评估备选方案的优劣,从而做出决策,主观性较弱。但大部分决策都不完全是定性决策或定量决策,而是介于两者之间,因此需要结合定量与定性分析的方法进行决策。

(八)初始决策和追踪决策

从决策的起点来看,可将决策分为初始决策与追踪决策。初始决策是零起点决策,它是在有关活动尚未进行,环境未受到行动影响的情况下开始的。随着初始决策的实施,组织环境发生变化,这种情况下所进行的决策就是追踪决策。因此,追踪决策是非零起点决策。追踪决策与初始决策相比,追踪决策需要双重优化,即追踪决策相对于初始决策的优化以及追踪决策自身的优化。

第五节 决策方法

一、确定型决策方法

(一)盈亏平衡分析法

企业通常需要了解某种产品需要销售多少才可使盈利和亏损相当,或达到预期利润目标,此时可以通过盈亏平衡分析得到答案。盈亏平衡分析的目的是寻找盈亏平衡点(BE),即盈利和亏损相当时的销售数量,其计算公式为

$$BE = TFC/(P-VC)$$

其中,TFC 为产品的固定成本,随着产品产量的改变,固定成本不会发生变化,而分摊到单位产品中的固定成本会改变;VC 为产品的可变成本,单位产品中的可变成本是固定的,随着产品产量的增加,可变成本会随之增加;P 为产品的单位售价。

若将盈亏平衡分析扩展到寻找能够达到预期利润目标 R 的产品销售量,则其计算公式为

$$BE = (TFC+R)/(P-VC)$$

如果单位可变成本大于单位售价,或单位售价与单位可变成本相差过小,导致达到预期利润所需的销售量过大,就应该选择放弃该产品。

(二)线性规划法

线性规划法是在线性等式与不等式约束下,求解目标函数最大值或最小值的方法。线性规划法的大致步骤如下:

(1)确定目标函数。目标函数可以是最大化,也可以是最小化。在只有单个决策目标时,可以直接设定目标函数,存在多个目标时,需要将多目标转化为单目标,再设定目标函数。

(2)列出约束条件。约束条件可以是等式或不等式,但不能存在非线性关系。

(3)求解。根据图解法和单纯形法等方法求出约束条件下目标函数的最大值或

最小值,以及此时的模型最优解。

线性规划模型的构建与图解法如下例:一家公司生产 Windows 和 Mac 版软件,软件的生产数据如表 7-1 所示。

表 7-1 某公司软件的生产数据

部门	生产单位产品所需小时数		每月生产能力/小时
	Windows 版软件	Mac 版软件	
设计部门	4	6	2 400
生产部门	2	2	900
单位利润	18	24	

首先,确定决策目标为利润最大化,因此目标函数为

$$\max R = 18W + 24M$$

其中 R 为总利润,W 为 Windows 版软件的生产数量,M 为 Mac 版软件的生产数量。

其次,由于每月总的生产时长不能超过生产能力,且 Windows 和 Mac 版软件的生产数量不为负数,因此约束条件为

$$4W + 6M \leqslant 2\,400$$
$$2W + 2M \leqslant 900$$
$$W \geqslant 0$$
$$M \geqslant 0$$

最后,我们将用图解法求解线性规划模型,如图 7-1 所示。

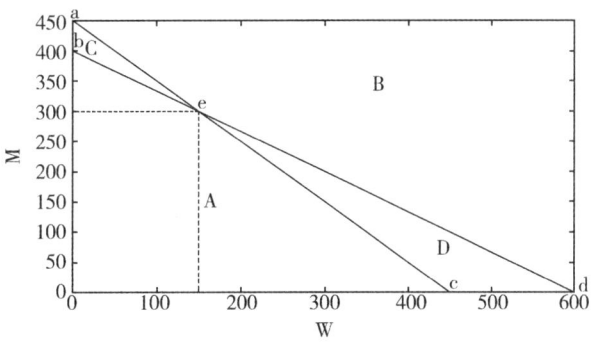

图 7-1 线性规划问题图解

由图可知,ac 线段表示约束 $4W + 6M \leqslant 2\,400$,bd 线段表示约束 $2W + 2M \leqslant 900$,可行域在两条线段与坐标轴之间,即 A 区域。线性规划若存在最优解,则最优解必在可

行域的顶点上取得。因此可将可行域顶点 b、e、c 代入目标函数中,发现在点 e 即 (150,300)取得最大值 9 900,最优解即为生产 150 个 Windows 版软件和 300 个 Mac 版软件。此例中求解得到问题的最优解是唯一的,但对一般线性规划问题,求解结果还可能出现以下几种情况:无穷多最优解(多重最优解),无界解和无可行解。

图解法简单直观,有助于了解线性规划问题求解的基本原理。如果决策变量较多,约束条件也相对较多,图解法可能就没有那么简单直观了。求解线性规划的最常用、最有效的算法之一是单纯形方法,该方法最早由乔治·丹齐格(George B. Dantzig)于 1947 年提出。根据线性规划的理论可知,当线性规划问题的可行域非空时,它是有界或无界凸多边形。若线性规划问题存在最优解,它一定在有界可行域的某个顶点得到;若在两个顶点同时得到最优解,则它们连线上的任意一点都是最优解,即有无穷多最优解。基于此,单纯形法的基本思路:先找出可行域的一个顶点,据一定规则判断其是否最优;若否,则转换到与之相邻的另一顶点,并检验是否使目标函数值更优。如此下去,直到找到某最优解为止。此方法可以借助计算机相关软件进行求解。

二、风险型决策方法

(一)期望值准则法

在风险型决策中,决策者已了解每种自然状态发生的概率,并通过备选方案的评估,估计出不同自然状态下不同备选方案的损益值。此时我们可以依据期望值准则计算不同备选方案的期望损益值,并通过比较期望损益值选出最优备选方案。期望损益值的计算公式为

$$E(d_i) = \sum_j p_j d_{ij}$$

其中,$E(d_i)$ 为方案 i 的期望损益值,p_j 为自然状态 j 的发生概率,d_{ij} 为自然状态 j 下方案 i 的损益值。

(二)决策树法

决策树法是风险型决策中常用的方法,由于图形与带着树枝的树相像而被称为决策树法。经典的决策树法先确定可能的决策路径,并对每个决策方案的不同结果赋以概率和损益值,通过计算每条路径的期望损益值并进行对比即可得到最佳方案。图 7-2 为某书店选择地址的决策过程。书店的地址有两个备选方案:一个面积为 1 200 平方米,另一个面积为 2 000 平方米。如果选择面积大的方案且经济繁荣,书店预计每年能盈利 320 000 元,如果选择面积大的方案且经济衰退,书店每年只能盈利

50 000元。如果选择面积小的方案,书店在经济繁荣的情况下,预计会盈利240 000元,在经济衰退的情况下,能够盈利130 000元。

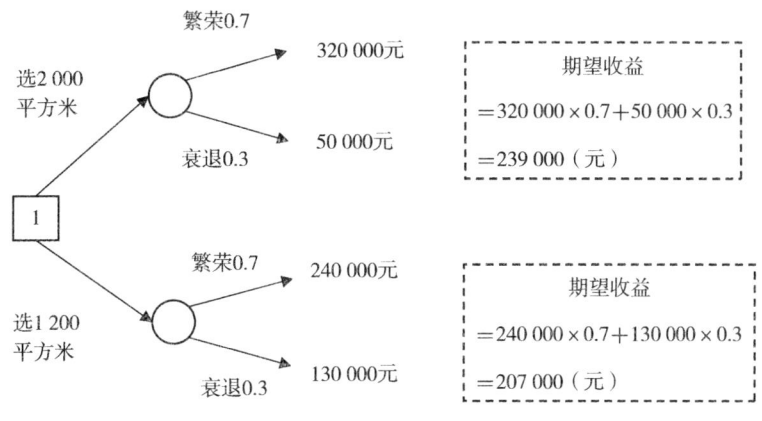

图7-2 决策树法

由图可知,选择2 000平方米的方案带来的收益大于1 200平方米的方案带来的收益。因此,应该选择2 000平方米的方案。

三、不确定型决策方法

不确定型决策中,决策者不了解不同自然状态的发生概率,因此无法通过比较期望值做出决策,仅能根据每个自然状态下不同备选方案的收益做出决策。不确定型决策的方法包括大中取大法、小中取大法和最小最大后悔值法。

(一)大中取大法

当决策者较为乐观时,会采取大中取大法进行决策,即取每个方案在不同自然状态下的最大收益进行比较,选择最大收益最大的方案。假设上文书店选址的例子变为不确定型决策,决策者采用大中取大法进行决策。由于2 000平方米的方案在经济繁荣时达到最大收益320 000元,1 200平方米的方案在经济繁荣时达到最大收益240 000元,最大收益最大的方案为2 000平方米的方案。

(二)小中取大法

当决策者较为悲观时,会采取小中取大法进行决策,即取每个方案在不同自然状态下的最小收益进行比较,选择最小收益最大的方案。依然以书店选址为例,决策者采用小中取大法进行决策。由于2 000平方米的方案在经济衰退时达到最小收益50 000元,1 200平方米的方案在经济衰退时达到最小收益130 000元,最小收益最大的方案为1 200平方米的方案。

(三)最小最大后悔值法

决策者发现在未来的自然状态下自己选择的方案并不是最佳方案时,就会感到后悔,后悔值即当前方案的实际收益与该自然状态下最佳方案的收益之差。书店选址决策的后悔值表如表7-2所示。

表7-2 后悔值表

	经济繁荣	经济衰退
2 000平方米	0	130 000−50 000=80 000(元)
1 200平方米	320 000−240 000=80 000(元)	0

由表可知,2 000平方米的方案最大后悔值为80 000元,1 200平方米的方案最大后悔值也为80 000元,因此选择两个方案中的任意一个均可。如果不同方案的最大后悔值有差别,则选取最大后悔值中的最小值方案。

四、群体决策方法

(一)头脑风暴法

美国BBDO广告公司首次提出了头脑风暴法。这一方法是让决策成员在一起进行决策,没有任何条条框框的束缚,可以完全地畅所欲言,充分发挥自己的想象力和创造力,提出解决问题的新方法和新思路。该方法具有四个基本原则:①尽量避免评价他人的任何发言和建议,力图减少决策成员之间的相互讨论,以免他们因讨论而使自己的思考受到他人的影响;②决策成员所能提出的建议越多越好,即使是质量不高的决策思路也可以提出,此时的建议重在数量而非质量;③鼓励决策成员独立思考,拓宽思路,力求所提出的建议新奇和独特;④可以对存在一定缺陷的原有建议进行补充和完善,使原有建议更加合理和具有说服力。头脑风暴法有利于决策成员提出前所未有的新想法,因此在提出新的备选方案较为困难时,尤其适合使用头脑风暴法。理论上这种方法的决策成员应控制在5—6人,时间应安排在1—2小时。但头脑风暴法仅限于在决策初始阶段提出思路和方向。

(二)名义群体法

在群体决策中,若决策成员的观点之间存在较大的分歧,则适合使用名义群体法进行决策。之所以小组只是名义上的,是因为在名义小组内,决策成员之间没有联系,也并不在一起进行讨论和商议。这样可以避免决策成员在讨论中互相干扰各自的独立思考,便于决策成员发挥想象力和创造力。在使用名义群体法进行决策时,首先,应该选择一些具有决策问题相关知识和解决经验的专家,使他们了解决策问题的内容和相关信息,请他们据此进行独立思考,提出备选方案和最终选择的建议。其次,让这些专家对自己所提出的备选方案和决策结果进行陈述和说明。最后,所有决策成员对备选方案进行投票,最终以得票数最高的备选方案作为名义小组的决策结果。

（三）德尔菲法

德尔菲法是兰德公司提出的群体决策方法,与头脑风暴法和名义群体法不同,该方法可分为以下八个步骤:①提出问题(要进行决策、预测或技术咨询的问题);②选择并确定群体中的成员,选择对问题较熟悉,具有丰富的知识、经验和权威性的人,且人数适当;③制定第一个咨询表,并散发给群体成员,群体成员匿名反映意见;④收集第一个咨询表,并进行统计分析;⑤制定第二个咨询表(含第一次收集意见的统计分析结果),并散发给群体成员,群体成员匿名反映意见;⑥收集第二个咨询表,并进行统计分析;⑦制定第三个咨询表(含第二次收集意见的统计分析结果),并散发给群体成员,群体成员匿名反映意见;⑧收集第三个咨询表,并进行统计分析,如此反复,当决策成员之间的意见分歧足够小,则形成了最终群体决策的结果。

本章回顾

- 决策是决策者了解决策问题,从备选方案中选择最为满意的方案,并对方案的实施情况进行反馈,以修正和控制方案,最终达到决策目标并解决问题的系统过程。决策的原则包括满意原则、系统原则、信息原则、预测原则、比较优选原则、反馈原则、效益原则和民主原则。

- 决策的观点有古典决策观、行为决策观和当代决策观。古典决策观是从"经济人"假设发展而来的;行为决策观认为决策者是有限理性的,难以完全了解全部信息;当代决策观以"垃圾桶"决策模型和多源流议程分析理论为代表。

- 决策过程包括以下环节:识别决策问题、确定决策目标、拟定备选方案、方案选择、方案实施以及评价与反馈。决策的影响因素包括决策环境、过去的决策、决策者的风险偏好、伦理、组织文化和时间。

- 决策机制包括分散型决策和层级式决策。决策根据不同的标准可以划分为不同的类型。

- 常用的决策方法有确定型决策方法(盈亏平衡分析法和线性规划法),风险型决策方法(期望值准则法和决策树法),不确定型决策方法(大中取大法、小中取大法和最小最大后悔值法)和群体决策方法(头脑风暴法、名义群体法和德尔菲法)。

本章习题

习题及参考答案

案例讨论

案例

讨论:

1.你从上文中看到的 MoMA 的管理者处理的是什么类型的问题和决策?解释你的选择。

2.你认为 MoMA 扩建决策的条件属于哪一种类型,是确定型、风险型,还是不确定型?解释你的选择。

3.你认为应该如何制定博物馆的扩建决策,根据所学的决策知识进行阐释。

拓展阅读

拓展阅读

第八章 执　行

导言

第一节　流程管理

一、流程管理的概念

流程是工作流转的过程,是通过一系列可重复、有逻辑顺序的活动,将一个或多个输入转化成明确的、可衡量的输出。国际标准化组织在 ISO 9000 里对流程的定义:流程是一组将输入转化为输出的相互关联或相互作用的活动。这个定义很清楚地说明了流程的三要素:输入、过程和输出。输入是流程的前置环节,是启动流程之前需要提前完成的准备工作;过程是指流程从发起到结束所经历的处理环节,通常这些环节是被预设好的,环节之间存在着相互依赖关系或是先后顺序;输出是指实施这个流程能达成的最终产出。输出是流程的目标,即实施这个流程要达到的目的。

流程按其功能可以分为业务流程与管理流程两大类别。业务流程是指面向顾客直接产生价值增值的流程,是企业中一系列创造价值的活动的组合,是一组将输入转化为输出的相互关联或相互作用的活动。管理流程是指为了控制风险、降低成本、提高服务质量、提高工作效率和提高对市场的反应速度,进而提高顾客满意度和企业市场竞争能力并达到利润最大化和提高经营效益的活动。

流程管理是一种以规范化的构造端到端的卓越业务流程为中心,以持续提高组织业务绩效为目的的系统化方法。其主要是通过对组织内部改革,改变组织职能管理机构重叠、中间层次多和流程不闭环等问题,使每个流程可从头至尾由一个职能机构管理,做到机构不重叠且业务不重复,达到缩短流程周期的效果。组织通过流程化管理提高资源合理配置程度,通过流程优化提高工作效率。

流程管理分为三个层次:①流程规范。整理组织流程,界定流程各环节内容及各环节间的关系,使其形成无缝衔接,适合组织所有正常运营时期。流程规范主要是指对各项管理业务的范围、内容、程序和处理方法进行规定,即制定业务标准,从而把各项工作同相应的部门及人员联系起来。流程规范的关键是对核心业务流程或重要业务流程进行梳理并分类,厘清业务职能与业务流程之间的关系。流程管理与各职能部门和业务单元有密切关系,必须通过各部门间的紧密协调以达到管理功能的目标。②流程优化。流程优化适用于组织任何时期,它是一个对流程进行持续优化的过程,即持续审视组织的流程,不断进行自我完善和优化组织的流程体系。③流程再造。流程再造是对组织流程的重新审视和再设计,适合于组织的变革时期。例如,治理结构的变化,购并,组织战略的改变,商业模式的变化,新技术、新工艺、新产品的出现以及新市场的出现等。流程再造理论在实践中应以流程改造或者流程优化的方式来推进。

二、流程优化

流程优化是一项策略,通过不断发展、完善和优化业务流程以保持企业的竞争优势。在流程的设计和实施过程中,要对流程进行不断的改进,以期取得最佳的效果。对现有工作流程的梳理、完善和改进的过程,称为流程优化。

流程优化应遵循以下五个基本原则:①实效性。流程优化应以结果为导向,必须产生实际价值,为企业创造实际效益。②渐进性。根据路径依赖理论,流程优化应理解尊重原有流程的运作基础、环境和人员操作习惯,采取循序渐进的方式,使企业平稳地接受和适应新制度,避免急剧变革带来的风险。③操作性。流程优化应保证自身明确、具体、可操作且能实施,这是实现流程优化的重要条件。④简单性。在保证实效的前提下越简单越好,使流程操作人员易于理解、易于接受和易于使用,实现有效和高效。⑤持续性。流程优化是一个不间断的循环过程,应当成为企业经营管理当中的常态机制,以渐进方式实现企业运营由量变到质变。

流程优化包括四个步骤,即流程优化的 4A 模型(图 8-1)。

1.评估(Appraisement)

对现有业务流程进行评估和论证,发现现有业务流程存在的问题和不足,实现途径包括绩效评价、事故检讨、客户反馈、检查控制和学习研究等。

2.分析(Analysis)

分析流程评估中发现的问题并寻找改善机会,为后续的改进行动提供指引,分析内容包括性质分析、原因分析、干系分析和实施分析。

3.改进(Amelioration)

在上述分析的基础上,对现有业务流程中发现的问题展开修改、补充和调整等改进工作,研究方法包括访谈法、头脑风暴法、德尔菲法和标杆学习法。

4.实施(Actualization)

在对业务流程修订改进后,付诸实际操作运行,主要实施步骤有签署发布、宣传培训、现场指导和检查控制。

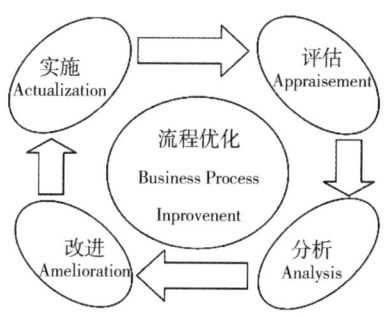

图 8-1 流程优化的 4A 模型

三、流程再造

流程再造(Business Process Reengineering,BPR)是由美国的迈克尔·哈默(Michael Hammer)和詹姆斯·钱皮(James Champy)提出的一种管理思想,在 20 世纪 90 年代达到了全盛。他们提出,流程再造是对组织的作业流程进行根本的再思考和彻底的再设计。其目的是在成本、质量、服务和速度等方面取得显著的改善,使得组织能最大限度地适应以顾客、竞争和变化为特征的现代企业经营环境。因此,流程再造的核心是面向顾客满意度的业务流程,其核心思想是要打破企业按职能设置部门的管理方式,代之以业务流程为中心,重新设计企业管理过程,从整体上确认企业的作业流程,追求全局最优,而不是个别最优。

哈默提出了流程再造的八个原则:①围绕结果而不是任务进行组织;②让使用流程最终产品的人参与流程的实施;③将信息加工工作合并到真正产生信息的工作中;④对于地理上分散的资源,按照集中在一起的情况来看待和处理;⑤将并行的活动联系起来而不是将任务集成;⑥在完成工作的地方进行决策,并将控制融入流程中;⑦在信息源上及时掌握信息;⑧获得领导层的支持。

流程再造的过程:整个 BPR 实施体系由观念再造、流程再造、组织再造、试点和切换及实现远景目标五个关键阶段组成,其中以流程再造为主导,每个层次内部又有各自相应的步骤过程,各层次也交织着彼此作用的关联关系。在实际运行中,流程再造与企业资源规划(Enterprise Resource Planning, ERP)实施是交织在一起的。

(一)观念再造

这一层次所要解决的是有关 BPR 的观念问题,即要在整个企业内部树立实施 BPR 的正确观念,使企业员工理解 BPR 对于企业管理的重要性。

(1)组建 BPR 小组。BPR 要求大幅度地变革基本信念、转变经营机制、重建组织文化、重塑行为方式和重构组织形式,这就需要有良好的领导和组织保障。

(2)制订计划并开展必要的培训和宣传。计划内容包括哪些是重要的环节以及如何做好沟通工作,特别是在可能涉及下岗问题的地方。培训和宣传可以帮助企业员工从客观和整个企业发展的角度,看待并理解业务流程再造及其对本企业带来的重要意义,避免由于员工的不理解,引发企业内部动荡和对 BPR 的抵触情绪。

(3)找出核心流程。通过相应的管理层找出组织的关键的和核心的流程。

(4)设置合理目标。这是为了给流程再造活动设置一个明确的可达到的目标,以便做到"心中有数"。常见的目标有降低成本、缩短时间、增加产量、提高质量和提高顾客满意度等。

(5)建立项目实施团队。再造项目的变革规模往往较大,会超出现有管理结构的处理能力。因此,通常需要一个单独的管理结构,一般来说是三层管理结构:第一层是项目的主持人,主持人应该来自最高管理部门;第二层是一个指导小组,他们负责监督转变的过程;第三层是任务团队,这是实际发生变革的地方,流程分析、流程图绘制、新设计评价以及最后的实施都发生在这一层面。根据再造工作的范围,在第三层设立相应数目的团队,分别负责指定的任务。

(二)流程再造

流程再造是指对企业的现有流程进行调研、分析、诊断和再设计,然后重新构建新流程的过程。

(1)培训团队。团队组建到正常工作一般要经过四个阶段:组建阶段、规范阶段、动荡阶段和功能发挥阶段。培训中要强调流程观念,并使团队成员掌握一些简单的流程图技术。

(2)找出流程的结果和联系。以流程所服务的任务为结果,重新设计流程的边界。

(3)分析并量化度量现有流程。团队画出并理解现有流程的流程图,应用定量指标度量这个流程和流程的每个阶段。具体定量指标:各阶段的工作时间和流程总工作时间;各阶段的通过时间,各阶段上和各阶段间的通过时间相加就是流程的总延滞时间;任务转手次数(物料、文件及电子信息通过流程时经过的不同人手次数);计算机系统数目(流程中使用的计算机系统数);各阶段存在问题;增值评价(各阶段是否直接贡献于所需结果的成功传送)。

(4)再造活动效益判断和标杆瞄准最佳实践。一个流程的再造范围可能会很广泛,所涉及的再造活动可能很多,需要按照再造活动对组织总体效益的改进效果和ABC方法排列出再造活动的优先次序。标杆瞄准最佳实践是一种打破范式和推进不同做事方式的有效方法,其实质是创造性和创新性。

(5)业务流程的再设计。针对前面分析诊断的结果,重新设计现有流程,使其趋于合理化。流程再设计的表现:经多道工序合并,归于一人完成;将完成多道工序的人员组成小组或团队共同工作;将串行式流程改为同步工程等。

(6)新设计的业务流程的审评和实施。

(三)组织再造

组织再造意味着要在新流程实施之前,对组织基础结构进行评审和变革。这种组织基础结构包括人力资源和技术。人力资源基础结构的要素有管理等级体制、报酬和奖励制度以及劳动合同等;技术基础结构的要素包括信息网络、工厂/办公室位置、办公设施、设备和机器等。组织再造的目的是给流程再造提供制度上的维护和保障,并追求不断改进。

(1)审评组织的人力资源包括结构、能力和动机。用好组织中的人员,关键在于对他们的了解。新流程需要的角色可能会与现在员工承担的角色完全不同。谁来承担这些角色以及如何调动他们的积极性是一个关键问题,因此需要审评现有人力资源的结构、能力与动机。

(2)审评技术结构与技术能力。对组织现有的技术结构进行深入的考察,包括信息网络、计算机技术、设备与机器等,以便确定它们支持新流程运行的能力。

(3)设计新的组织形式。对流程要求、组织的人力资源与技术要素深入考察之后,就可以设计新的组织形式了。管理层次、规章制度、角色和责任等都可能需要调整,在取得一致意见后,新流程才能够实施。

(4)建立新的技术基础结构和技术应用。应从企业整体角度而非仅从正在改造的单个流程角度来考虑技术需求,进而建立新的结构和能力,以保证新流程能够实施。

(四)试点和切换

对于新流程、人力资源结构和能力以及技术结构与能力进行充分思考并完成工作后,就可转入实施改进阶段。最好的实施过程应该是先试点,后推广。

(1)选定试点流程和组建试点流程团队。选好试点流程对整个 BPR 项目的成功非常关键。选试点流程时应注意:一是要能够显著显现 BPR 计划的效果;二是成功的概率要高,改进所涉及的变革不应过分复杂,参与人员的能力应尽可能高并拥有高度的积极性;三是试点应包括足够多的在整个组织实施时会涉及的因素,并将其作为推广到组织其他部分的充分检验。

(2)约定参加试点流程的顾客和供应商。开始时应选择最好的顾客和最好的供应商。

(3)启动试点,对试点进行监督并提供支持。高级管理者应该赋予试点团队负责人调动必要资源完成任务的权力,所有失误都应该迅速转化成可以应用的实践经验。

(4)评审试点和来自其他流程团队的反馈。这段时间应适当延长以保证取得预期的结果,但又不应过长以使组织的其他部分失去对再造的热情和动力。

(5)安排切换次序,在整个组织范围内分段实施。

(五) 实现远景目标

这一阶段包括评价流程再造的成效,获取改进业绩的效益及其信息,发展流程再造所得能力的新用途,不断改进、不断创新,持续创造竞争优势。

整个流程再造过程其实是一个对传统企业管理方法和理念加以颠覆、重组和更新的过程。这个理论提出后,得到了众多大企业的响应,并在哈默和钱皮的大力推动下,很多企业进行了实践。然而,需要注意的是,在实施过程中,大部分企业都以失败告终。最后两位学者公开承认,企业流程再造成功率并不高,流程再造理论是存在问题的。

第二节 质量管理

一、质量管理的概念

我国国家标准 GB/T 19000—2016(国际标准 ISO 9001:2015)将质量定义为客体的一组固有特性满足要求的程度。在《朱兰质量手册》中,质量意味着适用性,威廉·爱德华兹·戴明(William Edwards Deming)则把质量的概念和符合要求联系在一起。

质量管理是指确定质量方针、目标和职责,并通过质量体系中的质量策划、控制、保证和改进来使其实现的全部活动。约瑟夫·朱兰(Joseph M. Juran)对质量管理的基本定义:质量就是适用性的管理,市场化的管理。阿曼德·费根堡姆(Armand V. Feigenbaum)对质量管理的定义:质量管理是为了能够在最经济的水平上,并考虑到充分满足顾客要求的条件下,进行市场研究、设计、制造和售后服务,把企业内各部门的研制质量、维持质量和提高质量的活动构成为一体的一种有效的体系。国际标准和国家标准对质量管理的定义:质量管理是"在质量方面指挥和控制组织的协调的活动"。可以通俗地理解:质量管理是为了实现质量目标而进行的所有管理性质的活动。

20世纪,人类跨入了以"加工机械化、经营规模化、资本垄断化"为特征的工业化时代。回顾过去整整一个世纪质量管理的发展历程,可以发现质量管理的发展大致经历了以下三个阶段。

(一)质量检验阶段

20世纪初,人们对质量管理的理解仅限于质量检验。质量检验所使用的手段是各种检测设备和仪表,方式是严格把关,进行百分之百的检验。

(二)统计质量控制阶段

这一阶段的特征是数理统计方法与质量管理相结合。质量管理不仅要进行事后检验,而且要在发现有废品生产先兆时就进行分析改进,以预防废品的产生。质量管理从单纯的事后检验转入检验加预防,这也标志着一门独立学科开始形成。

(三)全面质量管理阶段

最早提出全面质量管理(Total Quality Management,TQM)概念的是美国通用电气公司质量经理费根堡姆。1961年,他出版了一本名为《全面质量管理》的著作。该书强调执行质量职能是公司全体人员的责任。全面质量管理是一种全面的、面向顾客的管理方法,核心内容是不断提高组织的过程、产品和服务质量。全面质量管理是一种由顾客需要和期望驱动的管理哲学,也是一种基于分权控制哲学和过程观点的管理方法。

二、质量管理的原则

随着全球竞争的不断加剧,质量管理越来越成为所有组织管理工作的重点。国际标准化组织(ISO)通过广泛的顾客调查制定成了质量管理八项原则(如 ISO 9001 标准(2008版))。这些原则是在管理实践经验的基础上用高度概括的语言所表述的一般规律,可以指导一个组织在长期内通过关注顾客及其他相关方的需求和期望而改进其总体业绩。具体如下。

原则一：以顾客为中心。质量管理的第一个原则是以顾客为中心，了解顾客现有的和潜在的需求和期望。测定顾客的满意度并以此作为行动的准则。在当今的经济活动中，任何一个组织都要依存于他们的顾客。组织由于满足或超过了顾客的需求，从而获得继续生存下去的动力和源泉。

原则二：领导作用。设立方针和可证实的目标，展开方针，提供资源，建立以质量为中心的组织环境。明确组织的前景，指明方向，价值共享。设定具有挑战性的目标并加以实现。对员工进行训练、提供帮助并给予授权。最重要的是组织的决策层必须对质量管理给予足够的重视。

原则三：全员参与。划分技能等级，对员工进行培训和资格评定。明确权限和职责。利用员工的知识和经验，通过培训使他们能够参与决策和对过程的改进过程，让员工以实现组织的目标为己任。全员参与是全面质量管理思想的核心。

原则四：过程方法。建立、控制和保持文件化的过程。清楚地识别过程外部/内部的顾客和供方。着眼于过程中资源的使用，追求人员、设备、方法和材料的有效使用。必须将注意力集中到产品生产和质量管理的全过程上。

原则五：系统管理。需要制定、识别和确定目标，理解并统一管理一个由相互关联的过程所组成的质量体系。识别体系中的过程，理解各过程间的相互关系。将过程与组织的目标相联系。针对关键的目标测量其结果。

原则六：持续改进。通过管理评审、内/外部审核以及纠正/预防措施，持续地改进质量体系的有效性。设定现实的和具有挑战性的改进目标，配备资源，向员工提供工具和机会并激励他们持续地为改进过程做出贡献。

原则七：以事实为决策依据。有效的决策是建立在对数据和信息进行合乎逻辑和直观的分析的基础上的，因此要以审核报告、纠正措施、不合格品、顾客投诉以及其他来源的实际数据和信息作为质量管理决策和行动的依据。

原则八：互利的供方关系。对供方提供的产品和服务的情况进行评审和评价。与供方建立战略伙伴关系，确保其在早期参与确立合作开发以及改进产品、过程和体系的要求。相互信任、相互尊重，共同承诺让顾客满意并持续改进。

需要注意的是，新版 ISO 9001 标准（2015 版）将八大质量管理原则减少到七个，将"过程方法"和"系统管理"合并成"过程方法"；"全员参与"由"involvement"修改成"engagement"；"持续改进"修改为"改进"；"以事实为决策依据"修改为"基于证据的决策"；"互利的供方关系"修改为"关系管理"。因此在 ISO 9001 标准（2015 版）中质量管理原则包含七个方面:①以顾客为中心;②领导作用;③全员参与;④过程方法;⑤改进;⑥基于证据的决策;⑦关系管理。ISO 9001 标准(2015 版)和 ISO 9001 标准(2008 版)相比,更能体现全员积极主动参与和更加注重组织利益相关方的互利互惠,从而要求获证组织应该将原有的"部门+要素"的管理理念提升到"过程+绩效"的管理理念,打破原有千篇一律的金字塔型管理模式,组织可以依据行业特点和管理文化形成自己特有的管理模式,重点关注组织内外部的过程绩效和风险管控。

三、质量管理的方法

(一)朱兰三部曲

约瑟夫·朱兰曾提出通过管理过程可以"使质量得以实现"。他依据大量的实际调查和统计分析认为,在所发生的质量问题中,究其原因,只有 20% 来自基层操作人员,而有 80% 的质量问题是由于领导责任所引起的。在 1964 年出版的《管理突破》和 1988 年发表的《朱兰论质量策划》中,他完成了质量管理的朱兰三部曲。朱兰三部曲的质量管理是由三个内在相关和定序排列的基本质量过程来实现的,质量策划是满足质量目标的准备过程,质量控制是在作业过程中使结果符合质量目标的过程,质量改进是通过不断突破达到一个前所未有的执行水平的过程。

(1)质量策划:设定质量目标、辨识顾客、确定顾客需要、确定满足顾客需要的产品特征以及开发能够生产具有这种特征的产品的过程,并建立过程控制措施,将计划转入实施阶段。

(2)质量控制:评价实际绩效,将实际绩效与预期目标对比,并对差异采取措施。

(3)质量改进:提出改进的必要性、做好改进的基础工作以及确定改进项目。

(二)戴明循环

戴明循环(Deming Cycle)或称 PDCA 循环、PDSA 循环、戴明环。戴明环的研究起源于 20 世纪 20 年代,先是有着"统计质量控制之父"之称的著名统计学家沃特·休哈特(Walter A. Shewhart)在当时引入了"计划-执行-检查(Plan-Do-See)"的雏形,后来由戴明将休哈特的 PDS 循环进一步完善,发展成为"计划-执行-检查-处理(Plan-Do-Check/Study-Act)"这样一个质量持续改进模型(图 8-2)。P(Plan)为计划,确定方针和目标,确定活动安排;D(Do)为执行,实地去做,实现计划中的内容;C(Check)为检查,总结执行计划的结果,注意效果,找出问题;A(Action)为行动,对总结检查的结果进行处理,对成功的经验加以肯定并适当推广和标准化,对失败的教训加以总结,以免重现,将未解决的问题放到下一个 PDCA 循环。

利用戴明环进行质量管理实践,一般分为以下八个具体步骤:

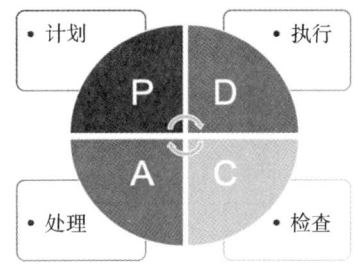

图 8-2 质量管理方法戴明环

步骤一:分析现状,找出问题。
步骤二:分析各种问题出现的因素或原因。
步骤三:确认要因。
步骤四:拟订措施,制订计划。以上四个步骤属于 P 阶段。
步骤五:执行措施,执行计划。这一步骤属于 D 阶段。
步骤六:检查验证,评估效果。这一步骤属于 C 阶段。
步骤七:标准化,固定成绩。
步骤八:处理遗留问题。以上两个步骤属于 A 阶段。

需要强调的是,PDCA 循环的四个过程不是运行一次就完结,而是周而复始地进行。而且 PDCA 循环不是在同一水平上循环,而是每循环一次解决一部分问题,取得一部分成果,工作前进一步,水平提高一步。到了下一次循环,又有了新的目标和内容,水平再上一层楼,呈阶梯形上升。

(三)六西格玛管理

六西格玛(6σ)概念作为品质管理概念,最早由摩托罗拉公司的比尔·史密斯(Bill Smith)于 1986 年提出,其目的是设计一个目标:在生产过程中降低产品及流程的缺陷次数,防止产品变异,提升品质。其真正流行并发展起来,是在通用电气公司的实践。杰克·韦尔奇(Jack Welch)于 20 世纪 90 年代发展起来的六西格玛管理,是在总结了全面质量管理的成功经验基础上,提炼了其中流程管理技巧的精华和行之有效的方法,而形成的一种提高企业业绩与竞争力的管理模式。该管理法在摩托罗拉、通用电气、戴尔、惠普、西门子、索尼、东芝和华硕等众多跨国企业的实践中被证明是卓有成效的。

"σ"是希腊文字母,是用来衡量一个总数里标准误差的统计单位。一般企业的瑕疵率大约是三到四个西格玛,四西格玛相当于每 100 万个机会里,有 6 210 次误差。如果企业不断追求品质改进,达到六西格玛的程度,绩效就几近完美地满足顾客要求,在 100 万个机会里,只找得出 3.4 个瑕疵。因此,六西格玛管理是一种建立在统计标准基础上、被设计用来减少瑕疵率以帮助降低成本、节省时间和提高顾客满意度的质量控制方法。

六西格玛管理的宗旨是消除无增值活动,缩短生产周期和提高客户的满意度。六西格玛管理的主要指导思想:重视从组织整体的角度,站在顾客的立场上考虑问题,采用科学的方法,在组织经营的所有领域追求无缺陷的质量,最大限度地减少组织的经营成本,提高竞争力。六西格玛管理的作用是将组织的注意力同时集中在顾客和组织两个方面,有利于降低成本和产品缺陷率,缩短生产周期,提高市场占有率和投资回报率,以及提高顾客满意度。在推动六西格玛时,组织要真正获得巨大成效,必须把六西格玛当成一种管理哲学。这个哲学里,有六项重要主旨,每项主旨背后都有很多工具和方法来支持,六项主旨如下:

(1) 真诚关心顾客。六西格玛把顾客放在第一位。例如,在衡量部门或员工绩效时,必须站在顾客的角度思考。先了解顾客的需求是什么,再针对这些需求设定组织目标,衡量绩效。

(2) 根据资料和事实管理。近年来,虽然知识管理逐渐受到重视,但是大多数组织仍然根据意见和假设来做决策。六西格玛的首要规则便是厘清事实与观点的区别,先明确评定绩效要做哪些衡量,然后再运用资料和分析,了解公司的表现与目标之间的差距。

(3) 以流程为重。无论是设计产品,还是提升顾客满意度,六西格玛都把流程当作是通往成功的交通工具,一种提供顾客价值与竞争优势的方法。

(4) 主动管理。组织必须时常主动去做那些一般组织常忽略的事情。例如,设定远大的目标,并不断检讨;设定明确的优先事项;强调防范而不是补救;常质疑"为什么要这么做",而不是常说"我们都是这么做的"。

(5) 协力合作无界限。改进公司内部各部门之间,公司和供货商之间,以及公司和顾客之间的合作关系,从而为企业带来巨大的商机。六西格玛强调无界限的合作,让员工了解自己应该如何配合组织大方向,并衡量企业流程中各部门活动之间的关联性。

(6) 追求完美,但同时容忍失败。在六西格玛企业中,员工不断追求一个能够提供较好服务又可以降低成本的方法。企业持续追求更完美,但也能接受或处理偶发的挫败,从错误中学习。

六西格玛管理是通过过程的持续改进,追求卓越质量,提高顾客满意度,降低成本的一种突破性质量改进方法。在关注顾客、以数据和事实驱动管理、采取针对过程的措施等方面,六西格玛管理较全面质量管理更加真实、客观和突出重点。六西格玛管理弥补了全面质量管理的不足,强调从上到下的全员参与,做到人人有责,不留死角。因此,从某种意义上来说,六西格玛管理是全面质量管理的继承和发展。

第三节 目标管理

一、目标的概念

管理学大师彼得·德鲁克认为,"并不是有了工作才有目标,而是相反,有了目标才能确定每个人的工作,所以企业的使命和任务,必须转化为目标,如果一个领域没有目标,这个领域的工作就必然被忽视"。目标是指根据组织的使命而提出的组织在一定时期内所要达到的预期成果。组织目标往往需要组织全体成员的共同努力,因此组织总目标需要由各个层级的子目标来支持。这样,组织及其各层级的目标就形成了一个目标体系,呈现网络化。具体而言,目标具有如下特征:层次性、网络性、多样性、可考核性、可接受性、挑战性和信息反馈性。

(一)目标的层次性

组织目标分解后形成一个有层次的体系,这个体系的顶层包含组织的愿景和使命。第二层是组织的任务,在目标体系的基层,有分公司的目标、部门和单位的目标以及个人目标等。因此,组织目标的范围从广泛的组织战略性目标到组织特定的个人目标。总目标和战略更多地指向组织较远的未来,并且为组织的未来提供行动框架,组织的使命和任务必须转化为组织总目标和战略,而分公司的目标、部门和单位的目标以及个人目标支撑着组织的任务。

(二)目标的网络性

目标与计划方案通常会形成一种所希望结果的网络。如果各种目标互相不关联,相互不协调且互不支持,则组织成员往往出于自利而采取对本部门看似有利而实际对整个公司不利的途径。因此,必须确保目标网络中的每个组成部分要相互协调,组织中的各个部门在制定自己部门的目标时,必须与其他部门相协调。另外,组织制定各种目标时,必须与许多约束因素相协调。

(三)目标的多样性

组织总目标只有一个,但总目标可以用不同维度或指标进行全面的体现,使其在许多方面具体化。在目标层次体系中,每个层次的具体目标也可能是多种多样的。当然,目标并不是越多越好,且这些多样性目标之间应相互协调,不能互相矛盾。因此,在考虑追求多个目标的同时,必须对各个目标的相对重要程度进行区分。

(四)目标的可考核性

目标考核的途径是将目标量化。例如,将目标明确地定量为"在本会计年度末实现投资收益率10%",那么它对"多少""什么""何时"都做出了明确回答。有时用可考核的措辞来说明结果会面临更大的困难,但原则是只要有可能,就应规定明确的、可考核的目标。目标定量化往往也会使组织运行的效率受到一定损失,但是对组织活动的控制和成员的奖惩会带来很多方便。

(五)目标的可接受性

根据心理学家维克多·弗鲁姆(Victor H.Vroom)的期望理论,如果一个目标要对其接受者产生激发作用,那么对于接受者来说,这个目标必须是可接受且可完成的。对一个目标接受者来说,如果目标超出其能力所及的范围,那么该目标对其是没有激励作用的。

(六)目标的挑战性

同样根据弗鲁姆的期望理论,如果一项工作完成所达成的目的对接受者没有多大意义,那么接受者也是没有动力去完成该项工作的;如果一项工作很容易完成,对接受者来说是件轻而易举的事,那么接受者也没有动力去完成该项工作。所谓"跳一跳,摘桃子",体现的就是这个道理。目标的可接受性和挑战性是对立统一的关系。

(七)目标的信息反馈性

信息反馈是把目标管理过程中,目标的设置和目标实施情况不断地反馈给目标设置和实施的参与者,让他们时时知道组织对自己的要求和自己的贡献情况。如果明确了目标再加上反馈,就能更进一步加强员工的工作表现。

总之,设置目标需要遵循 SMART 原则,即目标必须是具体的(Specific),可以衡量的(Measurable),可以达到的(Attainable),要与其他目标具有一定的相关性(Relevant),具有明确的截止期限(Time-bound)。

二、目标管理的概念

目标管理(Management by Objective,MBO)又称标的管理或成果管理。它是一种为实现组织目标而层层落实、全员参与的系统的管理方法。由于这种管理制度在美国应用得非常广泛,且特别适用于对主管人员的管理,所以被称为"管理中的管理"。目标管理是由德鲁克20世纪50年代在《管理实践》一书中提出的,他强调:"管理者应该通过目标对下级进行管理,当组织最高层管理者确定了组织目标后,必须对其进行有效分解,转变成各个部门以及个人的分目标,管理者根据分目标的完成情况对下级进行考核、评价和奖惩。"后来该理论又经过许多管理学者的发展和完善,被世界范围内的许多组织采用。

在目标管理的实践过程中,常见的目标管理类型有:①业绩主导型目标管理和过程主导型目标管理。这是依据对目标的实现过程是否做出规定来区分的。目标管理的最终目的在于业绩,所以从根本上来说,目标管理也称业绩管理。实际上,任何管理的目的都是要提高业绩。②组织目标管理和岗位目标管理。这是依据目标的最终承担主体来区分的。组织目标管理是一种在组织中自上而下系统设立和落实目标,从高层到低层逐渐具体化,并对组织活动进行调节和控制,谋求高效地实现目标的管理方法。③成果目标管理和方针目标管理。这是依据目标的细分程度来区分的。成果目标管理是以组织追求的最终成果的量化指标为中心的目标管理方法。

目标管理的精髓是需要共同的责任感,依靠团队合作来实现目标。与传统管理方式相比有鲜明的特点:①员工参与管理。目标管理是一种参与的、民主的和自我控制的管理制度,也是一种把个人需求与组织目标结合起来的管理制度。由上下级共同商定,依次确定各种目标。②以自我管理为中心。目标管理的基本精神是以自我管理为中心。目标的实施由目标责任者自我进行,通过自身监督与衡量,不断修正自己的行为,以实现目标。③强调自我评价。目标管理强调自我对工作中的成绩、不足和错误进行对照总结,经常自检自查,不断提高效益。④重视成果。目标管理以制定目标为起点,以目标完成情况的考核为终结。目标管理将评价重点放在工作成效上,按员工的实际贡献如实评价,使评价更具有建设性。

为了实现更好的目标管理,需要满足以下几项基本条件。

(一)推行目标管理要有一定的思想基础和科学管理基础

要教育员工树立全局观念和长远利益观念,正确理解国家、组织和个人之间的关系。因为推行目标管理容易滋长急功近利和本位主义倾向,若没有一定的思想基础,设定目标时就可能出现不顾整体利益和长远利益的现象。科学管理基础是指各项规章制度比较完善,信息比较畅通,能够比较准确地度量和评估工作成果,这是推行目标管理的基础。而这个基础工作是需要长期的培训和教育才可以逐步建立起来的。

(二)推行目标管理关键在于领导

领导对各项指标都要心中有数。工作不深入,没有专业知识,不了解下情,不熟悉生产,不会经营管理是不行的,推行目标管理对领导的要求更高。领导与下属之间不是命令和服从的关系,而是平等、尊重、信赖和相互支持。领导要改进作风,提高水平,发扬民主,善于沟通。在目标设立过程和执行过程中,都要善于沟通,使大家的方向一致,目标之间相互支持。同时,领导还要和下级就实现各项目标所需要的条件以及实现目标的奖惩事宜达成协议,并授予下级相应的支配人、财、物和对外交涉等的权力,充分发挥下属的个人能动性,使目标得以实现。

(三)目标管理要逐步推行,长期坚持

推行目标管理有许多相关的配套工作,如提高员工的素质,健全各种责任制,做好其他管理的基础工作和制定一系列的相关政策。这些都是企业的长期任务,因此目标管理只能逐步推行,且要长期坚持、不断完善,才能达到良好的效果。

(四)推行目标管理要确定好目标

一个好的目标是切合实际的,能符合 SMART 原则。量化管理方法与目标管理相辅相成,可以帮助经理人在激发员工主动性和创造性的同时,及时了解整个团队的工作进度,准确无误地完成任务,从而在更大程度上提升员工的主动性,为在日常工作中提高员工的领导力提供良性循环的基础。

(五)推行目标管理要注重信息管理

目标管理体系中,信息管理扮演着举足轻重的角色,确定目标需要获取大量的信息;分解目标需要加工、处理信息;实施目标的过程就是信息传递与转换的过程。信息工作是目标管理得以正常运转的基础。

三、目标管理的基本程序

目标管理是一个全面的管理系统,它用系统的方法,将许多关键管理活动结合起来,并且有意识地以有效且高效的方式实现组织目标和个人目标。

(一)制定目标

制定目标包括确定组织的总体目标和各部门的分目标。总体目标是组织在未来从事活动要达到的状况和水平,其实现依赖于全体成员的共同努力。为了协调这些成员在不同时空的努力,各个部门的各个成员都要建立与组织目标相结合的分目标。这样就形成了一个以组织总体目标为中心的贯穿始终的目标体系。在制定每个部门和每个成员的目标时,上级要向下级提出自己的方针和目标,下级要根据上级的方针和目标制定自己的目标方案,并在此基础上进行协商,最后由上级综合考虑后做出决定。目标可以设置为任何期限,但在大多数情况下,目标设置可与年度预算或主要项目的完成期限相一致。在制定目标时,主管人员也要建立衡量目标完成的标准。如果制定的是定量的、可考核的目标,那么时间、成本、数量和质量等衡量标准一般都要写到目标里去。在制定目标体系时,主管人员和下级应该一起行动,而不应该不适当地强制下级制定各种目标。

(二)明确组织责任

理想的情况是,每个目标和子目标都应有某一个人的明确责任。然而,几乎不可能建立一个完美的组织结构,使每一个特定的目标都成为某个人的责任。例如,在制定一种新产品投入市场的目标时,研发、销售和生产等部门的主管人员必须仔细地协调他们的工作。组织常通过设立一名产品主管人员来统一协调各种职能。

(三)执行目标

组织中各层次、各部门的成员为达成分目标,必须从事一定的活动,活动中必须利用一定的资源。为了保证他们有条件组织目标活动,必须授予相应的权力,使其有能力调动和利用必要的资源。有了目标,组织成员便会明确努力的方向;有了权力,他们便会产生强烈的与权力使用相应的责任心,从而充分发挥他们的判断能力和创造能力,使目标执行活动有效地进行。

(四)成果评价

成果评价既是实行奖惩的依据,也是上下左右沟通的机会,同时还是自我控制和自我激励的手段。成果评价既包括上级对下级的评价,也包括下级对上级、同级关系部门相互之间以及各层次自我的评价。上下级之间的相互评价,有利于信息和意见的沟通,从而有利于组织活动的控制;横向的关系部门相互之间的评价,有利于保证不同环节的活动协调进行;各层次组织成员的自我评价,有利于促进他们的自我激励、自我控制以及自我完善。

(五)实行奖惩

组织对不同成员的奖惩,是以上述各种评价的综合结果为依据的。奖惩可以是物质的,也可以是精神的。公平合理的奖惩有利于维持和调动组织成员饱满的工作热情和积极性,奖惩有失公正,则会影响这些成员行为的改善。

(六)循环目标管理

制定新目标并开始新的目标管理循环,其间的成果评价与成员行为奖惩,既是对某一阶段组织活动效果以及组织成员贡献的总结,也为下一阶段的工作提供参考和借鉴。在此基础上,为组织成员及各个层次、部门的活动制定新的目标并组织实施,便展开了目标管理的新一轮循环。

目标管理的优点集中在形成激励、明确任务、自我管理、有效管理和有效控制上,但学术界和实践经验中发现目标管理也存在缺陷,主要体现在三个方面:强调短期目标、目标设置困难和目标修正不灵活。大多数目标管理中的目标通常是一些短期的目标:年度的、季度的和月度的等。一方面,短期目标比较具体、易于分解,长期目标比较抽象、难以分解;另一方面,短期目标易迅速见效,长期目标则不然。真正可用于考核的目标很难设定,尤其组织实际上是一处产出联合体,它的产出是一种联合的、不易分解出谁的贡献大小的产出,即目标的实现是大家共同合作的成果,这种合作中很难确定你已做多少,他应做多少,因此可度量的目标确定也就十分困难。目标管理执行过程中无法改变目标,因为这样做会导致组织的混乱。事实上,目标一旦确定就不能轻易改变,也正是如此使得组织运作缺乏弹性,无法通过权变来适应变化的外部环境。

第四节　绩效管理

一、绩效管理的概念

绩效是指组织及个人的履职表现和工作任务完成情况,是组织期望的为实现其目标而展现在组织不同层面上的工作行为及结果,它是组织的使命、核心价值观、愿景及战略的重要表现形式。绩效这个概念不仅强调工作活动的结果,也体现着导致结果的工作活动过程,因此被人们普遍接受。

影响绩效的主要因素有员工技能、外部环境、内部条件以及激励效应。员工技能是指员工具备的核心能力,是内在的因素,经过培训和开发是可以提高的;外部环境是指组织和个人面临的不为组织所左右的因素,是客观因素,是完全不能控制的自变量;内部条件是指组织和个人开展工作所需的各种资源,也是客观因素,是在一定程度上能改变内部条件制约的因变量;激励效应是指组织和个人为达成目标而工作的主动性和积极性,激励效应是主观因素。

绩效管理是指各级管理者和员工为了达到组织目标共同参与的绩效计划制定、绩效辅导沟通、绩效考核评价、绩效结果应用和绩效目标提升的持续循环过程。绩效管理可以促进组织和个人绩效的提升,它通过设定科学合理的组织目标、部门目标和个人目标,为企业员工指明努力方向。绩效管理可以促进管理流程和业务流程优化,在绩效管理过程中,各级管理者都应从公司整体利益以及工作效率出发,在提升组织运行效率的同时,逐步优化组织管理流程和业务流程。绩效管理能保证组织战略目标的实现,绩效管理的目标是根据组织的发展战略来制定的。通过将组织的战略目标层层分解为部门和员工的目标,在此基础上确定部门和个人的绩效目标,通过绩效评价,对员工的工作结果进行反馈和修正,通过提升员工的业绩实现组织的战略目标。

二、绩效管理的过程

绩效管理的过程通常被看作一个循环,这个循环分为四个环节,即绩效计划、绩效辅导、绩效考核与绩效反馈,如图 8-3 所示。

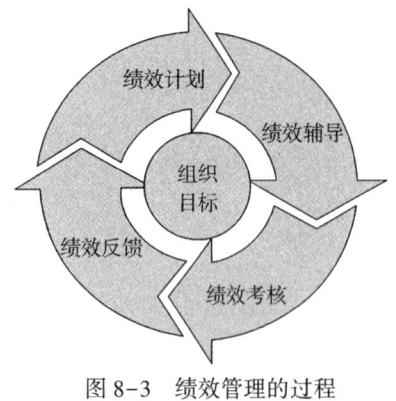

图 8-3 绩效管理的过程

(1)绩效计划制定是绩效管理的基础环节,不能制定合理的绩效计划就谈不上绩效管理。首先,制定绩效目标计划及衡量标准。其次,在确定满足 SMART 原则的目标计划后,组织员工进行讨论,推动员工对目标达到一致认同,并阐明每个员工应达到的目标与如何达到目标,共同树立具有挑战性又可实现的目标。管理者与员工之间的良好沟通是达成共识、明确各自目标分解的前提,同时也是有效辅导的基础。最后,确定目标计划的结果。

(2)绩效辅导沟通是绩效管理的重要环节,这个环节的工作不到位,绩效管理将不能落到实处,从国内咨询公司实践案例中看,有效的绩效辅导主要有三种方式:上级对下级的日常指导、定期的绩效会议制度以及绩效指导与反馈表单。有效的绩效辅导具体表现为:随着目标的实现过程,辅导沟通是连续的;不仅限于在一些正式的会议上,还强调非正式沟通的重要性;明确并加强对实现目标的期望值;激励员工,对员工施加推动力;针对结果目标和行为目标。

(3)绩效考核评价是绩效管理的核心环节,这个环节的工作出现问题,绩效管理会产生严重的负面影响。在阶段性工作结束时,对阶段性业绩进行评价,以便能公正和客观地反映阶段性的工作业绩,目的在于对以目标计划为标准的业绩的实现程度进行总结,进行业绩的评定,不断总结经验,促进下一阶段业绩的改进。一般绩效评价的内容和程序包括以下几个方面:①量度,包括量度原则与方法;②评价,包括评价的标准和评价资料的来源;③反馈,包括反馈的形式和方法;④信息,包括过去的表现与业绩目标的差距,需要进行业绩改进的地方。一般评价的标准是选择主要的绩效指标(定量和定性的指标)来评价业绩实现过程中的结果目标和行为目标。

(4)绩效反馈是绩效管理取得成效的关键,如果员工的激励与约束机制存在问题,绩效管理不可能取得成效。绩效管理强调组织目标和个人目标的一致性,强调组织和个人同步成长,形成"多赢"局面;绩效管理体现着"以人为本"的思想,在绩效管理的各个环节中都需要管理者和员工的共同参与。

三、绩效管理的方法

(一)关键绩效指标

关键绩效指标(Key Performance Indicator,KPI)是指组织宏观战略目标决策经过层层分解后所形成的具有可操作性的战术目标,是宏观战略决策执行效果的监测指针。KPI 是国际通行的组织经营绩效成果测量和战略目标管理的工具。KPI 的理论基础是意大利经济学家维尔弗雷多·帕累托(Vilfredo Pareto)提出的二八原理,即一个组织在价值创造过程中,每个部门和每一位员工的 80% 的工作任务是由 20% 的关键行为完成的,抓住 20% 的关键,就抓住了主体。二八原理为绩效考核指明了方向,即考核工作的主要精力要放在关键的结果和关键的过程上。考核工作一定要围绕 KPI 展开。其具备以下几个特点:

(1)KPI 来自对公司战略目标的分解。作为衡量各职位工作绩效的指标,KPI 所体现的衡量内容最终取决于组织的战略目标。如果 KPI 与组织战略目标脱离,那么它所衡量的职位的努力方向也将与组织战略目标的实现产生分歧。KPI 来自对组织战略目标的分解,同时 KPI 也是对组织战略目标的进一步细化和发展。另外,KPI 随组织战略目标的发展演变而调整。当公司战略侧重点转移时,KPI 必须予以修正以反映组织战略的新内容。

(2)KPI 是对绩效构成中可控部分的衡量。组织经营活动的效果是内因和外因综合作用的结果,其中内因是各职位员工可控制和影响的部分,也是 KPI 所衡量的部分。KPI 应尽量反映员工工作的直接可控效果,剔除他人或环境造成的其他方面的影响。

(3)KPI 是对重点经营活动的衡量,不是对所有操作过程的反映。每个职位的工作内容都涉及不同的方面,高层管理人员的工作任务更复杂,但 KPI 只考虑其中对组织整体战略目标影响较大,对战略目标实现起到不可或缺作用的工作进行衡量。

(4)KPI 是组织上下认同的。KPI 不是由上级强行确定下发的,也不是由职位人员自行制定的,它的制定过程由上级与员工共同参与完成,是双方所达成一致意见的体现。它不是以上压下的工具,而是组织中相关人员对职位工作绩效要求的共同认识。

KPI 所具备的特点决定了 KPI 在组织中具有举足轻重的地位。第一,作为组织战略目标的分解,KPI 的制定有力地推动组织战略在各单位各部门的执行;第二,KPI 使上下级对职位工作职责和关键绩效要求形成清晰的认识,确保各层各类人员努力方向的一致性;第三,KPI 为绩效管理提供了透明、客观和可衡量的基础;第四,作为关键经营活动绩效的反映,KPI 帮助各职位员工集中精力处理对组织战略有最大驱动力的方面;第五,通过定期计算和回顾 KPI 执行结果,管理人员能清晰地了解经营领域中的关键绩效参数,并及时诊断存在的问题,采取行动予以改进。

(二)平衡计分卡

平衡计分卡(Balanced Scord Card,BSC)是由哈佛商学院的罗伯特·卡普兰(Robert Kaplan)教授和诺兰诺顿的执行总裁戴维·诺顿(David Norton)共同开发的。《哈佛商业评论》将其列为 20 世纪最具影响力的七十五个理念之一和最具影响力的战略绩效管理工具。平衡计分卡最显著的特点就是将企业的愿景、使命和中长期发展战略与企业的日常绩效评价、企业的日常管理和运行结合起来,使企业的愿景、使命和中长期发展战略变为企业日常的、具体的和可测量的评价指标,并成为全体员工的日常行动。

平衡计分卡包括财务绩效指标和非财务绩效指标,这些指标考虑了组织的愿景和战略。它从财务、客户、内部流程以及学习与成长等方面实现组织的战略目标和绩效评价(图 8-4)。其中,财务维度反映来自股东角度的增长、利润和风险战略。客户维度反映来自客户角度的价值创造和差异性战略。内部流程维度反映创造客户和股东满意度的业务流程战略。学习与成长维度反映形成一种有利于组织改善、创新和增长的风气。

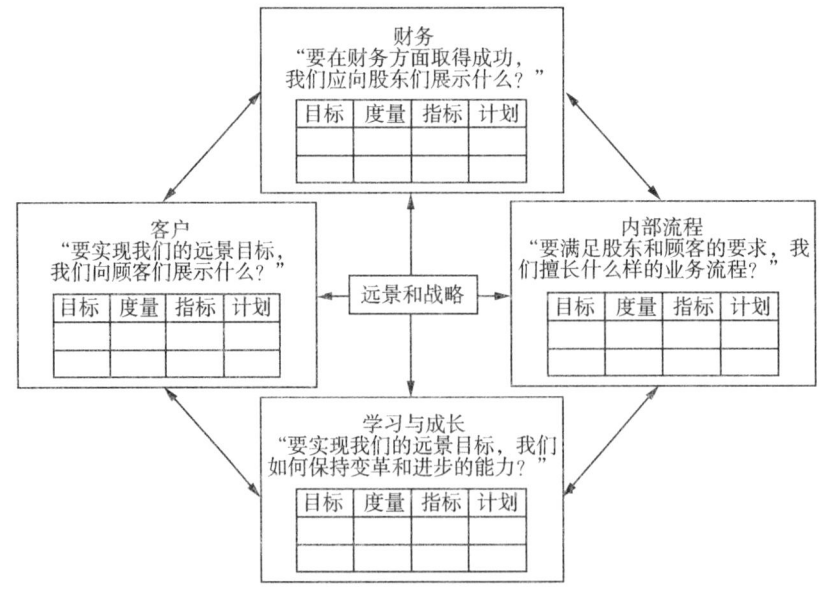

图 8-4 平衡计分卡的四个维度

（1）财务维度：其目标是解决"怎样满足股东"这一类问题的。表明企业的努力是否对企业的经济收益产生积极的作用。在平衡计分卡里，其他三个方面的改善都必须反映在财务指标上。由于财务数据是有效管理企业的重要因素，因此财务目标大多是管理者优先考虑的目标。

（2）客户维度：其目标是解决"客户如何看待我们"这一类问题的。"客户满意度的高低是企业成败的关键"，因此现代企业的活动必须以客户价值为出发点。只有了解和不断满足客户，产品价值才能得以实现，企业才能获得持续增长的经济源泉。

（3）内部流程维度：其目标是解决"我们必须擅长什么"这一类问题的。内部流程是公司改善经营业绩的重点，客户满意和股东价值实现都要得到内部流程的支持。

（4）学习与成长维度：其目标是解决"我们能否继续提高并创造价值"这一类问题的。它将注意力引向企业未来成功的基础，涉及人员、信息系统和市场创新等问题，评估企业获得持续发展能力的情况。

尽管平衡计分卡的指标各有特定的内容，但彼此并非孤立或完全割裂的，而是既冲突对立又密不可分的。正如卡普兰所言："平衡计分卡的四个维度并不是罗列，学习与成长维度、内部流程维度、客户维度、财务维度所组成的平衡计分卡既包含结果指标，也包含促成这些结果的先导性指标，并且这些指标之间存在因果关系。"这种内部逻辑关系，其根本为投资者所需的财务角度，但投资收益是有一个价值产生过程的，先有员工的创新学习，企业内部管理才有优化的可能和基础，内部管理优化后才能更好地为客户服务，客户认可企业的产品和服务才进行有效消费，企业的价值才能实现，最终才有了投资收益。企业发展了一步，产生新情况，又需要员工创新学习，开始下一个循环，由此形成一个完整和均衡的关联指标体系。

（三）360度绩效考核

360度绩效考核又称360度绩效反馈、多源绩效考核或全方位评估，由美国学者20世纪80年代在企业组织中不断研究发展而成。其综合性强，可以提高考核的全面性和公正性，让员工的能力得到更客观的评价，可以增强员工的自我发展意识，被誉为推进员工行为改变最有效的工具之一。360度绩效考核是指从与被考核者发生工作关系的多方主体那里获得被考核者的信息，以此对被考核者进行全方位和多维度的绩效评估的过程。这些信息的来源包括上级监督者的自上而下的反馈（上级）、下级的自下而上的反馈（下级）、平级同事的反馈（同事）、公司内部和外部的客户的反馈(客户)以及本人的反馈(图8-5)。这种绩效考核过程与传统的绩效考核和评价方法最大的不同是它不是把上级的评价作为获取员工绩效信息的唯一来源,而是将在组织内部和外部与员工有关的多方主体作为提供反馈的信息来源。

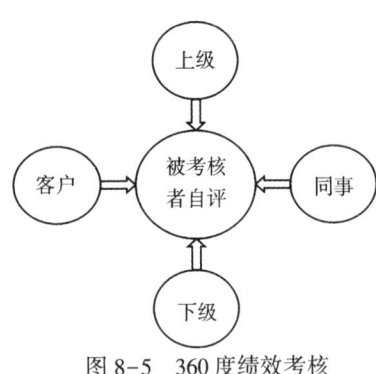

图8-5 360度绩效考核

自我评价是让经理人评价自己在工作期间的绩效表现,或根据绩效表现评估其能力并据此设定未来的目标。当员工对自己做评估时,通常会降低自我防卫意识,从而了解自己的不足,进而愿意加强和补充自己尚待开发或不足之处。

同事的评价是指由同事互评绩效的方式来达到绩效评估的目的。对一些工作而言,有时上级与下级相处的时间与沟通机会反而没有下级彼此之间多。在这种上级与下级接触的时间不多,彼此之间的沟通也非常少的情况下,上级要对下级做绩效评估就非常困难。但下级彼此间在一起工作的时间很长,因而他们相互间的了解会比上级与下级更多。此时,他们之间的互评更加客观,且下级之间的互评可以让彼此知道自己在人际沟通这方面的能力。

由下级来评价上级,这个观念对传统的人力资源工作者而言似乎有点不可思议。但随着知识经济的发展,越来越多的公司让员工评估其上级主管的绩效,此过程称为向上反馈。这种绩效评估的方式对上级主管发展潜能的开发很有价值。管理者可以通过下级的反馈,清楚地知道自己的管理能力有什么地方需要加强,如果自己对自己的了解与下级的评价之间有较大的落差,那么主管可针对这个落差,深入了解其中的原因。因此,一些人力资源管理专家认为,下级对上级主管的评估,对其管理才能的发展有很大的裨益。

客户的评价对从事服务业和销售业的人员特别重要。因为唯有客户最清楚员工在客户服务关系和行销技巧等方面的表现与态度。所以,在类似的行业中,在绩效评估的制度上不妨将客户的评价列入评估系统之中。

上级的评价是绩效评估中最常见的方式,即绩效评估的工作是由上级来执行的。因此,作为上级必须熟悉评估方法,并善用绩效评估的结果作为指导下级、挖掘下级潜能的重要手段。随着组织的调整,一些组织常常会推动一些跨部门的合作项目,因此部分员工可能同时会与多位上级一起共事。所以在绩效评估系统的建立上,也可将多上级、矩阵式的绩效评估方式纳入绩效评估系统之中。

本章回顾

- 本章讲述管理中的执行环节,主要围绕流程管理、质量管理、目标管理和绩效管理展开。
- 流程管理是一种以规范化的构造端到端的卓越业务流程为中心,以持续提高组织业务绩效为目的的系统化方法。流程优化通过不断发展、完善和优化业务流程以保持企业的竞争优势。流程再造是对组织的作业流程进行根本的再思考和彻底的再设计。
- 质量管理是指确定质量方针、目标和职责,并通过质量体系中的质量策划、控制、保证和改进来使其实现的全部活动。质量管理有多项原则。质量管理的常见方法有朱兰三部曲、戴明循环和六西格玛管理。
- 目标是指根据组织的使命而提出的组织在一定时期内所要达到的预期成果,目标管理又称标的管理或成果管理。它是一种为实现组织目标而层层落实、全员参与的系统的管理方法。目标管理的本质是自治,所以德鲁克认为目标管理是一种哲学。
- 绩效管理是指各级管理者和员工为了达到组织目标共同参与的绩效计划制定、绩效辅导沟通、绩效考核评价、绩效结果应用和绩效目标提升的持续循环过程。

本章习题

习题及参考答案

案例讨论

案例

讨论:

1.你认为通用电器公司的员工考核按五个等级划分合理吗?对于仅仅获得及格的员工应该如何帮助他们达到良好?

2.你认为对不合格的那一部分员工有哪几种处理方法,对比这几种方法的优劣,同时解释为什么"炒鱿鱼"是一件十分困难的事?

3.你认为被评为杰出员工应该晋升职务吗？如果没有适当的职位可提供给这些杰出的员工,有什么方法可以留住他们?

拓展阅读

拓展阅读

第九章 控 制

导言

第一节 控制过程与类型

党的二十大报告强调:"国家安全是民族复兴的根基,社会稳定是国家强盛的前提。必须坚定不移贯彻总体国家安全观,把维护国家安全贯穿党和国家工作各方面全过程,确保国家安全和社会稳定。"这是从党和国家事业发展战略全局出发,为我们做好维护国家安全和社会稳定工作提供了根本遵循,体现了我国人民实现中华民族伟大复兴的强大意志和坚定决心。对于各类组织来说,必要的控制活动是组织发展中不可或缺的重要环节之一。

一、控制的含义与控制过程

(一)控制的含义

控制是对组织内部的实践活动和效果进行衡量和矫正,确保组织目标和计划方案得以实现的活动。控制活动的核心工作是纠正偏差。如果实际工作和计划规章之间没有偏差,说明组织的运行过程较为顺利和正常,不需要额外的控制活动来进行干预。控制活动中的主要内容如图9-1所示。

控制活动围绕"纠正偏差"而展开,但是这个偏差需要由"衡量绩效"找出来。"衡量绩效"活动在找出偏差时,需要依靠"确定标准"来明确控制标准。因此,控制活动的过程必然包含三个重点要素:确定标准、衡量绩效和纠正偏差。

(二)控制过程

在管理实践中,如果遇到表述比较抽象的计划标准,就需要对它进行进一步明确

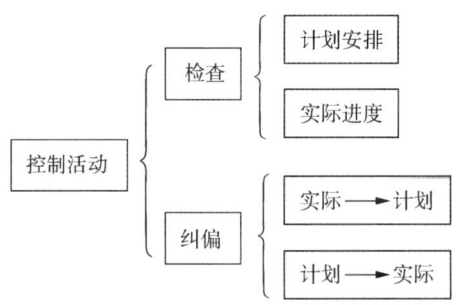

图 9-1　控制活动的主要内容示意图

和细化,直到最终成为可操作性较强的控制标准时,才能更好地用于对实际工作的检查和衡量。控制标准一般比较简洁、清晰且可操作性强。这个清晰化各项衡量指标和明确控制标准的过程,称为"确定标准"。

控制活动要纠正偏差,先要找出偏差。这个偏差是对两个方面的内容进行检查和衡量以后产生的,即检查实际进度和计划安排之间的差异。在控制职能中,把采取检查和衡量的方式找出偏差的活动称为"衡量绩效"。需要注意的是,并非所有偏差都需要控制活动进行纠正。有一种类型的偏差,即使通过"衡量绩效"的环节找了出来,也不需要进行纠正,这类偏差称为"允许误差"。实际进度和计划安排之间的偏差以及允许误差如图 9-2 所示。

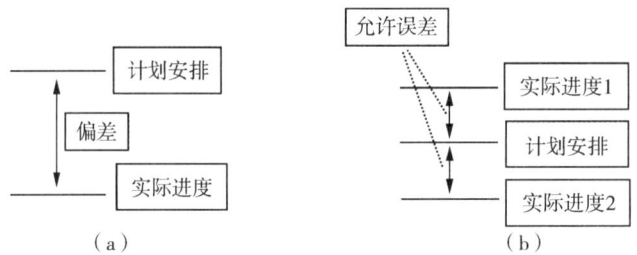

图 9-2　实际进度和计划安排之间的偏差以及允许误差示意图

在控制标准已经明确化的基础上,实践活动与控制标准之间的偏差已经被衡量并确认时,"纠正偏差"的活动就可以随之展开。需要注意的是,在进行"纠正偏差"活动时,存在着两种途径。

第一种途径:"实践向标准看齐"途径。根据控制的标准严格要求实践活动达到标准的要求。这种纠正偏差的方式,重点关注现实领域中与组织目标、规章制度和计划方案不一致或产生冲突的各类行为,并按照控制标准进行严格纠正。如我国食品药品监管总局的一位负责人曾经表示,鉴于食品安全领域的违法犯罪问题较为严重,应该增强惩罚力度,在经济处罚之外增加刑事处罚。这种对于现实中违规行为的纠正方式,就属于"实践向标准看齐"途径。

第二种途径:"标准向实践看齐"途径。根据实践活动的具体情况调整控制的标准。这种纠正偏差的方式,往往是由于现实中难以控制的因素导致实现目标出现一定的困难,或者是对新的事物进行探索或试点,这时就需要对原来的目标或标准进行调整,以适应现实情况。例如,我国由于受到新冠疫情的影响,在2020年5月的政府工作报告中,没有提出全年经济增速的具体目标,而是提出要集中精力抓好"六稳"和"六保"。"六稳"包括稳就业、稳金融、稳外贸、稳外资、稳投资、稳预期;"六保"包括保居民就业、保基本民生、保市场主体、保粮食能源安全、保产业链供应链稳定、保基层运转。这种根据实际情况实时调整相应标准的方式,就属于"标准向实践看齐"途径。

控制活动的完整过程如图9-3所示。

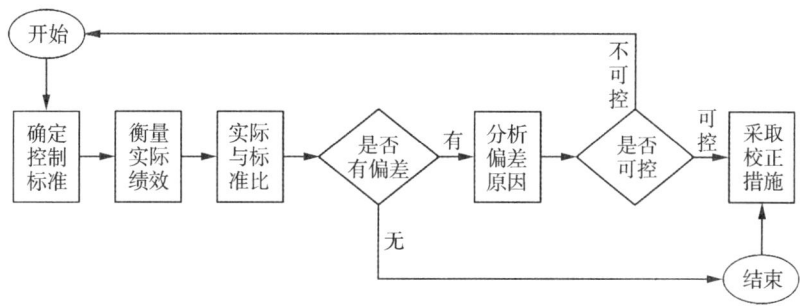

图9-3 控制过程示意图

在控制过程中,需要确定清晰且可操作的控制标准,然后将控制标准与组织活动的进度和成果进行比较和衡量,如果实践进度和成果与控制标准之间的偏差在允许误差的范围之内,那么控制活动就无须进行干预,控制行为此时可以阶段性地结束。如果实践进度和成果与控制标准之间存在着较大的偏差,如过于超前或落后于标准的要求,那么就需要对产生偏差的原因进行深入、系统的分析。造成偏差的原因如果是来自组织外部难以控制因素的影响,如不可抗力事件等,那么就需要对控制标准进行适度调整,以适应现实状况。造成偏差的原因如果是来自组织内部容易控制因素的影响,那么组织就应该迅速采取校正措施,有效纠正偏差行为。

二、控制的系统和类型

(一)控制的系统

控制的系统包括五个组成要素:控制主体、控制客体、控制目标、控制手段和工具以及控制环境。

(1)控制主体是开展控制活动的各级管理者。控制主体一般分为三类:高层、中层和基层。高层控制主体一般扮演着控制活动的总设计师和实际指挥者的角色,关注通过控制活动达到的组织目标;中层和基层控制主体常常是控制活动中重要的实施者和执行者,关注控制活动中的工具使用、技能技巧以及实践中的控制经验等内容。

(2)控制客体是需要进行评价、控制的对象范围。控制客体包括组织拥有的几乎所有资源,如人员、物质资源、金融资源、信息资源和时间资源等。在控制系统中,不仅包含各项控制对象,而且包含不同类型控制对象之间的动态协调平衡关系。如果组织不同资源之间的配比或协调过程发生失衡,那么控制系统就会干预和纠正。

(3)控制目标往往与组织目标和计划方案等内容保持高度一致。控制系统不仅会关注组织在实现目标过程中的实际成果,而且会关注组织内部资源利用的效率,关注实现目标的成本高低,并纠正组织各项活动中的浪费行为。

(4)控制手段和工具是指控制活动所采用的方法或技术手段。组织中静态的部门和结构、规章制度以及动态的信息网络沟通等活动,都可以成为控制的工具。此外,随着信息技术的快速发展,出现了大量新型的监测和控制工具,如大数据、云计算和人工智能等。

(5)控制环境是指组织的控制活动得以展开的客观环境。控制环境对于控制系统功能的正常发挥有着非常重要的影响。对某些组织较为有效的控制方式,可能在另一些组织中效果会降低甚至失效,其中的重要影响因素之一就是不同类型组织的内外部环境可能存在着较大的差异。组织的内部环境是多个子系统相互作用所形成的均衡形态,涉及组织内部的各类资源,包括人员、资金、物资、信息和技术等,也涉及组织运行过程中所表现出来的特征,包括组织结构、组织制度和组织文化等。组织的外部环境往往会通过组织的边界,依靠各类资源的流动来对组织产生重大影响。因此,在控制环境中蕴含着复杂的内外部多因素的交织互动。关注控制环境,就是要对诸多因素中能够对控制活动起直接或较大影响的环境因素进行分析和识别,通过主动干预等方式来压制或消除不利因素,从而保障控制目标的顺利实现。

(二) 控制的类型

1.按照控制的进程分类

从系统的角度来看,组织的活动可以划分为三个阶段:输入、转换和输出。根据控制活动在组织不同阶段的展开情况,控制可以分为三种类型:前馈控制、现场控制和反馈控制。其与组织三个阶段活动的对应关系如图9-4所示。

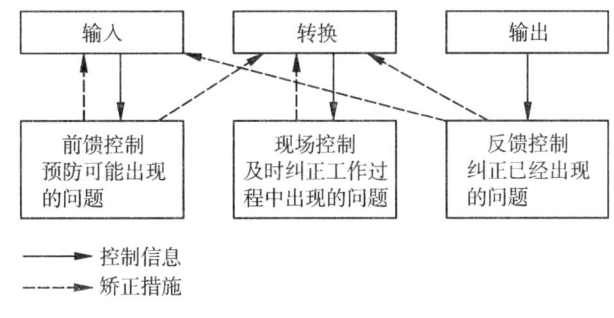

图 9-4 前馈控制、现场控制和反馈控制示意图

(1)前馈控制。前馈控制又被称为事前控制或预先控制,是指在组织的工作活动正式开始之前,或开始的初期阶段,就对工作中可能产生的偏差进行预测和估计,并采取预先的防范措施。前馈控制关注的重点是如何避免产生错误,并尽量减少未来的纠正活动,从而降低控制活动在人员、资金和时间上的占用或浪费。

前馈控制的优点在于能够使工作中的大多数偏差都预先通过资源调整和严格程序等措施得以避免,防患于未然,从而极大节约用于纠正偏差所付出的各类资源成本。此外,因为相关的预防措施是组织活动开始之前或初期进行安排的,所以公平性相对更高,组织成员也更易于接受。

前馈控制的缺点是对控制主体的要求较高,需要其在综合素质和能力上表现突出。如需要控制主体对将要开展的组织活动较为熟悉,并且能够准确预测组织活动所面对的风险因素和容易产生冲突的环节等。此外,信息的及时、全面获取工作也非常重要,如果短时间内难以获得有效的信息,那么前馈控制的效果将会大打折扣。

(2)现场控制。现场控制又被称为事中控制、同期控制,是指在组织的工作活动正在进行过程中所实施的控制。现场控制关注的重点是如何实时快速地纠正当下发生的偏差,控制主体往往在现场进行直接监督,同时也提供工作上的指导建议。

现场控制的优点是组织成员在现场能够直接感受到来自监管部门或管理者的重视和理解,有利于激励士气,提升员工对控制规则的遵守和接受程度。此外,员工在组织活动的现场接受相关管理者的直接指导和建议,有利于快速提高员工的工作技能,使工作中的各类错误明显减少。

现场控制的缺点是需要占用相关管理者较多的时间和精力,并且需要管理者对业务活动具有丰富的经验,否则难以有效地发现和实时纠正偏差。另外,现场控制会增加管理者和员工发生直接矛盾或冲突的潜在可能性,需要管理者综合权衡。

(3)反馈控制。反馈控制又被称为事后控制,是指在行动或任务结束之后进行的控制活动。反馈控制关注的重点是工作的结果,通过对已经形成的结果进行检查并找出偏差,据此采取相应的纠正和惩罚等措施,防止在今后的活动中再度出现类似的偏差。

反馈控制的优点是可以及时消除本次出现的偏差对后续活动过程的影响。特别是对于具有一定程度的周期重复性的任务或活动,能够避免下一次活动发生类似的偏差。此外,反馈控制可以根据本次任务执行的结果,客观评价相关人员的能力和绩效,总结工作过程中的经验教训,为组织采取公平的奖惩措施以及促进其他成员吸取经验教训提供客观的依据。

反馈控制的缺点是对于执行本次任务过程中出现的偏差,或已经造成的事实损害,由于任务或活动已经结束,只能被动接受结果而无法改变。特别是当出现的偏差较大或造成的损害影响较深时,反馈控制往往会表现得较为滞后。

2.按照控制的侧重领域分类

从控制活动侧重的领域来看,控制可以分为三种类型:战略控制、财务控制和营销控制。

(1)战略控制。战略控制是指在企业经营战略的实施过程中,通过检查各项战略活动的推进情况,或综合评价企业实施战略后的实际绩效,将其与战略目标和绩效标准进行比较,发现差距并分析产生偏差的原因,最终采取多项措施来纠正偏差的控制活动。战略控制能够使组织集中更多的资源,专注于更加适应环境的变化,聚焦于组织获得长远发展的瓶颈环节的持续突破,促使组织保持活力,并为组织长期目标的实现提供坚实的资源和行动方面的保障。

(2)财务控制。财务控制是指在财务活动执行过程中,通过对实际业绩进行衡量和评价,随时发现和纠正实际业绩与财务目标的偏差,从而确保组织收益能够不断增长,财务计划得以顺利实现。在财务控制过程中,对实际业绩的衡量和评价较为重要,一般包括动态业绩评价和综合业绩评价。动态业绩评价是对财务部门或人员的工作业绩进行动态即时的检查和评价,属于事中控制,关注工作中的偏差使其能够得到及时的纠正;综合业绩评价是在期末对各执行主体的财务目标完成情况进行的全面评价,以成本和利润等财务指标为主要内容,关注财务部门或人员的整体绩效完成情况,涉及奖惩分配等问题。

(3)营销控制。营销控制是指企业对营销活动过程中每个环节进行跟踪和检查,通过实时的调整和矫正,确保组织的营销目标能够实现的一套完整的工作程序。营销控制主要包括年度计划控制、盈利控制、效率控制和战略控制。

年度计划控制是指在本年度末期检查市场营销活动的绩效是否达到了年度计划的要求,并采取调整或纠正措施的控制活动。盈利控制是评价和分析企业的各类产品在不同地区运用各种营销策略来获取收益的能力,从而指导企业扩大、缩小或者取消某些产品和营销活动。效率控制是指企业某些产品的销售运营活力不高,采取更有效的措施方法来提高广告宣发、人员推销、促销和分销等营销环节的工作效率。战略控制是指通过检查和评价企业的战略和计划实施推进情况,重点关注是否有效地抓住了市场机会,是否与市场营销环境相适应,属于更高层次的市场营销控制。

第二节 控制的方法

一、传统控制方法

传统控制方法侧重于对经济资源的利用和约束,关注经济上的收益,具体包括预算控制、财务控制和审计控制。

(一)预算控制

1.预算控制的内涵

预算是一种通过预测用数字编制的未来一段时间的计划。预算控制是指组织根据预算规定的收入与支出标准,对实践中各个部门的资源使用情况进行检查和监督的控制活动。预算控制常常用来保证组织中各部门开展的各项经济活动能够充分达成既定目标,并且在实现利润的过程中使经营资源的利用效率和费用支出等方面受到严格的约束。预算控制包括收入预算、支出预算、现金预算、资金支出预算和生产负债预算等内容。

2.预算控制的优势

(1)数字形式的预算标准较为客观可靠。由于预算是通过预测以数字化的形式来编制的,所以在预算中会包含为实现计划目标而开展的各项管理活动所需要消耗的资源费用和产出收益,以及具体的时间节点等清晰的内容。预算中的内容本身就具有较强的客观性、可靠性和可考核性,往往能够直接作为控制活动中的工作标准,对实践活动的绩效进行评价和约束。如果出现了资源使用与预算标准不一致的情况,组织将能够很容易地查明造成偏差的部门或人员,从而及时有效地予以纠正。

(2)有利于对各部门的统一协调。预算控制中不仅包含组织整体的经济资源使用情况,而且包含对各部门预算的控制活动。一方面能够使组织部门之间的横向经济绩效比较成为可能,另一方面也为组织进行资源的部门间协调和控制提供了便利。也就是说,组织能够在整体上统一协调所有的资源配置和利用活动,并在预算的执行过程中,不断地调整未来的经营活动,使组织的发展更加适应外部环境的变化。

3.预算控制的局限性

(1)预算控制的范围有限。预算控制的范围往往包含组织中可以计量的、可以用数字形式表达的以及能够使用货币计量的业务活动。但是在组织中,还有一些难以被数量化或货币化计量的组成部分,同样对组织的健康、持久发展非常重要,如组织制度、组织文化、组织形象和组织活力等。因此,预算控制更多地侧重于经济资源方面的控制活动。

(2)预算控制往往缺乏灵活性。如果预算编制过于繁细,并制定有严厉的奖惩规则来保证遵守,那么当外部环境发生变化,需要组织及时进行资源调整时,将会遇到多方面的阻力。这种较为僵化的预算控制,会压缩组织活动的灵活调整空间,特别是在外部环境发生较大变化时,预算控制的约束效能可能会明显降低。

(3)预算控制可能会导致目标置换。预算目标需要服从组织的整体目标,但是在预算控制的实践中,各个部门或各级管理人员常常会更加关注严格按照预算规定来开展行动,以实现预算目标为工作的指导方向,从而在一定程度上忽视了组织整体目标的重要性。特别是在经济环境变化较大时,预算目标与组织整体目标的偏差就会增大,这种目标置换给组织带来的损失也会增大。

(二)财务控制

财务控制是指对组织的资金投入与收益过程和结果进行衡量与校正,目的是确保组织目标和财务计划得以实现。常见的财务控制方法包括比率分析等。在比率分析方法中,常用的有两种类型:财务比率和经营比率。

1.财务比率

财务比率是根据同一时期财务报表中两个或多个项目之间的关系,计算其比率,以评价组织的财务状况和经营成果。

(1)流动比率。流动比率是组织的流动资产与流动负债之比。流动比率越大,说明组织资产的流动性越大,偿债能力就越强。组织的资产如果以现金形式表现,流动性就是最强的。但是也要防止过高的资产流动性导致的财务资源的闲置现象。

(2)速动比率。速动比率是流动资产和存货之差与流动负债之比。速动比率也是衡量组织资产流动性的一个指标。当组织中有大量存货并且存货周转率较低时,速动比率比流动比率能够更加准确地反映真实情况。

(3)负债比率。负债比率是组织的总负债与总资产之比。负债比率越高,说明组织的负债越多,为债务支付的利息等成本也会增多。负债比率过高时,组织的偿债成本加大,会影响组织的总体利润。

(4)盈利比率。盈利比率是组织利润与销售额或全部资金等相关因素的比例关系。盈利比率越大,说明组织盈利水平越高,组织抵抗风险的能力越强。

2.经营比率

经营比率也称为活力比率,是与资源利用有关的几种比例关系,能够反映组织经营效率的高低和各种资源是否得到了充分的利用。

(1)库存周转率。库存周转率是销售总额与库存平均价值之比,它能反映库存数量和销售收入的关系是否合理。库存周转率越大,说明组织在一定时间段内获得同样收益的次数越多,组织的总收益也会越多。

(2)固定资产周转率。固定资产周转率是销售总额与固定资产之比。它能反映单位固定资产所提供的销售收入,表明组织中固定资产的利用程度。

(3)销售收入与销售费用的比率。它表明单位销售费用能够实现的销售收入。销售收入与销售费用的比率越高,在一定程度上能够说明组织营销活动的效率越高。

(三)审计控制

审计控制是对反映组织资金运行过程及其结果的会计记录及财务报表进行系统审核、鉴定和评价的控制活动。审计控制包括三种类型:外部审计、内部审计和管理审计。

1.外部审计

外部审计是指由外部机构(审计机关、会计师事务所)选派的审计人员对组织的财务报表及其反映的财务状况进行独立的评估。实际上,外部审计是对组织内部的经济资源进行系统性的检查,纠正组织中存在的虚假、欺骗行为,起着鼓励诚实经营的作用。

外部审计的优点是来自外部的审计人员与组织的管理者不存在行政上的依附关系,不容易受到组织内部权力的干扰,因此能够保证审计工作的独立性和公正性。外部审计的缺点是外来的审计人员可能不了解组织的经营特点,在对具体业务的审计过程中容易产生困难。此外,组织内部成员可能会产生抵触情绪,不愿积极配合,这也会增加审计的难度。

2.内部审计

内部审计是指由组织内部的专职部门或审计人员,对经济活动的合法合规和经营效率等方面进行评估和建议的活动。内部审计实际上是帮助组织内部的多个部门和各级管理人员实行最有效的管理。现代审计体系的一大特色是内部审计与外部审计相互配合,互为补充。

内部审计的优点是组织如果拥有较为健全的内部审计制度,那么就能够较好地评价和改善风险管理,提高组织综合运营的有效性,帮助组织顺利地实现其目标。此外,完备的内部审计过程可以为外部审计提供可信赖的资料,减少外部审计的工作量。内部审计的缺点是如果要进行深入、详细的审计,相关的工作量常常是巨大的,需要的成本费用也会比较多。此外,内部审计对审计人员的能力要求比较高。审计人员不仅要搜集和鉴定各类经济资料,查找出事实与计划之间的偏差,而且需要根据组织的经营特点来解释这种偏差产生的原因。

3.管理审计

管理审计是利用公开记录的信息,从组织的管理绩效及其影响因素等方面,对自身组织与其他优秀组织进行比较,以判断组织经营与管理活动的健康程度。管理审计涉及组织的战略方向、组织目标和计划方案等,并从多角度来提出意见和建议,促使组织提升综合管理能力,获得更加良好的收益。

管理审计的优点是它以改善组织的管理能力和提高管理水平为目的,通过对组织在决策、组织、领导和控制等管理职能上的表现进行全面和综合的考察、比较和评价,促使组织提高运营过程的效率,从而在综合管理能力上获得快速提升。管理审计的缺点是过多地关注组织过去的努力和成绩,忽视对组织未来发展的预测和指导,导致某些组织在刚刚获得较高评价后,很快就遇到严重的财政困难。

二、现代控制方法

(一)项目控制

1.项目控制的含义

项目往往是一次性的、具有明确开始和结束时间的一组活动。不同项目的规模和范围各不相同,有时相差很大。项目控制是项目的管理者从项目的投资决策开始到项目结束的过程中,在有限的资源约束下,运用相关的项目流程、项目技术和方法,对项目的全部工作进行有效的控制,以实现项目目标的活动。当今有越来越多的组织开始采用项目控制的方法,因为它可以满足组织对灵活性的要求,能够帮助组织快速获得市场机会。

2.项目控制流程的环节

项目控制流程包含的基本环节:定义目标、确定所需的活动和资源、确定各项活动的顺序、估计活动所需的时间、确定项目的完成日期、与目标进行对照以及确定额外的资源需求。

(1)定义目标。项目控制流程开始于对项目目标的清晰定义。项目经理和其他成员需要对项目的目标有明确的认知,才能够发挥对成员行为的导引和矫正作用,使组织成员的工作更加聚焦和更有成效。

(2)确定所需的活动和资源。项目的目标确定以后,就需要明确项目中的所有活动和完成这些活动所需要的资源。这个环节比较耗费时间,也具有一定的复杂性。

(3)确定各项活动的顺序。在这个环节中,需要明确哪些活动需要在另一些活动开始之前完成,哪些活动可以同时进行。可以借助有代表性的现代项目控制技术进行确定,如关键路径法(CPM)或计划评审技术(PERT)等。

(4)估算活动所需的时间。估算每项活动所需要的时间,并将所有时间进行确认。

(5)确定项目的完成日期。将每项活动的完成时间求和,明确完成项目总体所需要的时间,从而确定项目的完成日期。如果存在多条到达终点的路线,那么就需要找出关键路线,通过关键路线上的总耗时,明确项目的完成日期。

(6)与目标进行对照。建立项目进度日程表,并根据确定的结项时间,将实际进展与预期目标相比较,检查是否有必要进行调整。

(7)确定额外的资源需求。确定在项目的完成过程中,遇到各类风险时所需要的额外的资源支持。如果项目的周期较长,项目经理应该把更多的资源分配到关键活动上来,从而保证项目组能够按时且优质地完成项目。

3.项目经理的角色

项目经理是项目团队的领导者,他们的责任是领导项目团队准时且优质地完成全部工作,在不超出预算的情况下实现项目目标。项目经理需要参与项目从需求确定、项目选择、计划直至收尾的全过程,并在时间、成本、风险、合同和人力资源等多方面对项目进行全方位的管理。此外,项目经理常常需要帮助企业解决跨领域的复杂问题,从而实现更高的运营效率。

在项目控制的实践中,一个项目成立之初,工作的主要内容往往已经较为明确,此时需要项目经理负责具体如何推进和完成项目的各项任务。随着项目实施进度的发展,劳动力和生产设备等资源的使用绩效存在着变化。如在项目早期,项目成员可能会需要熟悉生产设备,或成员之间需要磨合适应,项目活动的总体效率一般会比较低。但是经过一段时间的过渡后,项目成员对项目工作越来越熟悉,效率就会快速提高。此外,高强度工作持续的时间越长,人员越容易疲劳,导致工作效率下降。这时,就需要项目经理与成员及时沟通,帮助员工改善工作技能,同时通过工作反馈来督促和提升他们的绩效,并探索有效的方式来鼓舞和激励员工的工作热情。因此,项目经理在项目控制活动中的角色具有综合性和复合性,对其整体素质要求较高。

(二)内部市场化控制

1.内部市场化的含义

内部市场化是指把市场价格机制引入组织内部,将组织内部员工和部门之间原有的分工协作关系转变为契约的有偿服务关系,用市场经济力量来规范组织内部员工和部门的行为。组织的内部市场是相对于组织的外部市场而言的。内部市场化控制借助了外部市场交易的特点,把市场机制引入组织内部,用经济结算关系代替组织内部的分工协作关系或行政隶属关系,将组织内部的单位转变为经济单元,并接受市场价格机制的支配。

2.内部市场化控制的特点

(1)市场交换关系代替了组织内部的分工协作关系。组织的指挥链中上下级行政隶属关系以及部门或人员之间的分工与协作关系,被顾客和服务提供者之间的市场交换关系以及依据等价交换原则的经济购买关系所取代。

(2)部门之间的利益冲突关系转变为相对公平的竞争合作关系。在市场价格机制的作用下,组织中的部门需要更多地关注其他部门的需求情况,从而建立起服务或竞争的关系。

(3)能够克服组织内部机构臃肿和缺乏活力的弊端。组织如果实行内部市场化控制,将会对组织中原有的结构以及原来的部门和人员关系产生较大的冲击,并促使其重构。这些重新组合和建构起来的单元和人员,成为适应市场化机制的灵活主体,进而克服组织中结构臃肿、缺乏活力的弊端。

(4)组织中员工的收入弹性变大,员工之间的收入差距拉大。由于市场价格机制的引入,组织中的员工需要发挥积极性去主动寻找任务,以自身的技能优势来保证任务的完成和获得相应的报酬。因此,如果组织中的某些员工寻找任务的能力较低,即使个人的技能水平较高,也会导致其收入受到影响。在内部市场化的控制活动中,组织中员工的收入可能会"上不封顶,下不保底"。这虽然一方面能够激发员工的潜力,实现组织效益的最大化,但是另一方面可能会导致员工更多地关注短期目标,增加短视和投机行为。

3.内部市场化控制的原则

(1)将组织建设成为由大量内部企业组成的开放型组织。为了适应复杂变化的外部环境,以及面对组织内部的部门繁多和管理成本过高等问题,可以将组织原有的僵化结构打破,在组织内部建立大量相互竞争的小企业,小企业之间通过市场价格机制提供服务和获取报酬。组织内部的小企业为了生存和发展,往往需要加强自身的核心竞争力。内部市场化控制,就是要促使这些小企业直接面对顾客的需求,在市场和经济收益的压力下,激发出巨大的创造力,释放其工作潜力,从而促使组织在整体上提高运作效率和盈利水平。此外,这样的组织应该是开放性的,如果组织外部的团队能够提供优良的解决方案,完全可以将组织相关任务交给外部团队来完成,形成组织内外资源公平竞争的环境,从而保证组织任务得以高质量地完成。

(2)组织的高层管理者不再通过直接命令来管理组织,而是主要通过市场机制来管理组织。组织通过内部市场化控制,能够将内部从上到下的指挥链权力系统,转变为"竞标"形式的竞争协作系统。也就是说,组织的管理模式将会发生较大的转变,从"指挥-权力-协作"管理模式转变为"需求-竞争-满足"管理模式。传统组织的指挥链权力系统,主要依靠高层的刚性权力向下级的逐层延伸来推动组织的运转,强化部门间的协作关系,从而完成相应的组织任务或目标。内部市场化控制是把上级发出的任务在一定程度上看作顾客的需求,需要通过市场机制主导的竞争过程,使服务提供者高效地完成任务,并获得经济收益。在这个过程中,顾客的需求也会得到很好的满足。

(3)在组织的内部市场中鼓励集体的合作精神。在组织的内部市场中,存在着小企业之间激烈的竞争活动,这是将外部竞争机制引入内部后的必然结果。小企业为了在竞争活动中获得更大的优势,往往会更加聚焦于自身核心优势的增强,并将非核心的任务"分包"出去,这就需要组织内部市场中小企业之间进行有效的合作。因此,组织应该通过鼓励和促进内部企业之间在竞争基础上的相互合作,创造一种合作的文化,共享组织的资源。

(三)团队控制

1.团队控制的含义

工作团队是以工作任务为导向的组织群体,成员通过共同的努力,能够产生积极的协同作用,这种基于成员之间相互配合和协作的活动会使团队的绩效远远大于个体的绩效之和。许多组织越来越重视团队控制,希望通过工作团队的积极协同作用来提高组织绩效。在多变的环境中,团队能够快速地配置资源形成合力,或迅速解散并重新组合资源形成具有不同优势的新团队,具有非常灵活和快速的反应能力。团队还能够促使成员参与一线的工作决策,这是提高员工积极性的一种有效手段。当然,团队并不会保证一定能产生积极的协同作用,也不会自动地提高组织绩效,这都有赖于对团队能够进行有效的控制。

2.团队控制的关键要素

有效的团队控制包含三个方面的关键要素:基本条件控制、团队构成控制和运行过程控制。

(1)基本条件控制。①充足的资源支持。高效的团队往往能够从组织那里获得足够的资源支持,这种支持包括畅通的信息、合适的设备、足够的人员以及经常性的鼓励和行政事务上的协助。②灵活的领导方式。团队负责人一方面需要确定各个成员的具体任务,并使任务和成员个体的技能相匹配;另一方面需要向团队成员授权,把职责下放。此时负责人需要扮演协调人的角色,并确保团队成员能够齐心协力地努力工作。③成员之间的相互信任。在高效的团队中,成员之间相互信任的程度会比较高。这种相互信任能够促进合作,减少彼此监督或潜在的冲突,使团队成员更愿意承担风险和争取更高质量的成果。在这种信任关系中,也包括成员对团队负责人的高度信任和赞赏。④绩效评估和奖励体系。完全基于个体的绩效评估和激励,可能会与高绩效团队的发展产生一定程度的冲突。因此,在绩效评估和奖励体系中,除了评估和奖励员工的个人贡献之外,还应该包含反映团体绩效的内容,即可以采用混合型的奖励体系。这样,就能够既认可成员个人的突出贡献,也能够对团队整体的积极成果进行奖励。

(2)团队构成控制。①团队成员的能力。团队成员的知识和技能是影响团队绩效的重要变量。团队成员的个人能力素质越高,团队就越能够有效解决新的问题,也越容易适应不断变化的情境。此外,团队负责人的能力素质也很重要,当团队成员遇到困难而难以突破时,团队负责人可以为他们及时提供帮助。当团队负责人的能力不高时,往往会削弱高能力团队的绩效成果。②成员角色的分配。团队负责人需要了解每位成员的优势,挑选合适的团队成员,并为他们安排相匹配的工作任务。同时,应该让能力、经验和责任心都较强的成员,扮演团队中最核心的角色。③团队规模。高效团队的规模,从实践效果来看,4—5人是在团队中形成技能多样化的最基本数量,团队成员的人数保持在5—9人的规模时较为理想。当团队成员人数过多时,成员之间的合作、相互信任和团队凝聚力常常都会下降。

（3）运行过程控制。①共同的计划和目标。在高效团队中，成员经常会专门花费不少时间和精力讨论被个体和团队共同认可的目标和计划，一旦共同的目标被团队所接受，它就可以对个体持续产生较为强烈的指导力量。当然，团队还需要对共同目标或计划具有一定的反思性，以便在环境发生较大变化时，能够及时调整和完善团队的计划。②团队效能。团队效能是指团队整体和成员都较为自信，相信自己能够成功的状态。如果一个团队的团队效能较高，那么这将会激励团队成员更加努力地工作。③冲突水平。团队中成员之间存在一定程度的冲突未必是坏事。成员之间在任务方面的意见不一致，可以激发大家的深入讨论，促进对相关问题的认识和对备选方案的进一步评估，带来更为准确的判断和更高程度上的行动统一。但是，团队成员之间存在的冲突应该保持在可控范围之内，过大的冲突将导致团队绩效的下降。

三、综合控制方法

（一）标杆控制

1. 标杆控制的含义

标杆控制是指以行业内外的领先组织作为基准，将本组织与领先组织的基准进行定量化的比较和评价，在此基础上找出差距，制定和实施改进、追赶的策略，并持续反复进行的一种管理方法。标杆控制的本质属于模仿创新，即向行业内外的优秀组织进行学习和追赶，从而促进本组织的绩效持续地获得提升。

标杆控制能够为组织树立优秀的、具体的学习榜样，通过系统化、数量化的差距指标，组织获得了持续进步的学习压力和进步动力，从而努力去调整和改善经营策略，不断缩小差距，最终获得经济绩效并得到组织能力上的不断提升。如果曾经的标杆现在已经被本组织追上或超越，那么就需要重新寻找更加优秀的组织作为学习的标杆，进入新的追赶、超越和提升的大循环。

2. 标杆控制的步骤

（1）立标。首先，需要建立标杆管理的计划团队，并对本组织进行深入的优劣势分析，结合本组织的战略发展方向，设想本组织未来最想获得的能力或愿景。其次，需要初步划定行业内外与本组织愿景较为相似但比本组织优秀的对象范围，进而从中认真筛选本组织未来需要重点学习、追赶的标杆对象。最后，在组织的更广泛的范围内对标杆对象进行再次确认。对于大型组织或跨国公司集团，树立的标杆对象也可以是组织内部的单位，通过展开组织内部的标杆控制活动，促进组织的部门之间形成持续地学习、进步、沟通和团结的良好氛围。

(2)对标。收集标杆对象的各类重要信息,通过深入分析数据识别绩效差距。对标环节重点关注将组织与标杆对象的绩效差距尽量系统化、明确化、数量化,从而使组织在未来的每一点进步,都能在数据的变化中得到体现。

(3)达标。根据明确的差距,先要设计可行的追赶策略和行动方案,然后在实施中不断地补充和完善方案。通过持续实施相对稳定的、高效的改善绩效的方式,最终达到追赶甚至超越标杆对象的目标。

(4)创标。重新评价在追赶策略中形成的稳定高效的改善绩效的方式,将短期创新行为中的优良实践和背后的创新思想,在组织中进行长期化、成熟化、扩散化的改造和扩展,使之充分融入组织的经营管理价值观、制度和行动中去,成为组织优秀基因中新的组成部分。

(5)进入再对标循环。在新的起点上,再次选择更加优秀的标杆对象,持续进行以上四步骤的循环,不断提升组织的能力和绩效,直至成为行业中其他组织的标杆对象。

3.标杆控制的局限性

(1)容易陷入"标杆管理陷阱"。由于标杆控制的本质属于模仿创新,被模仿和追赶的标杆对象本身也会快速地继续前进,因此有可能会使组织陷入"落后—标杆—又落后—再标杆"的"标杆管理陷阱"之中。所以,如何通过简单的标杆控制活动跟上技术进步的步伐是标杆控制自身无法解决的问题,需要管理者有超越标杆的全局眼光。

(2)容易导致组织间的竞争战略趋同。标杆控制鼓励组织之间的相互学习和模仿,这会导致大量的组织通过类似的行动、策略和思路来改进、提升绩效,从而使得组织之间的竞争能力、竞争优势和竞争战略出现趋同现象,最终带来组织收益的整体下降。

4.突破标杆控制局限性的探索

在当代管理实践中,突破标杆控制局限性的方法,是将组织"效率-成本"的竞争模式转向"战略-价值"的竞争模式。"效率-成本"竞争模式,是一种传统的竞争模式,指组织重点关注如何提高运营效率,降低资源成本,从而获得组织绩效的改善。"战略-价值"竞争模式,是一种新的竞争模式,指组织重点关注如何提高产品或服务的差异化,通过这种差异化为顾客创造独特的价值,从而能够获得较为忠诚和依赖性强的顾客群,以及一定程度的市场垄断,最终使组织取得更高的经济和社会收益。这样,每个组织都将具有自身的独特优势,且这种组织间的差异化能够有效地避免战略趋同现象。总之,标杆控制局限性的突破方向,并不在于标杆控制内容和步骤等方面的完善,而是需要超越标杆思想,将针对顾客的价值创造作为组织的重要战略,只有这样才能获得和保持长久的竞争优势。

(二)平衡计分卡控制

平衡计分卡控制方法,在实践中既可以被当作一种综合控制的方法,也常常被用于组织绩效的评估和衡量。

1.平衡计分卡控制的含义

平衡计分卡是从财务、客户、内部流程以及学习与成长四个方面,将组织的战略转化为可操作的衡量指标的一种新型绩效控制方法。平衡计分卡是一种全面、平衡的控制方法,兼顾了战略和战术、长期和短期目标、财务和非财务衡量、滞后和先行指标的综合平衡。在管理实践中,大量组织常常只重点关注财务指标,这会使组织过分关注短期利益而牺牲一些长期利益,如员工的学习与成长、客户关系的长期培育等。平衡计分卡弥补了这种缺陷,它通过综合设置多领域的衡量指标来实现组织绩效均衡控制的目标。

平衡计分卡控制是以战略为中心的,这表明其需要清晰地阐明组织愿景和战略,并且在组织内部高层达成共识。把在组织内部高层达成共识的愿景和战略在整个组织中进行传播,并且将部门和个人的目标与这一战略相联系,即将战略目标与战术安排衔接起来。同时,还需要对组织愿景和战略进行定期研讨和总结,利用实践中部门和员工反馈的信息对组织的愿景和战略进行修正和完善。因此,从一定程度上来说,平衡计分卡不仅是一种业绩评价和控制手段,而且是一种战略管理方法,或者是组织战略实施的一种方式。

2.平衡计分卡的四项控制指标

(1)财务方面。财务衡量是其他三项衡量内容的基础。客户满意度、生产率和质量等方面的提高,都需要在财务方面表现出来,才会对组织的现实收益产生影响。

(2)客户方面。核心的衡量指标包括市场份额、客户回头率、新客户获得率、客户满意度和从客户处获得的利润率等。这些指标之间存在着内在的因果关系。

(3)内部流程。传统的内部流程往往是"以产定销"的方式,但是在当今的环境中,需要创造全新的流程,应该以"满足顾客需求为中心"来制定衡量指标。这样的流程可以是如下形式:调研→寻找市场→产品设计开发→生产制造→销售与售后服务。

(4)学习与成长。在学习与成长方面,最重要的要素包括人才、信息系统和组织程序。组织要促进学习与成长能力,就需要改善组织的沟通渠道,对员工的工作生涯发展进行教育和培训,提高员工的满意度,并激发员工的积极性。

3. 平衡计分卡中的平衡关系

平衡计分卡包含了五对平衡关系:

(1)财务指标和非财务指标的平衡。组织传统上只重视对财务指标的衡量,而对非财务指标的衡量很少。平衡计分卡中既包含财务指标,又包含三项非财务指标:客户、内部流程以及学习与成长,并且对非财务指标也进行系统、全面和量化的衡量。这使平衡计分卡体现出了对财务指标和非财务指标的平衡,也显示出其对组织整体进行的全面综合绩效衡量的优势。

(2)长期目标和短期目标的平衡。平衡计分卡中的财务指标偏重组织的短期收益,而学习与成长等指标则更加关注长期发展所带来的收益。此外,平衡计分卡又是以组织战略为中心的,组织战略关注的也是长期收益。

(3)内部评价与外部评价的平衡。在平衡计分卡中,客户指标反映的是来自组织外部的评价,内部流程指标反映的是组织内部业务的评价。因此,平衡计分卡包含了内部评价与外部评价的平衡。

(4)领先指标与滞后指标的平衡。平衡计分卡中的财务指标是一个滞后指标,它只能反映组织已经实际发生的情况,难以反映组织未来应该如何改善业绩和可持续发展。而学习与成长指标更加关注组织未来长期发展所带来的收益,属于领先指标。因此,平衡计分卡包含了领先指标与滞后指标的平衡。

(5)结果性指标与动因性指标的平衡。平衡计分卡以有效完成组织的战略为动因,以可衡量的四项指标为战略发展的结果,寻求结果性指标与动因性指标之间的平衡。

第三节 危机管理与控制

一、危机的特征

(一)危机的含义

危机是指对组织基本目标的实现构成威胁,要求组织必须在很短的时间内做出关键性决策或紧急回应的突发性事件所带来的状态。在危机的含义中,需要强调以下三点内容:

（1）危机会对组织目标的实现构成现实威胁。危机如果影响到组织的生存或发展，实现原定的组织目标将会变得较为困难。因此，不能轻视各类危机给组织带来的短期或长期的危害，应该积极地去应对危机并化解危机。

（2）危机往往是由突发性事件导致的。危机的爆发、发展以及后续影响，在表象上表现为突发性和不确定性，实质上存在着必然性冲突积累和偶然性事件爆发两种因素相互交织的情况。

（3）组织中的管理者需要在很短的时间内回应危机，并做出相关决策。及时地回应和妥善地处理危机，能够明显缩短危机持续发酵的时间，大幅度降低危机给组织带来的损害。但是，这也对组织管理者的综合能力提出了更高的要求。组织可以通过设置常备的应急资源和人员，及时跟踪、研究应对危机的预案，不断提升管理者应对危机的水平和能力。

（二）危机的特征

1. 突发性

来源于组织外部环境中的突发事件引起的危机，往往是组织难以预测和控制的。来源于组织内部因素导致的危机，其潜在冲突往往有一个从小到大逐步积累的过程，是能够显现出一定征兆的。当代网络通信和移动应用较为发达，信息在人们之间的传播速度和力度、传播方向和范围不断地增强和扩大，所以留给管理者发现和关注危机征兆的时间窗口期越来越短。一旦管理者疏忽或判断出现偏差，那么原本比较小的组织内部冲突，就可能通过发达的新媒体途径演变成较大的危机事件。总体上来看，危机爆发的时间、规模和持续过程长短等因素的不确定性，导致突发性成为危机的一个突出特征。

2. 危害性

危机爆发的规模、持续过程长短和危机的性质等因素，是危机带来的危害性大小的重要影响因素。一般来说，危机爆发的规模越大，涉及的人员越多，对于组织或社会资源的破坏就会越大，危机所带来的危害性也会更大。危机的持续时间越长，危害性也会增大。危机的性质也很重要，如恐袭性暴力活动，性质非常恶劣，社会危害也更大。在消费领域，与人的生命健康直接相关的领域，如食品、药品质量等问题，对社会的危害性较大。

3. 紧迫性

危机的突发性特征，其实已经决定了组织对危机做出反应和进行处理的时间较为紧迫，任何延迟都可能会带来更大的损失。在时间有限的条件下，混乱和惊恐的心理使得获取相关信息的渠道可能会出现瓶颈,决策者往往很难在众多信息中发现准确的信息。这会增加决策者做出正确判断的难度,从而使决策时间变得更长。危机的发展速度一般比较快,更长的反应时间意味着解决危机时会面对更大的被动性,危机所造成的损害也会更大。

4.公众性

危机的爆发和发展,会迅速引起各类新媒体和社会大众对于危机事件的关注。对于一些社会共同关注的问题,公众将会有大量的参与行为,在表达观点、发泄情绪和深度思考的交织中,会形成主流的公众舆论。公众舆论对于危机事件持续过程的长短,以及其最终造成危害的大小等方面,都具有很强的影响力。

二、危机的类型

(一)按照危机产生的诱因分类

从诱发危机的原因来分析,危机可以划分为两类:外源危机和内源危机。

1.外源危机

外源危机是指外部环境变化所引发的危机,如国家的法律法规、政府政策的变动或科技发展、市场需求的改变等因素,给组织的正常运营带来的冲击。

2.内源危机

内源危机是指组织内部因为管理不善所引发的危机,如由于管理疏漏所造成的重大事故或决策严重失误而导致组织陷入困境等。

(二)按照危机影响领域的宽泛程度分类

从危机影响领域的宽泛程度来分析,危机可以划分为两类:战略危机和职能危机。

1.战略危机

战略危机是指由于管理者对组织内外环境发展趋势的判断失误,造成了战略选择的错误;或者是组织的战略制定和选择都正确,但是在战略执行过程中出现了失误,导致组织产生的危机。

2.职能危机

职能危机是指组织由于管理的职能环节出现疏忽或失误,导致难以达成组织战略或难以适应经营环境而产生的危机。职能危机具体包括以下类型:生产或产品质量危机、营销危机、财务危机、技术创新危机和人力资源危机等。

(三)按照危机的可控制程度分类

从危机的可预见性和可控制程度进行分析,危机可以划分为两类:可控危机和不可控危机。

1.可控危机

组织内部因素所导致的危机,在危机爆发之前的冲突积累时期,如果能够及时发现征兆,就可以尽早采取控制措施,因此通常属于可控危机。在管理实践中情况会更加复杂:如果危机爆发后管理者的反应不够及时,或反应不当,处理结果失衡,那么有可能原本属于可控的、组织内部的小危机,将会演变成为一场范围更大的、不可控的大危机。

2.不可控危机

组织外部环境中突发事件引发的危机,对于组织来说很难预测和控制,通常属于不可控危机。

三、危机的控制

(一)危机管理的过程

诺曼·奥古斯丁(Norman Augustine)将危机管理划分为六个阶段,如图9-5所示。

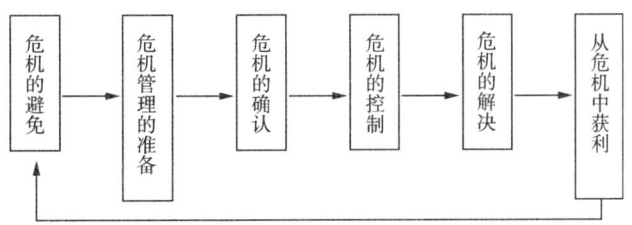

图9-5 危机管理的六阶段模型

1.危机的避免

这一阶段的主要工作就是预防危机的发生。虽然这样的管理和监控工作需要一定的职业敏感性,但是意义重大。组织中的管理者应该注意加强和员工的信息沟通,通过共同努力来降低组织的风险。对于无法避免的风险,组织需要提前布置一定的风险保障机制。在管理实践中,对于各类危机,组织难以完全避免。

2.危机管理的准备

既然各类危机难以完全避免,组织中的管理者就应该为可能发生的危机提前做出准备,如制定应急预案、实战演练和增强通信保障等。危机具有突发性等特征,所以应该提前防范危机的突然袭击,并特别注意应对中的细节。

3.危机的确认

组织中的管理者需要搜集各种信息并进行群体分析和研判,以此确认危机是否真的已经发生。如果确认危机已经发生，那么组织就需要找出产生危机的源头，为下一阶段的解决危机提供支持。

4.危机的控制

组织中的管理者需要快速做出反应，果断采取措施对危机的扩散进程进行干预，尽力将危机造成的损失控制到最小的范围。组织应该根据不同的情况，适时适度地推出不同的应对措施，控制危机的演化趋势。

5.危机的解决

组织管理层需要针对危机产生的源头，设计出更加关注长期收益的彻底解决方案，进一步采取解决更深层次矛盾的措施，促使组织危机尽快且妥善地得到解决。

6.从危机中获利

组织需要从错误和损失中吸取经验教训，根据危机管理对实际工作情况进行深入反思，从而促使组织在未来能够更加健康地发展壮大。

(二) 危机的有效控制

危机的有效控制活动需要结合危机的发展阶段来进行。从危机自身演变的角度，可以将危机划分为四个阶段：潜伏期、爆发期、持续期和衰退期。

1.潜伏期

在这一阶段，组织中的各种矛盾和冲突大多数都处在正常可控的范围之内，危机的各种诱因还正处在不断积蓄的阶段。在危机的潜伏期，表面上组织运行正常，但是随着危机诱因的不断集聚，仍然会表现出一些征兆或迹象。如果人们能够发现并重视这些迹象，那么危机可能会在萌芽时就被避免。在这一阶段，有效的危机控制手段包括以下两点：

(1) 预防优先。如果组织中的管理者危机意识较强，能够在危机的萌芽状态就预先采取防范措施，削弱危机诱因的集聚效应，那么就可以避免潜在的巨大损失，减少危机管理的应对成本。

(2) 资源保障。建立预防危机预警系统，设置危机管理机构，制定危机管理计划，增强管理者和员工的危机意识。

2.爆发期

当危机诱因的力量积累到一定程度的时候，就可能会借助一些偶发的，甚至并不起眼的事件突然爆发，进入危机的爆发期。在这一阶段，危机的传播力度和影响范围快速增加和扩大，危机给组织带来的损失也不断扩大。这一阶段，有效的危机控制手段包括以下三个方面：

(1)积极主动应对。组织中的管理者面对危机的爆发,应该以积极主动的态度应对,而不是消极被动地看待。应该以较为负责和积极的态度来进行调查、分析和决策,努力寻找满意的解决方案,并争取专家的帮助和公众的支持与谅解。需要注意的是,积极主动应对,应将重点放在态度和行动上,注意此时不应进行过多和过早的口头承诺,以免因一时的信息不完备造成后期工作的被动。

(2)及时反应。组织中的管理者应该对危机迅速做出反应,果断采取措施,从而在一定程度上控制危机事态的恶化和蔓延,把危机给组织造成的损失减少到最低程度。

(3)全局利益优先。危机虽然可能是由局部利益引起的,但是其影响会波及组织整体的形象和利益。当局部利益和全局利益相冲突时,需要组织的管理者以全局利益为重,确保组织长远的发展利益。

3.持续期

在这一阶段,危机仍然在发展进程之中,但是传播的速度和范围开始下降和缩小。危机处于不稳定的酝酿和发酵阶段,未来既可能进入衰退期,从而结束危机,也可能再次受到刺激而延长持续期的时间,甚至扩大至不可控状态。这一阶段,有效的危机控制手段包括以下两个方面:

(1)真诚坦率应对。组织中的管理者应该主动与各类媒体联系,尽快与公众进行诚恳、诚实的沟通,实事求是地说明事实真相,促进媒体、公众与组织的相互理解,减轻压力、质疑和焦虑。

(2)勇于承担责任。组织中的管理者,要勇于承担责任,做到不推卸、不埋怨、不寻找客观理由。只有这样才能赢得公众的谅解和好感。

4.衰退期

在这一阶段,危机事态逐渐趋于平稳,危机的主要显性问题得到妥善的解决,组织在管理中所面临的压力也明显减轻。这一阶段,有效的危机控制手段包括以下三个方面:

(1)做好善后工作。做好危机事件的善后工作,包括对公众损失的补偿、对自身问题的检讨以及对危机责任人的处理等。

(2)采取长效措施,消除或减弱危机的源头诱因。这是彻底清除危机隐患的重要方式。

(3)建立相对规范的长效防范机制。这样的机制能够使组织在危机控制活动中如同增加了一层防护服。

本章回顾

- 控制是对组织内部的管理活动和效果进行衡量和矫正,确保组织目标和计划方案得以实现的活动。控制活动的过程包含三个重点要素:确定标准、衡量绩效和纠正偏差。
- 控制系统包括五个组成要素:控制主体、控制客体、控制目标、控制手段和工具以及控制环境。
- 根据控制活动在组织不同阶段的展开情况,控制可以分为三种类型:前馈控制、现场控制和反馈控制。从控制活动侧重的领域来看,控制可以分为三种类型:战略控制、财务控制和营销控制。
- 传统控制方法包括预算控制、财务控制和审计控制;现代控制方法包括项目控制、内部市场化控制和团队控制;综合控制方法包括标杆控制和平衡计分卡控制。
- 危机是指对组织基本目标的实现构成威胁,要求组织必须在很短的时间内做出关键性决策或紧急回应的突发性事件所带来的状态。
- 危机的有效控制活动需要结合危机的发展阶段来进行。从危机自身演变的角度,可以将危机划分为四个阶段:潜伏期、爆发期、持续期和衰退期。

本章习题

习题及参考答案

案例讨论

案例

讨论:

1.英国石油公司所面对的危机属于以下哪种类别:外源危机或内源危机,可控危机或不可控危机?请解释你的选择。

2.你认为英国石油公司采取以下哪种控制类型最为有效:前馈、现场或反馈控制?请解释你的选择。

3.请根据控制活动的三个重点要素分析英国石油公司在什么地方可以做得更好?

4.请结合危机发展的四个阶段,分析英国石油公司应该如何对危机进行有效的控制?

拓展阅读

拓展阅读

第十章 组织与组织文化

导言

第一节 组织理论的演进

党的二十大报告指出:"一切脱离人民的理论都是苍白无力的,一切不为人民造福的理论都是没有生命力的。我们要站稳人民立场、把握人民愿望、尊重人民创造、集中人民智慧,形成为人民所喜爱、所认同、所拥有的理论,使之成为指导人民认识世界和改造世界的强大思想武器。"因此,以人民为中心、尊重人民创造力和智慧的理论,才能成为指导人民实践的强大思想武器。对组织理论内容的梳理,是为了持续推进人民实践基础上的理论发展。由于对实践的探索永无止境,理论创新也将随之不断演进。

在古典的组织理论中,以韦伯提出的科层制为代表,关注官僚组织的层级结构以及运行过程中的人员、权力和职责的平衡,以追求组织的"运行效率"为中心;在现代的组织理论中,以巴纳德创立的社会系统学派为代表,关注组织中的个人意愿、信息流动和共同目标等要素,提出了权威的来源在于下级是否接受等开创性观点,以追求组织中的"人本精神"为中心;在当代的组织理论中,高歇尔是重要的代表人物之一,他提出应该关注组织中个体潜能的充分发挥,以及组织架构相对于个人能力的调整和变革,即以追求组织适应个体的"个性化组织"为中心。

一、韦伯和科层制

韦伯是最有影响力的德国社会科学家之一,是现代社会学的奠基人。韦伯关注的一个宏大主题是社会合理化问题,他认为现实社会中出现了越来越严重的社会不公平问题。韦伯广泛分析了政治、经济和社会结构,并研究了工业化对社会结构的影响。他在组织管理方面提出的观点,是其社会学理论的组成部分。因此,韦伯在管理思想发展史上被人们称为"组织理论之父"。

韦伯在管理学方面受到普遍欢迎的贡献,是他关于权威的分析,以及提出的官僚制科层组织管理制度。前者是推动任何一种组织运转的深层动力,后者是支撑大规模生产的理想组织形态。韦伯的管理思想的简要梳理如图10-1所示。

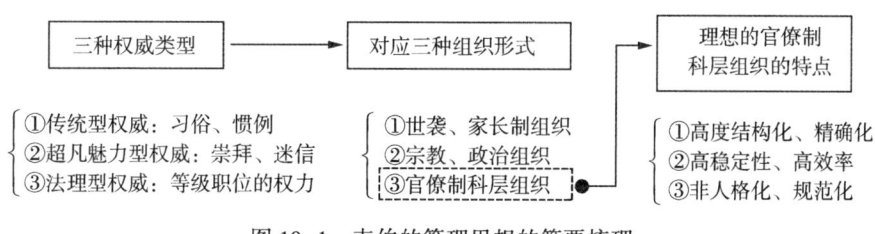

图10-1 韦伯的管理思想的简要梳理

(一)韦伯对于权威的分析

韦伯首先对权威进行了历史的考察,发现任何一种组织都是以某种形式的权威为基础的。韦伯认为,"权力"是在一种社会关系内部,某个行动者将会处在一个能够不顾他人反对的位置上去贯彻自身的意志。"支配"是某项包含了特定明确内容的命令,将会得到某个特定群体的服从。"纪律"则是某个特定人群按照既定方式习惯性地、迅速而自动地服从某项命令。权力、支配和纪律构成了权威。权威可以消除组织的混乱,使组织有序运转。韦伯把权威划分为三种类型:传统型权威、超凡魅力型权威和法理型权威。

1.传统型权威

传统型权威来源于对悠久传统的神圣观念,以及根据这些传统,权威者行使支配权力具有正当性的牢固信仰。权威者占据着由传统所认可的权威地位并受到传统的约束,服从者在习惯性义务的范围内表现出来的是对个人的效忠。老人统治、原始的家长制和家产制是最基本的传统型权威的类型。老人统治是因为老人对神圣的传统最为熟悉。在一个基于经济和亲属基础上组织起来的群体(家族),按照特定的继承规则委任的特定个人进行治理,这种情形叫作家长制。如果发展出了行政和军事力量,并成为权威者的私人工具,群体的成员成为臣民,这时,就可以看作是家产制权威。

2.超凡魅力型权威

超凡魅力型权威是指个人由于某种不寻常的品质,被认为具有超自然或超人的、特别罕见的力量和素质。这种权威来源于对个人的英雄品质或典范的认可,以及对他所启示或创立的规范模式或秩序的忠诚。权威者被证明具有超凡魅力,因此凡是他的启示、英雄品质和典范特性影响所及,相信他的超凡魅力的人们就会因此而服从。韦伯还提出了遗传超凡魅力的概念,他认为如果超凡魅力是一种来自遗传的品质,那么,超凡魅力英雄的亲属,特别是直系血亲,就会承继这种品质。此外,韦伯认为,超凡魅力领袖的行政班子成员几乎无须具备技术素养,只是按照成员的品质进行挑选,随时发出召唤即可。在信徒、追随者与领袖之间,依靠自愿捐赠维持,可以没有形式上的规则体系。

韦伯认为,超凡魅力型权威所覆盖的社会关系,是以超凡魅力个人品质为基础的个人关系,不可能保持一成不变,未来会向传统型权威或法理型权威转化。韦伯进一步探讨了如果需要持续维持超凡魅力型权威的稳定性,在创立、继承等方面需要满足的合法性条件。

3.法理型权威

法理型权威来源于对已经制定的规则合法性的信仰,以及接受权威者拥有根据规则发布命令的权力。权威者借助职务权威,在其职务权威的范围内具有形式上的合法性和强制性,服从者受到的是法定的和非人格秩序的约束。官僚制科层组织,是在形式上对人类行使权威的已知的最理性的手段。它在精确性、稳定性、可靠性,以及纪律的严厉程度方面,都优越于其他形式。在大规模生产的现代组织中,如同将会落入精密机器的支配下一样,组织成员会不可避免地服从官僚制法理型权威的控制。

韦伯认为,任何权威或服从的意愿,依靠的都是一种信仰,这种信仰很少是由单一因素构成的。如法理型权威,一旦得到公认并形成习惯,它就同时具有了传统权威的因素。此外,法理型权威者在长期的管理活动中,也常常能够形成一定程度的超凡魅力权威,从而使单一的权威类型扩展成为混合的权威类型。内阁政府就是由官僚制法理型权威和超凡魅力权威组合而成的。因此,韦伯对权威进行分类的目的,并不是使用一个刻板的框架来涵盖所有的历史现实,而是在针对特定情况进行分析时,能够依据不同的类型对权威的了解和把握更加准确且深入。

(二)官僚制科层组织的特点

韦伯认为,官僚制科层组织在运行过程中能够"扯平"不同的身份标签,减少依靠身份特权而占用行政权力的官员,以及凭借财富把官职作为副业的人。韦伯在阐述法理型权威的内容时,总结了理想的官僚制科层组织的八个基本特征:

(1)成员的行为必须受一套规则的约束。

(2)具有特定的权限范围管辖权。

(3) 具有一定技术性素养的人员才能成为组织群体的行政班子成员。调整官职行为的规则可以是技术性规则或规范。

(4) 组织成员遵循等级制原则。也就是说,每个下级官员都要接受上级官员的控制和监督,下级有权向上级申诉或陈述不满。

(5) 行政班子成员应当与生产资料或行政手段的所有权彻底分离。组织的财产应当与官员的个人财产彻底分离,官员工作的场所与生活处所相分离。

(6) 不能存在任职者对其职位权利的占用。源于职位而存在的权利,不能服务于凭借官职加以占用的目的。

(7) 以书面形式记录行政法令、决议和规则。官员依据书面文件开展、实施和评估工作活动,这是一切类型的现代组织行动的核心。

(8) 可以采取多种方式行使合法权威,如独断式官僚制等。

综合来看,韦伯总结的法理型权威的特征涉及规则系统、责任和权力的平衡、等级结构、人员选拔和使用以及书面信息传递等内容。这些内容可以综合体现在组织的静态层级结构(规则、权责划分等)和动态运行机制(人员流动、信息传递等)两个方面。他提出的官僚制科层组织,强调正式规则和文书工作,并把人和事区分开来,社会秩序变得可以预测,从而使大规模生产方式迅速扩张。但是,科层组织把人看作是普遍规则下可以替换的普通对象,将组织中的人像普通资源一样严格地进行控制,这也会导致组织与个体之间存在某种程度的潜在冲突。

二、巴纳德和社会系统

巴纳德是一位杰出的管理实践者,他毕生从事企业管理工作。巴纳德长期担任美国新泽西贝尔电话公司总裁,并在美国不同级别的政府部门担任过领导职务,还担任过洛克菲勒基金会董事长。在漫长的实践工作经历中,他积累了丰富的经营管理经验。巴纳德之前的古典管理理论,侧重于专业分工和结构效率,但是对于组织中的人员却没有给予充分的重视。巴纳德将社会学概念用于分析经理人员的职能和工作过程,建立了现代组织理论的基本框架。

传统的组织偏重于正式组织和结构化的决策或沟通机制,目标常常是显性的,容易忽视隐性目标;而霍桑试验则偏重于人际关系和隐性目标,强调隐性目标对显性目标的干扰。巴纳德认为,要将一个传统组织改造为现代组织,就必须明确组织的目标、权力结构和决策机制,明确组织的动力结构即激励机制,明确组织内部的信息沟通机制。这些要素是构成现代组织的柱石。他对组织管理理论的贡献主要包括组织理论(提出了组织的三要素)、经理职能理论(提出了经理人员的三项职能)和权威接受理论。巴纳德的管理思想线索的简要梳理如图10-2所示。

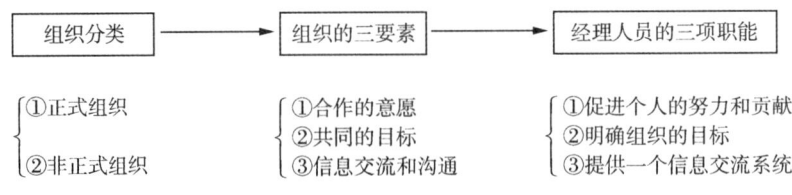

图10-2 巴纳德的管理思想线索

(一)巴纳德的组织理论

巴纳德认为,霍桑实验给出了有力的证据,证明了组织中个体追求的不仅是经济利益的满足,还包括社会利益的满足。而这种基于个体的综合满足程度,将会直接决定员工为组织目标做贡献的意愿。合作的意愿,无论是积极的还是消极的,都是每个个体在这个组织中与其他机会所获进行比较选择之后的一种表现。社会主要是由正式组织构成的,但是非正式组织的态度、习俗和风格会对正式组织产生影响。正式组织源于个体之间的社会交往关系和非正式组织的自然合作关系。非正式组织没有固定结构和确定的分支机构,与有意识形成的正式组织不同,非正式组织常常由无意识的社会过程产生。

巴纳德的组织理论首次给出了正式组织的定义:"经过自觉协调的两个或两个以上的人的活动和力量所构成的系统。"在这个定义中,他特别强调组织的效果和效率问题。当正式组织运行正常并完成了组织目标时,这个组织就是有效果的。当一项行动达到了特定的客观目标,这项行动就是有效果的。否则,正式组织可能会由于达不到组织的目标而衰败或瓦解。组织的效率是指组织中成员个人目标的实现程度。如果组织成员的个人目标不能实现,人们就会认为这个组织是没有效率的,合作的意愿就会降低甚至退出这个组织。员工个体的生存需要促使合作需要的凸显,而合作需要的强度与组织的效率有关。巴纳德首次将正式组织最基本的目标要求与员工个体的合作需要连接起来,这是对组织管理理论的一项重大贡献。

巴纳德随后提出了组织的三项构成要素。

1.合作意愿

巴纳德认为,组织需要人的参与,而个人加入组织需要合作意愿。合作意愿常常意味着个体需要进行自我克制,并在一定程度上放弃对个体行动的控制权,即个人加入组织时需要在一定程度上"牺牲"个人行为的自由。所以,组织需要向个人提供适当的诱因来弥补个人的"牺牲"。个人合作意愿强度的高低,取决于自己提供合作而导致的"牺牲"与组织提供的"诱因"这两者之间的比较。组织诱因与个人牺牲需要达到一定程度的平衡,才能够避免组织瓦解崩溃的风险。巴纳德认为,增强合作意愿有两种方式:提供客观的诱因刺激与改变个人的主观态度。前者既包括物质层面的诱因,如金钱,又包括非物质层面的诱因,如声望、权力、和谐的人际关系和参与决策等。后者不是通过强制来增强协作的意愿,而是侧重于引导、树立榜样和建议,以及培养忠诚和团结的精神,增强对组织目标的信仰等。

2. 共同目标

个人的需求转化为行动,依赖于个人的动机作为推动力。个人的动机是内在的、主观的事物,而共同目标是外在的、非个人的客观事物。因此,合作意愿最终得以形成,还应该包含确定合作的目标。如果没有共同目标,就无法知道个体需要付出什么样的努力,也无法知道个体可能希望得到什么样的满足。

3. 沟通交流

为共同目标做出贡献的人,是社会合作系统最重要的基石。共同目标必须为人所共知,而要使人所共知,就必须以某种方式进行沟通交流。沟通交流的主要方式是语言,包括口头语言和书面语言。因为组织的结构、广度和范围,都需要强健的沟通交流技术系统来支撑和保障,所以沟通交流占据着非常重要的地位。

(二)巴纳德的经理职能理论

巴纳德认为,经理人员的职能是非个人的,本质上是在维持一种合作努力的体系。因此,经理人员的基本职能,对应于正式组织的三项构成要素,并应该促进正式组织构成要素的实现和持续发展。总体而言,正式组织的三项要素之间的关系是相互关联、相互依存的,所以经理人员的职能也存在这种关联关系。在经理职能理论中,巴纳德提出了经理人员的三项管理职能:促进个人的努力和贡献、明确组织的目标以及提供一个信息交流系统。

1. 促进个人的努力和贡献

在正式组织中的成员个体普遍具有合作意愿的基础上,如何促使个体将合作的意愿转化为积极的行动,从而为组织实现目标做出必要的贡献,构成经理人员的重要工作。经理人员的工作主要包括两类:促使个体与组织之间建立持续的合作关系;在合作关系建立起来之后,促使成员个体能够做出必要的贡献。具体来说,这些方法包括维持士气、监督与控制、检查、教育和培训等。

2. 明确组织的目标

为了更好地促进成员个体的努力和贡献,经理人员应该将组织的目标明确化、清晰化。明确清晰的总体目标或主要决策,应该通过沟通和交流传达给各级下层人员,使组织成员能够理解和接受组织目标,并形成基于合作意愿的更强的凝聚力和士气,同时,也有利于做出协调一致的具体的基层决策。此外,经理人员还需要经常促使上层人员与基层贡献者就具体决策进行交流和沟通,以解决各类困惑和提供有力的支持,以保证组织目标的顺利实现。

3. 提供一个信息交流系统

经理人员需要建立和维持一套通畅的沟通体系,这是前两项管理职能得以发挥效能的技术支持系统。这项职能中包括经理人员创造或引导创建以人员的相互和谐为本质特征的非正式组织,通过减少正式决策增加沟通的方式和手段,促进其与正式职责相一致的有利影响。这项职能还包括经理人员对成员个体的选择和诱因的提供以及可以通过人员的升迁、降级或职位调整来提高组织效果的相关控制活动。

(三)巴纳德的权威接受理论

在权威接受理论中,巴纳德认为权力主要包括两个方面的内容:主体方面和客体方面。在主体方面,如果发布命令的人,发出了不能被人理解的命令,或与组织目标尖锐对立的命令,或接收者认为命令所带来的负担过于沉重,或接收者认为自身没有执行这项命令的能力,那么命令接收者都不会服从这项命令。在这个时候,发布命令的人将会在这项命令的执行中丧失权威性。在客体方面,如果把一项命令下达给了接收者,接收者服从并采取行动执行命令,那么命令对他而言就是具有权威性的。但是如果他不服从这一命令,就说明他否认这项命令对他具有的权威性。

因此,一项命令是否具有权威性,本质上取决于接收命令的人,而不取决于权力当局或发布命令的人。在影响个人决定的因素中,巴纳德提出了"冷漠区"的概念。"冷漠区"是指每个人不去深究权威性而选择接收命令的区域。如果按照接收者对命令的接受程度来排序,将会出现三个区域:直接拒绝区、犹豫不决区、坚决执行区。"冷漠区"就是指坚决执行区,也可以说,接收者对于"冷漠区"之内的命令内容是不大关心的,体现出了明显的服从特性,以及对命令发出者的权威性的认同。对于组织中的大多数成员个体来说,维持处于"冷漠区"范围之内的所有命令的权威性,对个人利益是有益的。所以,通过非正式组织的形式,正式组织内部就形成了促进和维持处于"冷漠区"的命令产生权威性的舆论环境。这种舆论环境对于个人决定的影响,往往通过组织意见、群众感情和群众态度等民意表现出来。

那些具有突出才能的组织成员,他们的知识和理解力将会为自己赢得与职位无关的尊敬,人们会认为他在组织中所讲的话是有权威性的,这就是领导权力。当领导权力和职位权力结合起来以后,人们一般会承认其综合的权威性,并接受远超出"冷漠区"之外的命令。或者说,"冷漠区"将会被迅速扩大化。

三、高歇尔和个性化组织

高歇尔是国际知名的管理学者,他的代表著作有《个性化的公司》等。高歇尔与另一位管理学者巴特利特合作,通过大量实践案例的分析和总结,提出了创新性的全球化和公司结构的思想,特别是对商业的深层变革具有超前的敏锐性。

韦伯是"组织人"管理模式的代表之一,通过强调等级、结构和程序,加强员工行为的一致性和可控性,从而削减了个人特性,使劳动力成为像组织中的资金、物质和信息资源一样无生命的要素。这必然会抑制员工个人的主动性和创造力。巴纳德提出将组织的生存建立在个体合作意愿的基础之上,认为组织存在着效果和效率两层含义,即组织应兼顾目标的实现和个体需求的满足。这对于个人与组织的关系来说,是一个开创性的进步。

高歇尔提出的个性化组织思想,在凸显人在组织各项资源中的独特性、释放人的才干和能力等方面走得更远。在他提出的"个性化组织"理论中,通过对大量实践中的探索做法进行分析和总结,有力地证明了组织应该从传统的结构束缚中摆脱出来,采取组织主动调整结构的方式来适应个体发展的思想。这对于突出组织中成员个体的独特性,真正以群体方式发挥个体的潜力和创造力,以及重塑个体与组织的关系,都将产生深刻的影响。

高歇尔提出的"个性化组织"理论,其思想线索简要梳理如图 10-3 所示。

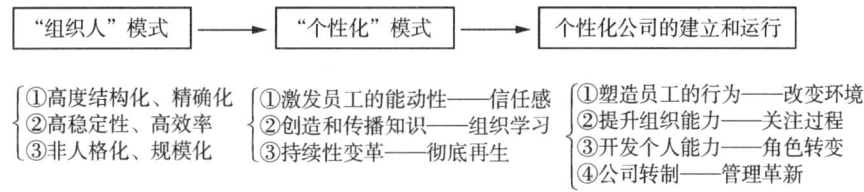

图 10-3 高歇尔"个性化组织"理论的管理思想线索

高歇尔认为,从现代企业发展历史的角度来看,20 世纪初期,在不断涌现的新的生产技术的刺激下,企业对快速扩大生产规模的需求很高,同时也对开发新市场并采取有效的多元化经营非常关注。在这种情况下,能够同时满足高效生产和地域分散化经营的事业部制组织模式,受到普遍的欢迎和广泛的应用。但是,在资本始终作为一项关键性组织资源的经营环境中,事业部制模式下的各部门经理不得不投入大量时间和精力去竞相争取有限的财务资源。为了保障相对的公平和通畅的运行,管理总部需要建立复杂的信息沟通体系和控制体系,并使管理政策和控制程序不断复杂化。在这种环境中,企业员工的创造性价值普遍被忽视,员工被认为是在生产过程中随时可以替代的零部件,而不是一种有价值的人力资源。

高歇尔认为,这种"组织人"的管理模式,本质上是以权威性为基础的理性的公司模式。在这种模式下,要想获得组织目标的实现,需要将员工变成劳动力,即像组织中其他无生命的资源(资本、原料、机器和信息等)一样可进行预测和精确控制。公司如果采取了这种管理模式,会强化员工对公司管理的一致性和服从性,也必然会压抑员工个人的能动精神,阻止员工去承担风险,组织就会陷入"死气沉沉"的运行状态。

高歇尔在对大量实践案例进行分析后,提出了新的观点。他认为,"个性化"管理模式,在思想理念上是将组织中的员工个体,当作具有主动精神、富有活力和创造力的人力资源来看待的。因此,组织最主要的任务,是应该彻底地重新确定公司和员工的关系,建立一个能够让员工自由地发挥其创造力和体会到真实成就感,并能把每个员工的最大潜力挖掘出来的工作环境。高歇尔认为,员工的创造力和个人能动性,是一种远比统一性和服从性更重要的有竞争优势的资源。"个性化"管理模式,就是试图去建立一个足够灵活的,能够让每一位员工利用其特有学识和特殊技能的组织框架。

(一)"个性化"管理模式的特征

1.激发员工的能动性:建立对员工的信任感

高歇尔认为,激发员工的能动性,首先,需要每个员工都对自己的工作有主人翁意识,这样员工才有发挥能动性的动力。其次,为了防止个体的创新精神差异较大而产生的混乱状态,应该培养员工具备较强的自律意识和行为。这种自律源于每个员工的自身内部意愿,不是外部所强加的。最后,开放型企业文化的支持同样非常重要,在这种文化氛围中,组织应该鼓励员工去尝试冒些风险,并且能够容忍和接纳员工在发挥能动性的过程中遇到的挫折或失败。

2.创造和传播知识:从个人特长到组织化学习

高歇尔认为,组织应该投入资金培育和加强员工的专长技能,并应用现代通信工具建立起畅通、发达的沟通网络。这种沟通网络,一方面能够支持组织部门之间信息的横向流动,另一方面能够连接和传播员工的个人专长知识,并将其融入分享信息的集体实践中,用以帮助更多员工获得学习和提升专长技能的机会。这种从个人特长扩展到组织化学习的过程,需要建立员工相互信任的环境,需要培养同事之间,上下级之间在价值观念、知识共享和行为导向等方面的充分信任关系。

在这个过程中所形成的网络型结构,与事业部制的等级管理结构具有很大的不同。这种网络型结构在信息和知识的横向交流方面,在组织化学习能力的快速提高方面,在弱化垂直干预所带来的组织僵化方面,都具有全新的、独特的优势。

3.保持持续性变革:从逐步改善到彻底再生

高歇尔认识到,组织在逐步改善与彻底再生之间,常常会出现一定程度的相互冲突。这种由于冲突产生的紧张所带来的压力,必然会影响变革的持续性。因此,他认为应该提高组织在管理方式上的灵活性,以消除过度紧张。此外,需要在组织内部培养和加强员工的自强意识,激励每位员工发掘自身潜力,自愿去努力挑战自我。

(二)"个性化"公司的建立和运行

1.塑造员工行为:改变"场所的气味"

高歇尔特别关注组织内的典型行为背景对人们行为的影响。他借用一位经理的话,将行为背景描述成"场所的气味"。"走进任何办公室或工厂,在最初的十分钟你就会感觉到那个地方的气味。你可以从工作的劲头和嘈杂声中感到它;你可以从人们的眼睛里看到它;你可以从他们的走路、谈话中感觉它;你可以从你身边许许多多的小细节中感觉它。"

高歇尔总结了大多数公司原有行为背景中的四个有害因素:专注于限制、控制、契约以及员工的服从。与此对应,高歇尔通过进一步分析,提出了更新行为背景之后的四个核心因素:纪律、自我拓展、信任和支持。增强个人在组织中的贡献,给每个人的工作赋予意义,会使个人对组织产生"拥有权"的感受,从而在个人层面上对员工产生良性的激励循环。

2.提升组织能力:把公司当作过程的组合

高歇尔首先对管理的"过程"进行了描述,认为其不是指日常的经营过程如采购、生产和销售的生产链过程,也不是从新产品开发到后勤服务链的战略组织过程,而是核心组织过程。高歇尔提出的核心组织过程具体包含以下三项内容:

(1)企业家创造过程。创造和支持以外部市场为导向的企业家创新行为,以此获得更多的各类发展机会。

(2)优势整合过程。通过集聚分散的资源和业务,将公司在整体上表现出来的经营多样化优势、资源丰富化优势和人才规模优势等,以及事业部门在灵活性、反应力和创造力等方面的优势进行整合,以获得更强的市场竞争能力。

(3)自我更新过程。自我更新过程所需要的持续性,依赖于持续增强共同信念和培育习惯做法。

3.开发个人能力:超越"俄罗斯玩偶"模式

"俄罗斯玩偶"的管理模式,是指按照等级、责任整齐划一建立起来的公司体制。

在这种体制中,管理者们只重视其核心工作任务,即实现业绩目标。最有成效的管理者是在等级管理层基于计划预算、控制体系和目标支配资源的约束条件下,逐级完成上级下达的目标。公司的管理者对于员工进行强化的服从性限制,以此来确保员工行为的可预见性和可控制性。

"个性化公司"管理模式包含着完全不同的观念,它需要公司首先对基层、中层和高层的工作所需要的不同工作态度、知识和技能有详细和深入的认识与理解。在以知识为基础的组织环境中,领导者需要具备多元化的洞察力和敏锐性,来发掘和培养有奋斗精神、有潜力的员工,并支持、鼓励他们。公司需要持续开发员工特有的才能,接受员工个体的独特个性。最终,无论是个人还是组织,都将会获得丰硕的收益。

4.公司转制过程管理:公司管理革新的蓝图

高歇尔认为,公司的转制过程,应当在组织内员工的行为已经发生了真正持久的变化,并对组织结构的重新配置产生迫切需要时,才能够成功。所以,从传统事业部制的等级管理转变为自我更新的个性化公司,这一演变过程涉及重塑公司的行为背景、优化核心组织流程以及开发与培育个人能力等多个方面。在实践中,这个过程需要谨慎地分阶段进行。

第一阶段,给企业注入创新的动力。新的管理模式和行为规范将会重新界定公司和员工的基本关系。在这种管理模式中,基层管理者具备高度的自律性,同时由于得到企业培训和被授予资源而得以充分施展才华,他们可以集中精力面向顾客和竞争者。

第二阶段,发展公司整体合作精神。建立起一个具有开放性和支持性的学习环境,投入资金对员工的个人能力进行拓展训练,并将具备特长技能的员工组织起来,使其把各自的观点和经验与其他员工群体进行充分交流。这种学习和合作的环境,能够有效地增强组织员工之间横向的学习交流,并获得技能上的普遍提高。此外,在公平的组织环境中,公司员工如果对领导人和其他同事有足够的信任基础,就会愿意并主动去承担风险。公司整体的合作精神,正是依赖于这种开放的、信任的和合作的组织环境。

第三阶段,实现持续的自我更新。为了保持"个性化"模式的持续发展,需要在内部形成一个对各种创新精神和团队行为都给予支持的环境。为了做到这一点,需要促使组织从过去根深蒂固的实践经验和传统中摆脱出来。管理者在实践中发现、开发和保持员工的自我拓展意识和自律的行为规范,要比员工形成信任和支持的价值观容易得多。此外,在组织中如果最高层管理者能起到有效的带头作用,新的行为模式被接受和扩散的速度将会明显加快。

高歇尔认为,在"个性化"管理模式中,高层领导者在构建组织环境方面所花费的时间将会超过确定组织目标的时间,这是个性化公司的优势而非劣势。公司的中层管理者不仅应当学习高层领导者的这种重要能力,不应将自己仅仅看作是一个主要的战略制定者,而且应该认识到在组织中需要提供更多的培养和支持,而不是通过指挥和控制来进行管理。所有这些努力,都将增强基层组织的力量,有利于员工潜能的充分施展和发挥。

高歇尔通过毛虫变蝶的过程,对创建个性化公司的过程进行了隐喻。"从结构性等级管理机制到自我更新机制,个性化公司所走过的这段历程漫长而痛苦。一个毛虫的蛹将自己蜕变成为一只蝴蝶的隐喻也许很罗曼蒂克,但这个过程对于毛虫来讲是一个非常痛苦的阶段。在这个过程中,它变瞎了,它的腿蜕化掉了,它的身体从中撕裂开来,以使美丽的翅膀显露出来。我们无法否定这一过程中的痛苦,但对于那些取得了成功的公司,他们所形成的新的行为规范将会像长出的翅膀一样,使他们成为可以自由翱翔的个性化公司。"

第二节　正式组织与非正式组织

管理学家们对于组织的研究成果丰硕,研究视角多样化,持续拓展着组织研究领域的深度和广度。马奇和西蒙用"盒子套盒子"来比喻组织的结构,强调个体层面和组织层面两类决策的重要性;卡斯特和罗森茨韦克用系统理论的视角来分析组织,认为组织是一个开放的社会技术系统,包含着相互紧密联系的五个主要分系统。此外,自从霍桑实验提出非正式组织的概念以后,非正式组织便引起了管理学界的广泛重视。在这一研究领域,梅奥与巴纳德等学者做出了奠基性的重要贡献。

一、正式组织的研究

对正式组织进行研究的管理学者的贡献,除了在"组织理论的演变"中重点介绍的"韦伯和科层制""巴纳德和社会系统""高歇尔和个性化组织"之外,还包括詹姆斯·马奇(James G. March)和赫伯特·西蒙(Herbert A. Simon)、弗里蒙特·卡斯特(Fremont E. Kast)和詹姆斯·罗森茨韦克(James E. Rosenzweig)等重要管理学者的贡献。

(一)马奇和西蒙对正式组织的研究

马奇认为,"组织是偏好、信息、利益或知识相异的个体或群体之间协调行动的系统。组织理论描述的是促进组织及其成员共同生存的协作冲突、资源调度和行动协调的微妙改变"。西蒙认为,"组织指的是一群人彼此沟通和彼此关系的模式,包括制定及实施决策的过程。这种模式向个体成员提供大量决策信息,许多决策前提、标的和态度,它还预测其他成员目前的举动,以及他们对某个个体成员言行的反应,并向该成员提供一系列稳定的、易于理解的预期值。社会学家将这一模式称作角色体系。我们关心的是组织这种角色体系的形式。"

马奇和西蒙在合著的《组织》一书中认为,正式组织的等级制在现实中是较为普遍的现象,其部分原因源于等级制组织所体现的高效率。等级制组织是"盒子套盒子"的结构,在盒子内部形成的交流活动,通常要比两个盒子之间的交流更加集中。这种局域空间内密集的交流行为,将导致组织的各级从属部门发展出熟练的专业化能力,并在一定的范围内保持相互协调。此外,从权力关系上来看,等级制组织的正式权力关系表现为金字塔型分布,从组织的上层逐渐向下层延伸和扩散,这必然有利于正式权力的指挥和协调机制发挥有效的作用。然而,组织的运行过程具有相当的复杂性,并不完全是等级制的,也会存在其他形式的网络形态,如信息或权力向上、向下、横向或向外的影响和控制活动。总之,组织是由相互联系的活动构成的某种生态系统,只依赖于命令或权力的简单线性运行方式无法保持其持续性。

马奇和西蒙聚焦于组织内部的指导和支持决策过程,提出对正式组织而言,以下两类决策非常重要:个体参与组织或离开组织的决策,以及他们决定参与的程度和投入多少干劲与热情的决策;如何管理组织的业务、如何决定组织的目标、如何协调任务以实现目标,以及何时改变方向或结构的决策。

(二)卡斯特和罗森茨韦克对正式组织的研究

卡斯特和罗森茨韦克认为,社会组织是人为设计出来的,不是自然形成的,这一点显著区别于自然科学中的物理系统和生物系统。社会组织具有的结构,是基于事件的结构,而不是基于物质成分的结构。这种结构无法与社会系统的多样化过程完全分离。个体或群体的行为,往往是为了达到各种目标,所以由人设计的社会组织必然也会聚集于目标的达成。目标的实现需要各类资源的投入、转化和输出过程,以及对协调、效率的关注。

基于以上看法,他们把组织看作是一个开放的社会技术系统。组织需要从外部环境接受能源、信息和物质资源的投入进行生产转换,然后将产品或服务向外部环境输出。组织内部由五个主要的分系统组成：目标和价值分系统、技术分系统、社会心理分系统、结构分系统和管理分系统。

组织内部分系统的划分如图 10-4 所示。

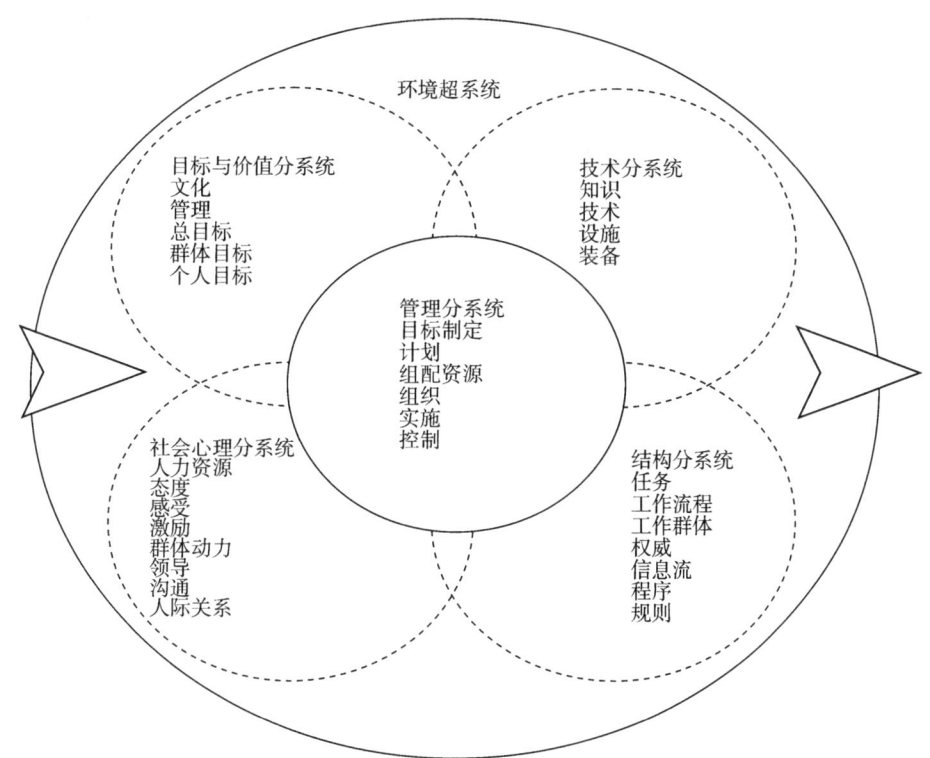

图 10-4　系统理论的组织模式示意图

在图 10-4 中，完整的组织系统包括的五个分系统都被清楚地表达出来。各个分系统之间既存在着不同的侧重和区别，又存在着紧密的联系。

1. 目标和价值分系统

组织的基本价值观往往来源于广泛的社会文化环境，并受到其强烈的制约。组织的生存和发展目标，需要与环境的基本要求保持一致，才能够成功地接受外部环境中的资源投入，组织的产出成果也才能得到外部环境的接纳和利润回馈。组织的目标和价值分系统，在组织内能够为其他分系统提供动力与方向。因此，目标和价值分系统在组织中居于导向地位。

2. 技术分系统

组织的技术分系统是指完成工作任务所需要具备的知识和技能。技术分系统强调先进的组织运营技术、精细的生产技术和信息化控制技术等在组织中的广泛应用。

技术会影响社会心理分系统和结构分系统。

3.社会心理分系统

组织的社会心理分系统是由相互作用的个人和群体所组成的,包括个人的行为和动机,群体成员间的关系以及群体成员的感情、价值观和愿望等因素的影响。从总体上来看,社会心理分系统受到的影响因素相当广泛,不仅会受到外部环境力量的影响,而且也会受到组织内部的任务目标、技术和结构等因素的影响。不同组织的社会心理分系统往往会体现出本组织的特性,因此组织间的心理系统常常表现出较大的差异性。

4.结构分系统

组织的结构分系统涉及组织工作任务的分工与协作,包括组织结构图、职位与工作说明、规划和程序、信息沟通链路以及工作流程等内容。组织的结构能够通过形成稳定的部门群体和工作风格来决定技术和心理分系统之间的基本关系形态。但是同时,技术和心理分系统之间相互的作用关系也可以不通过组织的正式结构,而是通过非正式群体交流的形式来展开。

5.管理分系统

组织的管理分系统广泛地联系着整个组织的内部和外部环境。一方面,它使组织与外部环境的各种关联活动,如从环境中获取各类投入资源、组织的产出得到环境的接纳和正向回馈等,都更加通畅并富有成效。另一方面,组织的管理分系统对内明晰组织的价值观,建立组织的目标体系,制订全面的战略和经营计划,设计结构并安排控制程序。

需要说明的是,传统组织理论侧重于结构分系统和管理分系统的研究,因此其较为注重总结和制定管理活动中的有效原则;人际关系和行为科学的研究,侧重于社会心理分系统的分析,关注组织中的激励过程和群体动力学等内容;管理科学学派,特别强调技术分系统的重要作用,关注组织中先进方法、科技的采用给决策过程和控制过程带来的积极影响。在传统封闭系统的视角下,管理的不同学派都各自强调其所重点关注的分系统的重要性,而难以理解或承认其他分系统的重要作用。在现代开放系统的视角下,组织作为一个开放的社会技术系统,能够将各类重要的分系统纳入整体性框架,从而明显提升人们对于组织系统作为一个整体而非分离的多个部分的认知水平,并有助于人们进行准确完整、深入系统的认识和研究。

(三)巴纳德对正式组织的研究

巴纳德对正式组织的定义:"正式组织是有意识地协调两个或两个以上人的活动

或力量的一种系统。在存在合作的任何一种具体情境中,都包含着几种不同的系统,有些是物质系统,有些是生物系统,还有些是心理系统等,把所有这些系统组合成为具体的合作整体的共同要素,就是上述定义中所说的组织。"

首先,巴纳德关注的是"合作系统"。他认为"合作系统"是由两个或两个以上的人为了目标而进行合作,以具体的系统关系所组成的包括物质因素、生物因素、人的因素和社会因素的复合体。"社会"被描述为非正式的、不确定的、模糊不清的和没有计划的合作系统。正式组织只能存在于更大的合作系统之中,作为"社会"这个合作系统的一个子系统而出现。但是在正式组织中,人们所进行的活动,却是有意识、有目的和有计划的合作。合作行为之所以能够出现,表象上源于个体之间的自然合作和社会交往关系,本质上源于个体的自由意志、需求、动机或目的,以及个体受到的社会资源限制。社会资源的限制导致个体在追求自己更高的目的时,内在的需要常常难以得到充分的满足。这种个体内在的需要,是驱使个人产生与他人进行合作的意愿,从而克服社会限制的深层诱因。

其次,巴纳德提出了正式组织生成的三个条件:存在能够彼此沟通交流的人;这些人愿意做出贡献;实现共同的目标。因此,正式组织的三个构成要素包括沟通交流、做出贡献的意愿和共同的目标。这些要素作为最基本的条件普遍存在于各类组织中。从静态层面来看,正式组织的建立往往取决于这些要素的组合;从动态层面来看,正式组织的存在取决于合作系统中均衡的维持。持续地保持这种均衡,既依赖于组织内部各种要素之间的动态比例调适,也依赖于合作系统与整个外部环境之间的均衡。

最后,巴纳德还提出"复合正式组织"的概念。他认为所有大型正式组织,都是由一些小型组织组成的。也就是说,一个复杂的大型正式组织,并不是直接由个人服务组成的,而是由从属部门中的成员服务组成的。简单组织在受到规模上的限制时,往往会与其他的简单组织联合形成更大的复合结构组织。当几个简单组织联合成为一个复合组织时,由于沟通的需要,往往会建立一个中心部门来进行协调。这个中心部门会连同一些助手组成一个上级单位。类似的群体再结合起来,就会形成一个更大的整体。这就是"复合正式组织"的形成路径。

二、非正式组织的研究

泰罗在进行科学管理的研究中,发现工人中间存在着联合起来"磨洋工"的现象。在科学管理理论中,这种由非正式群体的集体行动所带来的困扰,需要通过精细化的科学管理方式完全清除出去。也就是说,在科学管理的理论和实践中,以"理性""效率"为追求的核心框架中,工人形成的各种类型的非正式群体,以及相应的集体行动,都只是作为干扰或降低效率并且属于应该予以清除的现象而存在的。

最早系统地开展对团体行为的研究,并最终提出非正式组织概念的研究活动,开始于曾经在管理领域受到广泛关注的霍桑实验。在霍桑实验中,梅奥等人发现了工人之间基于非正式关系而形成的小团体能够对各个成员的行为产生强大的控制和影响力。但是此时人们更多地关注非正式组织所带来的消极影响力。巴纳德在对非正式组织的研究中,认识到非正式组织存在的广泛性和客观性,将非正式组织和正式组织紧密地统一起来,做出了开创性的重要贡献。巴纳德的研究,使人们对于非正式组织的认识更加深入和客观。

(一) 梅奥的研究

霍桑实验是 1924 年在西方电气公司所属的霍桑工厂进行的一项实验。霍桑工厂是一个制造电话交换机的工厂,在当时属于员工待遇相对较好的工厂,具有较完善的娱乐设施、医疗制度和养老金制度,但工人们仍然愤愤不平,生产效率很不理想。霍桑实验的初始目的是找到合适的照明强度来获得最高的生产效率。实验开始阶段的研究并没有取得实质性的进展。1927 年,梅奥和哈佛大学的同事应邀参加霍桑实验并开展研究。霍桑实验一共进行了四个阶段的研究:工作场所照明实验、继电器装配室实验、大规模访谈实验和接线板工作室实验。其中在接线板工作室实验中,梅奥等人发现了工人中广泛存在的非正式组织,并观察到它对成员个体的行为具有很大的影响力。具体来说,非正式组织会对工人起到两方面的作用:一方面,它保护其成员免于遭受内部其他成员不当行为的伤害;另一方面,它保护其成员免于遭受管理当局职员的外来干预,如提高产量标准和降低工资率等。

在霍桑实验中,人们开始关注非正式组织,并发现非正式组织是对工人的行为和情绪进行影响或控制的一种重要工具。非正式组织形成的原因与正式组织不同,它受到人际关系的高度影响,且受到共同行为准则的影响。人们同时也发现,非正式组织对正式组织会产生重要影响,并可能对正式组织的运行效率产生一定的消极作用。

(二) 巴纳德的研究

巴纳德非常重要的贡献是对非正式组织与正式组织进行明确的区分。巴纳德认为,非正式组织是人际接触、相互作用和相关群体的总和。与有意识形成的正式组织不同,非正式组织是由无意识的社会过程产生的。非正式组织往往会产生两类重要结果:它使人们形成一定的态度、理解、风俗、习惯和隐性准则;它为正式组织的产生创造条件。非正式组织在结构上一般没有明确的组织机构或章程,组织稳定性不强;

在组织运行中,其核心人物的行为和理念往往来自共同的习惯和态度等,基于个人魅力而形成威望和影响力;在成员的联系纽带上,主要以兴趣、感情和融洽的关系为核心,对其成员的行为进行源于不成文规则的隐性影响或约束。

巴纳德在对两种组织形态进行概念区分的同时,又认为二者在本质上是相通的、紧密交织在一起的。从整体上来看,非正式组织构成了广泛的社会基础环境,形成了全国或地方的"社会",正式组织诞生、成长和壮大于非正式组织的复合体之中。在现实中能够观察到,在正式组织和非正式组织所组成的交织网络中,总会存在少数的、明显占据统治地位的和较为综合的正式组织,所有其他的正式组织都直接或间接地附属或从属于它们。在巴纳德的观察中,这种综合的、占据统治地位的正式组织,主要是指政府和教会等团体。此外,在正式组织的内部,也会存在各种类型的非正式组织,正式组织的几乎所有活动,都难以避免地会受到非正式组织的影响。

巴纳德将组织中的个性需求与组织需要之间进行畅通连接的研究,给人们带来了极具意义的启发。例如,人们可以在现代管理活动中,从正式组织内部借助各类非正式组织,通过多维度地满足成员的兴趣爱好和情感归属等方面的社会需要,并将个人需求与组织目标相结合,从而提供促成正式组织目标实现的强大动力。

三、正式组织与非正式组织的实践整合

从理论研究的层面上来看,将正式组织与非正式组织进行分离分析,有助于认识的深入和清晰。总体上,正式组织是建立在分工基础上的组织框架,非正式组织是建立在人际关系基础上的合作状态,二者的内在行为逻辑存在着根本的不同:正式组织的行为逻辑是"成本和效率",非正式组织的行为逻辑是"兴趣和情感"。现代管理活动,实质上是要协调二者之间的关系,促使它们产生共同的合力,从而更有效地实现组织的目标。

从实践应用的层面上来看,正式组织与其内部的非正式组织又是一体化的,二者的联系和互动过程相当紧密复杂,大多数情况下都难以分离。把非正式组织和正式组织机械地分割开,甚至在某种程度上对立起来,必然会在管理实践活动中导致对组织平衡状态的破坏并造成损失。因此,需要相对客观和全面地看待非正式组织的作用,促进正式组织与非正式组织在实践中的协调与整合,推动组织目标体系的顺利实现。

(一)非正式组织的作用

非正式组织对于正式组织的顺利运行与健康发展,会产生积极和消极两个方面的重要作用。当非正式组织的价值观、情感和行为规范等因素与正式组织的目标体

系导向一致时,非正式组织就会发挥出积极和支持性的作用;反之,当二者出现较大偏差甚至相互背离时,非正式组织就会发挥出消极甚至破坏性的作用。

1.非正式组织的积极作用

(1)通过满足组织成员的社会需要,很大程度上能减弱组织发展与个体成长之间的潜在张力。由于不同个体在组织运行过程中不可避免地与其他成员发生正式和非正式的联系,并且组织成员存在着个人兴趣爱好、性格偏向、利益追求以及隶属的工作群体等多方面的差异性,因此组织成员基于正式的工作联系与非正式的社会交往活动,将会形成以个体为中心的紧密或松散的正式与非正式小群体。在一定程度上,组织成员的社会交往活动需求强度,会强烈地影响以个人为中心所形成的非正式组织的数量和多样性。在非正式组织中,成员可以获得不同层面的各类信息,以满足对正式组织或他人更全面了解的需求;成员在沮丧或伤心等阶段,可能获得来自了解或信任的人们的鼓励与帮助。非正式组织还能够在一定程度上宽容地接纳和保护成员的独立性与突出的个性,满足成员的情感归属需求。总之,组织成员在成长与发展过程中,常常能够从非正式组织中获得信息传播、情感交流和个性包容等需求的满足,在很大程度上减弱正式组织对于理性、规则、竞争和目标的刚性导向与富有精神生活情趣并具有社会交往需求的成员之间存在的潜在张力。

(2)有利于促进组织内部沟通系统的健全与畅通,增强组织成员之间的默契和整体凝聚力。由于非正式组织中没有层级结构的刚性约束,因此成员之间的交流沟通地位相对平等。非正式组织中自然形成的渠道具有更为宽松的包容性,也为组织成员真实想法的表达提供了重要的鼓励与支持。这种相对轻松的沟通与联系方式,能够促使成员相互之间更为深入了解真实的伙伴,从而能够迅速加深人们之间的交流,增进相互的理解、接纳与互助。此外,信息流动的正式渠道往往在信息的向下传递或命令的向下传达方面较为高效,但是在广泛获取成员在情绪、感受和反应等方面的信息反馈时,通常需要来自非正式渠道的信息进行助力和补充,以利于管理者及时并灵活地调整部署和应对策略。非正式组织提高了组织内部信息沟通过程中的包容性与灵活性,有利于促进组织内部信息沟通系统的健全与畅通,同时也增强了成员之间的默契,从而能够增强组织的凝聚力,促进组织更加健康地发展壮大。

(3)有利于组织的稳定与组织活动的有序开展。非正式组织依托于正式组织而存在,因此对于严重违背正式组织目标的成员言论和行为会以劝慰、排斥、抵制甚至惩罚的方式做出反应,这有利于约束和矫正成员偏激的观念和行为。此外,管理人员通过与非正式组织的联系,可以提高员工对正式组织规则和目标合理性的理解和支持程度,增强员工协作的意愿和驱动力。这些都有利于组织的稳定与组织活动的有序开展,推动组织的健康发展。

2.非正式组织的消极作用

在特定的条件下,非正式组织也会给正式组织带来具有破坏性的消极作用。

(1)谣言的扩散与传播。谣言本质上是虚假的信息,其来源可以无中生有,如来自于臆测奇想、情绪释放和意愿表达等;也可以来自对各类真假信息的选择性加工,如仅保留自身最感兴趣的部分、添枝加叶和重新编排等。谣言在正式组织渠道中的传播并不容易,会受到行政责任追究、法律控制和权威维持等多种因素的强力约束。谣言在非正式组织渠道中传播时遇到的约束力量会宽松很多,从而造成谣言在非正式组织渠道中的传播速度很快。由于围绕不同成员所形成的非正式群体既可能相互交织,又可能存在着较大的差异性,所以也会造成谣言的传播范围和规模增大。这些都表明,谣言可以借助非正式组织渠道,明显提高扩散速度与传播广度,从而对正式组织的运行效率、凝聚力和目标实现等多个方面产生严重的干扰甚至破坏。

(2)引起价值观念和行为角色冲突。非正式组织中成员共享的主导价值观念和行为角色偏好,可能与正式组织的目标导向一致,也可能出现严重偏差,甚至完全背离。特别是在非正式组织的观念和行为规范与正式组织的目标导向出现严重偏差甚至完全背离的情况下,不仅会降低组织运行的效率和群体凝聚力,而且可能会演化为群体性的激烈行动。在这种情况下,非正式组织对于正式组织的顺利运行和目标实现都将起到较大的消极阻碍作用。

(3)降低改革效率。非正式组织往往是成员经过长期的交往与联系才形成的,其内部价值观与行为准则具有相对的稳定性,对成员的思想、言论和行为具有较大的宽容性。这种群体性的且经历了若干次自我矫正和调整,并最终稳定下来的观念和行为,显然具有继续保持稳定性的强大惯性。群体性的观念和行为惯性在给组织带来稳定性的同时,也意味着可能会成为阻碍组织变革的重要力量。特别是在改革中出现难以避免的人事变动、目标调整和任务变化等情况时,常常会受到非正式组织的消极应对或抵制。这些都会给组织带来在改革效率方面的损失。

(二)正式组织与非正式组织的实践整合方法

1.支持和引导非正式组织发挥积极作用

(1)客观看待和重视非正式组织的作用。正式组织的群体都是由人组成的,人的需求是多层次和丰富的,因此非正式的人际关系组织的广泛存在往往是不可避免的,具有客观性。同时,非正式组织与正式组织常常紧密联系,相互交织、叠加和动态交互,在现实中表现出复杂性和灵活性。此外,非正式组织能够通过满足组织成员多方面的社会需要,适度减弱组织发展与个体成长之间的潜在张力,在个性需求与组织需要之间起到润滑剂的作用。非正式组织无论是对组织信息沟通系统的完善还是作为小道消息的传播平台,无论是助力组织稳定发展还是引发群体性的激烈行动,无论是缓解员工压力还是阻碍组织变革等多方面,都能够发挥重要的作用。因此,非正式组织的作用不应被低估。应该客观看待非正式组织的存在,重视非正式组织利弊两方面的作用,推动正式组织与非正式组织形成合力,促进组织的健康持续发展。

(2)营造有利于非正式组织发挥积极作用的环境。管理者需要展示主动性,为成员创造更多的相互交流与联系的机会,这些机会既可以是以生活事务为主导,也可以是以工作任务为主导,从而有意识地推动形成具有类似兴趣情感、行为偏好或社会需求的多种类型的小群体。通过引导各类非正式组织的产生与发展,促进包括新成员和边缘成员在内的组织所有成员都被纳入其中。这些非正式组织将能够在一定程度上代替正式组织,满足成员在疏解压力和信息获取等多方面的社会需求,增强组织归属感和凝聚力,促进成员间协作和默契的形成与稳固。

此外,在非正式渠道传播的很多信息,可能会反映成员的真实想法。即便是谣言,其相关事实是虚假的,而其表达的情感是真实的。在进行重大决策时,管理人员除了从正式渠道收集意见反馈之外,还应该通过非正式组织网络来广泛了解成员的个性化需求、关注焦点、言论和行为反应等,以作为正式组织渠道所获取信息的重要参考和补充。应采取多种措施支持各级管理人员通过各自的非正式组织网络,对组织面临的现实困难和目标体系等信息进行适度扩散。通过广泛的引导和解释工作,增强员工对组织工作的理解和支持,增强员工的协作意愿与驱动力。

(3)增强正式组织的文化建设。组织文化与非正式组织都主要依赖柔性而非刚性的约束力量,对组织成员的观念和行为进行约束和矫正。组织文化深刻影响非正式组织的价值观念、道德取向、情感归属、群体工作态度和行为偏好等,二者之间的联系纽带具有紧密性和交融性。组织文化对非正式组织具有天然的亲和力、融合力和影响力。总之,组织文化对各类非正式组织产生的作用力具有普遍性和广泛性,影响程度也更加持久和坚韧。但是,较弱的组织文化难以对非正式组织产生足够的影响力,只有较强的组织文化或者是被大部分组织成员所强烈接受和支持的组织文化,对非正式组织的引导和干预作用才会更为显著。因此,需要重视和增强组织文化建设,以深入、细致和暖心的持续工作,让每一位组织成员都能真切感受到共享的组织愿景,促使成员完成从观念认同到自觉行动的转换,从而扩大组织文化的影响力,凝聚与整合各类非正式组织的力量。

2.约束和减少非正式组织的消极作用

(1)对于小道消息的约束与利用。小道消息往往是指非正式、非权威和碎片化的信息。前已述及,由于信息在非正式渠道中传播时受到的约束力量较为宽松,因而会造成在各类非正式群体中,小道消息在相互了解和信任的人们之间迅速传播。小道消息的内容往往是碎片化的,而且真实与虚假共存,这些都可能会对组织运行造成多样性的影响。小道消息中的虚假信息,就是谣言。

因此,对于小道消息,可以采取两种策略:一种策略是对小道消息进行适度约束。通过伦理道德倡导和诉求来稳定大多数员工,不信谣、不传谣,减少谣言滋生和肆意发展的基本存在土壤,并通过及时灵活的辟谣公告和适度打击造谣行动等方式,约束或降低谣言传播的广度与烈度。另一种策略是对小道消息的传播渠道进行利用。小道消息在实践活动中彻底消失或被清除可能比较困难,因此可以利用小道消息来支持符合组织目标导向的观念与行为。头脑灵活的管理者可以明智地根据非正式组织中成员的差异化兴趣点,为小道消息提供碎片化的正确内容,从而引导组织逐渐摆脱谣言的冲击,降低或消除谣言所引发的群体混乱。

(2)对于观念行为冲突的疏解与减弱。在实践层面,管理者可以采取多种途径,提高组织成员在决策活动中的普遍参与性,从而提升成员对组织目标、战略与计划的认同和理解,避免引起价值观念和行为角色上的冲突,减弱组织发展与个体成长之间的潜在张力。此外,管理者还应该关心组织成员的工作生活状况,了解员工面临的突出困难,倾听员工的真实诉求,并在与员工的持续互动中将员工的主要精力引导到正式组织的工作中来。各级管理者应减弱员工的合理诉求与组织目标之间的冲突强度,增强员工对于组织目标的理解和支持。

(3)对于阻碍变革惯性的破解与转换。应支持和鼓励各级管理者采取多种途径积极参与和引导非正式组织的活动。一方面,各级管理者可以通过非正式组织的活动,了解组织成员真实的想法与关注焦点,这是管理者破解难题和发挥引导作用的基础;另一方面,非正式组织的成员与管理者有更为接近的交流机会,可以进行除了正式渠道之外的相互观察和沟通,有助于增进理解和接纳。管理者与非正式组织中的成员进行的多方位沟通,能够在员工中建立理解和支持变革的基本盘,然后通过这些力量所参与的非正式组织,去调整、改变甚至矫正各类非正式组织中可能存在的阻碍变革的惯性,促使非正式组织实现从保守向开放、从消极向积极的转化,促进非正式组织从阻碍力量转换为变革的重要支持力量。

第三节 组织文化

党的二十大报告指出:"中华优秀传统文化源远流长、博大精深,是中华文明的智慧结晶,其中蕴含的天下为公、民为邦本、为政以德、革故鼎新、任人唯贤、天人合一、自强不息、厚德载物、讲信修睦、亲仁善邻等,是中国人民在长期生产生活中积累的宇宙观、天下观、社会观、道德观的重要体现,同科学社会主义价值观主张具有高度契合性。"中华优秀传统文化拥有深厚的历史底蕴和广泛的影响力,我们应当深入挖掘中华优秀传统文化的现代价值,为推动中国特色社会主义事业提供强大的精神动力和文化支撑。

一、组织文化的含义和分类

(一)组织文化的含义

在管理活动中,人区别于物质资源等其他要素的本质,在于人是唯一能够进行有意识、有目的的劳动的主体。在从事生产活动的历史进程中,个体化劳动逐渐发展成为有秩序的群体性劳动。组织文化正是在多人组成的群体性生产和生活过程中产生的。组织文化由成员群体所创造出来并可能继续延续和扩散,同时组织文化也给组织成员打上了深深的烙印,影响并规范着他们的思想和行为。组织文化作为组织发展历史中多维度因素的沉淀,往往能对组织发挥较为深刻和持久的影响力。

英国人类学家爱德华·伯内特·泰罗(Edward Burnett Tylor)对文化的解释是包含了全部的知识、信仰、艺术、道德、法律、风俗以及成员所掌握和接受的才能和习惯的复合体。荷兰学者吉尔特·霍夫斯坦德(Geert Hofstede)认为文化是由特定群体所共享的"心智的集体程序",其不仅体现在价值观念中,也会在如象征、英雄和礼仪等表象化的事务中显示出来。美国学者埃德加·沙因(Edgar H. Schein)在价值观念层面之上,提出了一种"基本的潜在假设"共享模式,认为文化是一个群体在解决其外部适应性问题以及内部整合问题时习得的一种共享的基本假设模式,对于新成员来说,在涉及此类问题时这种假设模式是一种正确的感知、思考和感受的方式。

我国学者周三多和陈传明将文化划分为广义的文化与狭义的文化。广义的文化是指人类在社会历史实践过程中所创造的物质财富和精神财富的总和。狭义的文化是指社会的意识形态,以及与之相适应的礼仪制度、组织机构和行为方式等物化的精神。周三多等学者认为,组织文化是组织在长期的实践活动中所形成的并且为组织成员普遍认可和遵循的具有本组织特色的价值观念、团体意识、工作作风、行为规范和思维方式的总和。许玉林等学者认为组织文化是人类文化、社会文化和经济文化的一个子属,是一种集团或团队文化,能够影响组织成员的态度和行为方式,包含共享的群体意识和统一的行为准则。美国学者威廉·大内(William Ouchi)认为,公司的文化不仅包含传统和气氛,还包含如进取心和灵活性等的行为模式和价值观。约翰·科特(John Kotter)与詹姆斯·赫斯克特(James Heskett)认为,企业文化是指一个企业中的各个部门所共同拥有的价值观念和经营实践。斯蒂芬·罗宾斯(Stephen P. Robbins)和玛丽·库尔特(Mary Coulter)认为,组织文化是组织成员共享的价值观念、行为准则、传统习俗和做事的方式,它影响着组织成员的行为方式。

由此可见,关于组织文化的定义存在着一定的共识,大部分学者都认为组织文化包含着组织成员共同认可的价值观念和行为规范等核心因素。因此,组织文化的定义可以这样表述:组织文化是指在长期的实践活动中形成的,并得到组织成员普遍自愿接受和遵从的,具有本组织特色且包含着从价值观念到行为方式所形成的系统化规范的总和。准确理解组织文化的含义,需要注意以下问题。

1.组织文化的形成过程具有长期性

组织文化是由多人聚集而形成的,不同成员之间的差异性以及难以避免的相互影响,常常导致组织群体从观念的统一程度到行为的一致性等多个方面表现出多元化和复杂性,这无疑增加了组织文化形成的难度,也延长了组织文化形成的时间周期。此外,组织文化是组织中多维度要素的综合体现,既包括相对容易调整的规则措施和行为方式等显性的内容,也包括相对难以改变的价值观念和思维习惯等隐性的内容。组织文化的多维度影响因素在实践中达到相对稳定状态的时间存在着差异性,隐性的、深层的精神思维和价值观念层面的影响因素,相对于显性的行为层面的影响因素,前者达到稳定状态所需的时间更长一些;显性的行为层面的影响因素,相对于表层的物质层面的影响因素,同样前者达到稳定状态所需的时间也会更长。由于组织文化的影响因素获得相对稳定的时间周期相互交织,只有当这些因素在活跃的实践活动中都逐渐沉淀稳定下来,组织文化才能够最终形成和保持相对稳定。因此,组织文化的形成过程具有渐进性和长期性。

2.组织文化得到组织成员普遍的自愿接受和遵从

在现代组织中,只有被组织成员接受的价值观念或行为规范,才能够更加持久地发挥出主导行为的作用,组织成员才会在自愿的情况下仍然遵从组织规范,形成较为统一的观念或采取一致的行动。不被组织成员接受的价值观念或行为规范,即使在强制条件下成员不得不服从,也将会是短暂和难以持续的。因此,组织文化得到组织成员的真心接受和自愿遵从,并形成较为类似的统一观念和行为模式,是组织文化保持稳定和发展成熟的重要表现。

3.组织文化是一套从价值观念到行为方式的系统规范

组织文化具有层次性、综合性和系统性等特征,它不是碎片化的多个点状因素所形成的规范,而是具有比较丰富的内容,涵盖了从隐性的价值观念到显性的行为规范等广泛的领域,是从价值判断、情感归属和思维习惯等成员群体心理活动,到应激反应、群体互动和行为偏好等行动模式的系统化规范。这套规范对于组织成员的影响方式是刚柔相济的。组织文化在刚性约束方面,主要通过群体评价和群体接纳程度等方面表现出来,刚性约束是维持和强化组织文化的重要方式之一。组织文化在柔性约束方面,主要通过理性与感性思维的交织、价值认同、情感归属和观念统一等精神层面的活动表现出来,柔性约束是组织文化发挥作用的最重要的方式。组织文化正是通过刚柔两个方面,对组织成员进行从精神层面的价值观念到实践层面的行为方式的系统规范。

4.组织文化具有多样性和丰富性

组织文化综合了多层次的多个因素,这决定了组织文化具有多维度的表现。不同组织之间几乎不可能在多维度的所有要素方面都完全相同,这就决定了组织文化不会具有完全的单一性和一致性。不同类型的组织,目标体系与价值导向往往存在着不同程度的差异。例如,企业组织的目标体系往往围绕获取更多经济收益而展开,学校组织的目标体系常常聚焦于为社会培养更多的知识型或技能型人才,政府组织的目标体系则需要更多关注社会发展的均衡性,在效率、公平、资源和环境等多方面保持良性的可持续运行状态。即使属于同种类型的组织,其相互之间的差异性同样较为明显。实际上,在活跃的管理实践活动中,组织文化之间的差异性和多样性,远远大于组织文化的趋同性与一致性。总之,组织文化在现实中更多地表现出多样性和丰富性的特性。

(二)组织文化的分类

1.按照组织价值观的导向分类

(1)层级型文化。层级型文化强调严格的控制和行为的一致性,组织的执行效率较高。

(2)宗族型文化。宗族型文化强调协作和整体凝聚力,组织成员的工作态度最积极。

(3)活力型文化。活力型文化强调创新和适应性,组织对环境变化的灵敏性较高,适应性强。

(4)市场型文化。市场型文化强调竞争和客户,灵活性很高,在经济方面的绩效表现较好。

2.按照组织价值观被接受的成员规模范围分类

(1)主导文化。主导文化是指被组织中绝大多数成员所认可和共享的核心价值观。一般来说,组织文化所表现出来的独特性,基本上是由组织中的主导文化所决定的。

(2)亚文化。亚文化是指存在于组织中的,被小规模的群体成员所认可和共享的价值观。例如,在大型组织的部门内部发展起来的独特文化现象,它反映了同一个部门或者同一个地点的成员所面临的共同问题或经历。亚文化通常既包含主导文化中的核心价值观念,又包含部门成员所独有的一些价值观。

3.按照组织价值观被成员认同的强烈程度分类

(1)强文化。强文化是指组织的核心价值观得到强烈而广泛的认同。接受组织核心价值观的成员越多,对核心价值观的信念越坚定,强文化的特征就越明显。这种高度的认同感,往往会在组织内部形成一种强烈的行为控制氛围。因此,强文化对员工行为的影响一般较大。强文化如果与员工个体的需求能够保持一致,将显著降低员工的离职率,并形成强大的组织凝聚力,使员工保持忠诚。

(2)弱文化。弱文化是指组织的核心价值观得到认同的程度很低,组织成员普遍容易受到社会多元文化的影响。造成组织成员对组织的价值观认同度较低的原因可能是多方面的,如组织的核心价值观过于模糊,或在表述中存在相互不一致的情况,以及外部的多元文化的影响较为强大等。弱文化对组织成员的行为影响一般较小,松散的约束也很难形成强大的组织凝聚力。

4.按照组织价值观的关注焦点分类

(1)学院型组织文化。学院型组织文化关注专业化技能的提升和训练,指导员工在特定的职能领域内从事各种专业化的工作。学院型组织一般会提供大量的专业培训,喜欢雇用年轻的、在掌握专业技能方面能力更强的大学毕业生。对于员工来讲,在这样的组织中能够不断获得专业技能方面的成长和进步。典型的学院型组织包括IBM公司、可口可乐公司和宝洁公司、国外制药企业等。

(2) 俱乐部型组织文化。俱乐部型组织文化关注稳定而有保障的工作职位,奖励忠实负责和称职的人,关注员工对组织的适应、忠诚和组织承诺,尤其关注年龄和经验给组织带来的有益影响,对于位高资深者较为尊重和服从。在这种类型的组织中,管理人员的迅速升迁并不常见。组织倾向于员工在工作中逐渐地、稳定地升迁到公司中高层的晋级模式。此外,俱乐部型组织和学院型组织相反,倾向于将管理人员培养成通才而非专才。典型的俱乐部型组织包括政府机构、事业单位和军队等。

(3) 棒球队型组织文化。棒球队型组织文化关注组织目标和绩效的完成,其薪酬制度以组织成员的绩效水平为标准。这种类型的组织文化鼓励冒险和创新,会从各种年龄和经验层次的求职者中筛选出最有才能的人,并给予工作成绩突出的组织成员以巨额奖酬和较大的自由度,所以组织成员一般都会拼命地努力工作。这种类型的组织,风险也比较高,没有长期保障,工作上的变动也较为常见,组织成员常常会很乐意地离开公司跳槽到支付报酬更高的或更自由的企业。棒球队型的组织文化吸引的往往是冒险家、企业家和创新者。典型的棒球队型组织包括软件开发公司、投资银行和律师事务所等。

(4) 堡垒型组织文化。堡垒型组织文化关注的焦点是组织生存,因此难以对职业的安全性做出承诺,并且对表现优秀的雇员很难有足够的奖励回报。堡垒型组织,往往是由于组织当前遇到了困难,或正处于衰落时期,因此无法吸引那些追求专业成长机会、归属感或可靠的未来收入的人才,但是特别欢迎为改变公司环境而进行挑战的人才。

二、组织文化的构成要素

(一) 沙因对于组织文化构成要素的层次划分

埃德加·沙因(Edgar H.Schein)认为,组织文化可以划分为三个层次:人工成分、信奉的信念和价值观以及基本的潜在假设。

1. 人工成分

沙因认为,人工成分属于组织文化的表层,包括在组织中所能看到的、听到的和感觉到的所有的现象,具体包括物理环境、群体成员的穿着、说话礼仪和情感表达方式、技术和产品、艺术创作、语言、群体所描述的关于自身的传说和故事、群体公布的价值观、仪式和典礼、惯例和章程以及组织结构图等结构化要素等。此外,在组织中可观察到的行为也属于人工成分。

组织的表层文化,突出的特点表现在两个方面:一方面,比较容易进行观察,便于直观了解和认识;另一方面,外界在对其进行解读或解释时通常较为困难,因为解释过程会不可避免地受到解释者个人情感和认知的影响而导致原意的扭曲。沙因认为,正确地解释组织文化中的人工成分,可以通过如下两种途径:如果观察者参与到组织群体中足够长的时间,那么人工成分的真正含义就会慢慢地变得清晰;如果观察者想要更快地达到最终效果,就必须和内部人员进行交流,以分析组织中的价值观、规范和准则以及在指导组织成员行为过程中的方式。

2.信奉的信念和价值观

组织信奉的信念和价值观具体包括理想、目标、价值观和抱负以及意识形态等。沙因认为,组织成员所信奉的信念和价值观,在很大程度上反映了组织领导人的原始信念和价值观,以及对应然状态的感知及其与实际状态的差异。如果组织成员信奉的信念和价值观与实际活动中为完成绩效而采取的行为不一致,说明"信奉的信念和价值观"是所期望行为的目标,而不能代表组织成员现实行为的目标。

3.基本的潜在假设

沙因认为,组织文化的本质在于其基本的潜在假设。组织文化的基本假设集合,决定了组织成员的注意力会更多地关注哪些事情,这些事情所带来的意义和情感变化,以及在不同的情景下应该采取什么样的行动。这些基本假设集合决定着组织成员的行为、感知、思想和情感,具体包括无意识的、理所当然的信念和价值观。其中,无意识假设在组织成员沟通中所产生的影响是非常广泛且重要的。

沙因把组织中这样的一整套基本假设看作是组织的"心智地图"。如果组织中拥有相同"心智地图"的成员在一起工作或生活时,就会自然地感到非常舒适。而如果拥有不同假设集合的组织成员在一起交流时,通常就会感到不自在,或容易受到他人的攻击。因为在这种情况下,拥有不同"心智地图"的人们之间,可能会发现难以准确理解他人语言或行为的含义,并很容易曲解或误判。

组织文化中这种共享的基本假设集合,也可以被看作是个体和群体层面上心理认知防御机制的动力。个体和群体的持续心理交流过程,需要认知的相对稳定性。但是任何一个对基本假设的质疑或挑战,都会引发个体和群体的普遍焦虑和本能防御。这种认知防御机制,在另一个方面,也为组织成员提供了基本的身份认同感,为组织群体的存续和发展提供了一定的保障。

(二)现代系统论对于组织文化的层次划分

从现代系统论的观点来看,组织文化可以划分为三个层次:物质层、制度层和精神层。

1.物质层

物质层文化属于表层文化,主要是指组织所提供的产品、服务,以及为提供产品或服务而创建的物质环境,如生产设备、物质设施和组织建筑等,还包括能够显性地表达独特性的组织广告、产品包装和人员服饰等。物质层文化能够影响人们的视听品质和生活习惯,陶冶人的性格和品格,影响人们的美感和品性。

2.制度层

制度层文化属于中层文化,通常通过以下因素体现出来:规章制度、法律法规、道德规范、员工行为准则、管理机制和习惯等。制度层文化是组织在实现目标的过程中形成的,主要关注在经营管理活动中,对组织成员的行为进行约束的各项规章和条例,以及不成文规范。制度层文化受到组织精神和价值观念的重要影响,也是深层组织文化在员工行为规范方面的反映。

3.精神层

精神层文化属于深层文化,主要是指组织的领导者和成员共同信守的基本信念、价值标准、职业道德和精神风貌。精神层文化是组织文化的核心和灵魂。组织存在的价值及其对社会的承诺,组织领导者和成员的理想抱负、所追求的组织目标的层次,以及组织领导者对组织长远发展战略和策略的宏观思考和把握,都集中体现在精神层文化之中。

组织文化作为一个整体系统,它是以精神层文化为核心,以制度层文化为中介,以物质层文化为表象的三个层次共同构成的。其中,精神层文化是核心,制度层文化和物质层文化是精神层文化在员工行为规范和物质外在表象上的反映,同时制度层文化和物质层文化也会对精神层文化产生反向的作用和影响。

(三)其他学者对于组织文化构成要素的研究

还有不少学者也对组织文化的表征维度进行了研究,包括较早研究企业文化的美国学者阿伦·肯尼迪(Allan Kennedy)和特伦斯·迪尔(Terrence E. Deal),对国家文化环境进行国际比较研究的荷兰学者霍夫斯坦德,以及在管理领域知名的美国学者斯蒂芬·罗宾斯(Stephen P. Robbins)和玛丽·库尔特(Mary Coulter)等。

肯尼迪和迪尔提出了构成企业文化的五项要素:企业环境、价值观、英雄人物、礼节和仪式以及文化网络。肯尼迪和迪尔认为企业环境是对企业文化的形成与发展具有关键影响的因素;价值观是组织的基本思想和信念,是企业文化的核心;英雄人物能够把企业的价值观人格化并为员工提供具体的楷模;礼节和仪式是公司日常生活中的惯例和常规,能够向员工说明对他们所期望的行为模式;文化网络是组织内部主要的非正式联系手段,是交流和传播企业价值观和英雄人物传奇的"运载工具"。

霍夫斯坦德在对多国的跨文化研究中,根据各国在文化维度上的得分情况,提出了五项表现最稳定的文化维度:权力距离、不确定性回避、个人主义、男性气质和长期取向。权力距离维度,关注群体中处于弱势地位的成员对于权力分布不平等的接受度和预期度。不确定性回避维度,关注在面对具有不确定性的事物时,所能容忍和适应的程度。个人主义维度,关注更加鼓励追求个人成就还是更加注重集体利益。男性气质维度,关注成员的社会角色具有更多男性化还是女性化的性格特征。长期取向维度,关注特定文化中的成员对延迟其物质、情感和社会需求的满足所能接受的程度。

罗宾斯和库尔特认为,构成组织文化的七个要素能够反映组织文化的本质:创新和风险承担、关注细节、结果导向、人本导向、团队导向、进取心和稳定性。其中,创新和风险承担,关注组织的员工在进行创新和冒险时能够受到鼓励的程度。关注细节,表明员工在做事缜密、仔细分析和注意细节方面被期望达到的程度。结果导向,表明管理者关注结果而不是过程的程度。人本导向,关注管理决策时会考虑决策结果对人的影响程度。团队导向,关注将工作安排给团队而非个人的程度。进取心,关注员工有进取性和竞争性而非合作的程度。稳定性,关注组织决策和行为对维持现状的重视程度。

三、组织文化的功能和塑造

(一)组织文化的功能

罗宾斯等学者认为,组织文化具有以下功能:

(1)组织文化起着界定边界的作用。也就是说,组织文化能够把一个组织与其他组织区别开来。

(2)组织文化赋予组织成员一种身份感和归属感。

(3)组织文化能够吸引组织成员去认同和参与实现比个体的自身利益更高层次的目标或事物。

(4)组织文化增加了组织系统的稳定性。组织文化是一种黏合剂,它通过为组织成员提供言行举止的一致性标准,将整个组织有效地凝聚起来。

(5)组织文化可以作为一种意识形态和控制机制,能够引导和塑造员工的态度和行为。

组织文化在组织实践活动中,对于约束组织成员的思想和行为、形成凝聚力量、激励员工更有效地实现组织目标等方面,都能够起到非常重要的作用。组织文化的主要功能包括以下几点:

(1)导向功能。组织文化通过内在价值观念、制度行为规范等方式,可以有效地对组织成员的思想和行为进行引导,有助于实现组织目标。传统管理在促进组织成员完成组织目标时,通常依靠强制的权力进行推动,或依靠物质利益进行刺激。但是组织文化不同于物质手段,它通过塑造组织群体共有的价值观念,注重从精神上引导员工的心理和行为,能够使员工在潜移默化中接受共同的价值观念。当这种价值观念与组织的目标相一致时,实现组织目标就会成为组织成员的自觉行动。

(2)凝聚功能。组织文化一般会更加注重人的价值和情感,注重集体意识和行为的共同性,这必然会在一定程度上促进员工间的团结。此外,组织文化通常会从多方面的文化心理去沟通人们的思想,使组织成员对组织的目标、观念产生认同感、归属感和自豪感,从而能够使组织产生一种强烈的向心力和凝聚力,将组织成员紧密团结起来。

(3)激励功能。组织文化所起的激励作用,不仅表现在能够满足员工对自身价值认同、归属感和自豪感的心理需要,而且通过促使员工将组织的共同价值观进行内化的过程,为员工实现自我激励创造源源不断的强大动力。组织文化能够激励成员自觉培养为组织发展而积极工作的宝贵精神。

(4)约束功能。组织文化一方面可以通过影响组织成员的认知感觉和伦理道德等心理过程,对成员的思想进行"软性"的约束和规范;另一方面也可以通过制度层文化,以及各类法规和显性的管理机制,对员工的行为进行"硬性"的约束和规范。组织成员通常会在组织文化"软性"和"硬性"的综合约束下,培育出自我约束的思想和行为表现。

(二)组织文化的塑造途径

罗宾斯等学者提出了与组织的创始人密切相关的三种组织文化的塑造途径:

第一,组织的创始人通过留住那些与自己想法和感受一致的人员的方式,最终形成具有独特性的组织文化。

第二,组织的创始人将自己的思维和感受方式,不断地灌输给组织成员,并促使员工接受和传播。

第三,组织的创始人一方面鼓励组织成员认同组织的信念和价值观,另一方面通过组织在实践中获得的发展和成功,来强化具有创始人的人格特点的组织文化。

组织文化的塑造过程,在实践层面上是多元化的,且具有一定的复杂性。组织文化最核心的是价值观,但是在现实中,大量组织文化建设往往太过于强调物质的东西,比如挂标语和举办仪式活动等。组织文化本质上是价值观念层面,并且通过制度规范、行为和氛围层面表现出来，而不仅仅体现在文本和物象上。还有一点需要注意，强调组织文化软实力的同时不能忽视组织文化的硬实力，二者不可偏废。

综合来看，组织文化的建设思路包括以下几个方面：

（1）围绕组织高层领导者的人格化精神展开组织文化建设。从实践角度来看，组织高层领导者的认知水平、价值观念、行为方式及其对组织制度变化的影响能力，显然都能够对组织文化的形成和变化起到独特的重要作用。在有些组织中，高层领导者甚至可能在一定程度上成为组织成员的精神支柱，是组织内部凝聚力和向心力的核心力量。因此，可以通过高层领导者的支持和推动，来促进组织成员从显性的行为习惯到隐性的价值观念都与达到组织目标的要求保持一致。

（2）以学习型组织建设作为培育组织文化的重要途径之一。圣吉认为，组织应促使成员不断地自我超越，并将个人愿景与组织目标相结合，形成共同愿景。组织的共同愿景将能够使差异化的成员凝聚为一个共同体，促使组织成员的价值观念和行为习惯与组织目标趋于一致，并以强大的内在驱动力激发组织成员的工作热情。此外，学习型组织强调开放性和适应性。圣吉提出学习型组织的"五项修炼"，具体包括自我超越、心智模式、建立共同愿景、团队学习和系统思考。这些都为组织文化的建设提供了重要的启发。从学习型组织建设中的自我超越和改善心智模式开始，员工的行为习惯会出现变化和改善，这比组织文化建设中对员工行为层的约束和规范更加积极；组织的共同愿景从关注员工的个人愿景出发，由下而上地进行汇集和凝聚，比组织文化的精神价值层建设中较为常见的从上而下向员工进行宣教和传播的方式更为高效。因此，以学习型组织建设为途径来培育组织文化，可以成为重要的途径之一。

（3）数字社会背景下组织文化建设的创新。如果说传统社会更加关注以物质资源为主的物理空间和以人为主的社会空间，那么现代社会中的数字空间正在迅速地发展壮大，并形成对传统的物理空间和社会空间进行改造甚至重构的趋势。IT技术的飞速发展，推动现代社会进入数字社会。数字社会背景下的组织文化建设，需要增强文化建设中的专业化技术队伍，建立数字化的文化知识和案例库，优化分享和激励机制，利用大数据分析、数字孪生和虚拟现实等现代技术，持续增强组织文化建设过程中的精细化和智能化水平，提升参与者在丰富场景中的体验感与获得感。

此外，在组织文化的实践塑造过程中，应该特别关注十个方面的问题，争取在组织内形成广泛的共识。组织在文化建设中，比较重要的十个问题如下：

1) 停留在物象层次,流于形式。如只关注挂标语、办活动等。

2) 组织文化的符号具有一定的歧义,会导致组织成员对文化的内涵解释不同。

3) 文化变成了组织任务的工具。这方面具有很大的普遍性。

4) 洗脑压抑了个体积极性。

5) 文化设施和组织制度不配套、不吻合。

6) 文化关系造成的两面人,口是心非。

7) 在处理传承性和可变性、自发性和习得性、稳定性和变化性的关系上举止失当。

8) 试图对组织文化进行先进与落后、精华与糟粕的严格切割。组织文化作为一个整体,需要谨慎对待。

9) 高管对组织文化抱有太大的期望。

10) 价值取向和情感取向可能会存在冲突。

本章回顾

- 韦伯把权威分为三种类型:传统型权威、超凡魅力型权威和法理型权威。
- 巴纳德对于组织管理理论的贡献主要包括正式组织理论、经理职能理论和权威接受理论。
- 高歇尔认为,员工的创造力和个人能动性,是一种远比统一性和服从性更重要的有竞争优势的资源。"个性化"管理模式,就是试图去建立一个足够灵活的,能够让每一位员工利用其特有学识和特殊技能的组织框架。
- 马奇和西蒙认为,正式组织的等级制在现实中体现出的高效率值得关注;卡斯特等人认为,组织可以看作是一个开放的社会技术系统;巴纳德提出了正式组织生成的三个条件和三个构成要素,还提出了"复合正式组织"的概念。
- 梅奥在霍桑实验中发现了小团体是对工人的行为和情绪进行影响或控制的一种重要的工具,这种小团体就是非正式组织;巴纳德认为,非正式组织是人际接触、相互作用和相关群体的总和。
- 罗宾斯等认为,组织文化指组织成员共享的、能够将本组织与其他组织区分开的一套意义系统。构成组织文化的七个要素能够反映组织文化的本质。
- 沙因认为,组织文化可以划分为三个层次:人工成分、信奉的信念和价值观以及基本的潜在假设。从现代系统论的观点来看,组织文化可以划分为三个层次:物质层、制度层和精神层。

本章习题

习题及参考答案

案例讨论

案例

讨论：

1. 请结合韦伯提出的官僚制科层组织的基本特征，分析 SAS 公司的灵活性体现在哪些方面。

2. 请根据"个性化"管理模式的特征，分析 SAS 公司的管理特点。

3. SAS 公司无压力的文化，为什么能作为公司的留人措施？

拓展阅读

拓展阅读

第十一章 组织设计

导言

第一节 组织设计的任务、要素与影响因素

党的二十大报告指出:"必须坚持系统观念。万事万物是相互联系、相互依存的。只有用普遍联系的、全面系统的、发展变化的观点观察事物,才能把握事物发展规律。"坚持系统观念是科学的思想和工作方法,能够帮助我们全面、联系和发展地看待事物,更好地把握事物发展规律。管理活动中的诸多环节,同样需要以关联性、系统性和动态性的观点来全面观察、深入理解和精确把握。显然,组织设计活动也需要以系统观念来进行分析和理解。

一、组织设计的任务

在组织的战略、目标和计划方案清晰化之后,管理者需要在组织内部创建一个结构化的环境。在这样的环境中,组织成员能够通过组织结构来有效地开展工作,从而实现组织各阶段的任务和最终目标。组织设计的任务是按照劳动分工的原则,设计出清晰的组织结构图,规范横向部门和纵向层级的权责范围,并支持组织动态运行过程中的信息、权责流动的通畅。因此,组织设计的具体任务包括两个方面:静态的组织结构设计、部门和层级的职能和权限规范、编制职务说明书,以及动态的组织运行制度设计。

(一)组织结构设计

1.职能结构设计

这里的"职能"是指组织所应具备的某些基本功能,如组织应该具备人事管理、财务管理、生产商品或提供服务等方面的功能。这些基本功能应该在组织结构中得到充分体现。职能设计可以结合从下向上的部门设计和从上向下的层级设计过程得到清晰化和明确化。

2.横向结构设计

横向结构设计围绕着工作专门化、部门化过程而展开。部门化过程依赖于专业化分工的过程,分工的过程类似于形成同质化单元的过程,即把联系比较紧密的、相对同质的事务或活动归于一个部门。但是在形成同质化单元的过程中,可能会在不同单元之间造成分割或断裂。同时,管理活动在总体上也需要保持连续性和整体性。所以,横向结构设计既包含一定程度的同质化单元,又包含足够的不同单元来体现总体上的连续性。

以上表述具有一定的抽象性,其实横向结构设计具有更为突出的简洁性。例如,可以将一项制作和销售烤面包的任务,分解为原料采购、运输、原料库存、生产、质量检验、成品库存、销售和现场服务等行动单元。其中,原料采购、运输和原料库存共三个行动单元,可以组合成为采购部门;生产、质量检验和成品库存,可以组合成为生产部门;销售和现场服务,可以组合成为销售部门。

3.纵向结构设计

纵向结构设计围绕着指挥链、管理幅度等要素展开。在纵向结构设计中,需要明确组织正式的指挥链所应具备的层级数量,以及指挥链上各个层级部门在职权、职责方面的范围和侧重,并遵守统一指挥原则。此外,由于管理者有效地直接管理下属成员的人数是有限的,所以组织的纵向层级数量也需要考虑这方面因素的影响。

(二)组织运行制度设计

1.信息沟通系统设计

信息沟通系统是指由若干个环节的沟通路径所组成的信息流动结构。良好的信息沟通系统,不仅应包含自上而下的信息传递路径,以及自下而上的信息反馈路径,还应该设置开放性的知识管理平台。组织的各级成员在知识管理平台上身份平等,有利于在正式组织中融入更多非正式组织的情感、经历、兴趣和实用技能等信息,使信息走向立体呈现和传递,增强组织成员的情感认同以及自我学习的动力。因此,建立一套通畅、便捷的信息沟通系统,不仅能够保证上下层级之间信息传递的准确性和有效性,而且能够通过组织成员的自组织学习、自我提升,不断增强组织的整体学习能力,增强组织的对内凝聚力和对外竞争力。

2.管理规范设计

管理规范设计关注两个方面的内容:组织结构中的部门、层级在职能和权限上的综合平衡,以及组织在动态运行过程中,各项规章制度的正式性、规范性和完整性。组织在结构、权责和运行制度方面的规范化过程,会对各类行动主体的活动目标、规则程序和工作标准等方面,形成公平的、有效的约束力,从而有利于保证组织的各个层级、部门和岗位,按照统一的要求进行配合行动,更加平稳、高效地实现组织的目标。

二、组织设计的基本要素

组织设计包括六项基本要素:工作专门化、部门化、指挥链、管理幅度、集权和分权以及正规化。其中,在静态组织结构设计中,横向的部门化过程,主要通过工作专门化和部门化要素来实现;纵向的层级化过程,主要通过指挥链和管理幅度要素来实现。动态的组织运行制度和均衡调整过程,主要通过集权和分权以及正规化要素来实现。

(一)工作专门化

工作专门化的本质是劳动分工,指导思想是劳动分工可以明显提高生产效率。工作专门化是指将完成一项任务的过程划分为若干行动单元,每位员工专门从事一项任务中的某一个部分,而不是整项任务。例如,在横向结构设计的例子中,将制作和销售烤面包的任务,分解为原料采购、运输、原料库存、生产、质量检验、成品库存、销售和现场服务等具体的单元,就属于工作专门化的分解过程。但是,在当代管理实践中,人们也认识到劳动分工如果超过了一定限度,将很难带来生产效率的继续提高。

(二)部门化

部门化是指将若干联系紧密的行动单元或工作岗位组合到一起,使得工作任务能够以更加简洁、高效的组合行动单元群的方式来完成。在前边的例子中,将原料采购、运输和原料库存三个单元组合为采购部门,将生产、质量检验和成品库存组合为生产部门,将销售和现场服务组合为销售部门等工作,都属于部门化的过程。在当代管理实践中,相当多的组织开始尝试更加有效的组织结构化形式,如将不同层级、不同部门的员工,组合成跨部门、跨职能的工作团队,来针对具体的、灵活的任务和目标做出有效的响应。

(三)指挥链

指挥链是指从组织的最高层延伸到最低层的职能链。指挥链包括三个要素:职权、职责和统一指挥。职权是指组织中的管理职位所具有的发布命令和让命令得到执行的权力。指挥链中的管理者由于管理职位而拥有职权,管理者通过职权去指挥、监督或协调他人的工作。管理学家巴纳德提出了一种不同于传统职权的认知,认为职权的本质来源于下属是否接受的意愿,这就是"权威接受理论"。如果组织成员不接受上级管理者的命令,那就意味着对下属来说,职权的影响力很低。职责是指完成工作任务的义务或期望,组织成员应该为完成工作任务或目标而努力,并承担绩效的责任。在现实中,上级如果只授予工作职权,而不关注职责或责任,就可能会导致职权被滥用的现象。同样地,如果只要求工作职责,而不授予相应的职权,那么组织成员也往往难以完成被安排的任务。统一指挥是指在管理活动中,一位员工应该只向一位上级管理者进行汇报。这是为了避免多头指挥的弊端,如多位上级管理者发出的命令相互矛盾所带来的低效率和混乱。

在当代管理实践中,由于信息技术和员工素质等因素发生改变所造成的影响,传统指挥链的作用也开始出现变化,指挥链刚性的约束性开始降低。例如,借助于便捷的通信工具,员工可以在很短的时间内获得过去只有管理者才能知道的信息,并可以大范围扩散,由此可能导致组织内部的小事件迅速跃升为整个社会关注的焦点议题。这些改变都会对传统指挥链带来不断的冲击,也会改变管理者对指挥链的认知和理解。

(四)管理幅度

管理幅度也称为管理跨度,是指管理者能够有效地直接管理下属成员的人数。管理幅度的大小,影响着组织中的管理层级数和管理者的总体数量。在组织规模不变时,管理幅度越大,管理层级和管理者的数量越少。更大的管理幅度,也意味着每位管理人员会被授予更多的职权和职责。当管理者没有足够的时间来完成职责,从而引起绩效下降时,更大的管理幅度就会导致组织运行效率的降低。传统上,比较合适的管理幅度的经验数据是管理者尽量不要超过6或7个直接下属。

在当代管理实践中,人们认为管理幅度的大小受到多种因素的影响,传统的经验数据不再具有可靠的指导性。这些因素包括管理者本身的能力和素质、员工的能力以及相互信任的沟通等。如果管理者经验丰富,员工能力较强,那么管理幅度就可以增大。

(五)集权和分权

集权和分权表明决策活动集中在组织高层的程度。如果高层管理者在制定重要决策的时候,几乎不考虑低层管理者或基层员工的意见,那么这个组织的运行活动就表现为集权。同样地,如果高层管理者在制定重要决策的时候,低层管理者或基层员工能够广泛深入参与,充分表达自身的利益诉求,并受到高层管理者的重视和采纳,那么这个组织的运行活动就表现为分权。集权和分权这一组概念,是相对而言的,二者之间难以绝对地划分界限。传统组织常常会采用金字塔型的组织结构,在这种组织结构中,集权化的决策和管理效果往往比较好。

在当代管理实践中,人们发现组织面对的环境变化速度越来越快,组织面对问题的复杂性和不确定性也越来越明显。此外,组织新加入成员的素质和能力也在不断地提升。这些变化都要求组织的结构和运行具有更大的灵活性,要求组织对成员进行更多的分权。也就是说,组织决策活动中的分权化趋势已经出现。通过赋予组织成员更多决策权,很多时候能够发挥组织中低层管理者或基层员工更接近、更了解具体场景的优势,从而可以更快速、更有效地解决问题。

(六) 正规化

正规化是指组织中各项工作过程的标准化程度,以及员工行为受到规则和程序指导的程度。高度正规化的组织,往往拥有规范、完备的规章制度,以及各项工作流程的明确程序。在当代管理实践中,由于组织环境、人员素质和信息技术等多种因素的影响,越来越少的组织完全依赖严格的规章制度和标准化程序来对员工行为进行刚性约束的管理模式。

三、组织设计的影响因素

影响组织设计的因素有五个方面,具体包括组织环境、组织战略、组织规模、组织技术和组织生命周期。

(一) 组织环境

所有管理活动都离不开一定的环境约束。组织的环境可以分为三个层次:宏观环境、中观环境和微观环境。

宏观环境也被称为一般环境,是指对组织活动产生间接影响的政治、经济、社会和文化以及科技水平等因素所构成的社会环境。宏观环境对组织产生的影响虽然是间接的,但是这种影响具有持续性和深入性。此外,跨国组织在不同国家所遇到的宏观环境方面的巨大差异性,也会对组织的经营活动产生重大影响。例如,组织开展跨国业务活动时,东道国在宏观环境方面的关键要素差异,将会给组织活动带来潜在的矛盾和冲突,因此往往需要增设相应的机构或部门来进行研究和应对。宏观环境一般可以使用 PEST 和 SWOT 等方法来进行分析。PEST 方法是指聚焦于宏观环境中的四种核心要素进行分析,这四种要素包括政治(Politics)、经济(Economy)、社会(Society)、技术(Technology)。SWOT 方法是通过对组织内部的优势和劣势进行比较分析,结合对组织外部的机遇和威胁的比较分析,从而最终形成对组织较为有利的多种策略的选择。

中观环境也被称为任务环境或行业环境。中观环境是指和组织活动直接相关的环境,包括竞争对手、供应商、顾客、银行和政府等。中观环境会强烈影响组织经营活动的成败,组织需要及时、灵活地设置和调整组织结构来应对环境中的变化或威胁。对组织的中观环境进行分析的工具,包括"波特五力模型"等。波特认为,行业环境中能够决定竞争规模和程度的关键要素有五个,这五个要素代表着五种力量,它们综合起来影响着行业环境的竞争性和吸引力。"波特五力模型"中包含的五种要素:现有竞争者的竞争能力、供应商的讨价还价能力、顾客的成熟度、潜在竞争者的进入能力和替代品的替代能力。

微观环境侧重于具体的地域特征,如地理位置和顾客群的消费特性等。微观环境一般需要结合经营活动的具体情景来进行分析。

对三层环境的整体评估主要考量两个方面的因素:动态性和复杂性。一方面,环境的动态性越高,意味着环境的变化速度越快,环境就会表现出更大的不确定性。此时,组织设计可以采用更加柔性灵活的有机式组织。在有机式组织的内部,权力层级的刚性降低,决策权力分散并下移,能够更好地发挥一线员工灵活处理不确定性问题的优势和潜力。环境的动态性越低,意味着环境的变化速度越慢,环境表现得较为稳定。此时,组织设计可以采用更加规范的机械式组织。在机械式组织的内部,具有明确的规章制度、权力层级和工作程序,组织的集权化程度也相对较高,从而有利于组织运行效率的平稳和提升。另一方面,环境的复杂性较高时,往往需要在组织结构中增设必要的职位或部门,如聘用外部专家或增设信息情报部门等,以及时了解和应对环境中的变化,促进组织资源和环境之间更好地交流和平衡。当环境的复杂性较低时,组织结构可以更为简单。

当环境中的动态性和复杂性这两种因素相互交织时,将会形成四种环境类型:低度不确定性、中低度不确定性、中高度不确定性、高度不确定性。这四种环境类型对组织设计的影响更加复杂。从整体上来看,在低度不确定性与中低度不确定性的环境中,组织设计采用机械式组织更加有效;在中高度不确定性与高度不确定性的环境中,组织设计采用有机式组织更为合适。

(二)组织战略

阿尔弗雷德·D.钱德勒通过对多个企业的实例研究发现,不同企业获得竞争优势的关键因素在于,采用不同组织战略的时候,能够及时地对组织结构进行相应的变革和调整,尽管这一过程有时比较困难和漫长。因此,他认为组织结构的调整应该从属和服从于组织战略的变化。如果组织长期保持在单一行业内发展,那么就应该采用相对集权、简单的结构;如果组织进行多元化经营,那么就需要采用分权的事业部结构。总之,组织的结构需要根据组织战略的变化及时进行调整,以提高组织对内外部环境变化的适应性。

钱德勒将战略发展划分为四个不同的阶段:数量扩大阶段、地区开拓阶段、纵向联合开拓阶段和产品多样化阶段,每个阶段都应该有与之相适应的组织结构。这四个战略发展阶段与组织从小到大的发展时期保持一致。数量扩大阶段是指追求产品数量的规模化增长阶段,往往也是组织初始创立的阶段。在组织的初创时期,生产设备、产品规模和采购销售等多方面的运营活动都比较有限,所以这一阶段的组织结构相对简单,管理者往往偏向于集权的形式。产品多样化阶段是组织有实力开始大规模、跨行业进行多元化经营的阶段,组织需要考虑对大量资源进行综合分配,以及多部门之间的协作和调整,所以这一阶段的组织结构往往会形成分权事业部制的结构形式。处于中间的两个战略发展阶段是组织发展逐步壮大的中间过程阶段,也是组织结构从简单开始逐步复杂化的过程。

(三)组织规模

彼得·布劳(Peter Blau)等人通过对组织规模和组织设计之间关系的深入研究,认为组织规模是影响组织结构的最重要因素。随着组织规模的扩大,组织内部的复杂性开始快速上升,组织内部人员、部门之间的潜在矛盾和冲突也会逐渐积累。组织规模的扩大,一方面带来了专业化、规范化程度的提高,另一方面也带来了分权决策的强烈需要。总之,组织规模不断扩大的过程,在组织结构上将出现逐步分权决策的趋势。大型组织和小型组织在组织结构上的区别,主要体现在以下四个方面:

第一,规范化程度。大型组织一般会制定并实施严格的规章制度和工作程序来实现标准化作业。因此,大型组织的规范化程度更高。小型组织的各项制度和程序往往正处在探索阶段,正在从不规范向成熟规范的制度和行为迈进的过程中,所以一般无法制定和实施相对成熟的、明确完整的规章制度或工作程序。因此,小型组织的规范化程度较低。

第二,集权化程度。小型组织所需要的决策活动相对更少,高层管理者容易对组织运行过程进行全面的了解和掌握,所以小型组织中的高层管理者在进行决策时,集权化程度相对较高。大型组织的运营活动更为复杂,面对需要协调的大量资源,高层管理者往往需要将决策权分散给不同层级的管理者,以降低事务性压力,并能够对环境变化快速做出反应。

第三,复杂化程度。大型组织拥有更多的人员、部门和层级,需要面对更多的决策、信息沟通和资源协调等活动。因此,大型组织的复杂化程度更高。相反地,小型组织的复杂化程度较低。

第四,人员结构比率。当组织的规模扩大时,管理人员和基层员工的结构比例应该保持动态的平衡。帕金森定律认为,管理者总是会增加更多的低于自身能力的下属来获得自身地位的稳固。当组织的规模扩大时,组织中管理人员的增幅会更大;当组织规模缩小时,组织中管理人员的减幅会比其他人的减幅更小。

(四)组织技术

组织所拥有的生产技术类型,会影响采取的生产工艺和流程,从而影响到组织结构的工作专门化、部门化等结构化过程。琼·伍德沃德(Joan Woodward)将生产技术划分为三类:单件小批量生产技术、大批量生产技术和流程生产技术。

单件小批量生产技术,适用于小批量的商品生产,如日常用品和零售百货等。采用这种生产技术类型的企业,在组织结构方面的特征表现为规范化和复杂化程度较低,总体结构表现出有机式组织的倾向。大批量生产技术,适用于标准化的产品生产,如汽车和电脑等。采用这种生产技术类型的企业,在组织结构方面的特征表现为规范化、复杂化程度较高,总体结构表现出机械式组织的倾向。流程生产技术,适用于连续不断的生产过程,如炼油厂、化工厂和发电厂等。采用这种生产技术类型的企业,其在组织结构方面的特征表现为规范化、复杂化程度较低,总体结构表现出有机式组织的倾向。

(五)组织生命周期

有很多学者对组织生命周期进行了深入的研究。罗伯特·奎因(Robert Quinn)和金·卡梅隆(Kim Cameron)把组织的生命周期划分为四个阶段:创业阶段、集合阶段、规范化阶段和精细阶段,并认为企业的成长是一个从低级到高级、从简单到复杂、从幼稚到成熟的阶段性发展过程。伊查克·爱迪思(Ichak Adizes)把组织的生命周期划分为七个阶段:孕育期、婴儿期、学步期、青春期、壮年期、衰退期和崩溃期,并提出了 PAEI 模型,用来诊断公司处于不同阶段所面对的主要问题。综合来看,组织的成长过程可以包含以下阶段。

第一个阶段:初创阶段。处在初创阶段的组织,规模往往比较小,偏向于采用结构比较简单、相对集权化的机械式组织形态。

第二个阶段:成长阶段。随着规模的扩大,组织中的人员、部门开始快速增加,组织在决策、指挥、沟通和协调等多个方面会出现新的要求,原来简单的、机械的组织结构需要进行调整和改变,转变为规范性逐渐增强、适度分权的组织结构形态。

第三个阶段:成熟阶段。处在成熟阶段的组织,一般会采取更大程度的分权结构,层级关系基本稳定,信息沟通网络较为有效,组织规章制度相对完善。此时的组织结构表现出较高的规范性和稳定性。

第四个阶段:衰退阶段。处于衰退阶段的组织,如果过于强调程序和规范,将会导致形式主义扩散。此外,组织中的部门和人员,由于信息传递路径的延长,或潜在的矛盾和冲突增加,常常会出现机构臃肿、人浮于事等现象。组织的运行效率低下,但是改革困难重重。这些负面因素积累到一定程度,组织将必然进入衰退阶段。

第五个阶段:再生阶段。组织如果在衰退阶段积极主动地进行改革,分化、减少阻力,通过降低成本、采用扁平化组织结构或弹性结构、提高组织的凝聚力以及发挥员工的积极性等多种方式,就可能使组织再次获得成功。处于再生阶段的组织,需要在确定性的规则、行为和意识中增加更多的灵活性、柔性和自主性,从而使组织获得新生。

第二节 组织结构的类型与演化趋势

一、管理幅度与管理层级

(一)管理幅度与管理层级的含义

管理幅度是指管理者能够有效地直接管理下属成员的人数。管理层级是指组织中指挥链从最高层到最低层的层数。当组织规模一定时,管理幅度与管理层级之间呈现出反比例的关系:管理幅度越大,组织所需要的管理层级就越少;反之,管理幅度越小,组织中的管理层级就越多。法国管理学者格拉丘纳斯(V. A. Graicunas)曾经提出一个数学公式,用来证明上级的管理幅度在超过一定人数时,上级和下级之间的关系将会复杂到难以驾驭的程度。在管理实践活动中,人们也发现管理幅度不能无限增加,因为每个人在知识、能力、时间和精力等方面都是有限的,如果管理幅度过大,必然导致管理效率降低。

(二)影响管理幅度的因素

管理幅度受到以下六个因素的影响。

1.工作性质

下属成员之间工作性质的差异性越大,员工之间的关系越复杂,管理幅度就应该越小,反之越大。工作复杂性越高,管理幅度就越小,反之越大。

2.工作条件

工作条件包括通信手段和交通手段等。工作条件越好,管理幅度就应该越大,反之越小。

3.监控手段

监控手段包括技术手段和制度规范。监控技术手段越完备,管理幅度就可以越大;制度越规范,管理幅度可以越大。

4.领导能力

如果领导者的管理水平较高,那么管理幅度就可以更大;如果领导者的管理水平较低,那么管理幅度就应该更小。

5.下属情况

下属情况包括下属素质能力与下属协作团结程度。如果下属整体素质能力比较高,且协作团结良好,那么管理幅度就可以更大。

6.参谋秘书情况

如果有高水平的参谋和高质量的助手,那么管理幅度可以更大,反之就应该更小。参谋和助手的性质是不一样的,参谋如同大脑的延伸,助手如同手脚的延伸。参谋未必总与领导保持一致,但助手必然与领导保持一致。当代管理活动在这个问题上的实践探索表明,将参谋和助手相分离,对于组织的长远发展更为有利。

以上六个因素可以分为两大类:前三个因素属于组织层面,后三个因素属于人员层面。组织设计时偏重于前三个因素,组织运行时偏重于后三个因素。

(三)管理层级过多给组织带来的不利影响

在管理活动中,必然会存在管理层级。如果管理层级过多,也会给组织带来很大的不利影响。管理层级过多给组织带来的不利影响有以下方面。

1.降低组织的运行效率

中间层级过多,将会增加管理人员数量和费用开支,消耗更多的组织资源,进而导致组织运行成本升高。此外,管理者在多层级之间进行沟通和协调时,耗费的时间和精力将会增大。这些都将导致组织运行效率的降低。

2.信息扭曲或滞后现象增多

组织的层级数量越多,信息流动效果往往会越差。在多环节的信息流动过程中,特别是口头信息,很容易被扭曲或增减内容,导致虚假信息的出现和传播。如果管理者得不到准确的信息,在决策或执行时就容易出现偏差。此外,由于管理层级较多,来自环境变化的机会和风险,如市场需求的波动等信息,传导到决策者所经过的路线较长,涉及的部门较多,容易造成重要信息传导滞后,从而导致组织在面对环境快速变化时不能及时进行适应性转换,最终降低组织在环境中的竞争地位。

3.不利于管理者发挥自主性和灵活性作用

面对不确定性日益增长的当代环境,管理者需要充分发挥自主性、灵活性和创造性,这样才能更加有效地应对环境所带来的挑战和发现更多稍纵即逝的机会。管理层级较多,将可能造成不同层级的管理部门在领会高层管理者的指导思想方面产生较大的差异性。为了降低风险和责任,各级管理部门往往会倾向于对下级部门增加刚性约束,从而压缩下级管理者发挥创造性的空间,不利于调动管理者发挥自主性和灵活性。

二、组织结构的基本类型

组织结构的基本类型包括直线型组织结构、直线职能型组织结构、事业部型组织结构和矩阵型组织结构。

（一）直线型组织结构

1.直线型组织结构的特点

直线型组织结构最突出的特点是组织中从上到下的垂直指挥链形成组织结构的中心和典型的"命令-服从"关系;不设置职能部门来辅助管理者开展工作。因此,各级管理人员需要对其所负责的部门或人员承担全面的责任。这是一种最简单的组织结构形式,适用于小规模组织,或处于初创时期的组织。直线型组织结构如图11-1所示。

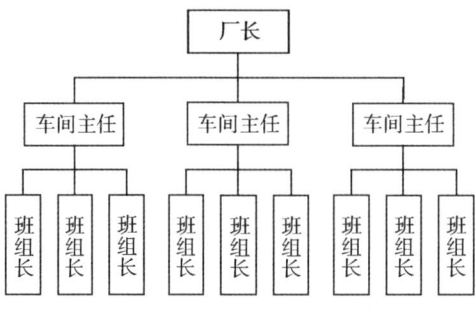

图11-1 直线型组织结构图

2.直线型组织结构的优点

(1)权责关系明确,执行效率较高。每一层级管理者的权力和职责较为清晰,指挥链较短,纪律和秩序的约束力较强,决策的执行效率较高。

(2)结构简单,管理成本较低。组织不需要涉及复杂的职能部门,管理人员较少,因此管理成本较低。

3.直线型组织结构的缺点

(1)专业化水平较低,对管理人员的能力要求较高。组织中的专业细化程度较低,没有专业化人才辅助决策。每一层级的管理者需要承担部门所有的工作,对综合能力的要求较高。

(2)缺乏横向沟通。直线型组织结构特别关注层级之间的纵向指挥链,容易导致横向信息沟通不顺畅。

(二)直线职能型组织结构

1.直线职能型组织结构的特点

直线职能型组织结构最突出的特点是在从上到下的垂直指挥链之外,在管理层级中设置有相应的职能部门。这些职能部门属于参谋机构,一般没有直接的指挥职权,在管理决策中辅助指挥链进行专业化的管理,或者在直线领导的授权下进行分管专业的指挥。直线职能型组织结构适用于规模不大、产品种类不多、内外部环境比较稳定的中小型组织。

直线职能型组织结构,起源于泰罗的"职能工长制"。泰罗当时设计出了八个职能工长来代替原来的一个全能工长,以降低对管理人员能力的要求和总的工资成本。"职能工长制"后来在实践活动中没有得到广泛应用,很重要的原因是一个工人需要同时接受多个职能工长的多头领导,容易引起混乱。但是,泰罗的职能管理思想,即把指挥链上的管理者权力,授予稍低级别的专业人员去承担的分权尝试,为以后职能部门的建立和管理的专业化提供了宝贵的启发和思路。直线职能型组织结构如图11-2所示。

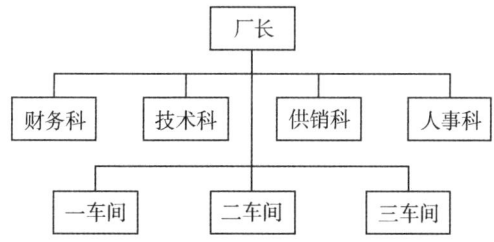

图11-2 直线职能型组织结构图

2.直线职能型组织结构的优点

(1)统一指挥和专业化管理相结合。来自垂直指挥链的统一指挥,保证了决策的执行效率;来自职能部门的专业化协助,能够使组织的决策更加科学严密和合理全面。

(2)能够有效地减轻管理者的日常负担。职能部门所具有的专业化优势,使他们能够提供达到一定深度的专业化参考方案,并在日常管理活动中能够从专业角度提出可行的建议。这些重要的协助活动,能够明显减少管理者花在决策方案和专业化细节方面的时间和精力,从而使他们能够投入更多的力量,对组织更高层次的重要问题予以关注、探索和创新。

3.直线职能型组织结构的缺点

(1)横向协调难度大。当直线部门和职能部门或不同职能部门之间在判断、行动或目标方面不一致时,容易导致组织内部潜在的冲突增多,组织内部的协调难度增加。

(2)对环境变化的灵活适应性较低。直线职能型组织结构的内部相对稳定,各类部门较多,导致这种组织结构对外部环境的变化反应较为迟钝,缺乏应对环境不确定性所需要的结构弹性。

(三)事业部型组织结构

1.事业部型组织结构的特点

事业部型组织结构是指组织按照地区或产品类别等标准,将组织的下属部门划分为若干个事业部,每个事业部实行独立经营、分权管理的一种分权式组织结构。事业部型组织结构适用于规模庞大、产品品种繁多、生产技术较为复杂的大型或超大型组织。

事业部型组织结构起源于美国通用汽车公司,最早由通用汽车公司总裁阿尔弗雷德·斯隆(Alfred P. Sloan)于1924年在对公司的组织结构进行改造时提出,因此也被称为"斯隆模式"(德鲁克将之称为"联邦分权制")。斯隆当时将公司分为总部、事业部、基层厂部三个层次,总部不管理具体业务,只负责资本运营,具体业务全部交给事业部。每个事业部都是一个独立的运营单位(17个事业部中包括别克、凯迪拉克、雪佛兰等),不同事业部的大小差异比较大,每个事业部下面都包括几个基层厂部、人力资源部、财务部、生产部和销售部等。斯隆对于大型企业结构的改造,明显地改善了通用汽车公司的经营状况,事业部型组织结构也从此受到了人们的广泛关注和接受。事业部型组织结构如图11-3所示。

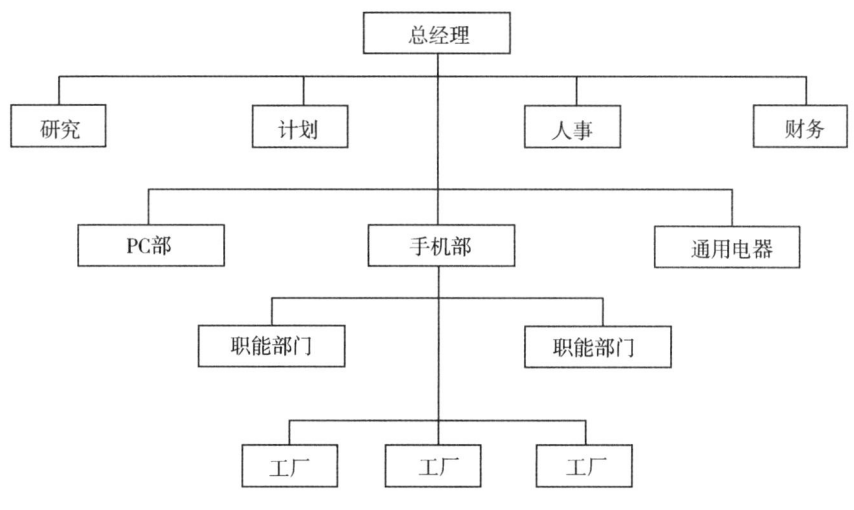

图 11-3 事业部型组织结构图

2.事业部型组织结构的优点

(1)有利于高层管理者专注于战略规划与决策。由于各个事业部相对独立于组织的最高管理层,并且其分权和独立程度比直线职能型组织结构中的直线部门更大,这使企业的高层管理者能够更大程度地摆脱日常行政事务的束缚,将精力集中在组织的战略规划和决策上。

(2)有利于培养具有综合能力的人才,提高组织对环境的适应能力。每个事业部中的职能部门相对较多,有利于培养事业部负责人的综合能力和全局意识。同时,每个事业部都要对独立的经营活动过程以及经营结果承担完全的责任,也有利于激发事业部成员的主动性和创造性,从而提高组织对环境的适应能力。

3.事业部型组织结构的缺点

(1)事业部容易产生本位主义。每个事业部都拥有独立的市场,高度的分权容易导致各个事业部只考虑自己的利益,最终产生严重的本位主义。这种关注局部利益最大化的行为,不仅会使不同事业部之间的矛盾或冲突增加,而且会严重影响到组织整体战略目标的顺利实现。

(2)职能机构的重复设置会导致管理成本的上升。组织的总部和各个事业部都设置有相对完备的职能机构,必然会造成管理机构的膨胀和管理人员的增加,导致管理协调成本和人员工资成本上升。

(四)矩阵型组织结构

1.矩阵型组织结构的特点

矩阵型组织结构既包含按照职能划分、垂直管理的指挥链系统,又包含按照项目或产品划分的横向管理系统。项目小组的成员往往来自不同的部门,大多数成员同时接受两名上级的领导。项目小组一般属于临时组织,任务完成后会被解散,项目小组成员也常常会返回原来的部门。矩阵型组织结构适用于工作任务变动频繁的情况,或需要横向协作的攻关项目,以及需要多种知识专长才能完成的综合任务等。矩阵型组织结构如图 11-4 所示。

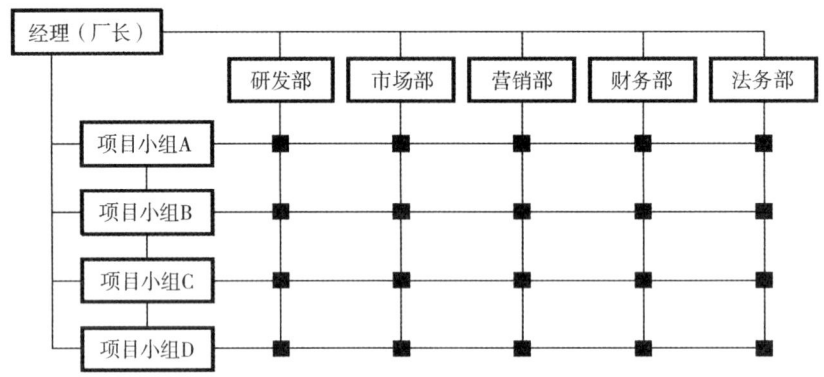

图 11-4　矩阵型组织结构图

2.矩阵型组织结构的优点

(1)灵活性强,有利于创新活动。矩阵型结构可以针对环境中的需求变化,灵活地以项目的形式来快速应对。一旦项目任务完成,环境中又出现了新的需求,这种组织结构还可以迅速地进行调整:改变原项目小组的任务、解散原项目小组或成立新项目小组。项目小组成员返回原部门时,不会对组织原本的指挥链结构产生较大影响。矩阵型结构具有的灵活多变特点,使组织整体对于环境变化能够及时响应,增强组织适应环境变化的能力。此外,项目小组成员往往从不同职能部门抽调而来,具有不同的专长,这在一定程度上有利于成员间相互学习和启发,思维的碰撞更有利于催生创新活动。

(2)沟通渠道多样化,执行效率更高。项目小组的成员一般会有两名上级,能够同时保持横向和纵向信息的有效沟通。项目小组在需要各个职能部门支持时,只需通过本项目小组的内部成员进行沟通协商,就会得到相应职能部门提供的低成本的、及时的、深入的协助。这必然会带来执行效率的提升。

3.矩阵型组织结构的缺点

(1)项目小组结构的稳定性较低,运营成本较高。由于项目小组一般属于临时性质,在项目任务完成后,项目小组往往会快速解体,来自不同部门的成员最终将会返回,这会导致项目小组的成员归属感较差,无法形成足够的集体荣誉感,从而影响小组成员的工作积极性。此外,任何一个项目小组的组建、运行和解散过程,都需要较多组织资源的支持,组织总体的运营成本将会较高。特别是某些项目小组完成任务失败时,会给组织带来更多的资源损失。较高的运营成本,需要项目小组创新活动产生的利润进行及时弥补。

(2)多头指挥在一定程度上破坏了统一指挥原则。矩阵型组织结构存在着双头指挥的问题:项目小组的大部分成员,并没有脱离原部门单位,所以既接受项目小组负责人的直接指挥,又接受原单位相关负责人的直接指挥,还受到项目小组和原单位中各项规章制度、规范条例的双重约束。这在一定程度上破坏了统一指挥的原则。如果项目小组和原单位发出的命令存在潜在的冲突或矛盾,往往就需要项目小组成员及时进行大量的信息沟通工作,花费大量的时间和精力,严重时可能还会影响正常工作的顺利进行。

三、组织结构的演化趋势

(一)学习型组织

阿吉里斯对组织学习理论做出了重要贡献,他特别关注个性与组织之间的冲突和协调。他认为,组织学习的过程包含单环学习和双环学习两个过程。单环学习是指工具性的浅层学习,它可以改变行动策略,但是不改变行动策略背后的价值观。单环学习关注方法和策略的改变,即怎样在现有的规范下最有效地达到现有的目标。双环学习是指价值性的深层学习,是可以让决策活动中的价值观发生改变的学习。双环学习关注对于组织非常重要的战略方向或目标体系的改变和重塑。

圣吉对学习型组织进行了系统的研究,提出了受到广泛关注的"学习型组织的五项修炼"。圣吉认为,未来真正出色的组织,将会是能够设法使各个层级的成员全身心投入,并且有能力不断学习的组织。通过迈向学习型组织的种种努力,组织能够引导出不断创新和进步的新思想、新观念,从而获得更加强大的生命力。学习型组织不仅局限在组织内部,而且对促使整个社会向学习型社会迈进具有重要的启示意义。圣吉提出学习型组织的"五项修炼",具体包括自我超越、心智模式、建立共同愿景、团队学习和系统思考。

1.自我超越

不是通过降低理想来适应环境,而是通过提升自己来实现理想。这需要创意和耐力,以及不断的学习与超越。

2.心智模式

克服原有习惯所形成的障碍,不断改善它,最终突破它,形成新的心智模式。

3.建立共同愿景

在共同的理想、文化和使命作用下,组织成员为一个共同的目标而努力。

4.团队学习

团队学习包括两个部分:深度会谈和讨论。前者对本质进行广泛的探索,后者逐步缩小范围,直到最佳选择被找到。两者应分开来做,不能混合。

5.系统思考

扩大思考的空间,融合整体能得到大于各部分加总的效力。

学习型组织所对应的有效结构,可以表现为多种形式。例如,可以是跨越不同职能领域和不同组织层级的扁平化结构。在这种结构中,整个组织中的成员能够彼此相互学习,能够不断地获取和分享新的知识,及时将这些知识应用于管理和业务活动,并且在工作活动当中相互协作。学习型组织的结构要求是尽量克服组织在结构上、空间上的阻碍因素,使成员能够以便捷、有效的方式一起完成组织的任务。此外,授权式的工作团队,也可以成为学习型组织的有效结构形式。工作团队面对需要解决的问题或目标,往往能够自行决策,基本上不需要上级管理者实施严格的管理和控制。上级管理者可以充当支持者角色。

(二) 无边界组织

在传统的组织结构中,组织一般都是有边界的。组织边界存在的潜在目的是将组织中的各种资源、工作流程以及多种产出分隔开来。边界让不同的事物具有独特性和专注性。组织的边界包含两种类型:第一种类型是指组织的内部边界,包括横向边界和纵向边界。具体来说,源于组织设计中的专门化、部门化和正规化要素所导致的横向组织边界,以区分各个职能部门的边界为显著标志;源于组织设计中的指挥链、管理幅度以及集权与分权要素所导致的纵向组织边界,以区分各级管理机构的层级为显著标志。第二种类型是指组织的外部边界,即把组织与客户、供应商和其他利益相关者区别开来的边界。

无边界组织是一种不被各种预先设定的横向、纵向或外部边界所限制的组织。无边界组织并不是要彻底清除组织所有的边界,而是要让边界具有更大的可穿透性,使得信息、资源、创意和活力能够快速而轻易地穿透组织"隔膜",从而使组织的运转更加流畅和高效。组织结构发展方向中建立无边界组织的实践探索是较为重要的。通过保持组织结构上的高度灵活性,甚至表现出非结构性的特征,而不是采用僵化的、有刚性边界的、预先设定的规范结构，无边界组织可以实现相当有效的经营效果。

(三) 虚拟型组织

虚拟型组织也称"网络型组织"或"模块化组织"，是指组织集中资源于最具有优势的工作环节，同时将其他工作环节外包给外部供应商系统，从而形成的一种多个参与主体进行协作的网络型结构的组织。网络型结构中的多个参与主体，由于地位相对平等，所以也被称为"节点"。和传统的封闭型组织不同，网络型结构往往是开放的，游离在网络结构之外的节点都可以自愿加入或脱离组织。虚拟型组织面临的最大挑战是临时形成的组织结构，其组成成员或组成机构的协作活动，一般会仅限于本次任务的完成过程；一旦任务结束，所有的协作活动可能会立即终止。所以，如何创建一种成熟的合作规则和虚拟文化来持续保持合作过程中质量的稳定性，增强合作活动对成员的凝聚力，是虚拟型组织所面对的重要问题。

总体而言，虚拟型组织可能会关注长期外包合作所形成的供应、生产、销售和技术支持等网络环节和协作系统，关注相对稳定的收益分配和成本分摊机制，而且长期共同的获益目标会促使组织所建立的国内或国际合作网络趋向紧密和牢固。虚拟型组织也可能会关注短期外包行为，具有灵活快速选择与调整外包方或合作方的特点，常以项目或订单为中心快速形成周期较短的多方合作系统，在项目或订单结束时这种合作关系可能会立即终止，当下次的项目或订单出现时，合作方以及合作关系需要重新开始建立。

虚拟型组织能够长期存在，对环境中的合作规则及参与方的自律行为等方面要求较高。例如，以我们较为熟悉的外卖订单为中心，可以形成大量虚拟型组织。以订单为中心形成的虚拟组织中，存在着外卖平台、商家、骑手与消费者组成的四方合作模式。每一次的消费订单是一个虚拟组织得以创建的开始，这个虚拟组织以满足这次消费订单为最终目标，伴随着本次订单的完成，这个虚拟组织即宣告结束。在下一次订单所形成的新的虚拟组织中，外卖平台、商家和骑手都可能会变化，新的参与方需要与消费者重新建立合作关系。一次良好的外卖订单体验并不一定会延续为下一次的良好体验，因为在虚拟组织中的具体合作对象可能总是在不停地变化。多次良好的外卖订单体验，依赖于外卖平台、商家、骑手与消费者等合作环节普遍性的规则成熟与行为自律，这也是虚拟组织能够大量存在并繁荣发展的重要环境要求。

第三节 组织整合

一、机械式组织和有机式组织的整合

(一)机械式组织

机械式组织是指通过高度的劳动分工和职能分工对专业化工作进行严密的层级控制,并制定出正式的程序、规则和标准对行为进行严格约束的组织形态。

1.机械式组织的特点

(1)职能高度专业化,并强调组织固有知识和经验的有效性。管理任务进行专业化分工,并以客观的、不受个人情感影响的方式挑选任职人员。每个员工承担特定的、严格界定的任务,并受到严格的控制和监督,以保证任务的及时完成。组织成员往往强调自身固有的知识和经验对解决问题的有效性,对于外部知识和其他组织的经验采取排斥的态度。

(2)职务和权限较为明确和刚性,管理人员的影响力主要来自职位的权力。组织往往通过正式的职权层级指挥链和明确的规则条例来确保标准作业行为得到监督和控制。组织中各级职务和权限都较为明确和刚性。管理人员对下属成员的影响力,主要来自职位所赋予的权力的大小。

(3)信息传递严重依赖于垂直指挥链,决策活动向高层集中。高层管理者是信息汇集的终点,他们依据获得的综合信息进行集中决策,决策之后的信息传递以及组织中的信息沟通活动,严重依赖垂直的指挥链,组织成员或部门之间缺乏水平或横向的信息沟通活动。

(4)重视对组织的忠诚和对上级的服从。这种忠诚和服从强调统一、标准的行为模式,忽视或排斥个性差异、情感影响等主观性因素。

2.机械式组织的适用条件

(1)环境长期稳定。

(2)任务明确,决策可以进行程序化分解。

(3)以追求组织效率为主要目标。

(4)生产技术较为稳定和标准。

(5)组织存在的时间长、规模较大。

(二)有机式组织

有机式组织是指内部的组织结构相对松散,职能分工的职务与权限灵活可变,通过信息共享和发挥员工的主动性来替代严格层级控制的组织形态。

1.有机式组织的特点

(1)知识与经验共享,强调开放性学习。组织认为员工能力的持续提高和自主动力的不断增强,是组织任务得以完成的重要基础。因此,组织会积极促进成员间的知识和经验共享行为,并将部门内的自主学习活动扩展到整个组织。此外,组织还会努力创造条件吸收各种外部智慧。因此,组织成员接受各类知识和训练以持续提高能力,并被授权自主完成各项组织任务。

(2)职务和权限较为灵活和柔性,管理人员的影响力主要通过专业知识主导。组织中的各级职务和权限并不固定,根据多变的具体任务会及时进行调整,较为灵活和柔性。管理人员来自职位权力的影响力明显降低。管理人员如果对专业知识较为了解,并能够在完成任务的过程中与员工紧密配合,将会赢得员工的较高尊重。也就是说,管理人员的影响力需要通过专业知识来建立。

(3)信息沟通渠道多样化,决策信息分散和共享程度较高。知识和经验共享平台同时可以汇集大量的工作或决策信息。组织成员或部门之间可以进行有效的信息沟通活动,各级成员的建议、诉求能够通过信息沟通网络在决策时获得更多的了解和重视。

(4)重视对工作和技术的忠诚。组织成员重视通过持续学习来提高技能,并通过职业标准和团队来指导完成工作任务,整个过程不需要过多的正式规则和直接监督。这能够使组织直接专注于提升任务完成的质量。

2.有机式组织的适用条件

(1)环境中的不确定性因素较多,变化较快。

(2)组织任务灵活多变,难以进行程序化决策。

(3)存在大量的非常规活动,需要较强的创新能力。

(4)生产技术复杂多变。

(5)组织规模较小。

(三)机械式组织和有机式组织的整合

机械式组织和有机式组织的整合,一般有以下两种途径。

1.根据组织所处的发展阶段,灵活改变采用的组织形态

一般来说,发展历史时间较长、规模较大的组织,管理规范有序,并且外部环境长

期稳定时,往往会采用机械式组织。一些规模较小的组织,或者知识或技术密集型组织,面对的外部环境变化较大时,往往会采用有机式组织。这两种组织形态并无绝对的优劣之分,需要依据组织所处的外部环境、生产技术复杂性和组织任务等多方面因素进行判断,在不同条件下选择最适合组织发展的形态。最重要的是,当环境条件发生变化时,组织能够及时辨识并进行决策或选择的灵活调整。

2.对两种组织进行某种程度的"共生结合"

这种"共生结合",不是强制性的、不符合实际的活动,而是依据实际情况,需要对组织进行探索性局部改变时才可以进行的工作。例如,矩阵制结构就是在机械式组织的整体框架下,通过增加有机式组织的局域结构,获得组织效率和绩效的双重提高。当然,在有机式组织的整体框架中,也会存在某种程度的局域性机械式结构。因此,当组织进行彻底变革较为困难时,可以先安排变革试点,在"共生结合"的组织形态于实践中获得更高的绩效、更广的接受度和更有效的经验后,再进行下一步决策。

二、集权、分权和授权的整合

(一)集权、分权和授权的含义与区别

集权是指指挥权在组织层级系统中较高管理层级上的集中。组织在一定程度上的集权,可以保证组织整体政策的一致性以及决策执行的统一性,能够有效防止不同部门之间规则和行动的矛盾和冲突。分权是指指挥权在组织层级系统中较低管理层级上的分散。组织高层把一部分指挥权分配给下级组织机构或部门的负责人,使他们能够通过行使这些权力,更加自由地支配更多的组织资源,从而自主地解决相关问题,分担更大的责任。员工授权是指组织或管理者出于某种任务需要,将某些专项权力授予员工的行为。下级得到相应的授权以后,就可以在授权范围之内自主决断,灵活处理问题,完成任务后需向上级及时报告,以利于上级决定是收回授权还是继续授权。在授权期间,上级仍然会保留对下级的指挥和监督权。

集权和分权是相对的概念。集权要有比较健全和成熟的高层,分权要有比较称职和负责的下级。组织中既需要一定程度的集权,又需要一定程度的分权。组织中的集权有利于集中领导、统一指挥,提高组织的决策和运行效率。缺点是会限制下级成员的积极性,延长信息沟通的渠道,使组织缺乏对环境的灵活应变能力。组织中的分权管理将一定的日常管理决策权下放给下级部门,使下级部门能够分担部分工作任务,并增强组织适应市场需求变化的能力。过度的集权会导致缺乏因地制宜的灵活性,决策质量下降,降低组织成员的工作热情等问题;过度的分权会导致资源过于分散,下级部门对重大问题任意决策,造成混乱甚至冲突等问题。恰当解决集权与分

权的关系要根据组织的实际运行,寻找二者的平衡点,形成稳定的权力配置,不宜过度地偏向集权或分权。

分权和授权,本质上都是权力的转移,但是二者又存在着明显的区别。分权是权力在组织系统中的正式分配,其主体一般都是组织;分权的对象往往是部门或岗位;分权的内容较为全面、明确,并具有稳定性和长期性;分权一般会伴随着组织结构的改变。授权常常是权力在组织系统中的非正式分配,较为灵活,侧重于关注短期效果,涉及管理活动中的领导、激励和管理艺术。授权的主体可以是机构部门,但更常见的是拥有一定职权的管理者,授权的对象多为具体的人员。总体上来看,授权的内容局限在授权方的职权范围内。授权虽然侧重于关注短期效果,但可以是临时性的,也可以是长期性的。

(二)集权、分权和授权的整合

1.影响组织集权和分权程度的因素

影响组织集权和分权程度的主要因素,有以下五个方面:

(1)组织规模的大小。组织规模越大,其所拥有的资源与管理的层级、部门数量也会越多,进而导致组织的复杂性增加。同时,组织信息传递的速度将会减慢,准确性也会下降。因此,组织规模越大,越需要及时进行分权,以减少组织决策活动中由于复杂性增加和信息失真所造成的压力。

(2)政策的统一性。如果组织的外部环境长期稳定,那么组织内部就会有较为强烈的需求,促使组织内部的政策和行动保持较高的一致性。这种来自政策统一性和行动一致性的要求,往往会通过相对集权的方式来获得。如果组织的外部环境复杂多变,那么组织就会为了适应环境变化所带来的冲击,采取适度分权的方式,促使对环境变化的了解和感知更为直观、敏感的成员或部门能够相对自由、灵活地应对新出现的问题。这虽然会破坏组织政策的统一性,但是有利于激发分权部门或成员的工作热情和创新精神。

(3)员工的数量和基本素质。如果员工的数量较多,且基本素质较高,能够独立完成组织的各项任务,那么组织就可以进行更多的分权活动。反之,如果组织缺乏足够的、受过良好训练的管理人员,基本素质较低,难以独立完成组织的正常工作,那么组织就不应该进一步分权。

(4)组织的可控性。组织对于可控性较差的部门或工作,可以适度分权,通过发挥组织成员的积极性和创造性来获得较好的绩效成果。例如,组织中的研发、销售等部门,可以适度分权。相对地,组织中的会计、财务等部门,可以相对集权。

(5)组织所处的成长阶段。在初创阶段,组织往往采取集权的管理方式,从而有效地管理和控制组织的运行过程。随着组织规模的扩大,管理活动的复杂性快速增加,组织往往倾向于采取更加分权的管理方式。

2.授权的原则

(1)目标明确原则。授权时应该具有明确的目标指向,以便于对授权效果进行衡量和考察,并进一步决定是否需要长期授权或收回授权。

(2)信任原则。授权要以双方信任为基础,要求上级管理者充分了解和信任下属,并在授权后尽量减少干预,以利于得到授权的下级能够充分发挥自身的积极性和创造性。但是信任不等于放任,如果出现某种程度的失控危险,上级管理者可以随时收回授权。

(3)权责一致原则。管理者充分授权,鼓励下属分担相应的责任,往往会极大地激发下属成员的工作热情和积极性,有利于对下属的培养。下属在授权范围内完成任务后,有责任向上级管理者及时汇报工作的绩效成果。

3.管理实践中的整合

在管理实践活动中,集权与分权的程度往往需要根据不同组织所处的成长阶段、规模大小、员工数量和素质、可控性以及政策统一性等重要影响因素来进行灵活选择。从总体上来看,应该避免出现过度集权或分权的情况。相对而言,授权往往具有更强的灵活性和艺术性。

(1)过度集权的弊端。

1)降低组织正确决策的能力。正确的决策依赖于对组织各方面信息进行全面和深入的了解与掌握。特别是当组织规模扩大,部门和人员增多,各类数据信息数量庞大且随时处于动态变化中时,如果没有更多管理人员参与决策过程并提供来自实践领域的意见或建议时,过度集权将降低决策者对真实信息的掌握程度,从而降低组织持续进行正确决策的能力。

2)不利于调动中基层管理者的积极性。过度集权意味着重要事项的决策权都集中在组织的高层管理者,中基层管理者面对的执行事务的数量占比将明显提高,这将压缩中基层管理者发挥主动性和灵活性的空间,长期下去会使中基层管理者形成机械性、被动性执行的倾向和习惯。这不利于中基层管理者综合能力的培养和提高,不利于调动中基层管理者的工作积极性。

3)助长组织中的官僚主义。在组织高层过度集权的情况下,下级管理者对于各项决策常常难以具有较为全面和深入的理解,这将导致在实践执行过程中容易出现各类偏差。为了避免这种情况,组织往往会加强规章制度的建设,通过更加全面细致的程序环节,确保执行过程的高效性。但是这容易助长各部门在办理各项事务时的公式化、僵硬化,特别是办事程序环节复杂繁多时,将明显降低组织的活力和员工的士气,同时也会助长组织中的官僚主义风气。

(2)衡量分权程度的标志。

1)决策数量。组织中较低管理层级做出的决策数量越多,说明分权程度越高。

2)决策重要性。组织中较低管理层级做出的决策重要性越强,说明分权程度越高。

3)决策影响范围。组织中较低管理层级做出的决策影响范围越广,说明分权程度越高。

4)决策审核。对于组织中较低管理层级做出的决策,上级要求审核的程度越低,说明分权程度越高。

(3)授权活动能为组织带来的收益。

1)分担上级的工作任务。上级有时会根据下属擅长的领域,将一些机械性事务或专项工作任务,甚至是需要耗费较多精力的棘手问题,通过灵活的授权方式,使下属成为承担特定责任的主体。在这个过程中,上级能够通过下属对工作任务的分担,适度减轻自身工作压力,从而有更多的时间和精力关注组织管理活动中更为根本性的重要事务。

2)有利于下属快速成长。下属在被授权负责解决工作事务的过程中,将面对实践活动中的各种矛盾和问题,往往需要耗费时间和精力进行协调、沟通和决策。这一方面可增强下属对具体事务运行机制的了解和理解,并有助于增进与相关部门或人员的联系;另一方面也可锻炼下属克服困难和解决矛盾的能力,提升独立承担责任与努力完成目标的综合素质,有助于下属快速成长。

3)有利于激发下属的积极性。管理者根据下属的特点或特长进行灵活授权的行为,常常会使下属产生受到上级特别重视的感受,能够在相当程度上激发下属的工作积极性。特别是当下属以自身特长较好地完成管理者授权的工作任务时,下属的自信力将会提升,并且其对组织的归属感和荣誉感也会增强,有利于促进下属的工作热情和积极性。

4)常常会成为解决困难问题的一把利器。现代管理环境复杂多变,这就要求组织要保持较强的适应和应变能力,而组织授权具有高度的灵活性,在解决问题时具有较强的针对性,因此授权活动不仅是实现具体任务和目标的一种有效形式,而且常常会成为组织解决长期面对的困难问题时的一把利器。

(4)在实践中开展授权活动应该注意的四个环节。

1)避免与规章制度相冲突。管理者的授权一般不能与组织的规章制度相冲突,以增强授权的合法性和权威性。因此,需要让下属充分了解组织的各项规章制度,在授权范围内行使权力开展活动时,不能超越制度规则的约束。无序的授权行为可能导致组织的正常运行受到较大影响。

2)应该明确授权的任务和目标。对于授权的任务和目标,应尽可能描述清晰;对于完成任务和目标所需要的职权和所应承担的责任,以及授权开始与结束的时间节点等事项,都需要尽量明确。这样在授权结束时,就能够明确被授权方是否完成了任务和目标,以及完成的质量情况。同时,应尽快建立授权档案,以增强授权活动的规范化和可回溯性,这有利于对历次授权活动进行经验和教训的总结,增强授权活动的科学性和高效性。

3)慎重选择授权对象。需要根据两个方面的条件来选择授权对象:一方面是工作任务的性质和特征,另一方面是不同下属的差异化特点和优势。这两个方面需要进行多维度的匹配和权衡,最终慎重选择授权对象。授权对象确定以后,上级与被授权的下属应建立充分的信任关系,以利于下属能够充分施展自身的能力来完成目标。当发现下属明显难以完成目标时,上级也应及时止损,适时收回授权。

4)保持信息沟通渠道的畅通。授权是下属承担责任,努力完成任务和目标的开始。在下属运用授权开展活动的过程中,特别是面对持续时间较长、不太容易完成的任务时,需要下属和上级进行密切沟通,以便下属在一些关键节点上能够获得上级适当的指导和帮助。上级与下属之间持续沟通与信任关系的建立,都离不开信息沟通渠道的畅通。可以提前安排多条信息沟通渠道,如通过区分日常沟通与紧急沟通、正式沟通与非正式沟通渠道等形式,来保持信息沟通渠道的充分有效。

三、直线和参谋的整合

(一)直线和参谋的含义和区别

1.直线管理者和参谋人员的含义

组织中的管理人员可以划分为两类:直线管理人员和参谋人员。直线管理人员是指处于组织的纵向指挥链上的、拥有直接指挥权的各层级的管理者,如从企业的总经理到部门经理、车间主任、班组长等,都属于直线管理人员。参谋人员是指从专业的角度为直线管理人员提供咨询、建议的管理者。参谋工作的出现是由于组织规模不断扩大,使得高层管理者所面临的管理问题日益复杂,此时仅凭直线管理人员个人的知识和经验已经不够,还需要借助参谋人员的作用来帮助他们行使直线指挥权力。

2.直线管理者和参谋人员的区别

(1)二者的职能和承担的责任不同。直线管理者是组织指挥链中不可缺少的组成部分,拥有直线指挥权,能够做出决策并对决策的结果负责;参谋人员常常依附于某个层级的直线部门,拥有参谋、咨询的权力,只负责向直线管理者提出建议,并不直接承担决策结果的责任。

(2)二者的部门设置方式和在决策中扮演的角色不同。直线部门是按照组织的指挥链层级从上向下进行设置,一般符合"统一指挥"原则,上下级部门或人员之间是命令与服从的关系;直线部门或管理者在决策中承担着直接决策的角色,拥有和岗位保持一致的最终决定权。参谋部门是根据决策时所需要的专业知识方面的需求进行设置,一般只与同级的直线部门进行直接联系,而对下级的直线部门不能直接指挥;参谋部门或人员在决策中承担为直线管理者提供科学建议的角色,能够间接影响决策,而无法直接进行决策。

(3)二者的考核标准和待遇不同。直线部门及其管理者的考核标准和待遇,取决于其在组织中承担的责任大小以及在组织中所处的层级和职位;参谋部门及其人员的考核标准和待遇,取决于其所提供的建议和服务的质量。

(二)直线和参谋的整合

从理论上来看,直线和参谋的关系是比较清晰的。直线管理者掌握着命令和指挥的权力,参谋人员拥有协助和建议的权力。参谋人员的职责是建议而不是指挥,他为直线管理者提供科学的分析,出谋划策,积极配合直线管理者的工作。二者之间是"参谋建议、直线指挥"的关系。在管理实践中,如果二者的关系能够处理得当,参谋部门或人员常常能够发挥出较为重要的支持和服务作用;如果二者的关系处理不当,就可能引起矛盾和冲突,降低决策的效率。因此,直线和参谋的整合是组织整合的一项重要内容。

1.直线和参谋产生矛盾的原因

(1)直线对参谋的轻视和抵制。在管理实践中,直线管理者掌握着决策权,往往更多地依赖自己在长期工作实践中所积累起来的丰富经验,对于组织运行过程的规律有更加实用化的认知,因此会对掌握更多理论知识、只知道"纸上谈兵"的参谋,以及复杂的分析报告,产生轻视和抵制的思想或行为。

(2)经验知识和行动方式偏好不同所带来的矛盾。直线管理者一般具有丰富的实践经验,大多偏好"行动导向",更多地把注意力放在问题的解决上。此外,直线管理者偏向于保护、赞扬本部门的成员,习惯于依靠刚性的行政命令推动问题的解决。参谋人员一般偏好对问题进行深入的分析,对因果关系、影响因素进行系统梳理,较为排斥凭借直觉和经验处理问题。此外,参谋人员偏向于使用批评、提出尖锐的问题等方式引起直线管理者对相关问题或建议的重视。

(3)直线对参谋授权所产生的矛盾。直线管理者有时会将部分直线指挥权向某些参谋部门或人员进行授权,委派参谋人员处理具体事务。有些授权是短期行为,针对具体事务来授予,并且在授权结束时,参谋的直线指挥权也将停止;有些授权则相对稳定且具有长期性,多属于参谋部门专业范围(此时的参谋部门通常称为职能部门)。但是在实践中,有些参谋人员分不清两类授权,不恰当地保持对下级发号施令的影响力,干扰组织正常权力指挥系统的运行,使下级人员受到"多头指挥"的困扰。

2.直线和参谋的整合方法

对组织中的直线和参谋进行有效整合,化解直线与参谋之间的矛盾,正确处理直线与参谋的关系,真正发挥参谋人员为直线管理者提供科学建议的作用,对组织的发展来说,具有重要的意义。

(1)明确职权关系,完善沟通机制。在管理实践中,应该明确直线与参谋之间"参谋建议,直线指挥"的关系,使直线管理者和参谋人员对自身的职责更加明确和清晰,避免因为对职责认识不足而导致的不满和猜疑。此外,应该促使直线管理者认识到依靠参谋进行科学分析的重要性。直线管理者在进行决策前,应充分听取参谋的建议,并对采纳情况和理由进行及时反馈。同时,需要不断完善组织内部的沟通机制,使直线管理者和参谋人员能够相互尊重,紧密配合。

(2)增强直线和参谋对彼此工作的理解和支持。直线管理者可以安排参谋人员实地了解直线部门的工作进展状态和具体情况,增强参谋人员的感性认识和其对本部门各类资源配合过程中表现出的复杂性的整体了解,避免参谋人员提供不切实际的建议。参谋人员也可以利用自身理论知识丰富的优势,将最新的理念、方法和经验通过讲座、培训以及信息交流平台进行传播和普及。如果参谋人员能够通过深入的思考,将先进的理论或理念,与直线部门的实际工作紧密结合,那么将可能获得直线管理者更多的理解和接受,并取得更加良好的互促效果。

(3)规范授权行为。直线管理者灵活地对参谋人员进行授权,可以让参谋人员分担一部分工作职责。参谋人员在授权范围内行使指挥权或监督权,自身的能力也能够得到锻炼和提升。在管理实践中,参谋人员对下级直线部门的越权指挥等不当行为常常出现,而且授权时间期限设置不合理,或授予的权力过大等情况,也会对组织中直线权力体系的正常运行构成一定程度的威胁。因此,应该规范授权行为,如建立授权档案,通过程序和规则规范授权的起止时间、针对事项、预期完成结果和总体评价等内容。

本章回顾

- 组织设计的任务是按照劳动分工的原则,设计出清晰的组织结构图,规范横向部门和纵向层级的权责范围,并支持组织动态运行过程中的信息、权责流动的通畅。
- 管理幅度和管理层级的关系:当组织规模一定时,管理幅度越大,组织所需要的管理层级就会越少;管理幅度越小,组织中的管理层级就会越多。
- 组织结构的基本类型包括直线型组织结构、直线职能型组织结构、事业部型组织结构和矩阵型组织结构。
- 组织结构的演化趋势包括学习型组织、无边界组织和虚拟型组织。
- 机械式组织和有机式组织的整合,一般有以下两种途径:根据组织所处的发展阶段,灵活改变采用的组织形态;对两种组织进行某种程度的"共生结合"。
- 对组织中直线和参谋进行有效整合的方法包括明确职权关系,完善沟通机制;增强直线和参谋对彼此工作的理解和支持;规范授权行为。

本章习题

习题及参考答案

案例讨论

案例

讨论:
1. 波音公司依赖什么样的组织结构来高效地达到组织的目标?其优点有哪些?
2. 请结合组织结构的演化趋势,分析波音公司未来如何能够做得更好。

拓展阅读

拓展阅读

第十二章 组织变革

导言

第一节 组织的变革理论

党的二十大报告指出:"我国发展进入战略机遇和风险挑战并存、不确定难预料因素增多的时期,各种'黑天鹅'、'灰犀牛'事件随时可能发生。我们必须增强忧患意识,坚持底线思维,做到居安思危、未雨绸缪,准备经受风高浪急甚至惊涛骇浪的重大考验。"这表明我国当前正处于战略机遇与风险挑战并存的重要时期,因此我们需要增强忧患意识,坚持底线思维,应对风险挑战;同时我们也要坚定信心,更好地把握机遇,推动经济社会持续健康发展。从长期的角度来看,内外部环境变化的刚性特质是推动组织变革的深层因素之一。

一、基于系统观的组织变革理论

(一)组织的本质与系统观

1.社会组织的本质

卡斯特和罗森茨韦克认为,社会组织本质上是人为设计的,这一点与顺乎自然的物理系统或生物系统有很大的不同。由人类群体根据各种不同目标而设计出来的社会组织,本身可能是有缺陷的,所以需要在运行中不断地完善。社会组织不能与社会系统中的多个过程分离开而单独存在。此外,社会组织可以不像生物系统那样受到严格的生命周期的限定,如出生、成熟与死亡,而是可以在衰落过程中多次重新崛起和走向辉煌。

社会组织属于开放系统。开放系统的生存依赖于连续不断的投入、转换和产出过程,并且总是在与环境的持续互动中追求动态的平衡状态。例如,企业组织会从社会环境中获得人力、资金、原材料和信息等形式的投入,并将这些投入通过生产过程转换为产品或服务等成果,输出到社会环境中去。

2.组织的系统观和权变观

(1)组织的系统观。组织作为一种开放的社会技术系统,内部包含着五个分系统:目标与价值分系统、技术分系统、社会心理分系统、结构分系统和管理分系统。其中,目标和价值分系统会受到组织外部广泛的社会文化环境的影响,并且在资源的投入和产出方面都需要符合社会的需求。技术分系统关注完成工作任务所需要的知识,包括在投入转化为产出时所需要的各种技术。社会心理分系统包括两个层面的内容,即个体层面和群体层面。个体层面所表现出来的个人需求、动机和行为,往往会与组织中其他个体或群体层面的价值观、态度、感情、期待和愿望的影响相互交织。最终,社会心理分系统将会沉淀成为相对稳定的"组织气氛"。结构分系统包括组织工作任务的专业化分工,以及任务协作的方式。管理分系统综合连接着以上四个分系统,进而联系着整个组织,使组织与其外部环境发生联系。

组织中的五个分系统之间存在着一定程度的交叉区域,每个分系统都可能与其他分系统产生复杂的联系和影响。目标与价值分系统能够为其他分系统提供动力与方向;技术分系统能够影响社会心理分系统和结构分系统;社会心理分系统不仅容易受组织内部任务目标、技术和结构以及组织外部环境因素的影响,而且会对其他分系统产生广泛且潜移默化的作用;结构分系统会强烈影响技术分系统和社会心理分系统的基本形态,同时非正式群体的多种交流形式也会在分系统的相互作用中起到重要的润滑作用。管理分系统以组织的整体利益为核心,紧密连接其他分系统,通过管理活动中的目标制定、计划、组织、实施和控制等关键环节,促使分系统之间相互协调、凝聚合力,以实现组织可持续发展和整体利益为导向。组织分系统之间紧密交织,形成了能够发挥整体合力的良好运行状态。

(2)组织的权变观。组织的权变观认为组织作为一个开放系统,在组织与外部环境之间,以及组织内部各个分系统之间,都应该存在着某种程度的一致性。管理活动的主要任务,就是寻找能够保持最强一致性的方法,从而使组织和外部环境以及组织内部各个分系统之间较为和谐,降低内部协调的损耗成本,提高运行效率和组织成员的满足感。因此,权变观的最终目标,是寻找最适合于每个组织实际情况的有效管理模式。

(二)卡斯特等人对组织变革的研究

1.组织变革中的动态平衡

卡斯特和罗森茨韦克认为,组织系统进行变革具有一定的必然性。组织是一个需要不断与外部环境进行物质、信息和观念交换的开放系统,并且在组织内部需要将获取的资源进行生产转换,以成果产出的形式输出到外部环境中。因此,促使组织变革的动力来自组织外部和内部的诸多刺激源。组织系统边界的开放性,需要组织内外部环境保持一定程度的动态平衡。一个组织的动态平衡包括以下四个方面的内容:

(1)足够的稳定性。组织系统内外部环境的交互过程需要保持稳定性,才能更好地完成组织的当前目标。

(2)足够的持续性。组织系统需要能够持续发展,才有机会在发展过程中进一步优化目标体系,改进管理方法,进而提高组织效率。

(3)足够的适应性。外部环境的变化往往是组织难以控制的,这种变化给组织带来了新的要求和挑战,也伴随着幸运和机遇。因此,组织需要更灵活地适应环境的变化,及时调整内部环境中的可控资源,以便抓住机遇实现组织的长远发展,或利用优势妥善应对挑战。

(4)足够的革新性。组织需要在环境发生较大变化时也能够保持积极变革的主动性,善于将新的变革理念、变革模式和变革经验转化为变革的行动,以此来保证组织在未来环境中可以获得长久的优势。

2.有计划变革的核心要素

卡斯特和罗森茨韦克认为,有计划变革包括三个核心要素:维度、过程和重点。当组织明确了目标和现实之间的差距时,有计划变革就可以开始进行。

(1)有计划变革的维度。有计划变革包含三个维度:问题领域、注意焦点和改进战略(表12-1)。问题领域中的具体问题,可以通过深入组织进行沟通和调查来加以汇总和提炼。根据具体问题的类型判断,或注意焦点的差异,可以针对性地设计出较为适宜的改进战略或组织变革方案。

(2)有计划变革的过程。一项有计划变革的过程,包括以下步骤:

1)组织日常的更新反省、批评和跟踪监督过程。在此过程中,积极进行组织调整,以适应内外部环境的变化。但是,当组织的更新反省难以对组织进行调整时,或组织通过调整仍然难以达到组织的期望目标时,组织就需要对变革的需求进行感知和确认。

表 12-1 有计划变革的三个维度

问题领域	注意焦点	改进战略
任务/技术	人	训练/教育
职权/职责	作用	工作设计/丰富化
激励	人员间	目标和成果管理
交往网络	班组/群体	组织行为的修正
相互作用-影响/领导	群体间组织	班组建设
解决问题/决策		解决群体间冲突
确立目标/计划		调查反馈——问题的感知和解决
控制		
文化/气氛		
冲突/合作		
确定任务/相互的期望		

2) 对组织变革需求强度的感知和确认。当组织通过系统的综合判断,确认需要采取变革行动时,就应将目标和现实之间的差距进行深入分析。

3) 明确目标和现实之间的差距。明确目标和现实之间的差距,然后专注于通过具体的行动方案逐步缩小差距。

4) 解决问题。解决问题包含以下环节:制定多个备选方案、评价备选方案、正式选择方案、制定行动计划和确定变革绩效的衡量方法。

5) 实施变革。关注行动的具体步骤。

(3) 有计划变革的重点。有计划变革的重点包括作业分析、个人、群体、组织和权变观。

1) 作业分析。作业分析倾向于运筹模型建立、数量分析和数据模拟等,如对生产过程、服务时间和信息传递效率等进行测量和优化。这是保障组织效率和快速达到组织目标的重要影响因素之一。

2) 个人。关注个人在组织中的成长和发展,包括从对新雇员的非正式安置到为高级管理人员设计复杂的个人发展计划的全过程。组织变革需要组织成员的广泛支持,需要调动员工个体的积极性,才能取得良好的效果。

3) 群体。将有计划变革的重点集中于组织中的群体,如班组或项目群体是组织变革的重点之一。对群体效益产生重要影响的因素包括交往沟通是否顺畅,成员的相互作用是否正向,领导方式是否合适以及员工士气是否高涨等。

4)组织。组织变革的最终目标是全系统的变革和进步,因此需要建立组织的整体利益观念,并使组织中的成员个体、班组和群体等都服从于这一观念。

5)权变观。应该调查和明确组织中真实存在的问题,并判断其性质或关注焦点,从而制定或采用较为有效的行动策略。例如,真实存在的问题是员工缺乏技术支持,那么对员工进行及时的培训就比增强激励措施更为有效。

3. 有计划变革的技术方法

(1)变革的气氛。形成组织变革总气氛的要素,包括组织外部环境中的各类物质、信息和理念等资源,也包括组织内部环境中的所有分系统要素,即目标与价值、技术、社会心理、结构和管理分系统。有计划变革的具体气氛取决于更多具有独特性的场景要素。

(2)诊断与行动。过分的诊断会导致"分析性瘫痪",使组织难以进入行动阶段。诊断不足就仓促行动,可能会导致"冲动性毁灭"。因此,组织需要细致地分析和慎重地判断,然后再采取高效的行动。

(3)力场分析。力场分析是一种用于目标诊断和解决问题的技术。在组织变革过程中,总会存在着推动力和制约力。这两种力量如果同样强大,那么组织变革将会停滞,组织也将维持原状或难以改变。如果我们采取积极措施来增强驱动力或减少制约力,那么就能够促使组织发生变革。在组织变革过程中,努力减少制约的阻力,降低组织的压力和紧张气氛,往往比不断增加驱动力更加有效。因此,以制约力量为基础,结合驱动力量,思考和列出增强或减少力量的多种措施,综合后形成多个备选方案,然后进行评价和选择,根据最终选择的行动方案,设计行动计划和步骤并付诸实施。

(4)建立群体的一致性。对于组织的变革活动,群体层面的接受和承诺与个体层面的接受和承诺相比,前者所带来的支持将导致变革发生的可能性更高,且支持变革的行动也会更加持久。

(5)加强革新性行为。在组织变革过程中,需要积极争取工作群体中有影响力的员工的支持,以及对变革活动中涌现出来的榜样或标兵进行及时的表彰和奖励。这些努力都会在促进组织变革过程更加顺畅方面发挥重要的带动作用。

4. 组织结构的变革趋势

卡斯特和罗森茨韦克将组织结构划分为两种类型:稳定机械式组织结构和适应性有机式组织结构。二者的区别和特点如表12-2所示。

表 12-2 稳定机械式组织结构和适应性有机式组织结构的特点

组织上的特点	结构类型	
	稳定机械式	适应性有机式
对环境的开放性	比较封闭。试图选择和尽量减少环境的影响,并试图降低不稳定性	比较开放。设计得能够接受环境影响和对付不稳定性
活动的正规化	在结构的基础上具有更多的正规化	在结构的基础上具有较少的正规化
活动的差异化和专业化	明确的、相互孤立的职能和部门	通常或有时为重叠的活动
协调	基本上通过等级结构和很明确地规定了管理程序	多样的手段和人们之间交互作用
权力结构	集中的,等级的	分散的,多样化的
权力来源	职位	知识和专门特长
职责	附加于具体的职位和角色	很多成员分担
任务、作用和职能	在组织图、职位说明以及其他文件中有明确规定与说明	受到有关的情况和彼此的期望等的很不严格的限定与说明
交互作用与影响的形态	上级和下级的等级关系	上级和下级水平与斜向的关系
程序与规则	很多、很具体而且常常是成文的或正规的	很少、很一般而且经常是不成文的和非正规的
层次等级(就权力、地位和薪资等而言)	在不同等级层次中存在很大的差异	在不同层次中差异较小
决策制定	集权的而且集中于高层	分权的而且分散于整个组织
结构形式的持久性	倾向于比较固定不变	持续地适应于新情况

卡斯特和罗森茨韦克认为,稳定机械式组织结构是通过稳定的等级结构进行协调和取得一致性的。适应性有机式组织结构具有刚性结构较少,职位变化较频繁,以及能够跨越职能界限的团队群体等特点。不同类型的组织适用于不同类型的组织结构,甚至同一组织内部的不同部门,也可能适用不同的组织结构。例如,组织中的研发部门往往适用适应性有机式组织结构,而生产部门则适用稳定机械式组织结构。

二、组织"演变—变革"成长理论

(一)组织"演变"和"变革"的含义

拉瑞·葛雷纳(Larry E. Greiner)等人认为组织未来发展的最主要影响因素是组织过去的历史,而不是组织外部的环境。这一点与卡斯特等人对组织的思考与系统观的认识明显不同。葛雷纳区分了组织"演变"和"变革"的含义:"演变"是指组织发展过程中没有大的动荡的成长期,"变革"是指组织发展过程中的那些大的动荡时期。葛雷纳认为正在成长的组织需要经历五个发展阶段,每个阶段都将从比较平静的"演变"开始,伴随着持续、稳定的发展成长,最后都会以一场彻底的、革命性的组织混乱和"变革"结束。每个阶段结束时的变革结果,将会决定组织能否顺利过渡到下一个发展阶段。

(二)"演变—变革"成长过程的五个阶段

1.组织成长的关键影响因素

葛雷纳在分析组织成长的模式时,归纳出了五个关键要素:组织的年龄、规模、演变的阶段、变革的阶段和行业的成长率。

(1)组织的年龄。组织的年龄表明了组织发展的时间长短。组织年龄或发展时间的长短,对组织在实践中采取的指导思想和做法必然会产生重要的影响。也就是说,在不同的时间段,组织所面对的主要问题和管理原则都会发生变化。

(2)组织的规模。组织的规模同样显著影响着组织面临的主要问题和解决方法。组织的规模越大,组织内部的协调和交流活动将会更加困难,管理层级常常也会不断增加,并且需要设立新的职能部门。组织规模的变化速度越快,将使得组织更迅速地面对新的问题或危机。

(3)演变的阶段。在上一阶段的危机中生存下来的组织,常常会经历一段相对平静的时期,并在此期间保持组织的持续增长。这段相对平静的时期就属于组织的演变阶段,该阶段没有重大的经济挫折或严重的内部混乱。

(4)变革的阶段。组织的成长过程不会是直线式的,在相邻的两个平静演化阶段之间,往往存在着一个动荡的阶段。这个动荡阶段就是组织变革的阶段,将会产生组织危机。组织如果在应对危机的过程中失败,那么就可能停止成长或解体;相反地,组织如果能够成功应对危机,那么将进入下一阶段的相对平静期,并获得持续增长。

(5)行业的成长率。组织在演变和变革阶段的成长速度,与它所在行业的市场环境密切相关。一方面,如果行业的增长速度较快,将导致组织的成长速度也加快,组织的规模可能快速增加,从而使组织的演化期缩短。另一方面,如果组织获取利润较为容易或丰厚,那么组织抵抗风险的能力就会增强,组织成长的演化阶段也就可以得到延长。当市场环境恶劣时,组织所面对的危机可能会更为严峻,组织的变革过程将更加艰难。

2.组织"演变—变革"成长过程的五个阶段

葛雷纳提出组织"演变—变革"成长过程共有五个发展阶段,且每个阶段都包含了"演变"期和"变革"期。在每个阶段的"演变"期,借助支配型的管理风格来实现组织成长。在每个阶段的"变革"期,则需要先解决支配型管理风格给组织带来的各种问题,然后才能使成长得以继续。

(1)第一阶段:"创业—领导危机"阶段。在组织的创业阶段,一方面需要重点关注产品或服务的生产和提供,另一方面需要重点关注市场需求。组织在创业时期的成长演变特点:组织创始人的大部分时间和精力都会用于关注生产制造环节和销售产品环节;组织成员之间往往通过非正式组织的形式频繁交流;组织决策对于市场的反馈和顾客的反应较为敏感。组织在创业时期的成长特点总体上偏向于个人主义的、非正式的、创造性的活动。

随着组织持续的成长,组织规模逐渐扩大,组织成员不断增多,这可能会使原本便捷有效的非正式沟通方式变得混乱,多个小群体之间开始出现潜在的冲突,因此急需进行调整;组织的创始人这时会发现需要承担更多的管理责任,甚至无法专心于少数几个重要的运营环节,如需要综合调整组织结构、决策方式和控制手段,以及想办法调动和激励大量的新雇员为组织的目标而努力奋斗等。组织领导人群体中的一些人依然希望按照过去那样轻松自由地采取行动,另一些人则越来越感到对组织进行重大变革的必要性。这时,组织内部的领导危机就出现了,这也是组织变革的开始。组织需要强有力的管理者,拥有带领组织转型的知识和技能,并使组织齐心合力,共渡难关。

(2)第二阶段:"指导—自主性危机"阶段。能够在第一阶段的领导危机中生存下来的组织,往往就会进入一段相对平静的持续成长期。组织第二阶段演化过程的主要特点:组织分工开始变得更加复杂;组织中正式的信息交流方式得以建立且日益重要;组织规范了激励方式、工作程序和标准等内容;高层管理人员更加注重依据决策或计划方案来进行指挥和指导,并进行严格的控制;中基层管理者关注执行力的提升。

随着组织中人员和部门多样性的增强,指导和控制型的管理模式开始遇到各种困难。严格的指导和控制,以及刚性的指挥等级制度,僵化地将组织成员的行为束缚在规章条例的约定范围之内。当组织成员发现稍纵即逝的市场机会时,他们无法进行自主决策并采取有效的行动来帮助组织获取收益。解决这一问题的较好方法是分权或授权,但是高层管理者往往会根据以往指导的成功经验,不愿或难以及时向中基层员工进行分权。当越来越多的中基层员工开始离开组织时,第二次危机就会出现,即中基层员工在决策时缺乏自主性的危机,并使组织进入第二次变革的过程中。

(3)第三阶段:"授权—控制危机"阶段。能够在第二个成长阶段成功克服危机并生存下来的组织,往往是适时采用了分权的组织结构。它包括以下特点:区域市场经理和分厂经理等中层管理者获得了更多的自主决策权;高层管理者关注的重点常常是组织外部环境中的机会和威胁,关注通过并购等方式来增强组织整体实力;更加合理和有效的激励措施等。组织的演化过程进入授权阶段。

在授权阶段,中基层管理者的积极性得到了明显的提高,宽松的自主决策权使他们能够尝试闯入更大的市场,并更快地对产品或服务做出调整和改变,从而牢牢地抓紧顾客群,进而不断提高客户忠诚度。但是,随着授权阶段的不断演化发展,高层管理者慢慢发现,他们对于组织的控制能力逐渐变得越来越弱。各个分权的区域部门大多倾向于自己做主,与其他部门之间的联系很少,部门的局部利益开始代替组织的整体利益,成为自主决策者关注的重点。当组织的高层管理者想要收回分权、重新保持适度集权时,往往会发现组织中存在的产品、人员、部门和资源的多样性会阻碍这种努力,并且也会使中基层管理者的不满增加。这时,组织就陷入高层管理者对组织进行有效控制的危机,组织发展中第三阶段的变革也随之发生。

(4)第四阶段:"协调—繁文缛节危机"阶段。能够成功克服第三阶段中的危机并生存下来的组织,往往更加重视借助协调手段实施控制,即由高层管理者建立和实施更加精细并兼顾权力平衡的正规制度。其特点:建立以总部为中心、面向组织整体的全面控制体系;建立对部门决策进行审核的严格程序;当需要对部门的日常运营活动进行分权时,将运营中的部分关键权力仍然集中于总部,如技术方面的数据处理和分析等;关注更加长效的激励方式,以增强组织凝聚力。

新的协调制度在保障组织整体利益方面是比较有效的,能够在分权的同时对部门权力进行平衡和监督,防止部门局部利益对组织整体利益造成潜在的损害。但是全面的控制体系,以及精细和兼顾平衡的规章制度等,会逐渐形成繁细的程序规则,不仅使中基层员工不堪形式主义的重负,而且在高层控制活动中,会促使工作程序凌驾于解决实际问题之上,创新和探索活动受到严重制约。此时,就出现了"繁文缛节危机",组织进入第四阶段的变革进程。

(5)第五阶段:"合作—?危机"阶段。能够在第四阶段成功克服危机并生存下来的组织,往往是通过关注管理行动的自发性来实现的。这种自发性通常以团队的形式,用社会控制和自我约束来代替正规严密的控制程序表现出来。其特点:通过组建多个团队来针对问题进行快速行动;团队成员可以来自不同的职能部门和管理层级,打破了传统上部门和层级的严格限制;团队内部的成员之间更加平等,主要通过协商和讨论,而不是指挥和命令的方式来完成任务;简化和压缩正式的控制程序和制度,将其合并为综合性的多功能制度;重视对组织成员的培训以提高他们的工作技能,注重团队凝聚力建设。

这个演变阶段在未来会带来哪些危机,并需要组织进行什么样的变革响应呢?葛雷纳认为,目前在管理实践中,第五阶段的危机还没有真正出现,所以是"? 危机"。但是根据他的判断,组织危机和引发的变革,将会以组织成员的"心理饱和状态"为中心。也就是说,由于承受着密集的团队协作和来自革新解决办法的沉重压力,组织成员的热情和体力会逐渐耗尽。关于克服第五阶段危机的方法,葛雷纳认为可以通过制定新的结构和计划来应对和解决。这种新的结构和计划,将允许组织成员通过灵活的休息制度、学习培训和能力提升以及积极进行反思和总结等方式,使自身快速恢复精力和获得饱满的精神状态。组织中甚至可以安排双重结构:一个是正式的以"任务"为导向的结构,保障日常工作和团队任务得以按时完成;另一个是以"反思"为导向的结构,能够促进组织成员提高观察力和工作技能,并丰富个人的日常生活。组织中的双重结构,能够使组织成员根据精力的消耗和恢复的需求,在这两种结构之间灵活地来回流动。

(三)"演变—变革"成长模式的组织实践

任何关于组织的理论都需要在组织实践中做出真正的贡献并得到最终的检验。按照"演变—变革"成长模式进行的组织实践,较为独特的地方在于每一个阶段的变革实践都会埋下"使自身腐朽的种子",从而导致另一个变革时期的到来。也就是说,每一个发展阶段,往往都是前一个阶段的结果,同时也是下一个阶段的原因;一个发展阶段的有效解决方式,可能成为以后需要组织面对和解决的重大问题。基于"演变—变革"成长模式的组织实践方式和特点,如表12-3所示。

表12-3 基于"演变—变革"成长模式的组织实践

范畴	第一阶段	第二阶段	第三阶段	第四阶段	第五阶段
管理焦点	制造和销售	经营效率	扩展市场	巩固组织	解决问题和创新
组织结构	非正式的	中央集权、职能的	分权的、地区的	生产工人和产品组	团队矩阵

续表

范　畴	第一阶段	第二阶段	第三阶段	第四阶段	第五阶段
高层管理风格	个人主义和创业精神	指导式的	授权	监察人	参与
控制系统	销售结果	标准和费用中心	报告和利润中心	计划和投资中心	相互设定目标
管理的报酬重点	所有权	薪水和视功绩增加工资	个人奖金	分享利润及股份选择	团队奖金

在"演变—变革"成长模式的组织实践中，发展阶段都包含着两个时期：演变时期和变革时期。演变时期的特点是用支配型管理风格来实现成长；变革时期的特点是需要解决支配型管理风格造成的问题，从而能够继续保持组织的成长。在上表中，列出了具体管理部门的行动在每个成长阶段的演变时期的特点，这些行动也是结束上一阶段的变革时期的解决办法。葛雷纳认为，"演变—变革"成长理论能够给实践中的管理人员带来的重要启示包括以下三个方面：

第一个方面：应当准确判断组织目前所处的发展阶段。这是管理人员随后采取具有不同侧重点的管理方式的基石和出发点。只有明确了组织所处的发展阶段，才能依据成长理论找到本阶段最重要的问题和解决方式，才能对未来的危机有所准备。

第二个方面：认识到解决办法的有限范围。成长理论提供的不同层次的解决办法，往往是针对不同发展阶段出现的主要问题。也就是说，在问题和办法之间，存在着以发展阶段为依据的严格匹配性。任一发展阶段的解决办法，都存在相对有限的范围限制，对其他阶段的问题往往不再适用。

第三个方面：认识到当前有效的解决办法在未来可能也会造成焦点问题。实践中很多管理者容易忽视的一个重要问题，是组织现有的解决方法常常在将来成为组织需要面对和解决的重大问题。因此，管理者可以在组织变革中出现难以控制的危机之前，进行应对预案的准备和安排。

三、科特的组织变革理论

约翰·科特（John P. Kotter）认为组织要进行大规模的变革，最重要的是需要改变组织中员工的行为方式，而组织中员工的感受，是改变他们行为方式的直接驱动力。因此，科特提出了一种"目睹—感受—变革"的模式，他认为这种模式和大脑的结构存在着一定的关联，即人可以通过感官接收外界的刺激，这些刺激活动会直接反映至人的情绪，然后由情绪驱动人的行为。

科特在后来发表的研究成果中,深化和重新整合了前期的研究内容,提出了面向未来的"双元驱动系统"组织形态。这是一种建立在层级组织基础上的,且能使层级组织和网络组织相互协调的组织形式。科特认为,一个高度结构化的层级组织和有效的管理流程,能够产出可靠而高效的产品,这是传统的层级官僚组织具有强大生命力的重要支撑点之一。一套设计良好的层级结构,如把工作合理地分类,并形成部门结构和各种分支结构,同时发展出高效的运作流程、清晰的汇报关系和明确的责任体系,这些都是典型的工业时代官僚机构的产物。但是这些在工业时代引以为傲的组织优势,并不适应21世纪所带来的挑战,原因在于层级官僚组织所带来的诸多弊端,使它越来越难以适应当代环境的快速变化。这些弊端突出体现在以下方面:组织内部在进行跨部门沟通时,由于"部门墙"的存在,沟通交流活动变得困难和缓慢,需要花费大量精力和时间进行协调;组织的政策、规则和程序越来越繁杂,对于战略的快速执行构成了严重的障碍,持续影响战略执行的成本和质量;指挥链、权责严格分配和保守文化等因素,促使员工常常不愿意在缺乏上级支持的情况下去捕捉市场机会,因为在严格奖惩的组织体系中,人们害怕承担风险,担心失去权力或个人声誉。

科特在对层级官僚组织进行批判的同时,还认为"部门墙"虽然是层级组织运行中的一种固有现象,但是这种部门间的适度隔离即使在未来环境中也难以被完全消除。同样地,对于组织中的规则和程序,在当代环境下可以减少其数量,但是组织总是会需要一些。此外,组织可以更加关注长期利益,但是不能否定员工尽力去完成短期目标的行动。在当代环境中进行的组织变革探索活动:创建各种项目管理团队以完成具体项目;采用跨部门任务以打破"部门墙";设置战略顾问或组建战略规划部门以聚焦于组织的长远发展等。这些变革活动在未来环境中仍然远远不够。科特认为"双元驱动系统"组织形态是组织变革的最佳模式选择。

"双元驱动系统"的基本结构是层级组织和网络组织二者融合为一体的组织结构。在这个动态结构中,基本的层级组织功能变化不大,但是网络组织的加入使整体结构可以快速、灵活地发生变化。在网络结构中不包含官僚层级、指挥和严密的控制体系,所以网络组织结构为个人主义创造和创新留出了空间,而这些即使是在官僚程度最低的层级组织中,也是很难存在的。网络组织中的成员,可能来自组织中的不同层级或不同职位,这能够把信息从层级组织的禁锢中解放出来,使信息的流动更加便捷和通畅。在"双元驱动系统"中,网络组织与层级组织相互协调,二者无缝对接,相互配合。网络组织不是非正式组织,它是整个系统的一部分,并且是为了保障整体系

统运行可靠高效、灵活敏捷而设立的。一个运行良好的"双元驱动系统",具有以下五项基本指导原则:

第一项原则:组织重大变革的推动者,不再是少数被任命的负责人,而是大量来自组织各个层级的成员。

第二项原则:组织成员已改变不得不做的心态,真心想要与他人一起合作,为完成重要且激动人心的共同目标而努力奋斗的渴望成为吸引员工前进的重要动力。

第三项原则:员工明白自身的行动能够将社区或组织带向更美好的未来,这种来自心灵深处的根本愿望,促使员工以头脑和心灵双重驱动来展开行动,而非仅仅是头脑驱动。

第四项原则:组织的各项工作活动是愿景、机会、敏捷性行动、激情、创新和庆祝,而不只是项目管理、预算审查、汇报关系、薪酬以及对某项任务的责任。对组织来说,两个方面的行动都很重要,但是仅依靠后者,难以保证在迅速变化的环境中获得持续的成功。

第五项原则:层级组织和网络组织之间是不可分割的合作关系,二者相互交织、深度融合。双元结构的组织不是两个独立的超级体系,而是始终保持信息上交流和行动上合作的一个整体。

此外,科特还提出了组织变革获得成功的八个步骤:树立紧迫感、组建领导团队、设计愿景战略、沟通变革愿景、善于授权赋能、积累短期胜利、促进变革深入和成果融入文化(详见本章第二节中"组织变革的方法")。

第二节 组织变革的类型与方法

一、组织变革的内涵和类型

(一)组织变革的内涵和动力

1.组织变革的内涵

组织变革是指组织根据内外部环境的变化,对组织中的资源,如组织结构、生产技术、人员配备和管理理念等及时进行调整,以适应组织的发展要求。组织的长远发展离不开组织的变革活动。一方面,在外部环境中常常存在着大量难以控制的变化因素,因此组织需要适应外部环境的要求,才能保障自身的生存与发展。面对外部环境的变化,组织变革活动具有一定程度的被动性特征。另一方面,如果组织中的管理者能够敏锐感知外部环境变化中所蕴含的机遇和威胁,通过主动的组织变革活动,积极地对组织内部的各项资源进行调整和改变,及时抓住环境中的重要机遇,或巧妙规避环境中的严重威胁,那么就可能使组织获得重要的发展窗口期,从而进入更高的发展阶段。在这样的活动中,组织变革体现出较为灵活的主动性特征。因此,组织变革的内涵包含两个方面的特征:面对外部环境时具有一定程度的被动性特征;积极进行组织内部资源整合以应对变化时的主动性特征。

2.组织变革的动力

组织变革包括两个方面的动力因素:外部环境中推动变革的动力因素和内部环境中推动变革的动力因素。

(1)外部环境中推动变革的动力因素。

1)环境中主导因素的改变。迈克·哈默与詹姆斯·钱皮认为,依靠批量生产、产能增加和生产环境稳定而获得成功的传统公司,并不一定能在3C因素主导的现代环境中也获得成功。3C因素是指顾客(Customers)、竞争(Competition)和变革(Change)三大因素。在这三大因素中,变革更为重要,并且已经成为环境中的常态。现代公司在某种程度上已经无法根据斯密的劳动分工原则去组织工作,以任务为导向安排工作岗位的做法已经过时,取而代之的是以流程为中心安排工作。

2)科技进步因素。在智能化、大数据等现代科技的影响下,组织原有的管理模式必然会受到较大的冲击,需要建构更加有效的管理模式,并提升信息化管理水平。

3)环境资源因素。组织发展需要的外部环境资源,如原材料、生产设备、资金和人员等,都在发生着改变。特别是现代社会中人力资源的素质普遍获得提升,参与决策的能力增强,这些都对组织传统僵化的运营过程和结构提出了强烈的变革要求。

4)竞争观念因素。现代的竞争观念开始发生变化,从传统的仅关注价值链、产品质量和营销能力等单一方面的改善,逐渐开始深入关注组织文化、员工压力和顾客价值等多个方面综合能力的提升。这就需要组织适应未来竞争的要求,对组织的各项资源进行及时调整。

(2)内部环境中推动变革的动力因素。

1)提高组织综合管理能力,克服组织低效率的因素。一般来说,随着组织规模的扩大,组织内部常常会出现部门重叠、权责不清,以及组织成员的积极性和潜在能力受到僵化的组织制度等因素的制约,难以充分发挥等降低组织效率的现象。因此,组织需要在组织结构、价值观念、沟通系统和人员素质等多方面进行加强,提高组织的综合管理能力。

2) 调整组织结构,加强信息化建设的因素。组织环境的变化必然影响组织的阶段性目标和战略调整,组织结构需要和组织目标保持一致。因此,应该重新优化组织结构,打破"部门墙"界限,增强组织结构的灵活性,促使组织成员积极参与各级决策和管理活动。此外,加强信息化建设,不仅是满足组织内部沟通交流的需求,而且可以促进组织内部的知识学习进程,并增强管理活动的即时反馈性和有效性。

3) 快速决策、灵活放权的因素。组织面对的环境变化速度越来越快,因此决策的及时性、高效性就越来越重要。提高决策质量和速度,一方面需要借助基于现代技术的信息化系统保障通畅性,另一方面需要高层管理者向各级管理者甚至一线员工及时放权。随着组织成员素质的提升,他们参与决策的能力和意愿也会变强,因此灵活的放权不仅能够让他们分担更多的责任,而且也会更大地激发他们的积极性。

(二) 组织变革的类型

组织变革主要包括人员变革、结构变革和技术变革三种类型。

1. 人员变革

人员变革是指员工在态度、技能、期望、认知和行为上的改变。在组织变革的过程中,人员是最重要的一项资源。组织中的各级成员,既可能成为组织变革的重要支持力量,也可能成为组织变革的阻碍力量。因此,组织应该通过开展合作意识培养、技能培训和文化凝聚等多种活动来引导和提升员工,以顺利实现由于变革所造成的成员在权力和利益方面的重新调整。

2. 结构变革

结构变革包括权力关系、协调机制、集权程度以及职务和工作再设计等结构参数的变化。结构变革有两种方式:重大变革和渐进变革。重大变革是指对原有的组织结构进行较大改变,如从直线职能制向产品事业部或项目型结构设计转变,或重新设计一个以团队为核心进行工作安排的新组织结构。渐进变革是指对原有的组织结构逐渐进行改变,如通过制度和培训来提高标准化程度,采用更加高效的程序,或者通过对员工进行授权来提高决策速度等。

3. 技术变革

技术变革包括更新机器设备,采用新工艺、新技术和新方法等。随着信息化、智能化技术的进步,逐渐增强的竞争压力必然会促使组织去引进更新的生产设备,采用更便捷的管理工具,以及对组织运行模式进行优化。越来越多的组织已经开始进行信息化、智能化的整合过程,建立起复杂、便捷的信息和知识流动平台,以有效应对未来环境对组织的挑战。

二、组织变革的方法

组织变革的常用方法包括卢因的三阶段经典模型、科特的八步骤计划、行动研究以及组织发展。

(一)卢因的三阶段经典模型

库尔特·卢因(Kurt Lewin)认为,成功的组织变革应该遵循以下三个阶段:解冻、变革和再冻结。

1.解冻阶段

卢因认为,组织现状一般是处于均衡状态的,组织变革需要先克服个人阻力和群体惰性从而打破这种均衡状态,这就是解冻阶段的主要任务。组织在解冻阶段的主要任务可以通过以下三种方式来实现:

(1)增加变革的推动力。也就是促使行为脱离现状的力量得到增强,如增大激励措施的力度,加强与员工的沟通等。

(2)减少变革的抑制力。也就是减弱阻止脱离现有平衡状态的力量,如增加组织的确定性承诺,以便消除员工因未来变革产生的不确定性而出现的不安全感甚至恐惧心态等。

(3)以上两种方法的综合使用。

2.变革阶段

在变革阶段,要通过多种方式促使员工学习新的技能、接受新的观点或确立新态度。组织可以树立新态度或新行为的榜样,鼓励大家尽快改变。实践中的经验是,变革的速度更快一些会更加有效。逐步实施变革的组织,不如那些立即行动并快速通过变革阶段的组织变革效果好。

3.再冻结阶段

当变革基本完成时,要想获得变革的最终成功,还需要在新的状态下重新冻结。也就是说,可以在变革的推动力量和抑制力量之间找到新的平衡,并采取措施使组织在新平衡下长久地保持下来。否则,变革可能功亏一篑,组织成员又会回到以前旧的平衡状态中去。

(二)科特的八步骤计划

科特对组织变革进行了深入研究。他先归纳了管理者变革失败的关键因素,然后提出了领导变革获得成功的八个步骤。管理者变革失败的关键因素包括八项:未能消除自满情绪、未能创建足够强大的领导联盟、低估了愿景的力量、对变革的愿景沟通不足、没有及时清除变革的障碍、没有创造一个又一个短期胜利、过早地宣告胜利、忽略了将变革融入公司文化。

与此对应,科特提出了领导变革获得成功的八个步骤。

1. 树立紧迫感

在发动变革之前,需要增强组织成员面对组织变革的紧迫感。这种紧迫感可以通过创造性的方法形成,能够使人们在认识上了解变革的重要性,并愿意随时为此采取行动。

2. 组建领导团队

员工对组织变革产生紧迫感后,变革领导者应认真挑选组织中那些技能较强、工作可靠、具有良好声誉的人员,或相应领域的权威人士,共同组成一支领导变革的团队,对整个组织的大规模变革活动进行有效的指导。领导团队的领导才能、公信力、权威性、沟通技巧和战略掌控能力等方面的因素,对于组织变革的顺利开展和取得预期的良好效果至关重要。

3. 设计变革愿景战略

组织变革的领导团队成员之间需要进行充分的沟通、讨论和分析,最终创立独特的、具有强烈吸引力的组织愿景,以引领变革的方向。领导团队随后需要制定实现愿景的组织战略,明确行动的阶段性目标和主要任务。

4. 沟通变革愿景

领导团队将愿景和战略扩散至组织中的所有人员,通过更广泛的、持续的沟通和交流,以及变革的领导群体树立的榜样效应,让更多的员工理解并接受变革的愿景和战略,并在所有相关人员内部形成强烈共识,建立起更强的责任感。

5. 善于授权赋能

领导团体需要在组织变革的过程中通过适度地分权和授权,赋予成员在变革行动中拥有足够的权力,以提高灵活应对、快速解决各种困难的能力。

6. 积累短期胜利

制定阶段性计划,尽快取得看得见的成果和绩效,公开表扬和奖励为阶段性目标做出贡献的人,以鼓舞组织成员进行变革的信心和士气,并减少抵制变革的人。组织在变革过程中,应该注重实现一个又一个的短期胜利,通过积小胜为大胜的方式,推动变革进程顺利、持续推进。应该公开表扬和奖励为组织进步做出重要贡献的人。

7. 促进变革深入

充分利用员工不断增长的对变革的信任,彻底改革所有与变革愿景不匹配的制度结构和政策规则,积极培养和提拔能够有效实施变革举措的员工,不断地将变革向前推进,直至彻底实现组织变革的愿景。

8.成果融入文化

在这个阶段,组织需要总结变革成功的经验,提炼促进变革绩效增长的多方面因素,包括积极的价值观念和群体行为规范,引发人们产生群体凝聚力的情感类活动,变革中涌现出来的标兵、榜样和激励性强的突出事迹等,将这些因素渗透、融入组织文化中,作为新的价值和行为规范确立下来。也就是说,需要培育新的组织文化,将组织变革的积极成果相对持久地稳固下来。

从总体上来看,在科特提出的组织变革八步骤计划中,前四个步骤重点关注在思想层面上打破组织中原有的平衡状态,从第五个步骤到第七个步骤重点关注在行动上通过采取新的有效措施来推动变革取得积极进展并不断走向深入,第八个步骤是将变革成果通过融入组织文化从而使它稳固下来。

(三)行动研究

1.行动研究过程的五个阶段

对变革活动的行动研究,包括五个阶段:诊断、分析、反馈、行动和评估。

(1)在诊断阶段,变革推动者需要与大量组织成员进行沟通和交流,通过面谈、记录、考察和倾听等方式,以及查阅大量相关资料,来明确员工真正关注的各方面问题,并收集实施变革所需要的多渠道信息。

(2)在分析阶段,变革推动者要把诊断阶段所获得的重要信息,以问题为中心进行梳理和综合。综合后的信息可以划分为以下三个方面:员工最关注的核心问题,这些问题的范围领域以及可能采取的行动集合。

(3)在反馈阶段,变革推动者将分析阶段综合后的信息,与组织成员进行分享和再次交流。员工通过这个阶段的活动,将会广泛地参与到对核心问题的确认和对解决办法的共同探索行动中。

(4)在行动阶段,变革推动者和组织成员共同采取有效的具体行动来实施行动计划,从而解决他们关注的核心问题。

(5)在评估阶段,以诊断阶段收集的原始资料作为基准,与行动阶段的成果进行比较,并对行动的有效性进行综合评估。

2.行动研究方法的优势

行动研究方法具有的突出优势体现在两个方面:

(1)形成以核心问题为导向的组织变革。变革推动者通过诊断阶段和分析阶段的大量活动,能够发现相对准确、客观的核心问题。只有以这些真实的核心问题为导向,随后的组织变革行动才会具有更为现实的意义。在实践中的大量组织变革行动,往往是方法导向而不是问题导向。所谓方法导向,即变革推动者先设想一个完善的解决办法,如在组织中实行弹性工作制、建立工作团队和目标管理方案等,然后在实践活动中寻找与这种解决方法相应的问题。

(2)与大量组织成员的广泛交流过程,可以明显减弱组织变革的阻力。由于在诊断阶段、分析阶段和反馈阶段,变革推动者需要与组织成员进行多次深入的交流和沟通,不仅可以获得更多员工对变革行动的理解和支持,而且大量员工都对核心问题和行动方案做出了不同程度的贡献,所以组织在真正实施行动方案的时候,面对的变革阻力将会明显减弱。参与变革的员工个体或群体,可能会成为组织变革过程中持续的、坚定的促进和支持力量。

(四)组织发展

组织发展是将提高组织效率和提升员工的主观幸福感相结合的变革方法,重点关注组织和员工二者之间合作共生的成长过程,以及在成长过程中的交互作用。

组织发展包括以下方法:团队建设、肯定式探寻和群际发展等。

1.团队建设

在当代环境中,组织越来越多地依靠工作团队来完成不同类型的任务。团队建设是通过高度互动的群体活动来增强团队成员之间的坦诚和信任,并不断强化相互协作甚至是依赖关系,努力提高团队的绩效。从总体上来说,团队建设需要包括以下内容:团队目标的设置,团队成员之间的人际关系开发方案,每个成员的角色和责任分析,以及团队运行过程的分析。团队建设过程中的具体形式,可以是项目团队、特别任务团队和自我管理型团队等。

2.肯定式探寻

肯定式探寻不是在组织中寻找核心问题来解决,而是通过重新发现组织的独特品质和特殊优势来增强组织的凝聚力量,并促使员工自愿地改进工作绩效的变革方法。肯定式探寻方法的最大特点是聚焦于组织的成功,而非组织的主要问题。肯定式探寻的过程包含四个步骤:发现优势、描述梦想、共同愿景和实现心愿。

(1)发现优势。聚焦于组织发展过程中最成功或最辉煌的时期,以及员工对自身工作最满意的时刻,安排组织成员进行广泛的讨论。通过员工对组织优势的重新发现和共同表述,增强员工的自豪感和归属感。

(2)描述梦想。在上一阶段广泛讨论的基础上,继续请员工思考和设想组织未来的发展,如对组织五年后发展的展望等,将讨论过程逐步深化。组织成员之间相互欣赏彼此的优点和成绩,采取积极肯定的态度,与他人分享组织的发展梦想以及自己的人生梦想。

(3)共同愿景。通过上一阶段对梦想的描述,组织成员将会逐步形成关于组织未来发展梦想的共同愿景,并且会对组织的独特品质和优势再次确认和强化,并达成广泛的共识。

(4)实现心愿。组织成员需要进一步细化实现梦想的具体方式,通过深入讨论制定行动计划和实施方案。在此过程中,组织成员的学习、调整和提高已经成为自觉的行为习惯。组织成员互相欣赏对方的优点和长处,采取积极肯定的态度,分享对方的人生梦想和终极关怀,大家同心同德,携手共同创造一个崭新的组织、一个更加美好的组织。

3.群际发展

群际发展关注的焦点是组织内部不同群体之间的厌恶情绪和潜在冲突。当组织规模达到一定程度时,组织内部不同部门或异质群体的数量增多,不同部门或群体之间可能会形成相互对立甚至彼此厌恶的倾向。群际发展致力于改变不同群体对彼此的刻板印象,消除容易导致潜在冲突的观念和态度。群际发展的具体步骤包括自我认知、寻找认知差异、思考分歧原因和群体整合。

(1)自我认知。安排每个潜在冲突或群际矛盾较为突出的群体开会讨论。每个群体需要描述总结以下内容:整体上对自我的认知,对其他群体的认知形象以及其他群体可能对自己的认知形象。

(2)寻找认知差异。将自我认知阶段的汇总信息在不同群体中进行分享,进一步讨论和总结群体间看法的相似性和差异性。

(3)思考分歧原因。促使每个群体深入思考不同群体间相互认知存在差异的原因,帮助他们认识到冲突的本质。对造成认知差异的深层原因进行思考、讨论和分析,就意味着能找到问题或群际之间发生潜在冲突的根源。引导群体思考认知差异的原因时,可以关注类似问题:群际之间的刻板印象是在什么基础之上形成的,不同群体之间的目标侧重是否一致以及不同群体对于各自的意图是否存在误解等。

(4)群体整合。针对造成群际矛盾的深层原因,可以制定系统的解决方案来有效改善组织中不同群体之间的关系。例如,从存在潜在冲突的不同群体中,各抽出部分成员组成工作小团队,在团队持续运行中增进彼此的认知和理解,并通过认知的扩散效应来改变以往群际之间的僵化形象。

三、组织变革的阻力与克服方法

(一)组织变革的阻力

1.个人阻力

(1)利益因素。一般来说,组织成员在原来的组织体系中付出、投入得越多,就会越抵制变革,因为变革可能会带来职位、权力、经济利益和个人便利方面的风险或改变。组织中的老员工常常在原来的体系中投入得最多,也因此可能在变革过程中失去得更多。此外,如果组织成员认为变革与组织的目标利益相冲突,也可能会因为维护组织整体的利益而抵制或反对变革。

(2)心理因素。在组织变革中引发阻力的心理因素包括对未知的恐惧、不安全感和习惯。人们常常会因为未知的不确定性而产生恐惧和不安全感,而变革往往会在一定程度上打破原有的确定性,增加组织环境中的不确定性。这种不确定性的增加,对组织整体目标来说是有益的,但是对个体心理层面来说,往往会引发不同程度的不安全感甚至恐惧情绪。这种对未来的忧虑,如担心无法掌握新的先进工具的使用方法,难以适应新的人际环境等,都会使组织成员对变革产生消极的态度。组织成员在思想和行为上的习惯,也会影响他们对变革的看法。人们往往依赖于习惯或者程序化的反应,来简化每天面对的大量决策中的复杂性。因此变革在对常规的、程序化的结构或技术进行改变时,组织成员的习惯性反应可能会成为抵制变革的因素。

2.团体阻力

(1)结构惰性和群体惰性。结构惰性是指组织拥有保持稳定性的内在机制,如程序性的工作规则、规章制度等。当组织进行变革时,这种结构上的内在机制就会产生一定程度的惰性,以维持原来的稳定状态。群体惰性是指群体规范往往会具有相当大的约束力,当个体想要改变自己的行为时,会遇到各种显性或隐形的阻碍力量。结构惰性和群体惰性的存在,使团体常常会表现出对变革的消极态度。

(2)人际关系因素。组织变革往往会引起组织部门或团队结构的改变,也会伴随着人员职位的调整,这必然会对组织原有的关系结构产生重要影响。非正式团体的存在会使这种关系结构的调整和重建过程耗费更长的时间。这会使许多组织成员因为人际关系调整所带来的风险而对组织变革产生犹豫或抵触。此外,对于能力有限的部分员工来说,组织变革可能会导致其处于相对不利的人际地位,并且随着利益差距的拉大,这些人也会对组织变革产生抵触情绪。

(二)克服变革阻力的方法

从组织中管理者的角度来看,克服变革阻力的方法有以下几点。

1.沟通和信任

组织的管理者在实施变革前与各级成员进行大量、充分的沟通活动,获取更多的理解、支持乃至相当程度的信任是非常重要的。虽然这项工作可能会耗费较多的时间和精力,但是可能正是这段看似缓慢的"无用"阶段,给予了组织成员从理解到接受,进而到支持和信任的心理过程进行转变的宝贵时间。这些代价对于组织变革能够顺利取得良好效果来说是完全值得的。如果管理者没有耐心,加快速度强行推行变革,那么可能会使下级成员产生强烈的心理压迫感,最终导致抵制变革的行为发生。充分的沟通意味着需要分享资源,这不仅会带来更加一致的认识,而且在成员中会形成一种受到足够重视的良好感受。这种心理感受会推动他们在变革中发挥积极作用。

2.提供支持和做出承诺

管理者在进行变革时,应当积极帮助员工应对伴随变革而产生的焦虑和恐惧,通过各种培训,提高员工的技术技能和人际技能,并提供更多的资源帮助他们胜任新的岗位或适应新的技术。组织进行变革显然是为了实现更有益的目标或更远大的愿景,因此管理者在适当时也需要做出一定的承诺,通过保障大多数员工的基本经济权利,或对未来出色表现进行优厚奖励等方式,来稳定组织成员的心理焦虑,并获得大家更多的理解和尊重。

3.促进参与

一般来讲,人们对事务的参与程度越高,往往会越倾向于支持事务的完成。因此,管理者应该促使那些受到变革影响较大的个体或团体,适度参与到变革决策、变革战略或变革计划方案的制定过程中,使个体或群体能够相对自由地表达自己的利益关切或情绪感受,形成强烈的群体归属感。这不仅可以有效地提高决策过程的质量,而且能够增强成员对最终决策的认同感。

4.谈判

谈判是指通过冲突各方进行价值交换以达成协议,从而减少变革阻力的方式。当阻力来自较为强势的群体时,谈判的解决方式往往更加有效。

5.强制

强制是指直接对变革抵制者进行威胁或强迫。虽然这种方式具有明显的缺陷,不能大范围、多次或长期采用,但是对于需要最终决策时仍存在的少量反对意见,只能采取强制的办法处理,以提高决策的效率。

第三节 当代组织变革中的关注焦点

一、组织的文化变革

(一) 文化变革的内涵

沙因认为,组织的文化变革包含着抛弃和再学习的转型过程,是随着组织成长不断演化与变革的自然过程。沙因将组织文化的变革过程与组织的生命周期发展阶段联系在一起进行分析。斯蒂芬·罗宾斯(Stephen P. Robbins)认为,组织的文化变革是一个需要长期改变才能显现出效果的过程。一个组织的文化常常由组织中的相对稳定而持久的特性因素构成,并且需要较长时间的积淀,才能最终形成。组织文化的这种稳定和持久的特性,使它能够对组织发挥长期的导向、凝聚、激励和约束等功能,但是在组织的变革活动中,却会导致文化变革难以推行。对文化的变革,往往需要多年才能看到效果。也就是说,如果组织文化已经成为组织变革的障碍,那么管理者在短期内很难采取有效措施来对文化进行改变。

(二) 文化变革的时机选择和变革机制

1.文化变革的时机选择

(1)情境因素。组织文化变革的长期性和持续性,意味着变革的情景和时机的选择至关重要。如果能够借助具体的情景或事件的力量,文化变革就可以迅速展开。例如,组织出现重大危机事件,或开展一次重大的科技创新活动,或领导者调换岗位导致新价值理念出现等,都可以作为重要的变革时机而进行斟酌选择。

(2)组织的发展阶段。组织当前所处的发展阶段也是影响文化变革成效的重要因素。如果组织比较年轻,规模也比较小,处于初创期或成长初期时,那么组织文化是比较容易改变的,文化变革也较容易开展。

(3)组织文化的强度。一般来说,组织文化属于强文化或弱文化,对文化变革会产生较大的影响。如果组织文化属于弱文化,那么文化变革过程相对会更加容易被接受和认同。

2.基于生命周期的文化变革机制

沙因认为,文化变革受到组织生命周期的强烈影响。也就是说,组织生命周期的不同发展阶段,对应着不同的文化变革机制。沙因将组织的生命周期简化为三个阶段:创立与成长初期、中年期以及成熟与衰退期。

(1)创立与成长初期。在这个时期,组织文化需要逐步稳定化和清晰化,文化对于组织主要起到积极向上的支持作用。这一阶段的组织文化变革,主要是渐进式变革。文化变革的机制如下:高层领导者会任命那些持有新理念的组织内部成员来担任重要的职务;被任命的员工即使在某种程度上破坏了原有的文化,但是他们对组织原有的文化也是足够了解的,并且明白如何进行必要的改变。如果从组织外部引进人员而非内部提拔,那么引进人员虽然可能带有新理念,但是他们缺乏对原有文化的洞察,因而可能较难实现所期望的文化变革。

(2)中年期。在组织发展的中年期,随着规模的扩大和部门的增多,组织内部会逐渐形成很多亚文化,组织整体文化开始变得多样化。中年期组织的优势主要体现在拥有多样的亚文化。在这个阶段,文化变革的机制如下:组织的领导者可以评价不同亚文化的优缺点,然后通过提拔持有特定亚文化的组织成员来担任重要职务,采用这种方式来改变组织的整体文化。多样性的亚文化,对于年轻的组织来说会引发不稳定因素,因此对组织来说是一种威胁。但是对于处在变革环境中的中年期组织来说,亚文化的多元性是一种独特的优势,因为这种多样性会提升组织对环境的适应能力。这种变革机制的唯一弊端在于它起作用的速度非常缓慢。戴尔验证了这一变革机制,发现它遵循以下模式:

1)由于绩效下滑或者在市场竞争中失利,组织产生了危机意识。

2)与此同时,原有的组织文化模式开始松动,原有文化的价值观和信念开始减弱。

3)为了应对危机,需要从组织外部引入持有新理念的新领导者。

4)组织内部会在旧理念的拥护者和新领导者之间发生不同程度的冲突。

5)如果冲突得以缓解,同时新领导者获得信任,那么他就会在冲突中获胜,并且通过多轮的新理念推动活动,在组织中强化新理念和文化。

(3)成熟与衰退期。处在成熟期的组织在推进文化变革时常常较为困难,这是因为成功或成熟的组织会将自身的文化力量不断地增强并扩散,从而导致组织文化在组织内部被广泛接受,且接受程度很高。因此,如果在这个发展阶段对组织文化进行变革,往往就需要借助一些重大的危机事件,如组织的丑闻或组织神话的破灭等,这些危机事件可成为文化变革的主要推动力量。在这个阶段,文化变革的机制如下:组织文化需要通过持续的转型来完成变革过程。转型过程是通过内部提拔具有新理念的员工,或外部引进具有新理念的人员,来取代组织原有的高层管理者,从而发展出新文化。形成和发展新的价值观和目标,具体形式包括教育、训练和改变,以及组织结构和流程的再设计等。

二、员工压力

(一)员工压力的分类

员工压力可以分为两种类型:挑战性压力和阻断性压力。挑战性压力是指完成任务的紧迫性或时间的紧迫性等因素造成的压力。阻断性压力是指阻碍员工达到目标的压力,如工作责任划分不够清晰、官僚作风等。一般来说,挑战性压力比阻断性压力具有更积极的影响。一方面,在组织中员工所面对的压力,并不会完全消失,这是压力存在的客观性。另一方面,并不是所有的压力都会使人表现异常,导致工作过程的混乱,这是压力具有的累加性特点。压力的累加性是指每一个新的压力源都会增加个体的压力程度。也许某个压力源本身并不重要,但是如果施加在已经承受较大压力的个体上,那么它就可能成为压垮骆驼的最后一根稻草。因此,评估一个员工所承受的压力,需要累积计算他正在经受的各种压力之和。

(二)造成员工压力的应激源

压力的应激源是指造成压力的各种因素,如个人因素、工作因素等。

1.造成员工压力的工作因素

组织中能够导致员工产生工作压力的应激源包括五种类型:任务要求、角色要求、人际要求、组织结构和组织领导。

(1)任务要求。任务要求是指与员工工作相关的因素,包括工作任务的自主性、多样化程度,以及工作条件等。员工任务的自主性越高,员工对工作活动的控制力就越强,这能够降低员工对他人的依赖,使员工的压力得到减轻。工作数量不足、工作内容简单化也会带来工作上的压力。这时就需要增加员工的工作数量,丰富工作内容,使工作本身更具有多样性,从而降低员工的压力。此外,工作条件如充满噪声的环境、过度拥挤的房间和简陋的工作设备等,也会明显增加员工的压力。

(2)角色要求。角色要求是指组织对员工在相应职位上充当某种角色的要求。组织的角色要求会对员工产生压力的情况,包括角色冲突、角色过载和角色模糊。

1)角色冲突是指员工难以满足组织的工作期望。这必然会造成员工由于工作技能的欠缺、工作绩效的低效而产生精神上较大的持续压力。

2)角色过载是指员工被组织期待在规定的时间内完成超出自身精力的、过多的事务。

3)角色模糊是指组织将对员工的角色期望传递给员工,致使员工因在任务中角色不清而难以有效地开展工作。

(3)人际要求。人际要求是指组织对员工正常开展工作所应具备的人际能力方面的要求。组织中的其他成员在人际关系方面可能会给员工带来不小的压力,特别是在员工缺乏来自同事的支持和难以建立良好的人际关系时。一般来讲,员工的社会需求越高,那么其所感受到的来自人际关系方面的压力就会越大。

(4)组织结构。组织结构方面的因素,包括组织中过于严苛的规章制度、缺乏保障员工利益的组织机构等。这些来自组织结构方面的压力,往往会给相当多的员工群体造成持续性压力。

(5)组织领导。组织领导是指组织管理者的管理风格。有些管理者会形成以高强度恐惧和焦虑为特征的管理风格,通过不断地给员工增加极限压力来达到组织的目标。

2.造成员工压力的个人因素

造成员工压力的个人因素包括家庭问题、个人经济问题和内在人格特质。组织中的员工,常常会将他们的家庭问题、个人经济问题等带到工作中,对工作过程产生较大的干扰。因此,管理者需要适当了解这些个人因素,从而对员工所面临的总体压力有更全面的把握。员工的内在人格特质也会强烈地影响他们承受压力的能力。比较常见的人格特质标签包括 A 型和 B 型。A 型人格的人,经常会持续感觉到一种时间紧迫感和竞争驱动力,并且难以接受和享受空闲时间。B 型人格的人与 A 型人格的人相反,较少感觉到紧迫感并产生焦虑感。

(三)减轻员工压力的方法

减轻员工压力需要控制的因素包括工作相关的因素和员工个人生活方面的因素。

1.减轻工作相关因素引发的压力

(1)筛选员工。组织的员工在面对组织任务时,由于技能方面的缺乏而难以完成相关任务时就会产生很大的压力。因此,管理者需要确保员工的能力和职位的要求相匹配。如果不匹配,就需要通过筛选或培训等方式进行调整或改善。

(2)改善组织沟通。如果组织任务不清晰,就会诱发员工产生难以有效完成任务的压力。所以应该不断地改善组织沟通方式,使员工的意见、要求或建议,能够及时传递给管理者;管理者的要求和期望,也能够顺畅、准确地传递给组织员工。这样就能够避免组织任务或目标不清晰所带来的不利结果。

(3) 工作再设计。工作再设计的目的是通过给予员工更大的工作自主性和更快速的反馈，使员工对工作过程具有更强的控制力，从而降低员工的压力。工作再设计包括工作轮换、工作扩大化和工作丰富化等。

如果员工的工作较为程序化或例行化，那么可以选择工作轮换方法。当员工感到当前的工作活动单调乏味，不再具有吸引力时，就可以把员工轮换到技术水平要求相近的另一个岗位上开展工作。这种方法的优点是可以通过丰富工作活动的内容来减轻员工的枯燥感，提高员工的积极性。如果员工的工作压力来自工作数量不足或工作内容简单化，那么可以选择工作扩大化方法。通过工作内容的横向扩展，增加员工的任务种类和数量丰富工作内容，使工作活动具有更丰富的多样性，从而降低员工的压力。工作丰富化是指对工作内容的纵向扩展，主要目的是通过提高员工对工作活动的整体自主控制力来提高员工的积极性，降低其压力。例如，一项工作活动，从计划开始，经过实施阶段，最后进行任务评估，员工全程参与并持续做出贡献，那么将会使员工对整体活动具有更加全面的了解，也能够促使其提高整体思考能力，增强责任感，从而降低相应的工作压力。

2.减轻员工个人生活方面的因素引发的压力

对于员工个人生活方面的因素引发的压力，管理者在干预时常常会面临一些问题，如管理者一般很难采取直接控制的措施，因为这会涉及组织的管理者是否有权力介入员工的个人生活等伦理道德问题。

(1) 员工咨询。员工咨询的方式，有助于释放员工个体的精神压力。员工通过向他人倾诉获得关注和有益的心理疏导，将会在精神上得到一定程度的放松，从而舒缓压力带来的焦虑或痛苦。

(2) 帮助员工建立时间管理计划。许多员工的压力来源于在个人生活中不能安排和解决好对重要事情的统筹规划，缺乏生活和时间的管理计划。因此，通过理性的分析，帮助员工树立明确的目标，并制订可以立即行动的时间管理计划，鼓励员工认真实行，从而增强员工在个人生活中努力进步的动力，减轻相应的压力。

(3) 为员工的健康计划提供保障。组织可以为员工的健康计划提供硬件和服务方面的保障，如给员工提供免费健身设施，安排年度疗养机会等。员工拥有了健康的身心，抵抗压力的能力就会增强，而愉悦的情绪也会明显缓解心理上的重压。

本章回顾

- 从系统观的角度来看，社会组织属于开放系统，内部包含着五个分系统。卡斯特等人将组织结构划分为两种类型:稳定机械式组织结构和适应性有机式组织结构。

- 组织变革主要包括三种类型:人员变革、结构变革和技术变革。
- 组织变革的常用方法包括卢因的三阶段经典模型、科特的八步骤计划、行动研究和组织发展。
- 组织变革的阻力,包括个人阻力和团体阻力。克服变革阻力的方法包括沟通和信任、提供支持和做出承诺、促进参与、谈判以及强制。
- 罗宾斯认为,组织的文化变革是一个需要长期改变才能显现出效果的过程。沙因认为,组织生命周期的不同发展阶段,对应着不同的文化变革机制。

本章习题

习题及参考答案

案例讨论

案例

讨论:
1. 索尼公司面对的变革阻力有哪些?如何克服?
2. 索尼公司应该如何选择或创造进行组织变革的有利时机?

拓展阅读

拓展阅读

第十三章 人力资源管理

导言

第一节 人力资源管理的原则与流程

一、人力资源管理的原则

(一)德才兼备,任人唯贤

从古至今,选人标准都是德才兼备,任人唯贤。商汤时伊尹所作《咸有一德》有言:"任官惟贤才,左右惟其人。"所谓"德才兼备"就是品德与才能兼顾,品德优先。所谓"任人唯贤"就是选拔人才不分亲疏、地域、性别、门第和专业,一视同仁,按照"德才兼备"的标准择贤而用之。司马光在《资治通鉴》中关于德才关系说道:"才德全尽谓之圣人,才德兼亡谓之愚人,德胜才谓之君子,才胜德谓之小人。"德才兼备是任人唯贤的前提却不等于任人唯贤。贤和亲相对,但亲也有德才兼备的。只有做到任人唯贤,才可能真正实现用人公正。

(二)适才适用,扬长避短

要根据每个人的学识、技能、专长与特点及其德才匹配程度,做到大材大用,小材小用,各尽其才,才尽其用,避免出现德不配位、材用不称的现象。"因其材以取之,审其能以任之"是适才适用的最根本方法。要实现适才适用,必须做到知人善任,扬长避短。寸有所长,尺有所短,任何人都有优缺点,扬长避短就是用人之长,避人之短,一味求全责备,则将无人可用。古人强调"君子不器",又强调"用人如器"。不器的是人品,如器的是才能。人品不能工具化,而才能正是做事利器。只有扬长避短,适才适用,才能更好地发掘潜能,实现人力资源价值的最大化。

(三)专任久任,合理流动

从办事的角度而言,人员各司其职,尽量减少兼职,集中精力做好本职工作,保持人员的相对稳定,有利于管理,能提高效率。从育人的角度而言,人员通过流动在不同岗位履职,有利于增长见识、开阔眼界、积累经验,进而丰富人生。人力资源管理需要把专任久任与合理流动嵌合起来,寻求二者的最佳组合。政治、经济、技术等外界环境因素在发生变化,组织人员也要及时更新,对那些专业不对口、绩效不达标的人员进行合理流动,既有利于人才成长,也能使组织始终保持旺盛的活力。要坚持专任久任与合理流动相结合。对技术性较强的工作以专任为主,久任是避免短期行为的有效方法。对于一般管理人员来说,适当的交流、换岗有助于干部的培养和发展。

(四)内募外招,因事择人

组织可以通过内部流动和外部招聘获取需要的人员,但内募外招各有利弊,而且组织在考察内外备选人员时的侧重点也大不相同。考察内部人员的视角往往侧重于成本与过程,考察外部人员的视角往往侧重于成效与结果。计算成本则着眼于付出,评估效果则估量收益。如此,对内部与外部备选人员的考察选聘就难以做到完全公平。因事择人又称因岗配人,是以事务为中心,既要考虑职位的空缺和实际工作的需要,又要考虑事务的创新和人才作用的发挥,以职位对人员的要求和人员对职位的拓展为标准,选拔、录用各类人员。在选聘考察的过程中要统一标准,做到公平公正。

(五)疑人不用,用人不疑

信任可以激发人的积极性、主动性和创造性,也能换来忠诚。在决定任用某个人之前,应对他的能力和品格进行考察,若不能取信于人,则不能任用。而当你已决定任用一个人以后,不管他的表现是否让你满意,你都应该相信他可以处理好事情,这样才能充分调动下属的积极性,激发下属的潜能。用人不疑是针对办事而言,边用边疑是针对考察而言。一旦通过考察,就要充分信任。当然,如果下属辜负了你的信任,则说明以往的考察存在失误,除了给下属相应的惩罚外,用人者也必须承担责任。需要强调的是,这种信任关系是相互的,下属也可以检验领导是否值得信赖。人与人之间的信任往往是从有限信任慢慢积累的,达到双方的互信需要一定的过程,但是信任关系的破坏比较容易。所以,博弈论中的"一报还一报"策略是建立互信关系的有效途径。

(六)规范制度,人法相依

要规范制度,依法管理。一个单位没有一套好的制度,就没有章法,下属就会揣摩领导的心理,投其所好。从有限理性的角度而言,制度不追求最好,但要向最不坏的方向努力。因此,任何制度都有可改善的空间,中国古代所谓"有治人无治法"论述的就是这个道理。人力资源管理工作要使管理方式更趋合理,避免主观随意性和不稳定性,必须建立规范的制度;规范的制度要合事理,通人情,可以不断改进。但仅依靠制度还不够,因为制度是死的,人是活的,任何制度最终都要依靠人来操作,人的因素始终大于制度因素。因此,人力资源管理需要形成人和制度的恰当结合,协调好制度和人的关系,做到人法相依。

二、人力资源管理的流程

(一)人力资源规划

人力资源规划是指根据组织今日发展的需要和未来组织发展的目标,预测、估计和评价组织对人力资源的需求。这种需求包括现期、近期和中期需求,包括需求的种类、层次和人数等。有些组织的人力资源规划还包括对获取人才所需的财产预算、人员投入和培训需要,招聘人才的时间、地点、方法、范围和形式等各个方面。

人力资源规划的程序可分为八个步骤:第一步,核查组织现有的人力资源状况;第二步,预测组织的人力资源需求;第三步,预测组织人力资源的拥有量;第四步,确定组织人员的净需求量;第五步,制定人员供求平衡规划;第六步,确定实现人员供求均衡的执行计划;第七步,执行反馈和控制;第八步,评估人力资源规划。

(二)工作分析

工作分析又称职位分析、岗位分析或职务分析,是指对某特定职位做出明确规定,并确定胜任这一职位需要何种行为。也就是说,它是全面了解一个职位的管理过程,是对该职位的工作内容和工作规范(任职资格)的描述和研究过程。工作分析的最终表现形式是工作描述、工作说明、工作规范和职位说明书。工作描述主要是对工作环境、工作要素及其结构关系等相关资料的全面记录与说明;工作说明主要是指出职位的工作职责和任务;工作规范是对任职资格和相关素质要求的说明;职位说明书是对职位概况、工作职责及任职资格条件的完整说明。

具体地说,工作分析就是全面收集某一职位的有关信息,对该职位的工作从六个方面展开调查研究:①工作内容(What):承担工作的人必须进行的与工作相关的各种活动;②责任者(Who):工作承担者必须具备的资格条件;③工作环境(Where):包括工作场所、温度、噪声和光线等;④工作时间(When):从开始到完成工作的起止点;⑤怎样操作(How):工作中所使用的工具、设备、机器和辅助工作用具,遵循的程序、标准和惯例等;⑥为什么要这样做(Why):工作目标所蕴含的道理。然后,再将该职位的任务要求进行书面描述,整理成文。

(三)人员选聘

对组织来说,当出现组织成立、组织规模扩大、现有岗位空缺、现有岗位上的人员不称职、雇员离职、原有人员晋升和机构调整等情况时,就必须进行人员选聘,即根据人力资源规划和工作分析的要求,寻找、吸引那些既有能力又有兴趣到该组织任职的人员,并从中选出适宜人员予以录用。

人员选聘的一般流程:①招聘职位分析。整理出相关基本要求(年龄、性别、学历、专业等),职责要求,经历经验要求,基本素质要求和其他要求;②选定相应的招聘渠道开展招聘的宣传及其他准备工作;③审查求职申请表,进行初步筛选;④确定测评内容、测评人员、测评方式和测评程序;⑤安排笔试或面试,组织测验或测评;⑥对拟录用的候选人进行体检和背景调查;⑦试用;⑧录用决策,签订聘用合同。

(四)绩效考评

组织依照预先确定的标准和一定的评价程序,运用科学的评价方法,按照评价的内容和标准,对评价对象的工作能力、工作业绩进行定期或不定期的考核和评价。绩效考评包含三个方面:一是识别评估的内容和影响因素;二是对绩效做出判断;三是对评估的管理。合理合法的识别要求评估系统必须建立在工作分析的基础之上。然后,评估体系应该集中于那些会影响组织成功的绩效,而不是与绩效无关的特征(种族、年龄、性别等)。绩效评估是管理者对组织员工绩效的好坏程度做出判断的过程,且必须在组织中保持一贯性。评估管理是任何评估体系最重要的环节之一。评估结果不应该局限于对员工过去绩效的奖惩,而应该面向未来,着眼于使员工做些什么以发挥其潜力。这就意味着管理者必须向员工提供反馈,指导他们达到更高的绩效水平。

(五)薪酬管理

薪酬管理是人力资源管理中最令人关注和重视的活动。其实质就是组织针对员工为组织做出的贡献,包括他们实现的绩效,付出的努力、时间、学识、技能,积累的经验与创造,给予相应的回报或答谢。薪酬管理要为实现薪酬管理目标服务。薪酬管理目标是基于人力资源战略设立的,而人力资源战略服从于组织发展战略。因此,薪酬管理是在组织发展战略指导下,对员工薪酬支付原则、薪酬策略、薪酬水平、薪酬结构和薪酬构成进行确定、分配和调整的动态管理过程。比较常见的几种薪酬制度有技术等级薪酬制、职务薪酬制、职等薪酬制、岗位技能薪酬制、结构薪酬制和年薪制。

(六)员工激励

员工激励是指通过各种有效手段,对员工的需要予以不同程度的满足或者限制,以激发员工的需求、动机和欲望,从而使员工形成某一特定目标并在追求这一目标的过程中保持高昂的情绪和持续的积极状态,充分挖掘潜力,全力达到预期目标的过程。通过对员工的激励可以激发其潜能,提高工作效率,提高人力资源的质量,弥补物质资源的不足。奖惩是员工激励的基本手段,竞争是提高激励效应的助推器,员工参与是激励的重要方式之一。

(七)员工培训与开发

组织在招聘录用员工时,虽然经过了严格的筛选程序,但这些新员工并不一定具备按要求完成工作的能力,也不一定能立刻适应组织文化并与原有员工形成良好的协作关系。同时,在不断变化发展和竞争的社会环境中,组织要谋求生存和发展,需要有计划地对员工进行培训与开发。培训与开发是指为了达成组织的战略目标,有计划地通过各种项目改进员工的胜任素质,进而提升员工绩效和组织绩效的一种连续性的活动。员工培训是人力资源管理的重要内容,是人力资源投资的主要形式,是保持员工与工作岗位匹配的重要环节。员工培训是适应外界环境变化的需要,是提高员工素质的需要,也是激励员工的需要。员工开发是指为员工未来发展而展开的正规教育、在职实践、人际互动以及个性和能力的测评等活动。

(八)员工关系管理

员工关系管理是在组织人力资源体系中,各级管理人员和人力资源职能管理人员,通过拟订和实施各项人力资源政策和管理行为,以及其他的管理沟通手段,调节组织和员工、员工和员工之间的相互联系和影响,从而实现组织目标的过程。现代的、积极的员工关系管理主要包含劳动关系管理(传统的签合同、解决劳动纠纷等内容)、法律问题及投诉,员工的活动和协调,心理咨询服务,员工的冲突管理,员工的内部沟通管理,工作丰富化,晋升,员工的信息管理,员工的奖惩管理,员工的纪律管理,辞退、裁员及临时解聘,合并及收购,工作扩大化和岗位轮换等。员工关系管理是人力资源部门的重要职能之一,良好的员工关系可以使员工在心理上获得一种满足感,有利于提高其工作意愿和积极性,也能在一定程度上保障组织战略和目标的有效执行。因此,员工关系是影响员工行为态度、工作效率和执行能力的关键因素,值得组织管理者高度关注和重视。

第二节 人员选聘

一、人员选聘来源与方式

人员选聘来源有组织外部和组织内部两类。内部选聘是从组织内部现有人员中获取组织新需要的各种人才,外部招聘是从组织外部社会上获取组织所需的各种人才。一般通过内部选聘进行晋升,获取经验相对丰富、管理才能出众的人员;通过外部招聘来补充初级岗位,获取现有员工不具备的技术和获得能够提供新思想且具有不同背景的员工。

(一) 内部选聘的优点

1. 能激发员工的内在积极性

随着社会的进步和经济的发展,人们的需求已逐步将对货币报酬的狂热转移到一些非货币报酬上来。在非货币报酬中,有工作本身的报酬(工作的挑战性、先进性、趣味性等)和工作环境的报酬(组织的知名度和社会美誉度、组织的发展前景、个人的发展空间、有能力而公平的领导、健康环保舒适的工作环境、融洽的人际关系等),其中人们最关心的是"个人的发展空间"和"工作的挑战性"。内部选聘的方法本身就存在着极大的鼓舞员工内在积极性的功能。组织一旦启动内部选聘,员工就能感受到组织真正为自己提供了发展空间,就存在着晋升的希望和推销自己、引起组织注意和信任的希望。

2. 能迅速地熟悉工作和进入工作

"上岗"和"入岗"始终是选聘工作中不可忽视的两个方面,既保证有合适的人"上岗",还要保证他能迅速进入角色,即"入岗"。内部获取的人力资源熟悉组织,熟悉组织的工作环境和工作流程,熟悉组织的领导和同事,了解并认可组织的文化、核心价值观,适应组织的其他硬件环境。因此,他们能迅速"上岗",又能迅速"入岗",减少由于陌生而必须缴纳的各种"学费",包括时间延误、进度滞后和失误而产生的成本。

3. 能保持组织内部的稳定性

新员工和老员工、新员工和组织,最常出现碰撞的领域是组织文化和组织核心价值观,当然也有一些非主流方向的碰撞情况。无论是何种碰撞,其结果都有两个方面的作用,一方面是促进组织思考和发展,另一方面是扰乱组织的日常秩序和日常运作,可能导致不稳定状况。而内部选聘在为组织重要岗位或合适岗位补充优质人力资源时,能够减少不稳定因素,保持组织内部的稳定性。

4. 能尽量规避识人用人的失误

组织内部谨慎而缓慢的晋升制度,其主要作用是尽量多地规避用人失误的风险,尽量少地承受识人用人失误的代价。内部选聘由于对员工有较长时间的了解,可以有效地规避识人用人中的首因效应等相关失误。

5.人员获取的费用较低

一次大规模的公开选聘,总要消耗组织较多的时间和财力。其中包括选聘前的准备,选聘中的运作、评价、测试和背景资料的收集,选聘后人员到位的一系列安排,均需消耗组织的人力、财力和物力。内部选聘可以节省各个环节的财力开支,使人员获取的费用降到最低值。

(二)内部选聘的缺点

1.容易形成组织内部人员的板块结构

人员流动较少且以内部晋升为主的途径和方法,容易使组织内部人员形成帮派和板块结构。既可能有因袭的重负,如同乡、同学、师兄弟、同班组等,也可能有利益群体的形成。当内部晋升渠道畅通时,非正式组织推举自己小圈子的人员就成为一种常见现象。

2.可能引发组织高层领导的不团结因素

用人的分歧历来是组织高层领导各种可能分歧中最容易引起断裂的分歧,因为这涉及权力的分配,涉及组织核心班子的组成和个人的威信。因此,当用人出现分歧时,可能引发组织高层领导原本存在的不团结因素,或者使不团结因素由隐性走向显性,由潜伏状态走向激化,而这种状况的产生对内部人员获取过程是极为不利的,会造成极大的损伤。

3.缺少思想碰撞的火花,影响组织的活力和竞争力

内部晋升时,被晋升的人和组织群体原本是和谐的,观念、文化和价值观彼此认同。因此,那种"新官上任三把火"的状态比较少见,组织不会因为这种人事变动产生思想碰撞,也不会产生由于这种碰撞而导致的不平衡,更不可能引发深层思考和后续的思想碰撞,致使组织在这一过程中明显缺少活力和竞争力。

4.当组织高速发展时,容易以次充优

许多组织为了规避识人与用人的失误,几乎所有的干部均由内部选拔。因为身边的人是总经理最了解和最信任的群体,所以每次内部晋升,总裁办成员或秘书群成员总是晋升的主要对象。这种选拔和晋升除了影响用人的公正公平外,在组织高速发展时,还会产生"以次充优"的弊端,大幅度降低组织的竞争力和向上发展力。

5.营私舞弊现象难以避免

由于内部人员彼此熟悉和了解,当一个晋升机会来临时,不可避免地会出现托人情、找关系等现象,进而导致徇私情、走后门、官官相护或形成利益联盟等后果,有可能损害组织内部的风气和发展环境。

6.会出现涟漪效应

组织内部的每一次人员晋升都会引发一连串的人员调动,这种"牵一发而动全局"的涟漪效应会使组织领导不得不接受原本无须变动的岗位和个人,从而对组织工作带来伤害。

7."近亲繁殖"使后续发展力度受到影响

师带徒的模式始终是组织"人才流"形成的主要形式之一,但这种内部晋升容易出现"近亲繁殖",犹如人类的发展一样,"近亲繁殖"容易产生智力发育较差的后代。因此,知识和技能的"近亲繁殖"以及组织经营理念和方法的"近亲繁殖",都可能对组织的后续发展产生不良的影响。

(三)外部招聘的优点

1.带来新思想、新观念,补充新鲜血液,使组织充满活力

组织从外部引进人才时,该人才通常会满怀激情地进入组织,因为多数应聘者是希望有所为、有大为,才积极参与应聘的,他们必然会给组织带来新的观念、新的信息、新的思想方法、新的文化和价值观,甚至新的人际网络和社会关系。这种人才引进,必然给组织带来思想碰撞和新的活力。

2.加快战略性人力资源目标的实现

战略性人力资源目标是紧扣组织战略目标而设定的,具有战略性、前瞻性、科学性和系统性。因此,选拔人才的标准必须符合战略性要求,高层次人才、高新技术人才、管理人才和稀缺人才等,都要有计划、分阶段地引入,包括成本核算、岗位匹配、能力培养和职业规划等均需有计划,并在一个大系统中运行。

3.可以规避涟漪效应产生的各种不良反应

当组织由于工作发展而需要增设一个领导岗位时,或者因为退休、离职、调动、流动和生病等各种原因产生人才需求时,内部晋升的涟漪效应,即动一岗则动多岗,动一人则动多人的现象,使组织被迫接受许多不应接受的岗位和人员变动。外部招聘则完全规避了涟漪效应,按图索骥,无须变动其他岗位和人员。

4.规避过度使用内部的不成熟人才

以次充优和过度使用内部人才是内部选聘的主要弊端。外部获取人才,可保护和完善"能岗匹配",使内部人员能获得必要的培训和充足的成熟时间,规避过度使用不成熟的人才。

5.节省部分培训费用

"按图索骥"使组织获得的高素质人才,符合组织所要求的学历和经历,这样,组

织可节省部分培训费用。外部招聘是"拿来主义",不仅节省培训费用,而且节省培训时间;它不但节省学历教育所付的费用,更重要的是能节省为获取经验所交的"过失费用",这种社会学校和商业战场的"学费"常常较之学校学历教育所付的费用更加昂贵。

(四)外部招聘的缺点

1.招聘成本高

招聘高层次人才,所需的人才少,招聘的覆盖区域却要宽得多,有时甚至覆盖全国或者一个大片区;招聘人才层次低,所需人才多,招聘的覆盖区域也可以相对缩小,有时甚至在一个县区或一个地区即可。无论是招聘高层次人才,还是中基层人才,均须付出相当高的招聘费用。这包括招聘人员的费用、广告费、测试费和专家顾问的费用等。

2.可能会选错人才

虽然招聘的过程经过层层把关,同时又有专家顾问的参与,选才的准确度明显提高,但仍无法排除选错人才的风险。因为任何事物均有其规律性,有些应聘者是应聘场上的"老运动员",具备应付临场考试的各种能力,却不具备实践工作中要求的那些能力。这种人比例虽小,但也有可能会被某些组织误用。这样,选错人才的风险依然存在,不仅浪费人力、物力和财力,而且还会影响组织的正常运作。仅仅被耽误的时间一项,也可能会直接导致组织耽误发展的良机。

3.给现有员工以不安全感

每当组织由于某些原因出现干部需求时,组织内部的员工就会渴望获得它。如果这种机会出现时,组织每次都从外部招聘合适的人员来补充,必然会使内部员工感觉到自己"永远漂泊在河流中",不能泊岸,也没机会泊岸。这种感觉会逐步产生对现有职业的不安全感。员工的不安全感必然导致工作的热情低落,员工队伍的稳定性也会受到挑战。

4.文化的融合需要时间

引入的人才会带来新观念、新思想和新信息,同时也会带来对现有组织文化的挑战和思考。文化和价值观的融合需要时间,彼此的认同和相互吸引是事业成功的基础,而融合的时间会在一定程度上影响工作的进展。

5.工作的熟悉以及与周边工作关系的密切配合也需要时间

新引入人才的"上岗入位"是一件不容易立刻办到的事情。对本职工作的熟悉,对组织工作流程的熟悉,对与之配合的工作部门的熟悉,与领导、下属、平级同事的工作配合,均需假以时日;对组织外界相关工作部门的熟悉并且建立良性关系,也同样需要时间。这种时间成本的投入是必须考虑的不利因素。

根据一定的标准和程序,从组织内外部的候选人中选拔需要的人才,一般来说共有四种选拔方式。

1.选举

选举包括推荐和民意测验等。由组织成员自下而上借助选票来选定并产生相关人才。在此过程中,组织成员从所有人或一些人中选择几个人或一个人担任特定职务。选举的优势在于反映广义上的组织内部人员的意愿,但选举往往不能满足专业化要求,也不能形成下级服从上级的层级节制体系。在需要下级服从上级的组织中,选举往往与组织任命相结合。

2.委任

委任是自上而下的,由上级考察了解选拔对象并加以任命,如西方政府的政治任命,中国传统的委任等。委任的优点是能保证实现专业化,可以形成层级节制的组织体系。但是单一的委任制下,被任命的对象只对上负责,而对下不负责,这样易使组织内部形成官僚体系,既无法反映基层组织成员的要求,也无法满足他们的需求。

3.考试

这里的考试是广义的概念,包括闭卷、开卷考试,谈话,面试和实际操作技能测验等,只要是以检验能力为目的的考核方式,都属于考试。考试的作用是考查并掌握参试者所具备的知识和技能。考试最大的优点是保证基本素质,实现选择的公平性和有效性,但考试不一定能够满足具体岗位的特殊需要。

4.聘任

聘任是用人单位通过契约确定与人员关系的一种任用方式。一般做法是用人单位采取招聘或竞聘的方法,经过资格审查和全面考核后,再与确定的聘任人选签订聘书,明确双方的权利义务关系和受聘人员的职责、待遇和聘任期等。聘任针对特定岗位,人员不能胜任就不予聘任。一般情况下,专业技术职务采用聘任的选拔方式。

这四种选拔方式各自的优缺点恰好形成一个完整的体系。所以这四种方式缺一不可,要形成恰当的配套。

二、人员招聘标准

组织招聘合适的人员到合适的岗位,必须设立招聘标准,以保证可以选出组织需要的人员。招聘人员的基本标准有以下三项。

(一)人员技能和岗位职责相符合

组织进行工作分析后,明确岗位职责,把招聘职位的工作内容、特点和对人员的技能要求等编制成职位说明书,让应聘者明确岗位的任职条件和加入组织后要开展的工作。这些胜任岗位的基本技能包括学历、专业和经验等,这些是做好一项工作的前提条件。

(二)人员个性和岗位特点相适应

一方面,人员个性在不同岗位上发挥的作用不一样;另一方面,随着专业化分工越来越细,团队合作越来越重要,人员个性是招聘中要考虑的重要因素。人员个性一定要和岗位特点相适应,综合考虑个人需求和团队需要。

(三)人员价值观和组织价值观相一致

应聘人员的价值观也是一项重要内容。价值观支配个体行为,员工对组织忠诚度的高低与其对组织价值观的认同度有密切关系。认同组织价值观的员工能够与组织文化更好地融合,提高组织绩效。

由于每一个具体的组织成员都是在一定的管理人员的领导和指挥下展开工作的,因此管理人员的招聘格外重要。管理人员的智力、创造力和管理能力,有利于组织目标和策略的制定与实施;管理人员的自我督导、亲和力和成熟性,有利于组织合力的形成;管理人员的成就动机、自我实现需要和权力需要等,有利于组织目标的最终实现。管理人员具体的招聘标准如下。

1.管理的欲望

这是管理人员从事管理工作的基本前提。管理意味着对权力的运用,而对权力不感兴趣的人无法很好地运用权力,从而影响组织目标的实现。

2.正直的品质

正直是每个组织成员都应具备的基本品质,对管理人员更是如此。

3.创新精神

只有不断创新,组织才能充满生机,才能不断发展。

4.决策能力

管理过程中充满决策。决策能力是管理人员应具备的一种重要能力。

5.沟通能力

管理人员既要善于理解别人,也需要别人理解自己。沟通的效果决定着管理人员与员工相互理解的程度。作为管理人员必须具有进行有效沟通的技能。

6.组织协调能力

管理人员的职责之一就是实现组织内部各部门、各环节的密切配合,所以管理人员应有较强的组织协调能力。

7.相应的业务知识和水平

管理人员未必是专家,但了解一定的专业知识、具备一定的技术水平和能力仍是管理人员不可或缺的条件。管理人员至少应明确在何种场景以及针对何种事项应该使用哪种专家。

8.良好的身体素质

管理人员需要有足够的体力和精力来应对工作中的压力和挑战。良好的身体素质不仅有助于保持高效的工作状态,还能增强管理人员在面对紧张和复杂工作环境时的适应能力和持久力。

不同层级的管理人员对才能的要求有所不同,表13-1显示了不同才能占据不同层级管理人员能力的相对比重。技术性才能指能够运用特定的程序、方法、技巧处理和解决实际问题的能力。人际性才能是能够与其他人一起有效开展工作的能力。也可以说是一个人能够以小组成员的身份有效地工作,并能够在他领导的小组中建立合作关系的能力。概念性才能包含着一系列的能力,包括能够提出新想法和新思想的能力,能够进行抽象思维的能力,能够把一个组织看作一个整体的能力,以及能够识别在某一个领域的决策对其他领域将产生何种影响的能力。

表 13-1 不同层级管理人员的才能比例

	技术性才能	人际性才能	概念性才能
高层管理者	17.9%	42.7%	39.4%
中层管理者	34.8%	42.4%	22.8%
底层管理者	50.3%	37.7%	12.0%

三、人员招聘流程

(一)制定招聘计划

在分析招聘需求的基础上制定招聘计划及具体的实施策略。主要内容是人员需求清单的确定,招聘信息发布时间和发布渠道的选择,招聘小组的初步确定,考核方案的选择与确定,招聘程序的安排,招聘经费预算的确定等。

(二)选定相应的招聘渠道

招聘渠道多种多样,有网上招聘、人才市场招聘、广告招聘、普通委托招聘、猎头委托招聘以及内部员工或熟人介绍等。要拟出目的清晰、有吸引力的招聘启事。招聘启事包括职位名称、招聘要求和应聘途径，可参照其他组织相关职位的招聘启事进行设计。开展招聘的宣传及其他准备工作。

（三）初步筛选

剔除求职材料不实者和求职资料明显不合格者，根据应聘者提交的申请表以及档案记录、推荐信、证明书和工作鉴定等一些间接资料，结合人员的招聘标准，对应聘者进行初步筛选。初步筛选会淘汰不符合要求的申请人员，如果遇到能力突出但资格不符合要求的求职者，招聘小组应提出是否破格的建议。

（四）甄选测试

对通过筛选的入选者进行必要的测试。常见的测试方式有笔试、面谈和情景模拟训练等。考核小组根据测试情况和经验，剔除明显不合格者。通过各种形式的测试后，用人单位要对测试结果进行整理分析，然后根据职位要求对应聘者进行再次筛选，确定入选者名单，并以口头或书面形式通知应聘人。

（五）录取聘任

如果是内部选拔，聘任的主要途径是升迁和调动。如果是外部招聘，则应按入选名单排列顺序向入选者发出聘任通知。若被通知者前来应聘，则双方签订聘任合同，招聘工作结束；若被通知者因故不来应聘，则由主聘人员从剩余的备选人员中按顺序选取并通知待聘人员。这一过程一直持续到备选者中有人应聘为止。如直到最后也无人应聘，则此次招聘宣告失败。

（六）在岗使用

通过上述过程为岗位缺额招聘到合适的人员后，就进入人员的使用过程。为保证工作的效率，一般对聘任者有试用期要求，试用合格再正式聘用。聘任后若不能或不愿履行其岗位职责，用人单位可根据合同约定对其做调动、降职、解职或辞退等处理。

（七）招聘评估

招聘评估是招聘中最重要的组成部分，包括成本效益评估和录用人员评估。成本效益评估，即对招聘中的费用进行调查、核实，并对照预算进行评价。录用人员评估，即根据招聘计划对录用人员的质量和数量进行评价。招聘工作结束后，招聘工作的主要负责人应撰写招聘评估报告，报告应真实地反映招聘工作的过程，为组织下一次招聘工作提供经验。

第三节 人员考评

一、考评含义和功能

考评是对在岗人员的工作状况和工作结果进行考查、测定和评价的过程。绩效考评又称为考绩,即根据员工的职务标准比较和评价员工在一段确定期限内对组织的贡献的过程。各个员工所处的内外部环境不同,自身的能力、面对的激励、遇到的机会等因素不同,导致同一个组织中不同员工在绩效上可能存在着较大的差异,因而需要进行科学的考评,以决定对不同的人采取不同的激励政策。绩效考评的主要功能有以下几点。

1.沟通功能

现代的绩效考评特别强调沟通功能。例如,对组织目标的一步步分解,需要上级与下级之间、主管与员工之间进行沟通,达成共识,使目标变成约束组织与员工的契约;在绩效考评的推进过程中,需要上下级之间的沟通,主管人员需要密切注意绩效考评的进展情况,发现存在的问题,并进行有针对性的沟通和辅导,帮助员工完成绩效计划,有时还要检讨或修正计划;考评结束以后,管理者需要将考评结果反馈给被考评的员工,同时听取他们的申诉和看法,这又是一次重要的沟通机会,有利于增进相互之间的了解,解决管理中存在的一些问题。

2.激励功能

考评能产生一定的心理效应,起到激励、督促和导向作用。无论对成绩突出者还是对落后者,考评都会起到鞭策他们尽心尽责完成组织所交给任务的作用。工作符合要求者和贡献突出者,由于受到肯定和奖励而备受鼓舞,会继续朝着好的方向努力;落后者会把自己的状况与工作要求比较,与先进分子比较,在以后的工作中加以改进。因此,恰当的考评是一面旗帜,指引员工前进的方向,使员工产生"见贤思齐,见不贤而内自省"的心理效应。

3.开发功能

绩效考评是按已定的绩效标准进行的,考评结果显示的不足之处就是员工的培训需求。管理者可以据此制订有针对性的培训计划,达到提高员工素质的目的。同时,通过考评对员工各方面的情况有详尽的了解,根据员工的长处和特点决定培养方向和使用办法,充分发挥员工的长处,促进员工的个人发展。

4.控制功能

绩效考评可以为各项人事管理提供一个客观而公平的标准,并依据考评结果决定晋升、奖惩、调配和培训等,这样就会使组织形成按标准办事的风气,使各项工作能够按计划进行,实现既定的愿景和目标。绩效考评对员工个人来说,也是一种控制手段,可以使员工牢记工作职责,明白怎样做与组织目标相适应,怎样做与组织目标相背离,从而使自己的行为与组织的期望保持一致,养成按照规章制度办事的自觉性。

二、考评程序

考评不仅对组织的人事工作十分重要,而且对管理者本身也是非常重要的。公平的考评要求依据一定的程序,确定合理的考评内容,选择适当的考评者,测试考评的误差,向被考评对象传达考评的结论,使其有申辩的机会,以真正起到促进改善工作和完善自我的效果。人员考评的一般程序如下。

1.建立考评目标

绩效考评作为组织人力资源管理活动的一部分,在具体实施之前要制定明确的目标。每次工作绩效考评的具体目标是什么,应达到何种效果,哪些方面需要改进,这些都应当事先确定下来,用以指导绩效考评。

2.建立业绩期望

绩效考评先要明确员工从事的工作的具体要求是什么,有哪些职责和权利。建立业绩期望实际上是通过工作分析的过程,明确每一项工作的完成标准,使工作绩效的考核有章可循,便于考评人员客观、公正地进行考评,也有利于员工进行自我对照,更客观地理解考评结果。另外,建立业绩期望还有助于员工根据标准对考评过程进行监督。

3.实施绩效考评

绩效考评的标准建立起来以后,组织就可以对员工工作的实际完成情况进行检查和对照。考绩人员应严格按照工作标准,考察员工的实际工作行为如何,工作成果多少,工作质量如何。将员工的实际工作绩效与业绩期望进行对比和衡量,然后根据对比结果评定员工的工作绩效。评定员工工作绩效的过程十分关键,应尽量按照工作标准评定,避免评定过程中的主观因素干扰,做到客观公正。

4.反馈绩效考评结果

如果不让员工充分了解工作绩效考评的结果,实际上就失去了绩效考评的意义。组织进行绩效考评的目的就是帮助员工认识到自己工作中的长处和不足,以便取长补短,提高生产率;管理者与员工一起讨论、分析工作绩效考评结果的过程尤为重要。组织向员工反馈绩效考评结果,对不明确或不理解之处做出解释,有助于员工接受考评结果,更好地改进工作,最终制定出相应的绩效改进方案。

5.绩效考评活动的评估

在反馈考评结果的同时,考绩负责人还要对绩效考评活动进行评估,将总结的经验和教训体现在下次绩效考评中,为下一次绩效考评目标的设立、考评方法的改进以及考评信息的收集提供参照。

三、考评方法

实施人员考评时,选择合适的考评方法非常重要。常见的绩效考评方法有以下几种。

1.评级法或评分法

分等级对规定的绩效因素(完成工作的质量、数量等)进行评估,把工作的业绩与规定表中的因素进行逐一对比打分,可分为多个等级,如优秀、良好、合格和不合格。优点:可以做定量比较,评估标准比较明确,便于操作。缺点:专注于打分,淡化了绩效考评的诊断效应。

2.排序法

把参加考核评价的员工,按照其总绩效(或综合绩效)的状况依次排列。优点:比较效用明显,简单、方便、快速,节约组织资源。缺点:不能明确反映员工的个人绩效结果。

3.目标考核法

评估的对象是员工的工作业绩,即目标的完成情况而非行为,这样使员工能够向目标方向努力,从而在一定程度上有利于保证目标的完成。优点:能够调动员工的积极性,同时员工相对比较自由,可以合理地安排自己的计划和应用自己的工作方法。缺点:目标的设定可能有一定的困难。

4.强制分布法

将限定范围的员工按照某一概率分布到有限数量的几种类型的方法。例如,优秀占5%,良好占15%,合格占60%,稍差占15%,不合格占5%,把员工划分为不同的类型。优点:成本低,实用,节省时间和精力,消除了某种评定误差(趋中性、宽厚性误差)。缺点:硬性区别容易引起员工的不满。

5.主管述职评价

主管述职评价是由岗位人员做述职报告,把自己的工作完成情况和知识、技能等反映在报告内的一种考核方法。主要针对企业中高层管理岗位的考核。优点:较为全面,易操作。缺点:具体的工作内容可能会不完善。

6.关键事件法

关键事件法是客观评价体系中最简单的一种形式,它是通过对工作中最好或最差的事件进行分析,对造成这一事件的工作行为进行认定从而做出工作绩效评估的一种方法。优点:针对性比较强,对评估优秀和劣等表现十分有效。缺点:关键事件的收集工作量大,把握和分析可能存在差异。

7.行为观察比较法

行为观察比较法也称为行为观察量表法,该方法先根据各项评估指标罗列一系列有关的有效行为,再将观察到的员工的每一项工作行为同评价标准进行比较并评分,依据该行为出现的频率进行评估。员工在每一种行为上的得分相加,得出总分进行比较。优点:存在一个比较有效的行为标准,可以帮助建立工作岗位指导书。缺点:观察到的工作行为可能带有一定的主观性。

8.行为锚定评价法

行为锚定评价法也称为行为定位评分法,它侧重于具体可衡量的工作行为,通过数值给各个评估项目打分。评估项目一般是某个职务的具体行为事例,也就是对每一项职务指标做出评分量表,量表分段是实际的行为事例,然后给出等级对应行为,将工作中的行为与指标对比做出评估。它主要针对的是那些明确的、可观察到的、可测量到的工作行为。优点:评估指标具有较强的独立性,评估尺度较精确;对具体的行为进行评估,准确性高。缺点:评估对象一般是从事具体工作的员工,对其他工作适用性较差。

9.360度绩效评估法

360度绩效评估法是一种从不同角度获取组织成员工作行为表现的观察资料,然后对获得的资料进行分析评估的方法。这些观察资料包括来自上级、同事、下级及客户的评价,同时也包括被评者自己的评价。优点:比较全面地进行评估,易于做出较公正的评价,同时通过反馈可以促进工作能力的提升,也有利于团队建设和沟通。缺点:考核成本高,时间耗费多,容易流于形式,考核培训工作难度大。

四、考评中常见误差

考核评价是一种社会现象,有人群的地方就有考核评价。随着人类社会的发展,考核评价由自然状态下的社会群体评价发展到有组织、有意识、有系统的考核并成为制度,在现代人事管理中发挥着广泛作用。由于各种因素的影响,在考核实践中常出现各种各样的误差,影响考核功效。

1.首因效应误差

首因效应误差是指考评者的第一印象对考评结果影响过大。如果第一印象好,对被考评者各方面的评价都会较高;第一印象不好,则对其各方面的评价都较低。例如,在考评中,考评者"以貌取人",在初次见面时,对被考评者的外表印象深刻或因其能言善辩、思路清晰而产生好感,在后面的考评中即使发现他存在一些问题,也会找理由为他开脱;相反,如果见被考评者相貌平平,沉默寡言,蔑视之情随之而生,在后面的考评中,对其成绩不以为然,对其缺点则念念不忘,从而影响到对被考评者的客观评价。

2. 晕轮效应误差

晕轮效应误差是指考评者在考查被考评者的工作实绩时,特别看重被考评者的某种特性,以偏概全而产生的考评误差。即一好百好,一差百差。例如,一个对"人际关系"十分看重的考评者,遇到一个仅人际关系处理得好,其他方面并不突出的被考评者,他的考评结果可能每一项都是"好",而不仅仅是"人际关系"单项"好";有的考评者对被考评者的仪表十分看重,当他遇到衣着打扮让他看不惯的被考评者时,可能会导致他对被考评者的工作实绩难以做出客观的评价。要想避免这一问题,关键是考评者本人要能够意识到这一误差。同时,在培训中可加强这一方面的教育。

3. 近因效应误差

人们对近期发生的事情往往印象比较深刻,而对远期发生的事情的印象比较模糊。在绩效考评中也会出现这种情况,评价一个人时,只看其近期的表现和成绩,以近期的记忆或印象来代替被考评者在整个被考评期的工作表现情况,因而造成考评误差。有的被考评者往往会利用这种误差效应,在一年中的前半年工作马马虎虎,至最后几个月才开始好好表现,试图造成考评者对他评价的近因效应误差。为了避免这种误差出现,应做好员工的平常表现记录,这样有利于从整个考评期的角度衡量一个人的绩效。

4. 暗示误差

暗示是指通过语言、行为或某种事物提示别人,使其接受或照办而引起的心理反应。在绩效考评中,考评者在领导或权威人士的暗示下,容易接受他们的看法,或多或少地改变自己原来的看法,造成考评误差。例如,学校、科研单位评定职称的学术委员会在评估拟评定候选人时,领导人的讲话、发言就可能出现有意无意的暗示。言者无意,听者有心,甚至有些考评人会自行揣摩领导的意思,进而造成评价中的误差。

5. 定式误差

定式误差是指人们根据过去的经验和习惯的思维方式,在头脑中形成了对人或事物的不正确看法,从而导致考评中出现误差。例如,一些年轻的考评者根据自己的生活经历,总认为老年人墨守成规,缺乏进取心,压制年轻人;而一些老年的考评者则按照自己的经验,总觉得年轻人缺乏经验,爱冲动,办事不可靠。在这种思维定式的影响下,做出的评价结果必然会存在误差。

6. 趋中误差

在确定考评等级时,许多考评者都容易出现一种趋中倾向。例如,如果评价等级是从第一级到第七级,那么考评者很可能既避开较高的六或七级,也避开较低的一或二级,而把大多数被考评者都评定在三、四、五这三个等级。避免这种误差的办法是利用量表法或目标管理法,在设计等级标准时尽可能具体化和量化。

7. 过分宽松或过分严格误差

这是与趋中误差相反的一种现象,在考评过程中,一些考评者给所有被考评者的评定等级都偏高或偏低,正如有的教师喜欢给高分而有的则喜欢给低分一样。这种过分宽松或过分严格的现象在使用等级量表时表现得尤其突出,因为考评者打分定级是一种主观行为,任何要求都无法剥夺其主观意志。如果必须进行等级划分,可采用强制分布法。

8. 感情效应误差

人与人之间是有感情的,考评者与被考评者之间也存在着感情关系。考评者可能根据他对被考评者的感情好坏程度而不自觉地对被考评人的工作绩效做出不同评价。为了避免因感情效应而造成对被考评人评价的误差,考评者要克服个人情感因素,努力站在客观的立场上,力求公正。

9. 对照误差

对照误差是指把某一被考评者与其前一位被考评者进行对照,从而根据考评者的印象和偏爱做出与被考评者实际工作情况有偏差的结论。例如,如果前一位被考评者看起来各方面表现都很出色,那么在对比之下,就可能会给后一位被考评者带来不利影响。相反,如果前一位被考评者的工作绩效及表现较差,那么后一位被考评者就可能获得高估。心理学家认为,对照误差在考评中是广泛存在的,因为它是人们的一种心理现象。由于考评结果直接关系到被考评者的利益,作为考评者应尽量避免这种偏差的产生,使考评误差降至最低限度。

10. 自我对比误差

自我对比误差是指以自己的标准来衡量考评对象而产生的误差。在考评中,考评者往往会不自觉地用自己的一些价值观来衡量考评对象,把自己的性格、能力、作风等与被考评者对比,凡是与自己相似的人,总是给予较高的评价;相反,对那些与自己格格不入乃至相反的人,就做出偏低的评价。例如,主管是一个非常严谨的人,那么,他就会认为那些做事一丝不苟的员工,在其他方面的表现也很出色,而给那些不拘小节、粗线条性格的员工在各个考评项目上打低分。避免这种误差的方法主要是加强对考评者的指导,使其准确地掌握考评标准,同时采用多维度的考评方法。

第四节　人员培训

一、培训目标

员工培训是一项复杂的、系统的、长期的工程。员工培训是在潜移默化之中提升员工素质,规范员工言行,调动员工的积极性、灵活性和主动性。

培训目标分为三个层次:①基于岗位胜任能力提升的培训,以"人"为中心,强调个体。②基于绩效提升的培训,以"事"为中心,强调组织目标。③基于组织愿景、战略达成的培训,以团队为中心,强调协作。

培训目标按照内容主要可分为三大类:①技能的培养。在较低层次的员工中,技能培养主要是具体的操作训练;在高层管理人员中,虽然也涉及具体的技巧训练,如书面与口头沟通能力、人际关系技巧等,但主要是一些思维性活动,如分析与决策能力。②知识的传授。它包括概念与理论的理解与纠正、知识的灌输与接受、认识的建立与改变等,属于智力活动。但理论与概念必须与实际结合,才能透彻理解,灵活掌握,巩固记忆。③态度的转变。这涉及认识的变化问题,属于知识传授的范畴。但态度的确立或转变涉及感情因素,在性质与方法上都与单纯的知识传授不同。

二、培训方法

培训的方法多种多样,组织应根据自身的特点,结合不同员工、不同类型培训的实际情况加以选择。下面介绍几种主要的培训方法。

1.讲授法

讲授法是传统的教育培训方法,也是培训中最常使用的一种方法。它是指教师通过语言表达系统地向受训者传授知识,期望受训者能记住其中的特定知识和重要观念。这一方法的优点:有利于受训者系统地接受新知识,有利于控制学习进度,有利于理解难度大的内容,可以同时对许多人进行培训。其缺点:讲授内容具有强制性,受训者无权自主选择学习内容;学习效果易受教师讲授水平的影响;只有教师讲授,没有反馈;受训者之间不能讨论,不利于通过交流促进理解;学习的知识不易巩固。

2.演示法

演示法是借助一定的实物和教具,通过实地示范,使受训者了解某种工作是如何完成的。这一方法的优点:有助于激发受训者的学习兴趣;受训者可利用多种感官,做到看、听、想、问四者相结合,立体多维地感受工作过程,效果更明显;有利于获得感性认识,加深对所学内容的印象和理解。其缺点:适用范围有限,不是所有的学习内容都可演示;演示前需要一定的费用和做精心准备,否则难以实施并产生预期的效果。

3.讨论法

讨论法是通过受训者之间的讨论来解决疑难问题、巩固所学知识的方法。这一方法的优点:受训者能够主动提出问题,表达个人的感受,有助于激发他们的学习兴趣;鼓励受训者积极思考,有利于他们能力的开发;在讨论中取长补短,互相学习,有利于知识和经验的交流。其缺点:讨论课题的选择是否适当将直接影响培训的效果;受训者自身的水平会影响培训的效果;不利于受训者系统地掌握知识和技能。

4.视听法

视听法是利用幻灯、电影、录像、录音和电脑等视听器材进行培训的方法。这一方法的优点:可以利用人体的多种感觉器官去体会培训内容,比讲授或讨论给人留下的印象更深;便于根据受训者的不同要求对培训内容进行剪裁;生动的界面容易提高受训者的参与程度;借助图像、表格等工具,便于说明学习要点。其缺点:购置设备和教材的费用较高;选择合适的教材不太容易;培训受设备和场所的限制。

5.角色扮演法

角色扮演法是设定一个最接近扮演情景的培训环境,指定参加者扮演某种角色,借助角色的演练来理解角色的内容,从而提高受训者主动地面对现实和解决问题的能力。角色扮演者在弄清所处情景及各自所演角色的特点与制约条件后即进入角色,自发地即兴进行表演,如交往、对话、主动采取行动或被动做出反应,令剧情合情合理地演进,至教师(导演)发出中止信号时为止。这一方法的优点:由于它给受训者提供了行为方式的试验机会,使其亲身体会别人的处境、难处及思维方式,从而有利于提高他们的观察能力和解决问题的能力;有助于训练基本动作和技能;有利于训练仪容仪态和言谈举止。其缺点是较难实施操作。

6.案例法

案例法是借助一定的视听媒介,如文字、录音、录像等,描述客观存在的真实情景,然后就其中存在的问题展开讨论、分析,从而提高人们观察问题和解决问题的能力。用于教学的案例应具有的几个特点:①案例的内容应是真实的,不允许虚构。为了保密,有关的人名、单位名、地名可以改用假名,但基本情节不得虚构,有关数字可以乘以若干系数以放大或缩小,但相互间的比例不能改变;②案例中应包含一定的管理问题,否则便无学习与研究的价值;③案例要有明确的教学目的;④案例中包含的问题不存在唯一的答案,放在不同的环境、站在不同的角度可能会有完全不同的解决办法;⑤案例材料的选择要十分慎重,务必保证客观准确,尽可能避免选择的主观偏向。这一方法的优点:它可以提供一种系统的思考模式;受训者在案例研究的学习过程中,可获得在一般教材中得不到的有关管理的知识和原则;有利于受训者对组织的一些现实问题进行尝试性解决,以增强他们解决实际问题的能力。其缺点是搜集和整理有针对性的案例存在较大的困难。

知识的更新和补充可以相对迅速地通过集中脱产或业余学习的方法来完成,而态度的改变与技能的培养则需要在参与管理工作的实践中长期不懈的努力。培养技能与改变态度的培训方法如下。

1. 工作轮换

工作轮换指让受训者到各部门去丰富工作经验,确定其长处和弱点。例如,新毕业的大学生,在每个部门工作学习几个月,这不仅有助于丰富他们的经验,也有助于他们找到自己感兴趣的工作。工作轮换的不足之处就是鼓励人们"通才化",不利于培养高级专业人才。工作轮换比较适合开发一线管理人员而非智能专家。随着经济的全球化,跨国公司的工作轮换不仅仅局限于本国,而是面向世界。

2. 辅导/实习方法

辅导/实习方法类似于师傅带徒弟。由受训者直接与要取代的人一起工作,而这个人负责对受训者进行辅导。一般说来,这种实习不承担相应的经营管理责任,而是为受训者提供学习工作的机会,有助于保证责任管理者因退休、提升、调动和辞职等离开现工作岗位而出现职位空缺时,组织能有训练有素的人员顶替,也有助于公司自己培养的高层管理人员的长期开发。

3. 设置助理职务

在一些较高的管理层次设置助理职务,不仅可以减轻主要负责人的负担,使其从繁忙的日常管理中脱身,专心致力于重要问题的考虑和处理,而且具有培训待提拔管理人员的好处。

4. 临时职务

当组织中某个主管由于出差、生病或度假等原因而使某个职务在一定时期内空缺时(当然组织也可有意识地安排这种空缺),则可考虑让受培训者临时担任这项工作。

本章回顾

● 人员选聘的来源有组织外部和组织内部。这两种来源各有其优缺点。从组织内、外部的候选人中选聘需要的人才,一般来说共有四种选聘方式:选举、委任、考试和聘任。组织选聘合适的人员到合适的岗位需要遵循一定的选聘标准。

● 考评是对员工的工作状况和工作结果进行考查、测定和评价的过程。绩效考评又称为考绩,即根据员工的职务标准比较和评价员工在一段确定期限内对组织的贡献的过程。

● 员工培训是一项复杂的、系统的、长期的工程。员工培训是在潜移默化之中提升员工素质,规范员工言行,调动员工积极性、灵活性和主动性。培训的方法多种多样,组织应根据自身的特点,结合不同员工、不同类型培训的实际情况加以选择。

本章习题

习题及参考答案

案例讨论

案例

讨论:
1. 你觉得《德胜员工手册》体现出本章的哪些知识点?并进行解释说明。
2. 选择两三条对你触动比较大的细则,并阐述你的理由。
3. 你同意该公司的上述理念吗?如果你在某些方面不同意请阐述理由。

拓展阅读

拓展阅读

第十四章 领　　导

导言

第一节　领导概述

党的二十大报告明确提出:"我们全面加强党的领导,明确中国特色社会主义最本质的特征是中国共产党领导,中国特色社会主义制度的最大优势是中国共产党领导,中国共产党是最高政治领导力量,坚持党中央集中统一领导是最高政治原则,系统完善党的领导制度体系,全党增强'四个意识',自觉在思想上政治上行动上同党中央保持高度一致,不断提高政治判断力、政治领悟力、政治执行力,确保党中央权威和集中统一领导,确保党发挥总揽全局、协调各方的领导核心作用,我们这个拥有九千六百多万名党员的马克思主义政党更加团结统一。"

一、领导

对于领导的定义,我们先了解以下几种:①领导是对制定和完成企业目标的各种活动施加影响的过程。这个定义着重强调领导对企业的活动施加影响。②领导是一个动态的过程,该过程是领导者个人品质、追随者个人品质和某种特定环境的函数。这个定义侧重于领导的决定因素及动态性。③领导是在机械地服从组织的常规指令以外所增加的影响力。这个定义认为,领导是正式命令之外的影响能力。

鉴于各种领导学学派及其观点的多样性和对领导定义的不同侧重,基本可以将其分为以下几类:①领导中心论。领导就是领导者依靠由权力和人格所构成的影响力去指导追随者实现符合领导者意图和追求的目标的活动,此视角关注的是领导者的能力问题。②互动论。任何领导活动都是在领导者与追随者之间的互动过程中共同实现双方所追求的目标。③结果论。领导是在一定组织结构中展开的一种特殊活动,领导者便是这一结构中的一个特殊角色。领导者通过角色权力的运作实施对组织活动的控制,有时候结构会成为领导的替代品。④目标论。领导活动的焦点在于实现一个符合群体需要的公共目标。

那么领导是什么呢?我们认为,领导是指挥、带领、引导和鼓励追随者为实现组织目标而努力的过程。这个定义包括以下三个要素:领导者、被领导者和领导环境。

领导者是这一行为的主体,也是权威和影响力产生的主要来源;对领导者的研究主要集中于领导者的个人特质和行为特征。领导工作是领导者为了实现其领导权和领导职能,完成其领导任务而进行的活动,是一种引导、组织、指挥、协调组织成员行为的活动。

领导者必须有部下或追随者。没有部下或追随者的领导者谈不上领导。部下或追随者是这一行为的客体,他们也会对领导行为的效果产生影响。这些部下或追随者指在领导活动中与领导者具有共同的利益诉求和(或)信仰取向,追求共同组织目标的人。领导者与部下或追随者的区别在于,部下或追随者大多数时候只需做好自己的事情,而领导者绝大多数时候要让别人做好事情。具体来说,领导者不同于部下或追随者的特殊性主要体现在以下几个方面:①领导者的地位与作用;②领导者的工作范围与任务;③领导者的工作能力与工作成效评估;④领导者的责任与要求。但随着社会的变迁和时代的进步,尤其是组织成员素质的显著提高,领导者与部下或追随者的关系呈现出明显的新特征:平等性、相对性、互动性和制约性。总之,领导者与部下或追随者是共生共存的,他们在不同的环境中通过互相影响来达到个人和组织的目标。

领导行为还应随着组织情境的变化而调整。这种情境既包括任务结构、职位权力和工作特征等组织内部环境,也包括社会文化等组织外部环境。领导环境对领导活动有着复杂而深刻的影响,作为领导者必须对环境给予高度的重视,带领追随者积极认识、适应、利用和改造环境。

这里我们需要区分一组概念:领导和管理。从本质上来说,管理是建立在合法的、有报酬的和强制性权力的基础上对下属发布命令的行为,下属必须遵循管理者的指示行事。在此过程中,下属可能尽自己最大的努力去完成任务,也可能仅付出部分努力去完成工作。在企业的实践中,后者是客观存在的。管理建立在职务权力的基础上,而领导更多的是建立在个人影响、专长以及模范作用的基础上。因此,一个人可能既是管理者,也是领导者。但是,管理者和领导者两者分离的情况也存在。一个人可能是领导者但并不是管理者。非正式组织中最具影响力的人就是典型例证,组织没有赋予他们职位和权力,他们也没有义务去负责企业的计划和组织工作,但他们能引导和激励,甚至命令自己的成员。一个人可能是管理者,但并不是领导者。领导的本质是被领导者的追随和服从,它不是由组织赋予的职位和权力所决定的,而是取决于追随者的意愿。因此,有些握有职权的管理者可能无法得到部下的服从,也就谈不上是真正意义上的领导者。非正式组织中有影响力的人参加企业正式组织的管理,将有益于提升管理的成效;而对于不具备领导才能的人,应该从管理队伍中剔除或降低其占比。

领导和管理存在一定的共性,从行为方式来看,两者都是一种在组织内部通过影响他人的协调活动,实现组织目标的过程。从权力的构成来看,两者都与岗位在组织中的层级有关。两者的区别在于,管理的本质是依赖被上级任命而拥有某种职位所赋予的合法权力去进行管理。而领导的本质是被领导者的追随和服从,取决于被领导者的意愿,并不完全取决于领导的职位与合法权力。两者所担负的工作内容也不同如表14-1所示。

表14-1 领导者和管理者工作内容的不同

比较范畴	领导者	管理者
对象	群体—追随者	组织—下属
产生	自发形成	依法任命
职责	指导、协调、激励	计划、组织、控制
影响力来源	威信—个人素质	职权—管理岗位
位置	带领—在群众前面	鞭策—在群众后面

目前,在领导与管理各自内涵及相互关系的认识上也有其他观点,这里仅列举四种具有代表性的观点:①管理即领导,领导即管理;②领导是管理的职能之一,管理的范畴大于领导;③管理是领导的职责之一,是完成领导任务的重要手段;④管理和领导是两个相对独立的范畴,它们各自具有自己的执行系统和自己独立表达的概念、术语和方式。

二、权力

现代意义上的"权力"一词包含三层含义:一是权威和势力;二是政治上的强制力;三是一定范围内的影响力。人们从不同的学科和视角如政治学、管理学、心理学和组织学来研究和把握权力这一概念,由此得出不同的结论。抽象地讲,在权力的概念中，通常包含以下几个要素：权力主体、权力客体、权力目标、权力作用方式和权力后果。

（1）权力主体。权力主体是权力存在和发挥功能的前提，在权力关系中，总是处于主动和支配的地位。

（2）权力客体。权力客体是权力主体行使权力所指向的对象，是权力实现过程中不可缺失的承担者，权力的价值只有通过权力客体才能够得以实现。

（3）权力目标。权力主体行使权力，无论权力客体为谁以及权力运作的后果如何，都在一定程度上彰显着主体的意愿和利益，带有明显的目标性。

（4）权力作用方式。权力作用方式是权力主体与权力客体二者之间产生互动关系时的桥梁和中介，是领导者行使权力，对其追随者施加影响的手段和方法。

（5）权力后果。权力后果是权力运行过程结束后所产生的效果，任何权力的行使都会产生一定的效果。

领导权力的主要特征：①层次性。领导本来就是一个大系统，是分层次的。②强制性。任何级别的领导者在其职权范围内都具有决策权和指挥权。③工具性。领导权力具有鲜明的工具性。④对象性。领导者所拥有的各种权力都有其特定的职责范围和行使界限。⑤动态性。这一特征主要是指领导者个人的威望、互信、影响力以及应变能力。⑥双向性。领导权力是一把具有双向功能的"双刃剑"。⑦诱惑性。权力会对掌权者产生巨大的诱惑性。

三、领导权力的分类及来源

领导权力可以分为职位权力和非职位权力。其中，职位权力是由领导者所拥有的与其职位相应的法定权力，主要包括合法权、强制权和奖惩权。合法权来自组织机构所确定的领导者的法定地位，包含责、权、利三个因素。在领导活动中，"权"的因素比较活跃，领导者经常使用合法权（决定权、否定权和指挥权）来调节各种关系。强制权也是领导者的法定地位所带来并为实现法定权力服务的。强制权是指领导者以其权力角色对被领导者实施强制性影响，通过这种影响来改变被领导者的心理和行为。奖惩权（奖励权和惩戒权）是领导者用来调动各种积极性的"软""硬"两种手段，这种权力形式伴随着领导活动的全过程，是法定权力的派生形式，服从法定权力运行的需要。非职位权力是指职位之外的，基于领导者的个人特质，如品德、知识、才能、业绩、声望或者其他个人因素而获得的影响他人心理及行为的能力，即个人影响力或人格权力。例如，模范权、专长权都能引起公开和私下的顺从以及内心的信服，影响力比较持久。

领导者拥有五种权力来源：法定权力、强制权力、奖赏权力、专家权力和参照权力。

(1) 法定权力与职权在概念上是等同的，它代表了领导者凭借在组织中身处某一职位而获得的权力。在这个职位上的人也可以使用奖惩权力与强制权力，但法定权力比奖惩权力与强制权力使用得更为广泛。由于法定权力的存在，当学校校长、银行总裁、部队军官提出要求时，老师、职员和士兵通常会认真聆听并执行。

(2) 强制权力依赖于领导者是否拥有惩罚或控制的能力。下属出于对不利后果的惧怕（如果不遵守则会导致不利后果），而对强制权力做出反应。作为管理者，经常使用的强制权力有：对员工延缓晋级或降级，分派给他们不喜欢或不满意的工作。

(3) 奖赏权力是一种可以带来积极效益或奖赏的权力。这些奖赏可以是对方看重的任何东西。在组织环境中，它可能包括金钱、有利的绩效评估成绩、晋升、有趣的工作任务、友好的同事、三班倒工作中比较好的值班安排以及有利的销售分区等。

(4) 专家权力是基于专业技术、特殊技能或知识的影响力。当工作越来越专业化，管理者也就越来越依赖于"专业人员"以实现组织目标。如果一名员工拥有群体工作时十分关键的技能、知识或专业技术，那么这个人便具有专家权力。例如，在许多组织中，当电脑出现问题时，那些电脑技能高超的个体就被视为"专家"。他们的知识和技能给他们带来了影响力，也就是说，他们拥有专家权力。

(5) 参照权力源自个人所具备的令人羡慕的资源或人格特点。如果我敬重并赏识你，你就可以对我施加权力，因为我想取悦于你。这个你所赏识的人就是前面提到的领袖型魅力者。参照权力来自我们对另一个人的敬重，以及我们希望自己成为那样的人。如果你敬重某人，以至于你的行为以他为榜样，你的态度追随着他的态度，那么这个人对你就有参照权力。

第二节　领导特质理论

传统领导特质理论也称天赋决定论或伟人论，即领导是天生的，而不是后天培养的。与传统领导特质理论不同，现代领导特质理论认为领导者的品质并非全是与生俱来的，这些品质不但可以在领导实践中形成，而且可以通过培训教育获得。因此，现代领导特质理论也可称为后天习得论,其更多地强调素质和能力。比较有代表性领导特质理论有以下几种。

(1)吉伯(C.A.Gibb)的领导特质论。他认为领导者具有七项特质:①智力过人;②英俊潇洒;③能言善辩;④心理健康;⑤外向而敏感;⑥有较强的自信心;⑦有支配他人的倾向。

(2)拉尔夫·斯托格迪尔(Ralph M. Stogdill)的领导特质论。他认为领导具有六项特质:①身体特性:身高、外貌等;②社会背景特性:社会经济地位、学历等;③智力特性:决断力、判断能力、知识量等;④个性特性:自信、正直、诚实、适应能力、进取心等;⑤与工作相关的特性:工作责任感、工作积极性、工作成效等;⑥社交特性。

(3)威廉·鲍莫尔(William J. Baumol)的领导特质论。他认为一个领导者应该具备十项基本特质:①合作精神:愿意与他人一起工作,能赢得人们的合作支持,对他人不是压服,而是感动和说服。②决策才能:依赖事实而非想象进行决策,具有高瞻远瞩的能力。③组织能力:能发掘被领导者的才能,善于组织人力、物力和财力。④精于授权:既能大权独揽,也能小权分散。⑤善于应变:机动灵活,善于进取,不抱残守缺,不墨守成规。⑥敢于创新:对新事物、新环境和新观念有敏锐的感受能力。⑦勇于负责:对上级和下级及社会抱有高度的责任心。⑧敢担风险:敢于承担组织发展的风险,有创造新局面的雄心和信心。⑨尊重他人:善于接受和采纳别人的意见,不盛气凌人。⑩品德高尚:品德为社会人士、组织成员所敬仰。

(4)马文·鲍尔(Marvin Bower)的领导特质论。1977年,麦肯锡公司创始人之一的鲍尔在其著作《领导的意志》一书中提出领导者应当养成的十四种品质:①值得信赖;②公正;③举止谦逊;④倾听意见;⑤心胸开阔;⑥对人敏锐;⑦对形势敏锐;⑧进取;⑨卓越的判断力;⑩宽宏大量;⑪灵活性和适应性强;⑫稳妥而及时的决策能力;⑬激励人的能力强;⑭紧迫感强。

(5)爱德文·吉赛利(Edwin Ghiselli)的领导特质理论。吉赛利研究了十三种特性,以及这些特性在领导才能中体现的价值。他的研究结果如表14-2所示。其中A表示能力特征,P表示个性特征,M表示激励特征。

(6)德鲁克的领导特质论。①知道时间该花费在什么地方,领导者支配时间常处于被动地位,所有有效的领导者善于系统地安排和利用时间;②致力于最终的贡献,他们不是为工作而工作,而是为成果而工作;③重视发挥自身的、上级的和下级的长处;④集中精力于关键领域,确立优先次序,做好最重要的和最基本的工作;⑤做出切实有效的决定。

表 14-2 爱德文·吉赛利的领导特质理论

重要程度	价值重要性	特 性
非常重要	100	督察能力强(A)
	76	事业心强,成就感强(M)
	64	才智过人(A)
	63	自我实现欲强(M)
	62	自信(P)
	61	决断能力强(P)
中等重要	54	对安全保障需求少(M)
	47	与下属关系亲近(P)
	34	富有首创精神(A)
	20	不要高额金钱报酬(M)
	10	权力需求高(M)
	5	成熟程度高(P)
最不重要	0	性别(男性或女性)(P)

综合不同的领导特质理论,研究者发现有六项特质与有效的领导有关:内在驱动力、领导愿望、正直与诚实、自信、智慧和工作相关知识(表 14-3)。这对于领导者在实际工作中发展和完善自我具有一定的指导作用,同时对于培养、选择和考核领导者也有帮助。

表 14-3 与有效的领导有关的六项特质

领导特质	简要描述
内在驱动力	领导者非常努力,有着较高的成就愿望;进取心强,精力充沛,对自己从事的活动坚持不懈,永不放弃,并有高度的主动性
领导愿望	领导者有强烈的愿望去影响和统率别人,他们乐于承担责任
正直与诚实	领导者真诚无欺和言行一致,通过这种行为在他们与下属之间建立相互信赖的关系
自信	下属觉得领导者从没有怀疑过自己;为了让下属相信自己的目标和决策的正确,领导者必须表现出高度的自信
智慧	领导者需要具备足够的智慧来收集、整理和解释大量信息,并能够确立目标、解决问题和做出正确的决策
工作相关知识	有效的领导者对有关企业、行业和技术的知识十分熟悉,广博的知识能使他们做出睿智的决策,能认识到这些决策的意义

第三节 领导行为理论

一、领导的关心维度

现在领导者面对着一个两难困境:他们是应该关注取得更高的工作业绩呢,还是应该关心更高的员工满意度?这反映了领导者行为中的两个基本特征:关心工作的完成(任务)与关心群体成员(人)。这两个特征也是其他早期行为研究中的核心内容。

俄亥俄州立大学的研究确定了领导者行为当中的两个重要维度(图 14-1)。研究者从一千多个行为维度着手,最终归纳出两大类,并证明这两个维度是群体成员对领导行为描述最多的方面。第一个维度是定规维度,指的是为了实现目标,领导者界定和构造自己与下属角色的程度,包括那些试图规划工作、界定任务关系和明确目标的行为。第二个维度是关怀维度,指的是管理者在工作中尊重下属的看法与情感,并与下属建立相互信任的程度。高关怀特点的领导者帮助下属解决个人问题,友善而平易近人,平等地对待每一个成员,关怀下属的生活、健康、地位和满意程度等方面。这些行为维度能够充分描述领导者的行为吗?研究发现,一个在定规和关怀方面均高的领导者(高-高型领导者)常常比其他三种类型的领导者(低定规、低关怀或二者均低)更能使下属达到高绩效和高满意度。不过,高-高型领导风格也并不总能产生积极的效果。研究者发现了足够的例外情况表明在领导理论中还需加入情境因素。

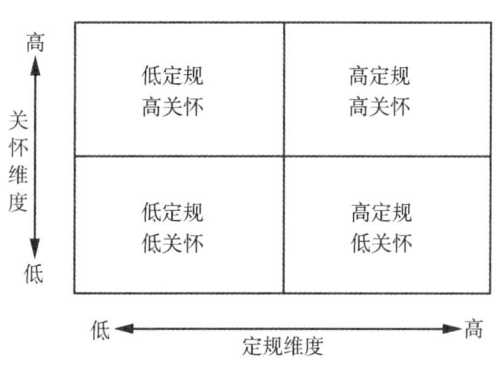

图 14-1 领导的关心维度

密歇根大学的研究与俄亥俄州立大学的研究处于同时期。密歇根大学调查研究中心当时也进行着相似性质的研究：确定与高工作绩效相关的领导者的行为特点。密歇根大学的研究群体也将领导行为划分为两个维度，称为员工导向和生产导向。员工导向的领导者被描述为重视人际关系，他们总会考虑下属的需要，并接纳群体成员的个人差异。而生产导向的领导者倾向于强调工作岗位的技术或任务方面，主要关心的是群体工作任务的完成情况，并把群体成员视为达到目标的手段与工具。密歇根研究者得出的结论十分认同员工导向的领导者，认为员工导向的领导者与高群体生产率和高工作满意度呈正相关。而生产导向的领导者则与低群体生产率和低工作满意度联系在一起。

有效的领导者总是不断地运用权力，使下级作为一个系统能够沿着正确的方向前进。权力运用程度分为支配性和自主性，结合前文所讲的领导的关心维度，可以归纳为如图14-2所示。

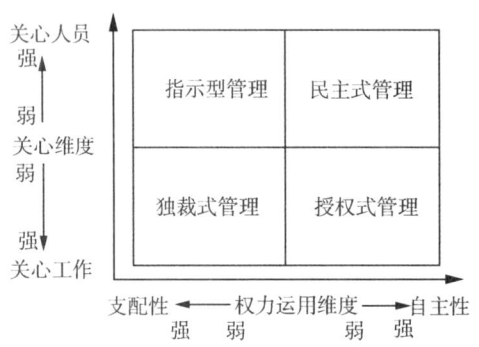

图14-2 领导的关心维度和权力运用维度

权力运用维度和关心维度可以将领导的管理分为四种模式：当权力运用偏向支配性时，关心维度偏向工作则为独裁式管理；关心维度偏向人员则为指示型管理。当权力运用偏向自主性时，关心维度偏向人员则为民主式管理；关心维度偏向工作则为授权式管理。

二、领导方格论

早期领导行为研究得出的这些行为维度为评估领导风格的二维方格理论的发展奠定了基础。罗伯特·布莱克（Robert R. Bhake）和简·莫顿（Jane S. Mouton）提出了管理方格理论。他们于1964年合著了《管理方格》。1978年，他们把这本书修订再版，更名为《新管理方格》。该理论使用"关心人"和"关心生产"两个行为维度，对领导者的相应行为进行了评估，用坐标轴刻度1（低）—9（高）来标度它们。尽管管理方格(图 14-3)中有 81 个小格,且领导者的行为风格可能落在任意一格上,但是研究者着重对其中的五种类型进行了重点说明。

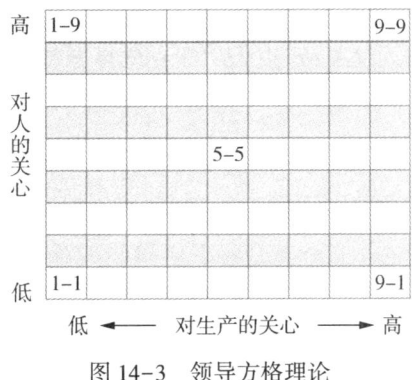

图 14-3 领导方格理论

(1) 贫乏型管理。方格(1,1)位于左下角,表示管理者对生产和人都极不关心。这类管理者始终致力于保全自己的职位和资历,而不做有益于同事或组织的事情。他们所求不多,但所给亦甚微。

(2) 任务型管理。方格(9,1)位于右下角,表示"对生产的关心"最大,而"对人的关心"最小,即最关心生产、最不关心职工。具体来说,这类管理者依靠行使职权使人们服从他,集中精力于取得最大的生产量。

(3) 中庸型管理。方格(5,5)位于中心,表示管理者喜欢中间道路,倾向于维持现状。他们在前进路上总是与他人保持步调一致,不是用命令或指导的方式促使工作的完成,而是采取恳求和说服的方法,使人们愿意去工作。

(4) 乡村俱乐部型管理。方格(1,9)位于左上角,表示管理者最不关心生产、最关心人,把增进与同事和下属的良好感情放在首位。他们认为下属的态度和感情是最为重要的,当上下级关系表现为可接受时,他们在感情上会感到有保障。

(5) 团队型管理。方格(9,9)位于右上角,这类管理者在关心人和关心生产两个方面都很突出。他们认为组织的生产目标和下属的事业目标之间存在内在联系,因此会听取并力求找出与其不同的意见、看法或观念。

除了以上 5 种基本类型外,还可以找出另外 76 种管理类型,这些不同类型的管理者的特点,介于上述 5 种之间。在上述 5 种管理风格中,研究者布莱克和莫顿得出结论,方格(9,9)型管理者工作效果最佳。作为一个领导者,既要发扬民主,又要善于集中;既要关心企业任务的完成,又要关心职工的正当利益。遗憾的是,管理方格只是对领导风格这一概念提供了框架,并未回答如何使管理者成为有效的领导者这一问题。并且,也没有研究证据支持方格(9,9)型管理风格在所有情境下都是最有效的这一观点。

三、利克特的四种领导方式

伦西斯·利克特(Rensis Likert)提出的四种领导方式是一种企业领导方式理论。这一理论是利克特和他的同事对以生产为中心的领导方式和以人为中心的领导方式进行比较研究后所得出的成果。该理论认为支持关系是双向的。领导者要考虑下属职工的处境、想法和希望,帮助职工努力实现其目标,使职工从中认识到自己的价值和重要性。领导者对职工的这种支持能激发下属职工对领导采取合作、信任的态度,支持领导者的工作。

利克特于1967年提出了领导的四系统模型,即把领导方式分成四种:①剥削式的集权领导;②仁慈式的集权领导;③洽商式的民主领导;④参与式的民主领导。

领导方式一被称为"剥削式的集权领导式"或"专制-权威式"。采用这种方式的主管人员非常专制,很少信任下属;采取使人恐惧与惩罚的方法,偶尔兼用奖赏来激励下属;采取自上而下的沟通方式,决策权也只限于最高层。

领导方式二被称为"仁慈式的集权领导式"或"开明-权威式",采用这种方式的主管人员对下属怀有充分的信任和信心;采取奖赏和惩罚并用的激励方法;允许一定程度的自下而上的沟通,向下属征求一些想法和意见;授予下级一定的决策权,但牢牢掌握政策性控制。

领导方式三被称为"洽商式的民主领导式"。采取这种方式的主管人员对下属怀有相当大的但又非完全的信任和信心,他们常设法采纳下属的想法和意见;采用奖赏手段,偶尔采用惩罚措施和一定程度的员工参与;进行上下双向的信息沟通;在最高层制定主要政策和总体决策的同时,允许低层部门做出具体问题决策,并在某些情况下进行协商。

领导方式四是最有参与性的方式,可称为"参与式的民主领导式"。采取第四种方式的主管人员对下属在一切事务上都抱有充分的信心和信任,总是从下属处获取设想和意见,并且积极地采纳;对于确定目标和评价实现目标所取得的进展方面,组织群体参与,并在此基础上给予物质奖赏;更多地进行上下级之间与同事之间的沟通;鼓励各级组织做出决策,或者本人作为群体成员同下属一起工作。

利克特发现那些应用管理方式四从事经营的主管人员都是取得最大成就的领导

者。此外,他指出了采取管理方式四进行管理的部门和公司在设置目标和实现目标方面是最有效率的,通常也是更富有成果的。他把这种成功主要归之于群体参与程度和对支持下属参与的实际做法坚持贯彻的程度。

四、勒温的领导作风理论

许多从事领导者特性研究的心理学家在静态特性研究上碰到种种困难后,开始转向对领导方法的动态研究,其中包括以领导作风为基础进行的研究。领导作风理论是指针对各种不同类型的领导作风对下级的心理影响和改变情境的力量差异进行分析,是对领导方法的动态研究。

心理学家库尔特·勒温(Kurt Lewin)以"权力定位"为基础,把领导者的作风分为专制、民主和放任三种类型。专制型领导方式是以力服人,靠权力和强制命令让下属服从的一种领导方式,它把权力定位在领导者手中;民主型领导方式是以理服人、以身作则的一种领导方式,它把权力定位于全体组织成员;放任型领导方式是指领导者在工作上"无为而治",它把权力定位于组织中的被领导者。

三种不同的领导方式对组织成员产生的影响差别很大:根据勒温的实验,民主型领导方式效果最好,专制型领导方式效果次之,放任型领导方式效果最差。继勒温的研究之后,许多心理学家进行了关于领导作风与工作效率之间的研究,大多数人的研究支持勒温的观点,但也有人对其"将民主视为最佳领导作风"的观点提出异议。

五、领导模式连续分布场理论

罗伯特·坦南鲍姆(Robert Tannenbaum)和沃伦·施密特(Warren H.Schmidt)于1958年在《哈佛商业评论》上发表了《如何选择领导方式》一文,提出"领导模式连续分布场"这一新概念(也有人称之为"独裁-民主序贯图"),为从独裁到民主的领导方式画出了一幅"光谱",就好像光线通过棱镜折射展现出的分解格局一样。这一解析式的研究方法,成为后来研究领导问题的一个样板。阳光经棱镜分解后有鲜艳的七色,坦南鲍姆和施密特提出的领导模式连续分布场中也有七种具体化的领导方式(图14-4)。

1.领导者做出决策并宣布实施

在这种模式中,领导者确定一个问题,并考虑各种可供选择的方案,从中选择一种,然后向下属宣布执行,不给下属直接参与决策的机会,因此也称为独裁型。这种领导模式的全部决策权归领导者所有,绝不允许下属直接参与决策。经营活动中,从发现问题到提出方案再到确定方案,完全由领导者一人决定。领

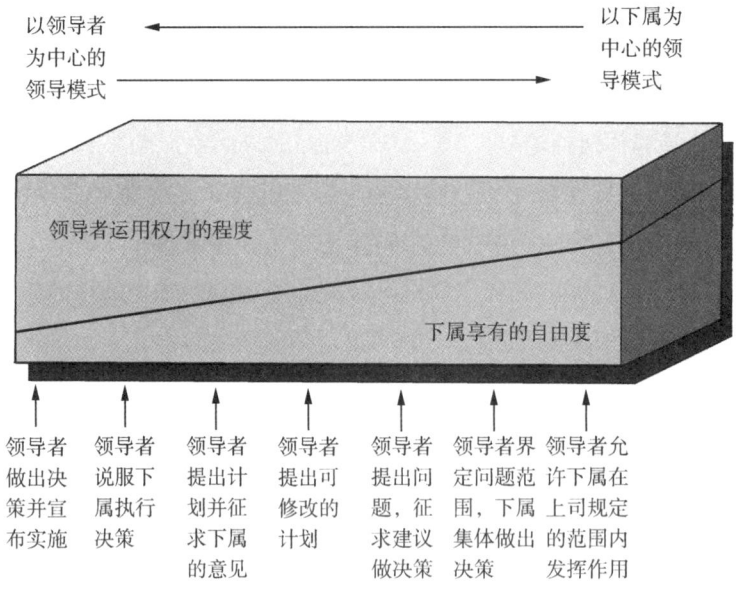

图 14-4　七种领导方式

导者可以考虑下属的需求和情绪,但不许下属介入。决策实施过程中有可能采取强制措施。

2.领导者说服下属执行决策

这种模式同前一种模式相同,领导者承担确认问题和做出决策的责任。但他不是简单地宣布实施这个决策,而是认识到下属中可能存在反对意见,于是试图通过阐明这个决策可能给下属带来的利益来说服下属接受这个决策,消除下属的反对,因此有时候也称为推销型。这种领导模式的决策权依然属于领导者,下属同样不能参与。但同独裁型的差别在于决策的执行依靠说服而不是强制。常见的领导者兜售决策的方式是向下属尽可能说明执行该决策能够给下属带来什么样的好处。这种模式接近于国内说的"开明专制"。

3.领导者提出计划并征求下属的意见

在这种模式中,领导者提出一个决策,并希望下属接受这个决策,他向下属做出有关自己计划的详细说明,并允许下属提出问题。这样,下属能更好地理解领导者的计划和意图,领导者和下属能够共同讨论决策的意义和作用,因此这种模式也称为报告型。这种领导模式同样是上级决策,但通过征求下属意见的方式说服下属。一般来说,这种领导会召集会议或者座谈,号召员工提出问题,但领导者往往掌握问题的解释权,已经胸有定见,通过解释来说服员工接受决策。

4.领导者提出可修改的计划

在这种模式中,下属可以对决策发挥某些影响作用,但确认和分析问题的主动权仍在领导者手中。领导者先对问题进行思考,提出一个暂时的、可修改的计划,并把这个暂定的计划交给有关人员进行意见征询,因此这种模式也称为咨询型。这种领导模式允许下属有限度地参与决策,但领导者占据决策的主导地位。标志是领导者掌握识别问题和提出方案的权力,当领导者征求下属意见时,他实际上已经有了初步的决策预案。他会欢迎下属提出不同意见和建议,并在方案中尽可能吸收下属的思想成果,不同程度地采纳下属的建议,但由领导者最终确定方案。

5.领导者提出问题,征求意见做决策

在以上几种模式中,领导者在征求下属意见之前就形成了自己的解决方案,而在这个模式中,下属有机会在决策做出以前提出自己的建议。领导者的主要作用体现在确定问题,下属的作用在于提出各种解决的方案,最终,领导者从自己和下属所提出的解决方案中选择一种他认为最好的解决方案,因此这种模式也称为参与型。这种领导模式的决策权由领导者和下属分享,识别和提出问题的责任在领导者,然后同员工一道商议解决办法,提出方案。同咨询型的差别在于,下属这时可以提出不同方案,而不仅仅是提供修改方案的不同意见。领导者在自己同下属会诊问题时提出的多个方案中进行选择。最终定案的选择权仍然归领导者。

6.领导者界定问题范围,下属集体做出决策

在这种模式中,领导者已经将决策权交给了下属群体。领导者的工作是弄清所要解决的问题,并为下属提出做决策的条件和要求,下属按照领导者界定的问题范围进行决策,因此这种模式也称为授权型。这种领导模式的决策权实质上已经转移到下属手中,领导者确定相关的问题边界和方法边界,指出决策的原则、先决条件和可接受限度。在决策术语中,就是由领导者确定决策目标和约束条件,具体方案交由下属自主决定。

7.领导者允许下属在上司规定的范围内发挥作用

这种模式表示出极度的团体自由。如果领导者参与了决策的过程,他应力图使自己与团队中的其他成员处于平等的地位,并事先声明遵守团体所做出的任何决策,因此这种模式也称为自主型。这种领导模式的决策权彻底下移,领导者只提供决策的保障条件,对下属不加其他限制,而且做出承诺,不管下属做出何种选择都会保证实施。从界定问题到寻求方案,再到确定方案,全部交给下属。这种模式在企业和政府中都很少见,但是科研机构和自愿者组织往往采取这种模式。领导者也可参与决策,但这种参与是同其他员工一样,以普通的组织成员身份介入,而且要避免职权对决策的影响。

这七种模式没有优劣之分,不同的模式适应不同的管理情景,并不能说趋向独裁型就不好,也不能说趋向民主型就永远适用。究竟选择哪种领导模式,需要根据相关因素来确定。但有一些关键问题必须明确,否则就会出现混乱。最常见且最容易发生偏差的关键问题有以下四个:

(1)领导者授权后能否规避责任?这一问题的答案十分明确,领导者向下授权,就意味着他必须承受由此而产生的各种风险。凡是授权给下属的领导者,都必须保留自己的责任。如果领导者授权的目的是使责任下移,这就不属于正常授权,而属于推卸责任。当然,接受授权的下属由此而产生自己的执行责任,但这并不意味着领导者可以免责。

(2)授权后的领导者能否参与决策?这种情况不能一概而论,有时候领导者需要彻底放手,尽可能避免自己对下属决策的影响;有时候领导者则需要适度介入决策,以"普通兵"的身份和姿态参与进去。究竟采取哪种态度,要以是否有利于做出恰当决策选择而变动。但不论哪种情况,领导者的职权在授权后就不能继续用于决策,否则等于没有授权。

(3)是否应当让下属了解领导者采用何种方式?这一问题的答案也是非常清楚的,出色的领导者必须让下属完全明白他将采用什么样的领导方式。领导者可以有秘密,但在领导方式上必须做到公开、坦率、透明。否则,势必造成管理中的混乱。

最常见的弊端是,领导者自己明明已经有了主张,却希望以讨论或协商的形式让下属接受自己的主张,其目的不过是要把"领导者的想法"灌输给下属,使他们感觉到好像是"员工自己的想法"。领导者如果在所采取的方式上含糊,下属很有可能把领导者没有下放的权力误以为已经下放。不论发生哪种误解,都会造成领导者和下属关系的损伤,有可能会引发不满及受骗感,甚至连领导者自己也会被自己蒙蔽,把"推销"当"授权",把"说服"当"听取",最终把"独裁"解释为"民主"。

(4)能否用授权多少来判断领导者的"民主"程度?不可以。授权数量与民主程度无关,而授权的重要性和影响范围同民主程度有关。具体事务处理的权力不论下放多少,都同民主不相关。授予下属自主决定购买办公用品的权力,同授予下属采用何种数据库管理系统的权力,具有本质上的差别。所谓"大权独揽,小权分散",只是把领导者从事务活动中解脱出来的一种方式,与民主毫不相关。

第四节 权变领导理论

一、费德勒模型

弗雷德·费德勒(Fred Fiedler)提出了有关领导的第一个综合的权变模型。该模型基于这样的前提假设:在不同类型的情境中,总有某种领导者风格最为有效。并指出,有效的群体绩效取决于两个方面的恰当匹配:其一是与下属发生相互作用的领导者风格;其二是领导者能够控制和影响情境的程度。这一理论的关键在于先界定领导者风格以及不同的情境类型,然后建立领导者风格与情境的恰当组合。

费德勒认为,影响领导成功与否的关键因素之一是个体的基本领导者风格。他进一步指出个体风格属于两类之一:任务取向或关系取向。为了确定领导者风格,进而开发出"最难共事者"问卷(Least-Preferred Coworker Questionnaire, LPC)。这一问卷包括十六组对照形容词,如快乐—不快乐、冷漠—热心、枯燥—有趣、友爱—不友爱等。让领导者回想一下自己共过事的所有同事,并找出一个最难共事者,在十六组形容词中按1—8级(8指向积极一端,1指向消极一端)对其进行评估。

费德勒认为,如果领导者能以相对积极的词汇来描述最难共事者,即LPC得分高,说明领导者乐于与同事形成友好的人际关系。也就是说,如果对最难共事的同事用一些较为接纳和喜欢的词来描述,那么就属于关系取向型。相反,如果对最难共事者多用贬义词进行描述,即LPC得分低,其领导者风格可能以关心生产为主,属于任务取向型。他承认有一小部分人介于二者之间,因而很难勾勒出这些人的人格特点。

用LPC问卷评估个体的基本领导者风格之后,接下来需要评估情境,并将领导者与情境进行匹配。费德勒的研究确定出情境因素的三项权变维度。

(1)领导者-成员关系:领导者对下属信任、信赖和尊重的程度。评价为好或差。

(2)任务结构:工作任务的规范化和程序化程度。评价为高或低。

(3)职位权力:领导者运用权力行为(雇用、解雇、处分、晋升和加薪)施加影响的程度。评价为强或弱。

费德勒根据这三项权变维度对每一种领导情境进行评估。把三项权变维度汇总起来得到八种可能的情境,每个领导者都可以从中找到自己所在的情境。其中Ⅰ、Ⅱ

和Ⅲ类情境对领导者非常有利；Ⅳ、Ⅴ与Ⅵ类情境在一定程度上对领导者有利；Ⅶ与Ⅷ类情境对领导者十分不利。

为了确定领导效果的具体权变情况，费德勒研究了1 200个工作群体，针对八种情境类型中的每一种，均对比了关系取向和任务取向两种领导风格。他得出结论：任务取向的领导者在非常有利的情境下和非常不利的情境下效果更好，关系取向的领导者则在中间情境下，即Ⅳ、Ⅴ、Ⅵ型的情境中管理得更好。

人际关系	好	好	好	好	差	差	差	差
工作结构	简单	简单	复杂	复杂	简单	简单	复杂	复杂
职位权力	强	弱	强	弱	强	弱	强	弱
	Ⅰ	Ⅱ	Ⅲ	Ⅳ	Ⅴ	Ⅵ	Ⅶ	Ⅷ
环境	好			中等			差	
领导目标	高			不明确			低	
低LPC领导	人际关系			不明确			工作	
高LPC领导	工作			不明确			人际关系	
最有效的方式	低LPC			高LPC			低LPC	

图14-5 费德勒模型

他认为个体的领导者风格是稳定不变的，因此，提高领导者的有效性实际上只有两条途径：第一，选择领导者以适应情境。例如，如果群体所处的情境被评估为十分不利，而目前又是一位关系取向型的领导者进行领导，那么替换成一位任务取向型的领导者则能提高群体绩效。第二，改变情境以适应领导者。这可以通过重新建构任务或提高/降低领导者可控制的权力（加薪、晋职和处分活动）而做到。

已有大量研究对费德勒模型的总体效度进行了考察，并得到十分积极的结果。也就是说，有相当多的证据支持这一模型。不过，该模型假定"个体不可能改变自己的领导者风格以适应情境"并不符合实际情况，优秀的领导者能够改变自己的风格以适应具体环境的需要。另外，该模型中大多权变变量对实践者来说过于复杂并难以确认，实践中通常很难确定领导者和成员的关系有多好，任务的结构化程度有多高，以及领导者拥有的职权有多大。尽管存在这些缺点，费德勒模型还是提供了充分的研究证据告诉我们，有效的领导者风格需要反映情境因素。如果说方格理论、作风理论更突出领导者的因素，偏向于"英雄造时势"，那么权变理论更突出情境因素，偏向于"时势造英雄"。

二、情境理论

在管理顾问中，保罗·赫塞（Paul Hersey）和肯·布兰查德（Ken Blanchard）开发的一个领导模型受到极大推崇。这一模型称为情境领导理论(Situational Leadership Theory, SLT),是一个关注下属准备状态的权变理论。他们认为,成功的领导是通过选择恰当的领导方式而实现的,选择的过程根据下属的成熟度水平而定。下属的成熟度指的是个体能够并愿意完成某项具体任务的程度。在领导有效性方面对下属的重视反映出这样一个事实:下属可能接纳也可能拒绝领导者。无论领导者怎么做,其效果都取决于下属的活动。然而这一重要维度的价值却被众多领导理论所忽视或低估。

情境领导理论使用的两个领导维度与费德勒的分类相同:任务行为和关系行为。不过,赫塞和布兰查德更向前迈进了一步,他们认为每一个维度有低和高两个水平,从而组合成四种领导风格,具体描述如图14-6、表14-4和表14-5所示。

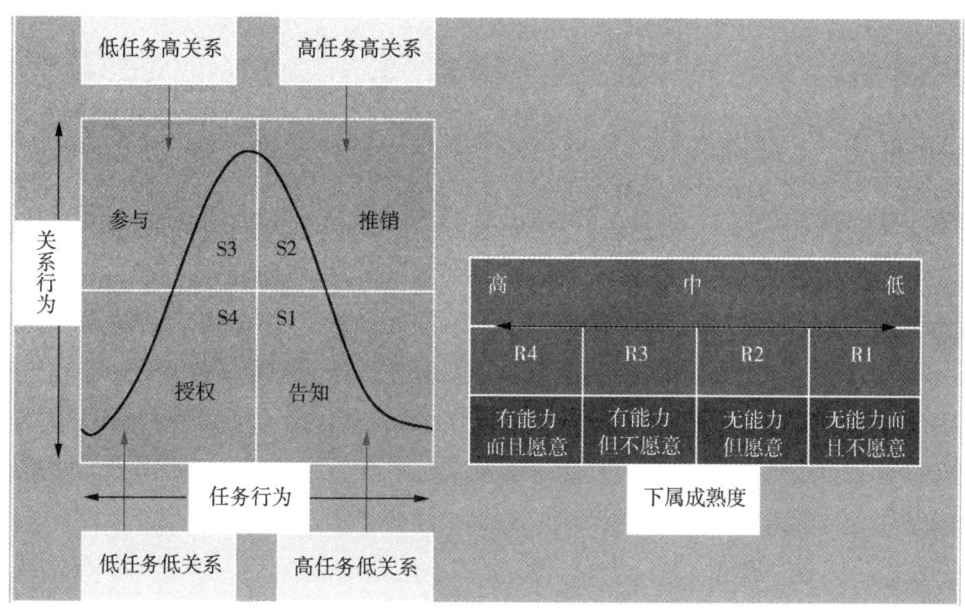

图14-6 赫塞和布兰查德的情境领导模型

表14-4 情境领导理论的四种领导风格

领导风格类型	具体描述
S1 告知(高任务低关系)	领导者界定角色,明确告诉下属具体该做什么、怎么做以及何时何地去做
S2 推销(高任务高关系)	领导者同时提供指示性行为与支持性行为
S3 参与(低任务高关系)	领导者与下属共同决策,领导者的主要角色是提供便利条件与沟通渠道
S4 授权(低任务低关系)	领导者提供极少的指示性行为或支持性行为

表 14-5 情境领导理论中下属成熟度的不同阶段

下属成熟度阶段	具体描述
R1	这些人对于承担某种工作任务既无能力又不情愿。他们既不能胜任工作又不能被信任
R2	这些人缺乏能力却愿意从事必要的工作任务。他们有积极性,但目前尚缺乏足够的技能
R3	这些人有能力却不愿意从事领导者希望他们做的工作
R4	这些人既有能力又愿意从事领导者希望他们做的工作

情境领导理论着重强调的是,领导者与下属的关系如同家长与孩子的关系。当孩子越来越成熟并能承担责任时,家长需要逐渐放松控制。同样,当下属的成熟度越来越高时,领导者不但要不断降低对他们活动的控制,还要不断减少关系行为。情境领导理论指出,如果下属既无能力又不愿意承担一项任务,领导者需要提供清晰和具体的指令(告知);如果下属没有能力但有意愿,则领导者既要表现出高度的任务取向以弥补下属能力的缺乏,又要表现出高关系取向以使下属"领会"领导者的意图(推销);如果下属有能力但无意愿,则领导者需要运用支持与参与风格(参与);如果下属既有意愿又有能力,则领导者不需要做太多的工作(授权)。

情境领导理论具有一种直觉上的感染力。它承认下属的重要性,而且"领导者可以弥补下属能力和动机方面的欠缺"的观点也有其逻辑基础。但是,不少研究努力试图对该理论进行检验与支持,得到的结果却令人失望。可能的解释包括该模型本身的内在模糊性和不一致性以及有关理论检验的研究方法论问题。

三、路径-目标理论

路径-目标理论已经成为在理解领导方面最受推崇的理论之一。该理论指出,领导者的工作是帮助下属达到他们的目标。领导者要提供必要的指导和支持,确保下属各自的目标与群体或组织的总体目标保持一致。路径-目标理论(图 14-7)由罗伯特·豪斯(Robert House)开发,这一权变的领导者模型是从激励的期望理论中吸收关键要素的。"路径-目标"的概念来自如下信念:相信有效的领导者可以通过指明道路与途径帮助下属实现他们的工作目标,并通过为下属清理路程中的各项障碍和危险使下属的旅程更为容易。

路径-目标理论认为,如果下属在某种程度上将领导者的行为视为获得当前满足的源泉或是获得未来满足的手段时,则领导者的行为是可接受的。在以下条件下,领导者的行为具有激励作用:①它使得下属需要的满足取决于有效的工作绩效;②它提

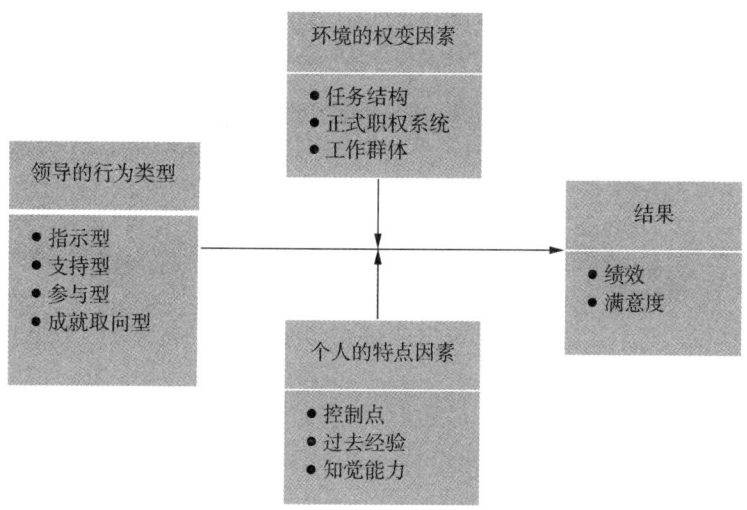

图 14-7　路径-目标理论

供了获得有效业绩所必需的辅助、指导、支持和奖励。为了检验这些陈述,豪斯确定了四种领导行为:

(1)指示型领导者:他们让下属知道对他的期望是什么,以及完成工作的时间安排,并对如何完成任务给予具体指令。

(2)支持型领导者:他们十分友善,表现出对下属各种需要的关怀。

(3)参与型领导者:他们与下属共同磋商,并在决策之前充分考虑他们的建议。

(4)成就取向型领导者:他们设置富有挑战性的任务目标,并期望下属发挥自己的最佳水平。

费德勒认为领导者无法改变自己的行为,然而豪斯则认为领导者是弹性灵活的。换句话说,路径-目标理论假定,同一领导者可以根据不同的情境表现出任何一种领导风格。

路径-目标理论提出两大类情境(或权变)变量作为影响领导行为-结果之间关系的中间变量:其一是下属可控范围之外的环境(任务结构、正式职权系统、工作群体等因素),其二是下属个人特点中的一部分内容(控制点、过去经验、知觉能力等)。要使下属的产出最大化,环境因素决定了需要什么样的领导行为类型,下属的个人特点决定了个体对于环境和领导者行为如何解释。这一理论指出,当环境内容与领导者行为彼此冲突时,或领导者行为与下属特点不一致时,效果均不佳。在路径-目标理论基础上可以引申出以下假设:

(1)与高度结构化和设计规范的任务相比,当任务不明或压力过大时,指示型领导会带来更高的满意度。

(2)当下属从事结构化任务时,支持型领导会催生高工作绩效和满意度。

(3)对高智力或经验丰富的下属来说,指示型领导可能被视为累赘。

(4)组织中的正式职权关系越明确、越官僚化,领导者越应展现支持型行为,减少指示型行为。

(5)当工作群体内部存在着实质性冲突时,指示型领导会带来更高的员工满意度。

(6)内控型下属对参与型风格更为满意。

(7)外控型下属对指示型风格更为满意。

(8)当任务结构不明确时,成就取向型领导者风格将会提高下属的预期水平,使他们相信通过努力可以提高绩效水平。

对这些假设进行检验的研究,总体来说呈现出肯定性的结果,尽管不是每一项研究均得到支持性结论,但大多数研究证据都支持该理论背后的逻辑基础。也就是说,当领导者可以弥补员工或工作环境方面的不足时,会对员工的工作绩效和满意度产生积极的影响。但是,如果任务本身已经十分明确或员工已经具备能力和经验处理它们时,若领导者还要花费时间进行解释和说明,则下属会把这种指示性行为视为累赘甚至侵犯。

四、领导者-参与模型

该理论的主要观点是领导者应根据不同的情境,让被领导者不同程度地参与决策。领导者在进行决策时,根据不同的情况,可以有以下五种不同的领导方式。

(1)独裁Ⅰ(AⅠ):领导者使用自身现有的资料,独立解决问题或做出决策。

(2)独裁Ⅱ(AⅡ):领导者从下属那里获得必要的信息,然后独自做出决策。在向下属索取资料时,可以告诉或不告诉他们要解决的问题。下属的任务只是向领导者提供必要的资料,但不提供或评估解决问题的方案。

(3)磋商Ⅰ(CⅠ):领导者与个别下属进行讨论,获得他们的意见和建议。在做决策时,可能受或不受下属的影响。

(4)磋商Ⅱ(CⅡ):领导者与下属集体讨论有关问题,由下属提出意见或建议;领导者做出决策,做出决策时可能受或不受下属的影响。

(5)群体决策(GⅡ):领导者与下属集体讨论有关问题,一起提出和评估可行性方案,并争取获得一致的意见。

一开始,维克多·弗洛姆(Victor Vroom)和菲利普·耶顿(Phillip Yetton)提出了五种领导风格和七个权变因素。后来,弗洛姆和亚瑟·加哥(Arthur Jago)又对该模型进行修正。新模型中包括了与过去相同的五种领导风格,但他们将权变因素扩展为十二个。这十二个权变因素为:①质量要求(QR):决策的重要性。②承诺要求(CR):获得下属对决策承诺的重要性。③领导者的信息(LI):领导者是否拥有充分的信息做出决策。④问题结构(ST):问题的结构化程度。⑤承诺的可能性(CP):专制决策是否可以获得下属的承诺。⑥目标的一致性(GC):下属是否可以领会组织的目标。⑦下属的冲突(CO):在下属提出的所有解决方案中,相互间是否存在冲突。⑧下属的信息(SI):下属是否拥有必要的信息做出决策。⑨时间限制(TC):时间对于领导者的制约是否限制了下属的参与。⑩地域的分散(CP):把地理位置分散的员工聚集起来共同做决策成本是否过高。⑪激励-时间(MT):领导者在最短的时间内做出决策的重要性。⑫激励-发展(MD):使用参与风格作为工具来发展下属的决策技能的重要性。

根据领导者对上述十二个问题的不同回答,领导者可以构建一个决策树,以决定在面对某个具体问题时应该采取何种领导者风格,如图14-8所示。

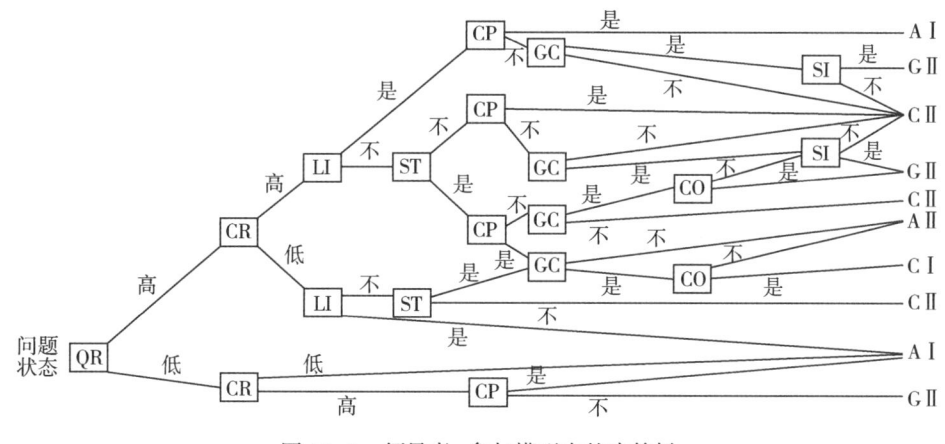

图14-8 领导者-参与模型中的决策树

五、领导者-成员交换理论

领导者-成员交换理论是由乔治·格里奥(George Graeo)在1976年首先提出来的。他认为领导者与下属中不同成员的亲疏程度是影响领导绩效的重要变量。领导者由于下属贡献、时间压力和个人喜好等原因将下属区别对待,并形成质量不同的领导者-下属交换关系。高质量的领导者-下属交换关系使得领导者将下属看作"圈内成员",低质量的交换关系中的下属被看作"圈外成员"。圈内成员与领导者之间有更多的感情联系,更受领导者信任和关照,他们在服从领导时更为积极、主动,并能发挥最大的才智完成工作任务。而圈外成员与领导者之间的关系是在权力系统基础上形成的,是一种纯粹的工作关系,他们与领导者接触少,也很少能得到领导者额外的奖励和机遇。

通过研究,格里奥认为:领导者对待下属的方式是不同的;组织成员关系的集合中往往会包括一部分高质量的交换关系(圈内成员之间)和大部分低质量的交换关系(圈外成员与圈内成员之间)。由于时间压力,领导者与下属中的少部分人建立了特殊关系。这一部分人成为圈内成员,他们受到领导者的信任和关照,也得到了更多的特权;而其他下属则成为圈外成员,他们与领导者在一起的时间较少,获得令人满意的奖励机会也较少,他们与领导者的关系是建立在正式的权力系统基础之上的。

理论界对领导者-成员交换理论的研究结果是积极的。相较而言,领导者-成员交换理论相对于传统领导理论更具有实证指导性。在现实情景下,领导者对待下属的方式的确存在差异,而且领导者-成员交换理论通过分析领导者与成员之间的不同交换关系,也为分析领导者效能改善、团队绩效提高的路径提供了理论依据和实践指导。

本章回顾

- 领导是指挥、带领、引导和鼓励追随者为实现组织目标而努力的过程。领导者是这一行为的主体,是权威和影响力产生的主要来源;被领导者是这一行为的客体,会对领导行为的效果产生影响;领导行为应随着组织情境的变化而调整。
- 领导权力可以分为职位权力和非职位权力。其中,职位权力是由领导者所拥有的与其职位相应的法定权力,主要包括合法权、强制权和奖赏权。合法权来自组织机构所确定的领导者的法定地位,包含责、权、利三个因素。
- 传统领导特质理论也称为天赋决定论或伟人论,即领导者是天生的,而不是后天培养的。现代领导特质理论认为领导者的品质并非全是与生俱来的,而是可以在领导实践中形成,可以通过培训教育获得。
- 领导者行为当中的两个重要维度,第一个维度是定规维度,指为了实现目标,领导者界定和构造自己与下属角色的程度。第二个维度是关怀维度,指管理者在工作中尊重下属的看法与情感并与下属建立相互信任的程度。
- 权变领导理论主要介绍了费德勒模型、情境理论、路径-目标理论、领导者-参与模型和领导者-成员交换理论。对于权变领导理论,无论是理论研究还是在实践中的运用,都要比领导特质理论和领导行为理论更出色。

本章习题

习题及参考答案

案例讨论

案例

讨论：

1.如何描述奥田硕的领导风格？引用一些具体事例来支持你的判断。

2.当公司面临危机时，你认为需要一个激进的变革领导者来扭转局面吗？找出证据支持你的论点。

3.从以下几个方面来描述奥田硕的领导风格，并做出你的解释。(1)领袖魅力型领导;(2)愿景规划型领导;(3)与日本文化相一致的管理活动。

拓展阅读

拓展阅读

第十五章 激　　励

导言

第一节　激励的原理

激励是指存在于人的内部或外部，能唤起人的热情和耐力，从而持久地追逐某一特别行动路径的力量。员工激励水平会影响生产率的高低，因此，管理者的一部分工作职责就是通过激励手段来激发员工朝着组织目标努力工作。

一、需求与动机的基本概念

（一）需求的概念

需求是指当缺乏或期待某种结果时所产生的心理状态。例如，对食物、水、空气等的物质需求，以及对归属感、爱等的社交需求。

（二）动机的概念

动机是指人们从事某种活动、为某一目标付出努力的意愿，这种意愿取决于目标能否以及在多大程度上能够满足人的需求。动机的三个要素：

(1) 决定人行为的方向，即选择做出什么行为；

(2) 努力的水平，即行为的努力程度；

(3) 坚持的水平，即遇到阻碍时付出多大努力坚持自己的行为。

图 15-1 是一个简单的激励模型。人类的物质需求与社会需求会使人产生动机，动机会驱使人们采取特定的行为去满足这些需求。行为则会产生一定的结果，根据行为产生的结果，人们可以判断出行为是否恰当、是否满足自己的需求，并可以反复进行上述过程。

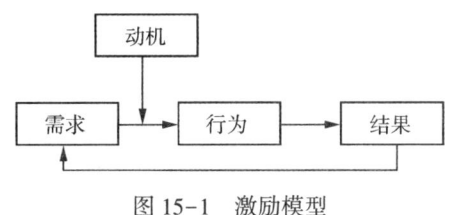

图 15-1 激励模型

激励理论是指通过特定的方法与管理体系,将员工对组织及工作的承诺最大化的过程。激励理论是关于如何满足人的各种需求、调动人的积极性的原则和方法的概括总结。

二、激励的分类

管理者只有理解促使人们发起、改变或持续某种期望行为的动机,才能成为更成功的激励者。

(1)内在激励:人在完成特定行为的过程中所获得的满足感。完成一项复杂的任务可能会使人产生愉悦感,解决了某个困扰他人的问题会让人产生成就感。

(2)外在激励:由他人给予的激励,通常来自管理者,包括晋升、表扬和加薪。外在激励来自外部,是取悦他人的结果。

三、作为激励者的管理者

研究发现,高水平的员工激励总是与组织的高绩效和高利润相伴而生。作为管理者,一项重要的职责便是找到正确的激励手段,与奖赏结合在一起去满足员工的需求,并激励员工达成高工作绩效。一些激励理论,如需求理论又称为内容型激励理论,强调对人类需求及管理者如何在工作中满足员工需求的分析。过程型激励理论关注影响行为的整个过程,着重研究人们如何追求工作中的激励。强化型激励理论则关注员工如何根据行为的结果去反馈,是继续这种行为,还是终止这种行为。内容型激励理论专注的是激励模型中的第一个概念——需求,过程型激励理论专注于第二个概念——行为,强化型激励理论专注于第三个概念——结果。

第二节 内容激励理论

内容激励理论着重研究激发人工作动机的因素。因为理论内容大部分围绕如何满足人的需求进行研究,故又称需求理论,以著名的马斯洛"需求层次理论"和"双因素理论"等为代表。所有的内容型激励理论都试图确定与激励密切相关的具体需求及其层次结构。通过聚焦于激励的内容,每种理论都将其对激励的解释限定在一系列特定的因素上,并试图阐明如何利用这些具体因素来激励人。该类理论的贡献在于找出了有助于理解激励问题的重要概念。然而,不同文化中的价值观念往往有差异,因而很难找到一套适用于所有人的激励需求层次。

一、需求层次理论

(一)基本概念

需求层次理论由美国著名心理学家马斯洛于1943年在《人类动机理论》一书中提出,在《调动人的积极性的理论》和《激励与个性》中做了详尽的阐述。从此,该理论在世界各地广泛应用,成为最普遍、最主要的激励理论之一。

(二)前提假设

(1)人是有需求的动物,其需求取决于他已经得到了什么,还缺少什么,只有尚未满足的需求能够影响行为。换言之,已经得到满足的需求不再能发挥激励作用。

(2)人的需求都有层次,某一层需求得到满足之后,另一层需求才会出现。

(三)核心逻辑

马斯洛认为,在特定的时期,人的一切需求如果都未能得到满足,那么满足最主要的需求就比满足其他需求更迫切。只有排在前面那些需求得到了满足,才能产生更高一级的需求,而且只有当前面的需求得到充分的满足后,后面的需求才显现出其激励作用。因此,马斯洛将人的需求划分为五级:生理需求、安全需求、社交需求、尊重需求和自我实现需求。

(1)生理需求:生理需求是最优先的也是最脆弱的需求。人对生理上的需求往往比其他需求更强烈。无论人的需求层次达到何种程度,只要最底层的生理需求受到威胁,那么他就会立刻返回到这一需求上。当一个人在一无所有的情况下,他的主要动机就是生理需求。

饥饿是生理需求中最典型的代表。一个人在饥肠辘辘时,他最想得到的就是食物,充饥成为最重要的目标,而此时其他更高层的需求就会退居其次。当人的机体受到某种需求支配时,其对未来的看法也会改变。对于长期饥饿的人来说,他的理想境界不可能是参与政府决策,进行总统竞选。他最想实现的目标就是吃饱肚子,面包就是幸福,就是一切,而其他的追求则会被置之一旁。

但是在现代社会中,感到饥饿威胁的机会往往十分偶然,多数情况下,生理需求都只是暂时的,当这一基本需求得到满足后,便会产生"更高级"的需求。当然,如果受到了挫折,生理需求会重新出现并支配人的行为动机。

(2)安全需求:若生理需求得到满足,安全需求就会产生。这时的机体就成了一个安全的机制。在我国,所有健康、正常、幸福的人在安全需求方面大都已经得到满足,而对于儿童和婴儿来讲,安全需求则表现得更简单、更明显。在成人的世界中,精神病人或在经济和社会方面受迫害的人的安全需求更加明显。当然,正常人中也有一些常见的现象体现了人们对安全的需求。例如,人们通常渴望得到一份比较稳定的工作,喜欢选择一些熟悉而不是陌生的事情,在战争、灾难、疾病等特殊情况下,安全的需求会起到积极且支配性的作用。

(3)社交需求:社交需求包括给予爱和接受爱两方面。当生理需求和安全需求得到满足后,个人就会产生社交需求,并且在此时社交需求起着支配作用,他渴望朋友、爱人、团体中同事之间的深情关系,并将为达到这个目标而努力。除了接受爱以外,他还有给予爱的需求,如母亲给予子女的爱,普通人给予其他人的同情等。

(4)尊重需求:社会上所有人都渴望获得尊重。这种需求分为两类:一类是自尊,即在面临的环境中,希望有实力,有成就,具备胜任能力,有信心,且享有独立和自由。另一类是他尊,即别人对自己的尊重,要求有名誉、威望、赏识和高度评价等。尊重需求的满足会使人感到自信,如若受挫,便会使人产生自卑情绪。

(5)自我实现需求:"是什么样的角色就应该干什么样的事",马斯洛把这种需求称为自我实现。自我实现需求的产生,依赖于前面几种需求得到满足,当基本需求满足后,人们就有可能出现自我实现需求,即出现促使人的潜在能力得以实现的趋势。这种趋势就是希望自己越来越成为自己所期望的人物,完成与自己的能力相称的一切事情,这是需求层级中最高的层次。自我实现并非为所欲为。它是让一枝玫瑰花成为更加怒放盛开的玫瑰,而不是将玫瑰变成百合,是让人能够展现他的内在本质,按照自己的方式活得更健康,更充实。简言之,自我实现就是使人们成为他自己。

(四)在管理上的应用

管理者需要考虑员工不同层次的需求,并为每一层次的需求设计相应的激励措施。管理者需要考虑每个员工的特殊需求,因为不同人的需求是不同的。如果想要激励一个人,就需要知道他现在哪一个层次的需求占主导地位,从而相应地为该层次需求的满足提供条件。需求层次理论还表明,组织用于满足低层次需求的投入效益是递减的。当员工的低层次需求已得到一定程度的满足时,公司仍以原来的方式来激励员工,效果就会微乎其微;而当公司着眼于员工更高层次的需求时,对员工的激励会使组织绩效得到明显提高。需求层次与管理对策的关系如表 15-1 所示。

表 15-1 需求层次与管理对策的关系

需求层次	激励(追求的目标)	管理对策
生理需求	工资 健康的工作环境 各种福利	待遇奖金 保健医疗设备 工作时间 住房福利设施
安全需求	职业保障 意外事故的防止	雇佣保证 退休金制度 意外保险制度
社交需求	友谊(良好的人际关系) 团体的接纳 对组织的认同感	协议制度 利润分配制度 团体活动计划 互助金制度 教育培训制度
尊重需求	地位、名誉、权力、责任与他人工资的相对高低	人事考核制度 晋升制度 表彰制度 选拔进修制度 委员会参与制度
自我实现需求	有利于发展个体特长的组织环境 具有挑战性的工作	决策参与制度 提案制度 研究发展计划

(五)评价

马斯洛的贡献在于他提出了人们需求的演变的、动态的性质,从而为管理学家重新认识人并调节人的行为提供了一套新的思路。从马斯洛开始,管理问题的研究,尤其是激励和控制,总是以需求层次理论作为基础,但是,管理学界对需求层次理论的理解,马斯洛本人并不满意。在我国,对这一理论的误读更为常见。指出这种误读,也许对我国的管理学建设有所裨益。常见的误读主要有以下两点:

误读之一,即把需求层次理论分为物质需求和精神需求两大方面。多数书籍谈到需求层次理论,都把生理需求和安全需求归入物质需求,而把社交需求、尊重需求和自我实现需求归入精神需求。仔细看马斯洛的原文就会发现,这种两分法并不符合他的原意。马斯洛认为,五种需求都是基本需求,并且不能简单地以物质和精神来归类,生理需求和安全需求不仅是物质欲念,而且也是精神欲念,甚至能上升到哲学和宗教水平。马斯洛明言,对于饥饿者来说,生命的意义就可能等于吃饭,天堂就是食物充足的地方,用宗教和世界观把宇宙和社会组成令人满意的和谐以及有意义的整体,也是出于安全需求。两分法的误读,恐怕来自我们自己的思维定式,是长期以来非此即彼或对立统一的矛盾学说造成的。在我们的传统中,只有两极思维,缺乏多极思维。因此,人们会对多极概念形成不自觉的拒斥,这种误读可能造成较大的理论偏差。

误读之二,即过分强调需求层次理论的"分"而忽视其中的"合"。马斯洛特别强调,人类的需求是一个整体,划分不同的需求,正是为了从整体上看清人类的需求。科学研究如果不将对象分解为一个个的简单部分,就无法进行研究,但这种"分"必须落脚于"合"。马斯洛的原话:"这里所要阐述的一般观点是整体论的而不是原子论的,是功能型的而不是分类型的,是能动的而不是静态的,是动力学的而不是因果式的,是目的论的而不是简单机械论的。"马斯洛的需求层次理论,说的都是人的基本需求,而过于强调"层次"却忽视"基本",所造成的误读危害最大。例如,当我们以线性因果关系设计某种激励方案时,还有可能沾沾自喜地以为符合需求层次理论,岂不知有可能正与需求层次理论的本义南辕北辙。

二、双因素理论

(一)基本概念

双因素理论是美国心理学家弗雷德里克·赫兹伯格(Frederick Herzberg)提出的。赫兹伯格在1959年出版的《工作的激励因素》一书中,在马斯洛需求层次理论的基础上,把人的需求归纳为两大类——保健因素和激励因素。此理论又称为"激励-保健因素理论",简称"双因素理论"。

赫兹伯格访谈了几百名员工,了解到他们有时会觉得自己得到很大的激励,有时会感觉到不满意或沮丧。结果发现,与工作不满意相关的工作特征和与工作满意相关的工作特征截然不同,这引发了他的灵感:有两个因素同时影响着工作激励。

(二)假设前提

满意与不满意,是两种尺度而非一个尺度上两个相反的极点。

(三)主要内容

赫兹伯格认为有两类完全不同的因素影响着员工的工作行为。

第一类是保健因素,它包括工作环境、工资和安全、公司政策管理者及人际关系。

这类因素中,有的会使员工对工作产生不满意感,有的则不会。当保健因素不健全时,工作便令人不满意。然而,健全的保障因素只是消除了不满意,它本身并不能让员工在工作中感到十分满意或受到高度激励。

第二类是激励因素,这种因素会真正影响员工的工作满意度。激励因素关注高层次的需要,包括成就感、得到认可、责任、工作本身和个人成长。赫兹伯格相信,当激励因素缺失时,员工对工作的态度是中立的,但当激励因素存在时,员工就会受到很大的激励,并且对工作感到满意。

因此,保健因素和激励因素代表了影响激励效果的两种不同因素。保健因素只会在导致不满意的区域内发挥作用。不安全的工作环境或者嘈杂的工作氛围将导致员工滋生不满意,然而,这些因素的改善并不会带来较高的激励效果与满意度,挑战、责任和认同等激励因素才是员工受到高度激励,在工作中表现出众的前提。

(四)双因素理论与需求层次理论的比较

需求层次理论与双因素理论既有联系,又有区别。需求层次理论针对人类的需求和动机,而双因素理论则针对满足这些需求的目标和诱因。双因素理论中的保健因素相当于需求层次理论中的低层次需求,这些需求的满足只能消除员工的不满,但不能使员工感到满足。相应地,双因素理论中的激励因素相当于需求层次理论中的高层次需求,这一类需求的满足才能真正催生员工的满意,有效充分地激励员工。

(五)在管理上的应用

(1)管理者需要充分了解员工的兴趣、爱好,尽量将员工安排在其力所能及并喜欢的工作岗位上。在现代社会,工作已成为人们生活的一部分,随着物质生活水平的提高,人们将越来越看重工作本身对自己生活和生命的价值与意义。因此,管理者一定要了解员工的需求,有针对性地进行激励。

(2)在员工的工作设计上应尽量丰富工作内容,增加趣味性和挑战性,减少传统工作的单调、重复、平淡和乏味。通过工作内容丰富化,提高工作本身的挑战性与意义,以激发员工的积极性。

(3)管理者需要正确地给员工发放工资和奖金。在我国目前的生活水平下,物资和金钱的激励作用是不可忽视的,要适当地发放工资和奖金,使其与员工的绩效挂钩,以发挥工资和奖金的激励作用,防止其变成保健因素。

(六)评价

双因素理论对如何针对需要激励员工进行了更为深入的分析,提出要调动和保持员工的积极性,必须先具备必要的保健因素,防止员工产生不满情绪。但如果组织中的领导者只注重满足职工"保健"性的需要,那么这个组织只会平淡地处于一种稳定环境中,上不努力、下不落后地维持正常作业。如果组织能在具备"保健"性因素的基础上注入激励机制,营造一种创新、改革、发展和挑战的氛围,使每一个职工有紧迫感、竞争意识和你追我赶的态度,这样的组织才有士气和活力,才能真正在市场经济的环境中发展壮大。需要注意的是,对于哪些是激励因素,哪些是保健因素,该理论的内容不一定符合各国的实际,对于每一个人来说,激励因素和保健因素也各不相同,需要因人而异。

三、成就需要理论

(一)基本概念

成就需要理论由心理学家戴维·麦克利兰(David C. McClelland)提出,他认为有些需要是人们在生活阅历中习得的。换言之,人并非天生就有这些需要,而是在生活实践中学习到的。

麦克利兰的成就需要理论可以分为对动机的研究和对成就需要的研究两个部分。他在进行动机研究的过程中发现了人类对于成就感的需求,伴随着对成就感需求的深入研究,继而总结出影响人类和组织行为的三种需要,最终以三种需要理论而著称。

麦克利兰提出了人在较高层次上的三种需要:对成就的需要、对亲和的需要和对权力的需要。

(二)主要内容

1.成就需要

事实上最早系统地提出"成就需要"这一概念的是心理学家亨利·莫瑞(Henry Murray)。莫瑞认为,成就需要是指个人想要尽快且尽可能地把事情做好的一种欲望或倾向。他将成就需要界定为如下欲望:"为完成困难的工作,为操控或组织事物、人物或思想,为尽快且独立地做好事情,为克服障碍并且达到高标准,为超越自己,为超越并且胜过别人,以及为使得个人的才能通过成功地学习而增进自我尊重。"在莫瑞的影响下,麦克利兰认为,成就需要是个人人格中一种持久且稳定的特性,集中表现为追求某种能表现事业成就的目标,这种特性就是成就动机。他进而将成就动机界定为"个人在做事时与自己所持有的良好或优秀标准相竞争的冲动或欲望"。

2.亲和需要

这是一种相互交往、相互支持、相互尊重的需要,通常表现为希望建立友好亲密的人际关系,寻求他人的喜爱和接纳。亲和需要较高的人,会以自己作为群体的一员而感到满足,倾向于与他人进行交往,他们追求人与人之间的友谊和信赖,喜欢合作而不是竞争,希望彼此间可以沟通与理解,他们对环境中的人际关系十分敏感。

3.权力需要

影响和控制他人并且不被他人控制的需要。权力需要较高的人,喜欢支配他人,追求社会地位,追求对别人的影响,喜欢使别人的行动合乎自己的愿望。他们也追求出色的工作业绩,但这种追求往往是为了获得社会地位和得到别人的尊重,而非为了个人成就感的满足。

(三)在管理上的应用

麦克利兰的研究发现,成就需要高的人具有以下三点品质:

(1)希望有能够独立解决问题的工作环境,以便发挥这方面的能力。他们只要有了这种环境,不必再为他们提供其他激励和动机,也能积极地进行工作。他们只有在依靠自己的能力解决问题时,才会感到取得成就的满足,如果问题的解决是依靠别人的帮助或偶然的机会,他们不会有取得成就的满足。所以,企业组织应该给这些人分派富有挑战性的工作,并给予一定的自主权。

(2)在从事某项具有挑战性的工作以前,往往经过一番盘算,然后确立一个在他们看来不太困难、经过努力能够达到的目标。如果目标太高,难以达到,固然不能满足他们的成就需要;如果目标过低,轻易达到,也不能满足他们的成就需要。所以,他们往往把工作及其条件做恰当的安排,使自己不断地获得一定的成就。

(3)往往需要有明确的、不间断的关于自己工作成就的反馈,使他们知道自己的工作成就已得到组织和别人的承认。这样才能促使他们继续努力,不断地取得新的成就。所以,企业领导应该定期公布本企业各个职工的重要成就,如销售、生产和成本等方面的数字,并用表扬、奖赏、增加工资和提拔职务等方式对他们的成就予以肯定。

(四)成就需要理论与需求层次理论的比较

马斯洛对管理学最大的贡献莫过于提出了需求层次理论和"自我实现"理论。需求层次理论强调,人的动机来源于需求,它们由低到高依次为生理需求、安全需求、社交需求、尊重需求和自我实现需求。无论哪种需求无法得到满足,人都会表现出相应的病态。一个阶段内,人一般只有一种主要的需求,此时,帮助人满足这种需求将会起到巨大的激励作用。马斯洛的需求层次理论一经提出就十分盛行,人们普遍认为其对管理工作有相当广泛的借鉴性和启发性。尤其是他的自我实现理论,常常被认为是给人类的发展指明了方向,对个人和社会都具有积极的意义。他提出的优心态管理,更是一种推动管理方式转型的探索。然而,麦克利兰对马斯洛既有借鉴也有批评,他的成就需要理论同马斯洛的需求层次理论和自我实现理论有所不同。

麦克利兰对马斯洛理论的批评主要集中于以下三点：

首先,麦克利兰认为人的许多需求都不是先天的,而是可以通过后天培养的。这与马斯洛强调人类有许多需求与生俱来有所不同。在一定意义上,马斯洛研究人类需求是以最基本的生存需要为起点的,而麦克利兰没有考虑人的生物性需求,只考虑人的社会性需求。他强调,人的社会性需求不是先天的,而是后天形成的,得自于环境、经历和培养。不但需求会激励行为,行为也会刺激需求。当某种行为得到报偿,就会强化这种行为,而这种强化会增进需求,最终形成某种需求倾向。这一点同马斯洛认为满足后的需求不再构成激励来源不一样。麦克利兰的观点能够更好地解释社会中存在的满足度越大需求越旺盛的现象。例如,当人们由饥饿到温饱后,按照马斯洛的理论,食物就不再具有激励作用;而按照麦克利兰的理论,人们很有可能更讲究食物,对食物更感兴趣。当某个人有了广泛的社交圈子时,按照马斯洛的说法,社交需要就会减弱;但按麦克利兰的说法,这个人可能会更热衷于扩大社交圈子。无疑,麦克利兰的研究,能够补充马斯洛理论的一些缺陷。

其次,社会性需求受很多因素的影响,很难从个人的角度归纳出共同的心理需求。而马斯洛把注意力集中在个人方面,更多地考虑从个性出发的需求。麦克利兰则注意到组织与群体问题,更多地考虑群体互动对个体需要的影响。马斯洛由个人出发,强调需求的层次性;而麦克利兰由群体出发,强调需要的并列性。所以,马斯洛的个人本位决定了他更侧重于心理学,而麦克利兰的群体本位决定了他更侧重于管理学。例如,社交需求、尊重需求和自我实现需求的区分,主要说明个人的行为动机;而成就需要、亲和需要和权力需要的分类,更能说明组织中的人类动机。

最后,自我实现层次的需求缺乏明确的标准来确定。因为经济、文化等各方面的因素是不断发生变化的,时代不同,社会不同,文化背景不同,人的需求当然也不同,自我实现的表现方式可能差别很大。马斯洛的理论仅仅考虑人自身的需求,过分强调个人的自我意识、内省和内在价值,而忽视经济、文化等各方面的因素影响,这些需要更多的是一种心理感受,因而很难测量。而麦克利兰在一定意义上使用了行为主义的研究方法,使三种需要都能形成客观的可测量的标准体系。从这一意义上看,马斯洛是一个理想主义者,而麦克利兰是一个现实主义者。所以,马斯洛提供的是一种理念,难以给管理实践提供可操作的方法;而麦克利兰恰恰以对管理实践的咨询见长,这使他所创立的素质模型风靡全世界。

当然,同马斯洛相比,麦克利兰也有弱项。马斯洛从个人出发,无论是饥肠辘辘的非洲灾民,还是大腹便便的英国绅士,只要是个人,都可以在马斯洛的理论中找到相应的需求,仅仅是层次高低的区分不同。而麦克利兰的三种需要,明显限制在衣食基本无忧的发达国家才比较适用。对在贫困线上挣扎的人群,讲成就需要或者权力需要似乎不相关。因此,麦克利兰的理论,用于现代社会的白领阶层可能较为恰当。对于中国来说,那些以蓝领为主的制造企业,或者以农民工为主体的体力型岗位,若采用麦克利兰的方法,就有可能不适用。

(五)评价

麦克利兰的成就需要理论对管理理论和管理实务都产生了巨大的影响。在他的理论里,成就动机成为不同于以往的激励方式,更重要的是,他强调这种产生激励的需要可以通过后天习得。麦克利兰的研究,为激励问题提出了新的思路和新的解决方法。但是,从理论的角度来看,麦克利兰强调人的成就动机是后天形成的,是可以改变并加以培养的,这一观点还缺乏严密的理论证明。所以,对他的理论,一直有着学术性的质疑。但是,麦克利兰对自己理论的潜力坚信不疑。他深信,随着心理学的发展,他的理论能够得到逐步完善。或许对他而言,重要的不是如何评价他的理论的对错,而是发现这一理论的潜在意义,重视它的有利影响,然后将这种有利影响推广、发扬。从积极意义上来讲,存在着质疑的声音,正是这一理论能够不断发展的一个驱动力。

第三节 过程激励理论

过程激励理论着重研究从过程的产生到采取行动的心理过程,其中包括弗鲁姆的"期望理论"和约翰·亚当斯(John S. Adams)的"公平理论"等。过程激励理论试图发现用于解释激励行为的普遍过程。由于这类理论聚焦于过程而非具体的激励内容,因此较之内容激励理论而言,具有更广泛的适用性。

一、期望理论

(一)基本概念

1964年,美国行为科学家弗鲁姆在他的著作《工作与激励》一书中首先提出了比较完整的期望理论。该理论试图解释个体在特定情境下的行为动机,即为什么个体会选择某种行为而非其他行为。期望理论认为,个体的行为是由他们对行为结果的期望以及这些结果对个体的吸引力所驱动的。

(二)基本假设

个体是有思想、有理性的人,对于他们生活和事业的发展,他们有既定的信仰和基本的预测。因此,在分析激励因素时,必须考察个体希望从组织中获得什么,以及他们如何实现自己的愿望。

(三)主要内容

弗鲁姆期望理论的基本观点是,人们只有在预期其行为有助于达到某种目标的情况下,才会被充分激励起来,产生内在的激发力量,从而真正产生行动。这种激发力量的大小等于该目标对人的效价与人对能达到该目标的主观估计(期望值)的乘积。可用公式表示为

$$M = V \times E$$

其中,M 为激发力量,指调动一个人的积极性、激发出人的内部潜力的强度。V 为效价,是指个人对自己所要采取的行动将会达到某一成果或目标的偏爱程度,是个体对这一成果或目标的价值的主观估计,其变动范围为-1—1。同一个目标,对每个人可能有3种效价:正、零、负。当个人希望达到该预期效果时,效价为正值;当个人对达到某种成果或目标漠不关心时,效价为零;当个人不希望出现这种结果时,效价为负值。总之,当个人强烈期待出现预期结果时,效价值就很好,只有在效价大于零时,个体才会有一定的动力。换言之,效价值越高,动力越大。E 为期望值,指一个人根据经验对自己采取的行动将会导致某种预期成果的可能性的主观估计。

(四)在管理上的应用

期望理论对实施激励有以下启示:

(1)管理者不要笼统地采用各种激励措施,而应该适当聚焦于多数组织成员认为效价最大的激励措施。

(2)设置激励目标时应尽可能加大其效价的综合值。

(3)适当控制实际概率与期望概率。期望概率既不是越大越好,也不是越小越好,而是要适当。期望概率过高,容易产生受挫;期望概率太低,又会减少激发力量。但期望概率并不完全由个人决定,它与实际概率的大小有关,而实际概率在很大程度上是由组织或者领导者决定的。实际概率应使大多数人受益,它最好大于平均的个人期望概率,让人喜出望外,而不要让人大失所望。但实际概率应当与效价相适应,效价大,实际概率可以较小;效价小,实际概率可以较大。

(五)评价

期望理论的主要贡献在于,它阐明了个人目标以及努力与工作绩效、绩效与奖励、奖励与个人目标满足之间的关系。作为一个权变模型,该理论意识到不存在一种能够普遍解释所有个体行为的原则,同时也为我们进行奖励实践并评估组织的奖励政策提供了理论基础。当然,也有部分学者对期望理论提出了不同程度的疑问:有些学者认为期望模型看似正确却难以检验;另外一些学者则怀疑个人是否有能力像该理论所描述的那样有意识地做出各种理性的选择。

二、公平理论

(一)基本概念

公平理论又称社会比较理论,由美国心理学家亚当斯于20世纪60年代首先提出。该理论主要讨论报酬的公平性对人们工作积极性的影响。

(二)假设条件

(1)个体会评估自身的社会关系。所谓社会关系,就是个体在付出或投资时希望获得某种回报的"交易过程"。在这种交易过程中,个体进行投入,期望获得一定的收益。例如,你希望获得额外的收入(收益)作为一段时间努力工作(投入)的结果。也就是说,个体对于自己所付出的时间和精力都是有所期望的。

(2)个体并不是无中生有地评估公平,而是把自己的境况与他人进行比较,以此来判断自己的状况是否公平。

(三)主要内容

人们将通过两个方面的比较来判断其所获报酬的公平性。

1.横向比较

自己与组织内其他人之间的比较,即他要将自己获得的"报偿"(金钱、工作安排以及获得的赏识等)与自己的"投入"(教育程度、所做努力、用于工作的时间、精力和其他无形损耗等)的比值与组织内其他人做社会比较,只有相等时,他才认为公平。

对自己所获报酬的主观感觉/对自己所做投入的主观感觉=对他人所获报酬的主观感觉/自己对他人所做投入的主观感觉

当上式为不等式时,可能出现以下两种情况:

(1)左端小于右端。在这种情况下,一方面,人们可能会要求增加自己的收入或减小自己今后的努力程度,以使公式左方增大,从而使公式趋于相等。另一方面,人们可能要求组织减少比较对象的收入或者让其今后增大努力程度以便使公式右方减小,从而使公式趋于相等。此外,人们还可能另外找人作为比较对象,以便达到心理上的平衡。

(2)左端大于右端。在这种情况下,人们可能要求减少自己的报酬或在工作之初付出更多努力,但久而久之,人们便会重新估计自己的技术和工作情况,觉得自己应当得到那么高的待遇,最终产量便又会回到过去的水平。

2.纵向比较

自己的今昔对比,即把目前所获报酬与目前投入的努力的比值,同自己过去所获报酬与过去投入努力的比值进行比较,只有相等时,人们才会认为公平。

对自己目前所获报酬的主观感受/对自己目前所做投入的主观感受=对自己过去所获报酬的主观感受/对自己过去所做投入的主观感受。

当上式为不等式时,也可能出现两种情况:

(1)左端小于右端。当出现这种情况时,人们会有不公平的感觉,这可能导致工作积极性的下降。

(2)左端大于右端。当出现这种情况时,人不会因此产生不公平的感觉,但也不会觉得自己多拿了报酬,从而主动多做工作。

调查和实验结果表明,不公平感的产生绝大多数是由于经过比较认为自己目前的报酬过低而产生的,但在少数情况下,也会由于经过比较认为自己的报酬过高而产生。

(四)在管理上的应用

(1)要重视了解员工的公平感。无论在西方国家还是在中国,公平比较都是客观存在的现象。我国由于多年计划经济和"大锅饭"思想的影响,人们的公平比较心理较重。尤其是在改革开放、社会转型以及各种经济形式并存的今天,社会不公平感和由此带来的"红眼病"现象较为普遍。因此,作为管理者,首先要注意了解员工的公平感,从而对症下药。

(2)建立赏罚分明的制度。员工的不公平感有时是因为组织没有合情合理地奖励员工,存在有功者不奖、无功者领赏的不良现象,当组织中的不良现象和行为较多时,就会产生这些现象。组织只有消除这些不合理的现象,建立赏罚分明的制度,才能让广大员工真正感到公平。

(3)实行量化管理,增加透明度。公平感的产生是员工主观猜测的结果,人们总是倾向于认为自己得到的比别人少,而付出的比别人多。因此,如果能在绩效考评和奖励制度上实行一定程度上的量化管理,做到一切都可以评分计算,并提高整个工作过程的透明度,那么员工就会心服口服。但是,由于领导的部分权力往往来源于一些人为和主观的操作手法,实行量化管理和增加透明度将会给一些领导的权力造成冲击,因此,在企业中实行这种制度存在较大阻力。

(4)战略为主、平衡为辅,加强对员工的教育。在一个组织中,由于操作中的因素以及人们认知的差别,做到绝对公平是不可能的。组织一方面要从自身最重要的战略需要出发来建立制度,另一方面要适当地采取平衡和补偿的策略。另外,还要加强对员工的思想教育,加强沟通,以将员工由不公平感造成的负面影响降到最低程度。

三、强化理论

(一)基本概念

强化理论由美国心理学家伯尔赫斯·弗雷德里克·斯金纳(Burrhus Frederic Skinner)提出。他认为,激励涉及以下两种反射过程:S(刺激)→ R(反应)和 R(反应)→ S(刺激),补充和丰富了此前心理学家提出的行为反应模式。

所有的行为主义者都注重刺激与反应的关系。在斯金纳之前,人们一般看到的是"刺激→反应"模式,即关注那些引发行为的刺激。这种刺激能使行为者产生反应,因而具有激励作用,但这种激励不一定有效,因为这种模式是先有刺激,后有行为,行为者得到刺激不见得会产生相应行为。这种模式下,刺激对其后的行为无法形成有效的制约,并且具有被动性。所以,在现实中依据这种模式进行的激励,往往不尽如人意。很多管理者都会遇到这种困境。例如,不发奖金不干活,但发了奖金不一定就有积极性;没钱的时候觉得有了钱所有问题都能轻松解决,有了钱才发现钱也不是万能的。鉴于上述激励模式的缺陷,斯金纳提出了"反应→刺激"模式,也就是关注行为结果给行为者带来的刺激,由此形成了他的强化理论,这正是斯金纳对管理学贡献最大的地方。

(二)主要内容

强化理论的中心思想在于通过强化刺激来改变人们的行为方向。管理人员可以通过强化手段,营造一种有利于组织目标实现的环境和氛围,使组织成员的行为符合组织的目标。

(1)人的行为与环境对他的刺激相关。如果这种刺激对他有利,则这种行为就会重复出现,这种状况称为强化刺激,能增强这种行为发生频率的刺激物称为强化物。如果这种刺激对他不利,则这种行为就会减弱直至消失。

(2)人的行为是强化刺激的函数。人的行为会随着强化刺激的增强而增强,也会随着强化刺激的减弱而减弱,因此,人们可以通过控制强化物来控制行为,从而引起行为的改变。

(三) 强化的基本方式

在管理中,应用强化理论一般有以下四种方式:

(1) 正强化。正强化是指用某种好的结果,使员工好的行为重复出现。强化物包括组织中的各种正面刺激,如增加工资、发放奖金、荣誉表彰、认可、鼓励、赞赏、提升以及创造令人满意的工作环境等。

(2) 负强化。负强化也称为规避性学习,指员工改变自己的行为以规避不愉快的结果。负强化是事前的规避,它通常表现为组织规定所形成的约束力,是员工为了取消或避免不希望的结果而对自己行为的约束。

(3) 惩罚。惩罚就是运用消极的结果以阻止或更正不当的行为,如对员工进行批评、斥骂、处分、降级、撤职或者减薪、扣发奖金、重新分配任务、解雇等。与负强化不同,负强化只是包含了惩罚的危险,并不付诸实际行动;而惩罚则是落实对组织不利行为的惩罚措施。

(4) 忽视。忽视是指对员工的某种行为不给予回应,以表示对该行为的轻视或某种程度的否定,从而使该员工的这种行为减少。例如,领导发现某个员工出于某种个人目的对自己的行为不恰当地吹捧奉承,他不希望员工再这样做,但也不想让这个员工难堪,所以就采取不对该员工的行为给予任何回应的方式。

从强化的时间安排上,有以下两种方式:

(1) 连续强化。这是指行为每出现一次就给予一次强化。例如,流水作业线上的装配工人,在其产品通过质量控制检查仪时,就能知道自己的工作情况如何。

(2) 间断强化。这是指在行为出现若干次后才给予一次强化。间断强化既可按一定时间间隔给予强化,也可在行为出现到一定数量后给予强化。

(四) 在管理上的应用

管理上可以用强化理论来影响员工的行为,使其朝着有利于组织目标实现的方向发展。强化理论主要有以下使用原则:

(1) 针对不同强化对象,需要采取不同的强化措施。

(2) 小步子前进,分阶段设立目标,及时给予强化。如果目标一次定得太高,就难以发挥强化的作用,也很难充分调动强化对象的积极性。

(3) 及时反馈。即通过一定的形式和途径,及时将工作结果告诉行动者。结果无论好坏,对行为都具有强化的作用。对好的结果及时反馈,能够更有力地激励行动者继续努力;对不好的结果及时反馈,可以促使行动者分析原因并及时纠正。

(五) 评价

一方面,斯金纳用强化理论为激励提供了严密的实验论证,推动了激励理论和激励实践的迅速发展,并且在现实中获得了明显效果。但另一方面,强化理论带来的弊端也随之出现。强化理论过于重视技术,用数字方式给自己确定位置,不管什么都要找出方程式似的因果关系,按照标准化的考试分数确定一个人的优劣,包括复杂的内驱力都以数学方式给出模型,甚至连日常生活中都渗透了这种科学式的衡量标准,如用胆固醇和血压血脂的高低替代了复杂的健康概念。如果遇到难以阐述清晰的不科学现象,人们则习惯绕开它。这些偏失,随着强化理论乃至激励理论的精确研究而弥漫于管理学之中。

四、归因理论

(一)基本概念

1958年,弗里茨·海德(Fritz Heider)在他的著作《人际关系心理学》中,从通俗心理学的角度提出了归因理论,该理论主要解决日常生活中人们如何找出事件原因的问题。

伯纳德·韦纳(Bernard Weiner)及其同事在1972年发展了海德的归因理论。韦纳认为,内因-外因方面只是归因判断的一个方面,还应当增加另一个方面,即暂时-稳定方面,这两个方面都很重要且彼此独立。其中,暂时-稳定方面在形成期望、预测未来的成败上至关重要。

(二)主要内容

海德认为事件的原因无外乎两种:一是内因,如情绪、态度、人格和能力等;二是外因,如外界压力、天气和情境等。

海德还指出,在归因的时候,人们经常使用两个原则:一是共变原则,它是指某个特定的原因在许多不同的情境下和某个特定结果相联系,该原因不存在时,结果也不出现,我们就可以把结果归于该原因。例如,一个人总是在考试前闹别扭、抱怨世界,其他时候却很愉快,我们就会把闹别扭和考试联系在一起,把闹别扭归于考试而非人格。二是排除原则,它是指如果内外因某一方面的原因足以解释事件,我们就可以排除另一方面的归因。例如,一个凶残的罪犯又杀了一个人,我们在对他的行为进行归因的时候就会排除外部归因,而归于他的本性等内在因素。

美国心理学家韦纳认为,人们对行为成败原因的分析可归纳为以下六个原因:

(1)能力,评估个人对该项工作是否胜任。

(2)努力,个人反省检讨在工作过程中是否尽力而为。

(3)任务难度,凭个人经验判定该项任务的困难程度。

(4)运气,个人自认为此次成败是否与运气有关。

(5)身心状态,工作过程中个人身体及心情状况是否影响工作成效。

(6)其他因素,个人自觉此次成败因素中,除上述五项外,有何其他事关人与事的影响因素。

以上六项因素作为一般人对成败归因的解释或分类,韦纳按各因素的性质,分别将之纳入以下三个向度之内:

(1)控制点:指当事人自认影响其成败的因素是个人条件,抑或来自外在环境。在此一向度上,能力、努力及身心状态三项属于内控,其他各项则属于外控。

(2)稳定性:指当事人自认影响其成败的因素在性质上是否稳定,是否在类似情境下具有一致性。在此向度上,六因素中能力与任务难度两项不随情境改变,因而比较稳定,其他各项则均为不稳定因素。

(3)可控性:指当事人自认影响其成败的因素在性质上能否由个人意愿所决定。在此向度上,六因素中只有努力一项是可以凭个人意愿控制的,其他各项均非个人所能控制。

韦纳等人认为,人们对成功和失败的解释会对以后的行为产生重大影响。如果把考试失败归因为缺乏能力,那么以后的考试还会期望失败;如果把考试失败归因为运气不佳,那么以后的考试就不大可能期望失败。这两种不同的归因会对生活产生重大的影响。

基于以上内容,他提出以下主要论点:

(1)个人的个性差异和成败经验等影响着他的归因。

(2)个人对前次成就的归因将会影响他对下一次成就行为的期望、情绪和努力程度等。

(3)个人的期望、情绪和努力程度对成就行为有很大的影响。

第四节　管理实践中的激励问题

在组织中,工作是指单个员工负责完成的单位工作。工作是一个重要的激励因素,因为完成构成工作的各项活动可能会获得奖励,这些奖励能够满足员工需求。管理者需要知道工作的哪些方面能够激励员工,对于那些从事重复性工作、几乎不会有满意感的员工,管理者必须知道如何设计薪酬体系。工作设计是运用激励理论设计工作结构,以此来提高员工的生产率和满意度。

一、工作丰富化

在科学管理方法中,工作是重复性的标准化任务。此类工作模式有利于提高效率,但简化工作并不是一个有效的激励方法,因为简单的工作可能会非常无聊、枯燥。因此,许多公司的管理者开始将简单的工作重新设计成更具多样性和满足感的工作。其中一个方法便是工作轮换,也就是系统地将员工从一个岗位调换至另一个岗位,以此来增加工作的多样性,并增加工作对员工的激励。另一个方法是将一系列小任务合并成一项新的大任务,这样员工可以从事更具多样性的活动,这就是所谓的工作丰富化。

总而言之,工作丰富化的趋势意味着将更高层次的激励因素融合在工作中,包括责任、认可、成长机会、学习和成就。在丰富的工作中,员工对完成工作所需的资源、做决策、体验个人成长和制定工作进度有着完全的掌握。研究表明,当员工比经理拥有更多的对于工作的掌控权时,他们通常会有更高的参与度、忠诚度和动力,这会带来更高的士气、较低的离职率和更高的组织绩效。

二、工作特征模型

工作设计的一个重要方法就是运用理查德·哈克曼(Richard Hackman)和格雷格·奥尔德曼(Greg Oldham)提出的工作特征模型。哈克曼和奥尔德曼关于工作再设计的研究旨在通过改进工作来发挥提升员工工作经验和提高工作效率的双重作用。哈克曼和奥尔德曼通过对几百种工作设计的研究得出了工作特征模型。这个模型主要由三部分组成:核心工作维度、关键心理状态和员工成长需要的强度。

(一)哈克曼和奥尔德曼:决定工作的激励潜力的五大维度

(1)技能多样性:指构成一项工作的各种活动的数量和完成这项工作所需的各种技能的数量。一项常规、重复性的装配线工作具有较低的多样性,而每天都要接触新问题的应用研究工作有较高的多样性。

(2)任务完整性:指员工完成整个工作的程度。例如,负责一顿晚餐的厨师,比起在自助餐厅里舀土豆泥的员工,其工作更具完整性。

(3)任务重要性:指员工感到工作很重要,工作对公司或消费者具有影响力的程度。例如,在危急时刻派送青霉素和其他药品的人会觉得他们的工作意义重大。

(4)自主性:指员工在多大程度上享有制订计划和执行任务的自由、决断力和自主权。例如,粉刷房屋的工人可以决定如何粉刷房屋,但流水线上的喷漆工却没有丝毫的自主性。

(5)反馈:指员工通过完成工作的情况来了解自己的绩效水平。不同工作给予员工反馈的能力不同,足球教练可以很快知道球队究竟是输还是赢,但是基础研究科学家可能要等上好几年才能知道他们的研究项目是否成功。

工作特征模型说明这五项核心特征越显著,员工就越能感受到它们的激励,员工的绩效、工作质量和满意度也就越高。

(二)关键心理状态

该模型假设当个体对工作设计具有三种心理状态时,核心工作维度更能起到激励作用。技能多样性、任务完整性、任务重要性都会影响员工体验工作意义的心理状态,如果工作本身是令人满意的,就会给员工带来内在的激励。自主性的工作特征影响员工体验责任感的心理状态,反馈的工作特征影响员工了解实际结果的心理状态。由此,员工知道自己的工作进展状况,可以通过改变工作绩效来获得更加满意的结果。

(三)个人成果及工作成果

上述五个工作特征对员工体验工作的意义、责任和了解实际结果这三种心理状态的影响,带来了个人成果及工作成果:高工作激励、高工作绩效、高满意度、低缺勤率和离职率。

(四)员工成长需要的强度

这是指员工对成长和发展有着不同的需求。如果一个人想满足低层次的需求,如安全需求和归属需求,那么工作特征模型就对他的影响较小;如果一个人具有较高的成长和发展需求,包括挑战自我、获得更大的成就感以及希望得到一份具有挑战性的工作,这个模型就会极有效。换言之,急于实现自我发展和提升能力的那些人对工作特征模型的运用和核心工作维度的改进持支持态度。

(五)工作特征模型存在文化差异

在美国,自主性、挑战性、成就感和认可度这些内在激励因素具有显著的激励效果。而在尼日利亚,这些因素对于提高激励水平和满意度几乎不起作用,甚至还可能会降低对员工的激励程度。一项研究表明,经济越不发达、社会福利体系越是脆弱以及高权力距离的国家,内在激励因素与工作激励和满意度之间的关系越弱,工作特征模型在这些国家的作用就越小。

三、创新的激励观

越来越多的公司将各种形式的激励薪酬作为激励员工提升工作绩效的一种方

法。如果能恰当运用激励计划,并把激励的理念融合进去,为员工提供内在奖励,以满足人们高层次的需要,那么这个计划将会发挥很好的激励作用。最有效的激励计划更多考虑的不是金钱这样的外在奖励,而是营造一种让员工成长和发展的氛围。

(一)建设一支欣欣向荣的劳动力队伍

一支欣欣向荣的劳动力队伍是指这支队伍里的员工不仅是对工作满意、富有成效的,还致力于为自己和组织创造未来。欣欣向荣的个体有两个特点:充满活力和学习。一个欣欣向荣的员工总是感觉自己充满了活力,精力充沛、满怀热情地去做自己的工作,员工会感到自己的工作有意义、能带来成就感。另外,欣欣向荣的员工也在不断学习和成长,不断培育并发展目前和未来可以应用的新知识、新技能和新能力。

管理者可以用激励技巧来提高员工的活力,如满足员工的高层次需要,帮助员工从工作中得到内在奖励,对员工取得的工作绩效和进步给予定期反馈等。建设一支欣欣向荣的劳动力队伍可以采取两个方法:向员工授权;创造一个能提升员工敬业度的工作环境。

(二)通过授权满足员工较高层次的需要

管理者要满足员工较高层次的需要,一个重要的方法是将权力从组织高层下放到基层,与员工分享权力以实现组织目标。授权就是权力的分享,是将组织的权力授予下属。增加员工的权力会激励员工完成任务,因为员工自身的效率得到了提升,他可以发挥创造力,自主选择如何完成任务。向员工授权,包括给予他们以下四个要素,使他们可以更加自由地完成自己的工作:信息、知识、权力和奖励。

员工得到公司的绩效信息。在一个员工获得高度授权的公司,所有的员工都可以知道公司的财务和运营信息。

员工拥有知识和能力为公司的目标效力。公司通过培训项目和其他员工发展工具来帮助员工获得提升组织绩效所需的知识和技能。

员工有实质性的决策权。得到授权的员工拥有直接影响工作流程和组织绩效的权威,如可以采用质量圈或自我管理工作团队。

根据公司的绩效奖励员工。向员工授权的组织经常根据公司的盈利情况奖励员工。

(三)通过员工的参与让工作有意义

员工的敬业度是指员工享受自己的工作,并且对自己的工作状态十分满意,为达到团队和组织目标乐于奉献,对组织有一种强烈的归属感和忠诚度。全身心投入的员工对组织的感情非常深厚,会积极地寻求办法以完成公司的使命。

管理者如何使员工产生敬业度？图 15-2 中展示了激发员工敬业度的三个要素：有意义、有联系、学习和成长。当管理者从这三个方面来组织工作，使员工产生这样的感觉，员工的敬业度就会提升，就会带来高激励和组织的高绩效。

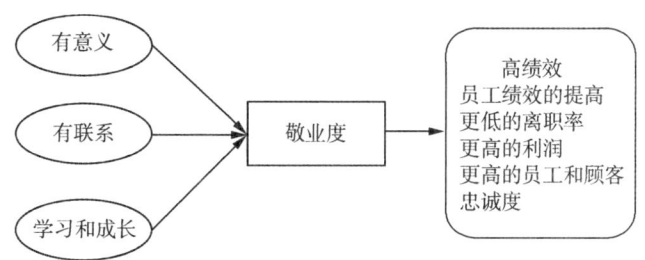

图 15-2　敬业度产生的三个要素

员工感觉他们正在从事十分重要的工作。当员工完成一件真正有价值的事情时，他们就会感觉到有意义。优秀的管理者会帮助员工理解他们工作的目的，这有利于员工形成对公司的自豪感和自尊。

员工感觉自己与组织、组织中的其他人、组织的管理者密切相关。管理者的行为对员工是否完全投入工作具有重大的影响。当管理者认真倾听员工的心声，真诚地想员工之所想，帮助他们与同事建立积极的关系时，员工的敬业度就会提高。

员工有机会去学习、成长和提高。想要完全投入，员工不仅需要觉得自己有能力完成所要求的事务，还要有机会去学习和拓展潜力。优秀的管理者应该帮助员工了解他们自身独一无二的天赋、技巧、兴趣、态度和需要，将员工安排在能够最大限度贡献他们的力量并且获得内在奖励的岗位上，确保员工拥有完成工作所需的能力。除此之外，他们会给予员工机会去完成具有挑战性的工作项目、参与高质量的培训和学习活动、在组织中寻求晋升。

本章回顾

- 本章从激励的原理开始讲起，重点介绍了内容激励理论和过程激励理论，以及激励在管理实践中的具体应用。
- 激励理论是关于如何满足人的各种需要、调动人的积极性的原则和方法的概括总结，激励的核心是研究员工的动机、需求以产生管理者喜闻乐见的行为和结果。
- 内容激励理论关注员工需求，主要有需要层次理论、双因素理论和成就需要理论；过程激励理论关注员工在行为中的动态激励过程，主要有期望理论、公平理论、强化理论和归因理论。

● 在管理实践中,使用激励理论应当避免使员工的工作高度单一,要妥善使用工作丰富化的方法和工作特征模型,用创新的激励观去引导、激励员工。

本章习题

习题及参考答案

案例讨论

案例

讨论：
1.如何用马斯洛的需要层次理论对硅谷员工的行为加以解释？
2.如何用赫兹伯格的双因素理论对员工的行为加以解释？
3.对于成就、亲和和权力的需要是否对这些员工有激励作用？

拓展阅读

拓展阅读

第十六章 创　　新

导言

第一节 创新的定义与意义

一、创新的定义

生活中,"创新"二字到处可见,无论是政府,还是私人组织,都在创新上花费大量精力来实现组织目标。在管理学范畴里,创新一般与组织的产品、技术和结构等因素相联系。对于创新的定义,国内外学者持有不同的观点。

(一)国外学者的观点

(1)创新是将创意应用于实践的过程。

(2)创新是创业者的特殊工具。通过创新,将变革作为发展不同业务和服务的机会。它可以作为一种学科,可以学习,也可以实践。

(3)公司通过创新活动获得竞争优势,它们在最广泛的意义上从事创新,既包括新技术,也包括新的做事方式。

(二)国内学者的观点

创新首先是一种思想以及在这种思想指导下的实践,是一种原则以及在这种原则指导下的具体活动,是管理的一种基本职能。

(三)本书的观点

我们将创新定义为在复杂的环境下,为更好地实现组织目标,组织综合运用各种资源对其产品和服务进行革新的过程,它也是管理的一种基本职能,贯穿于管理活动的始终。

对于创新的定义可以做如下理解:

(1)创新的背景。在经济全球化时代,如经济资源的配置、生产活动的开展、交换行为的实现等一切经营活动,都在全球范围内按经济规律统一考虑,并在较少的限制条件下进行。这就意味着组织要想在全球范围内屹立不倒,就必须开展竞争以提高其核心竞争力,必须对其产品和技术进行创新。新的规则由传统的"大鱼吃小鱼"变成了"快鱼吃慢鱼",毫无疑问,这种不确定的环境特征会给组织带来生死攸关的挑战,只有那些"迎难而上,勇于创新"的组织才能在大浪淘沙中生存下来。

(2)创新的本质。创新的本质是组织通过调动其内外部一切资源对产品和服务进行革新,进而有效实现其目标。这表明,创新只不过是组织为实现其目标而采用的一种手段,它同计划、决策等职能并无本质上的区别,都是为完成组织目标服务的。

二、创新的类别

(一)创新空间的四个维度

国外有学者提出了创新空间的四个维度,将创新分为:

(1)产品创新:组织提供的产品和服务的变化。
(2)流程创新:产品和服务的生产及交付方式的变化。
(3)定位创新:产品和服务进入市场的环境的变化。
(4)范式创新:影响组织业务的潜在思维模式的变化。

(二)系统内部的创新

按照周三多的理论,系统内部的创新可以从四个不同的角度进行探讨:

(1)从创新的规模以及对系统的影响程度来考察,可以分为局部创新和整体创新。
(2)从创新与环境的关系来分析,可以分为消极防御型创新和积极改进型创新。
(3)从创新发生的时期来看,可以分为系统初建期的创新和运行中的创新。
(4)从创新的组织程度上来看,可以分为自发创新与有组织的创新。

(三)渐进性创新和破坏性创新

还有一些学者将创新分为渐进性创新和破坏性创新。

(1)渐进性创新是指通过一个渐进的过程对组织进行小幅度的局部调整,力求实现从初始状态的组织模式向目的状态的组织模式转变,又被称为连续性创新。
(2)破坏性创新是指组织在短时间内对企业组织进行大幅度的全面调整,以彻底打破初始状态的组织模式并迅速建立目的状态的组织模式,又被称为非连续性创新。
(3)两者之间的关系。大多数情况下,创新是在清晰的"游戏规则"下产生的,并且参与者总是试图把涉及产品、流程、定位等方面的事务做得更好。总的来说,"游戏规则"是既定的,不会改变,但有时会发生一些打乱现有体系、改变"游戏规则"的事情。显然这些事情并不是每天都会被预见,但它能够重新界定游戏的空间和边界,开辟新的机会,使市场上原有的企业不得不在新的条件下调整其业务。总之,从渐进性创新到破坏性创新是一个从量变到质变的过程。

两种创新方法各有利弊,也都有着丰富的实践,企业应当根据组织的承受能力对它们加以综合利用。在企业内外部环境发生重大变化时,企业有必要采取破坏性创新的方法以适应环境的变化。但是破坏性创新不宜过于频繁,否则会影响企业组织的稳定性,甚至导致组织的毁灭,因而组织在长期发展中应当进行渐进性创新。

三、创新的意义

(一)创新与企业绩效

现代企业的成功很大程度上源于创新。企业的竞争优势部分来源于如企业规模和企业资产等方面,但在今天的竞争模式中,能够利用其知识以及技术方面的技能和经验开发出新产品、新服务和新流程的企业将更具优势。

创新会为企业带来竞争优势,但是从创新中获得的优势会随着他人的竞相模仿而逐渐消失。因此,企业在面临着不断变化的外部环境时,应当通过创新不断更新其产品和服务,使自身获得持续的竞争优势。

企业通过创新获得战略优势的可能途径如表 16-1 所示。

表 16-1 企业通过创新获得战略优势的可能途径

战略优势	途径
产品或服务的新颖性	提供独一无二的产品或服务
工艺流程的新颖性	以其他企业无法比拟的方式提供产品或服务——更快捷、更低成本和更加定制化,等等
复杂性	使用其他企业难以掌握的技术提供产品或服务
知识产权的法律保护	提供其他企业无法拥有的产品或服务,除非它们支付许可费或其他费用
增加/拓展竞争性因素的范围	转移竞争基础,如从产品价格转变为价格加质量,或者价格、质量加选择性
时机	先行优势——在新产品领域成为先行者能够占有极大的市场份额。快速跟进优势——有时作为先行者意味着要面临很多预料不到的困难,此时,先观察其他企业在初期所犯的错误,然后迅速推出后续产品,是更好的选择

续表

战略优势	途径
稳健的平台设计	生成一个支持不同版本和各代产品的平台性结构设计
重写规则	提供一种全新的产品或者工艺流程概念——一种完全不同的做事方式,从而淘汰原来的产品
流程各个部分的重构	重新考虑系统各个部分联合工作的方式。例如,更有效的网络的建立、虚拟公司的外包和协调等
跨应用情境的转移	为不同市场重组既有要素
其他	创新是指找到新的做事方式和获得战略优势,所以总会有新的方式可用来获得和保持竞争优势

（二）创新和经济发展

(1) 创新的重要性不仅仅体现在企业层面,创新正逐渐成为国家经济增长的源泉。为此,在区域和国家层面上,越来越多鼓励和培育创新的政策措施相继出台。

(2) 技术和创新在全球范围内并非均匀分布,并且不易于在区域或公司之间打包和转移。不同国家的环境对于公司吸收和利用这些技术和创新的能力有显著影响,公司在国际价值链中的位置也可能在很大程度上限制它们获取创新和创业活动的收益能力。

(3) 创新和创业对于新兴经济体的发展和增长非常关键,而通常关于其贡献的讨论都是基于最合理的国家政策和制度或国际贸易法规等。在影响创新和创业的因素中,宏观经济因素十分重要,国家创新系统包括正式的政策、制度和治理,对一个国家或地区的创新和创业的程度与方向会产生重大影响。但是考虑一个更加微观的视角也同样重要,特别是公司的创新和个体的创业。新兴经济体中的公司可能会追求一些不同的途径来通过创新实现升级:流程升级、产品升级、能力升级和跨产业升级。

（三）创新和社会变革

社会创新和社会创业的两个关键因素:①目标是引起社会变革和创造社会价值,而不是商业创新和创造经济价值;②这一目标的实现需要商业部门、公共部门和第三部门组织的共同努力。

社会创新和社会创业主要集中于贫困救济、社区发展、健康和福利、环境和可持续发展、艺术和文化以及教育和就业等领域。

社会创业者身上有创业者的大部分特质,但在一些重要方面又有所不同:动机、目标、时间范围和资源。

社会创业的挑战:寻找机会、战略选择与实施、创新战略、创新型组织和建立丰富的联系。

第二节 建立创新型组织

本节主要关注创新型组织环境的创造和保持,这种组织结构和潜在文化——价值观和信仰——支持创新。我们很容易找到创新型组织的秘诀,那就是消除僵化的官僚主义、无意义的结构、沟通的障碍以及其他一切阻碍好想法的因素。但是我们必须十分小心,不要掉入混乱的陷阱——并非所有的创新都是在有机、松散、非正式的环境或者"臭鼬工厂"那样的环境中,这类组织有时会破坏成功创新带来的利益。我们需要确定合适的组织,即考虑在出现突发事件的情形下何种组织最合适,太少的秩序和结构可能与太多的秩序和结构一样糟糕。

同样,创新型组织并不只是一种结构,它是各组成要素的集成,各组成要素一起创造和完善使创新能够蓬勃发展的环境。创新型组织的组成要素主要包括共同愿景、领导力和创新的意愿,合适的组织结构,关键个体,全员参与创新,有效的团队合作,创造性的氛围以及外部关注焦点。

一、共同愿景、领导力和创新的意愿

我们已经习惯将核心能力作为组织内部力量的源泉,但这样做的缺点是,秉持某些观念做一些特定的事情时,虽然很有效,但也会阻碍组织改变其现有的想法,因此,那些挑战现状的想法要被接受,必须面临一场艰苦的斗争。为了创新,就要付出相当大的精力和热情来克服这种障碍。成功的创新型组织所关注的问题之一就是找到一种方式来保证拥有好想法的个体能够实现其想法,而不是离开组织去实现其想法。

要改变观念和重新调整组织力量,就需要对新的目标做出清晰的表达,在许多情况下,这种领导方式对于创办和转变组织是有用的。同时,我们必须避免对组织目标进行空洞的表述。

二、合适的组织结构

加拿大学者亨利·明茨伯格(Henry Mintzberg)对大量关于组织结构的研究进行了总结,并提出了一系列的组织原型。

(一)简单结构

这是一种由中央控制集权的有机类型,能够对环境中的变化快速做出反应,通常很小。设计和控制都由一个人负责,决策制定权也掌握在这个人手中。

它的优点是反应迅速且目的明确。缺点是容易受个人错误的判断和偏见影响,也容易因资源限制对增长产生影响。

例如,高新技术行业的小型创业公司——"车库里发展起来的企业",其结构通常很简单。优点体现在精力、热情和企业家的眼光上——采用简单结构的创新型企业通常具有很大的创造性。缺点体现在长期稳定性和增长方面,过度依赖关键人物,而关键人物并不总是正确的。

(二)机械官僚

这是一种集权式的机械组织,由系统集中控制。组织结构设计得像一台复杂的机器,人就像机器上的齿轮。组织结构设计强调整体和部分功能的专业化组成,部分之间能够很快地交流信息。机械官僚组织的成功之处在于,开发了能够简化任务和日常行为的有效系统。

它的优点是具有处理复杂合成流程的能力。缺点是个体之间可能会疏远,在不灵活的系统内可能会出现结构僵化。

这类组织结构系统的整体设计中,需要依靠专家进行创新。其优点是结构稳定,且在技术技能方面主要关注复杂任务的系统设计。缺点是在快速变化的环境中显得僵化、不灵活,并受到非专家的创新的限制。

(三)分权形式

它是分权式的有机形式,为了应对本地的环境挑战,通常与大型组织相联系,这种模式涉及部分独立单元的专业化,如战略业务单元或经营部门。

它的优点是在中央的支持下进入特定的利基市场(特定区域、特定市场、特定产品等)。缺点是组织内部存在部门和中央之间的摩擦。

这种形式的创新通常遵循一种"核心和边缘"的模式,一般性质的研发在中央进行,同时更多的应用和具体的研究在部门内部进行。其优点是集中精力在某一特定利基市场发展,并在组织的其他部分产生和分享知识。缺点是"离心"拉动,远离中央开展研发活动,侧重于应用性的本地研究,并且阻碍知识共享的部门间存在摩擦和竞争。

(四)专业官僚

它是分权式的机械形式,权力掌握在个人手中,通过标准进行协调。这类组织拥有相对高水平的专业技能及来自咨询公司、医院和律师事务所的专家小组。控制主要通过在标准上达成共识来完成,个体拥有极大的主动权。

这类结构的特征是设计和创新的咨询活动在组织内部和外部同时进行。优点体现在技术能力和专业标准方面。缺点在于对拥有高度自主权和丰富知识的个体较难管理。

(五)灵活结构

组织的项目类型能够应对不稳定的、复杂的因素。灵活的结构不总是长期存在,但提供了高度的灵活性。以团队为基础,个体的技能水平很高,能够一起工作,内部规则和结构都很少,主要服务于任务的完成。

它的优点是能够应对高水平的不确定性且具有创造力。缺点是由于一些未解决的冲突而不能有效地协同工作,由于缺乏正式的结构或标准而缺乏控制。

这是一种与创新型项目团队最相关的形式。优点是有高度的创造性和灵活性,缺点是缺乏控制和对项目的过度投入。

(六)任务导向

在任务导向的组织里,有一种自然浮现模式:成员因共同价值观和利他目标(志愿团队、慈善组织等)自发聚在一起。虽无明确"任务指令",但"为共同信念行动"成了隐性任务,也算任务导向的特殊类型。

它的优点是高承诺水平,个体能够采取主动而不用考虑其他人,因为组织成员对整体目标的看法一致。缺点是缺乏控制和正式的制裁。

任务导向的创新可能会非常成功,但是需要投入精力以明确目标。持续改善的动力来自组织内部而不是对组织刺激的反应。优点是拥有共同目标,由授权个体采取行动。缺点是过分依赖关键的有识之士提供明确的目标,缺乏对公司使命的认同。

三、关键个体

创新的不确定性和复杂性意味着很多有前途的发明在公之于众之前就已经失败。解决这个问题的关键在于是否有一个关键个体(有时是一个群体)来追究失败的原因,以及组织系统能否提供资源支持并给予热情鼓励。

事实上,关键人物可以担当多种角色,并对项目的结果产生影响。首先是作为关键技术知识的来源——通常是发明者或团队领导者。其次是组织发起者,这种人拥有权力和影响力,并能够凝聚组织的各种力量,依靠这种方式扫除很多创新获得成功的障碍。最后是"技术把关人员",创新成功与良好的信息流动和沟通密切相关,这种沟通网络都是由发挥技术把关作用的关键个体在组织的非正式结构内形成的——从各种渠道收集信息并传递到相关人员手中,这些人最可能或最有兴趣使用这些信息。

四、全员参与创新

关于实施全员参与创新的研究表明,全员参与创新过程包括几个阶段,如表16-2所示。成效主要表现在系统发展、让员工参与进来的能力以及最终效益等方面。持续向前推进全员参与创新意味着必须找到克服不同阶段特定障碍的方法。每一个方面都要花费时间,并且不能保证组织一定会成功进入下一个阶段。

表16-2 全员创新能力演化阶段

发展阶段	典型特征
自然的/不显眼的全员创新	问题解决的随机性;没有正式的努力或结构;偶尔迅猛发展,但会因不开展或不参与活动而中断;解决问题的主要模式是依靠专家;短期收益;不产生战略影响
结构化的全员创新	正式尝试建立和保持全员创新;使用正式的问题解决过程;鼓励参与;使用基本的全员创新工具进行培训;机构化的想法管理系统;认可系统;通常是平行的操作系统
目标导向的全员创新	上述所有方面,加上正式的战略目标部署;监控和测量背离这些目标的全员创新活动;协调系统
主动的/授权的全员创新	上述所有方面,加上责任机制和准时机制等,都是为了形成问题解决单元;内部指导而不是外部指导的全员创新;高水平的试验
完全的全员创新能力——学习型组织	将全员创新作为主要的生活方式;自动获取和分享学习经验;每个人都积极参与创新过程;渐进的和破坏性的创新

五、有效的团队合作

在建设创新型组织的过程中,要适当地通过团队来解决问题,在团队选择和建设上给予投入。

团队绩效的核心在于团队本身的组成以及小组角色要求与个体行为偏好之间的良好匹配。

团队是一些为了共同目的或目标聚集起来的一群人。以下一些特征能够促成有效的团队:一个明确的鼓舞人心的共同目标、以结构为导向的结构、有能力的团队成员、统一的承诺、合作氛围、卓越的标准、外部的支持和认可、有原则的领导、恰当地使用团队、参与决策制定、团队精神、接受适当的改变、小组与团队、目的和手段、结构化的自由、支持性的结构和系统以及假定的能力。

六、创造性的氛围

(1)组织结构可以说是一种创新文化的有形实体,这种文化有利于创新的蓬勃发展。

(2)罗萨贝思·莫斯·坎特(Rosabeth Mess Kanter)列举了一些扼杀创新的环境因素:严肃的纵向垂直关系、低效的横向沟通、有效的工具和资源、自上而下的命令、变革过于正式化且空间有限、强化自卑文化、没有重点的创新活动以及不支持创新的会计活动。这些因素的作用是创造和强化组织行为准则,这些准则会抑制创造力并导致创新中的文化缺失。

(3)建设一种涉及组织结构的系统发展、沟通政策和程序、奖励和认可制度以及战略部署创造性的文化。与这方面高度相关的是设计有效的奖励制度,很多组织的奖励系统注重的是重复执行任务的绩效,而不是鼓励新想法的开发,成功总是源于"一板一眼地做事",而不是质疑和改变事情。相比之下,创新型组织研究如何奖励创新性行为,并鼓励创新性行为的出现。

(4)"内部创业"。在一个鼓励创新并具有创造性文化的组织中,拥有好创意的个体能够在组织的支持和鼓励下取得成功。

(5)成功创新背后的"模式"是什么?我们将其称为创新能量。概括地说,它是三种力量的融合:个人态度、团队行为动力以及组织提供的支持。其核心是以人为本。

(6)影响创新的氛围因素:①信任和开放度。信任和开放度指的是关系上的情感安全。当员工很能干并拥有共同的价值观时,这种关系就被认为是安全的。当组织中存在高度信任时,每个员工都会敢于提出自己的想法和意见,不会担心行动失败后遭到报复或嘲笑,此时的沟通是公开和直接的。信任可以使决策制定更加有效,因为它允许对能力、动机和目的等做出积极的假设和预期,所以能够节省认知资源并高效地进行信息加工。通过建立和激发信任也能够影响一个组织的效率。②挑战和参与。挑战和参与主要是指员工参与日常运营、实现长期目标和愿景的程度。高水平的挑战和参与意味着员工从内心深处受到激励,并承诺为组织的成功做出贡献。这种氛围有一种动态和鼓舞人心的特性。员工能够在工作中找到快乐和意义,因此会投入更多的精力。在相反的情况下,员工并没有参与进来,就会产生疏远和冷漠的感觉,通常表现为对工作毫不关心、缺乏兴趣,认为工作既枯燥又无聊。③支持和创意时间。创意时间是指员工能够用来详细阐述新想法的时间。创意时间有助于产生新想法,但需要通过支持对这些想法进行评估和开发。④冲突和争论。组织内的冲突指的是个人、人际关系或感情方面的紧张情绪。争论涉及发挥创造性以及对不同视角、观点、想法、经验和知识间的尊重与相互间的交流或冲突。⑤风险承担。对不确定性和模糊性的容忍就是风险承担。在一个敢于承担高风险的氛围里，人们即使不知道最后的结果，也会大胆进行尝试；在一个规避风险的氛围里，人们总是小心翼翼，犹豫不决。⑥自由。自由被描述为组织内部成员行为的独立性。在一个十分自由的氛围中，人们拥有决定自己工作的自主权，能够在自己的日常活动中行使自主决定权。他们主动寻求并分享信息，制定工作相关的计划和决策。在一个只有极少自由的氛围中，人们基于严格定义的角色和规则工作。他们按照规定的方式开展工作，没有太多的空间重新定义自己的任务。

七、外部关注焦点

创新要成为一个包括组织间和组织内网络的开放过程，无论来自外部的信号是机会还是威胁，这些组织都有办法接受并在整个组织内交流。

开放式创新需要与形形色色的人建立关系，以进行清晰的、经常性的沟通，同时为解决问题和分享创新提供资源。

第三节　制定创新战略

一、"理性主义"还是"渐进主义"创新战略

（一）理性主义战略

理性主义战略很大程度上受到军事经验的影响，战略由以下步骤组成：描述理解和分析环境、根据分析确定行动方针、执行决定的行动方针。因此，评估、决策和执行就是理性行动的线性模式。与此相同的是 SWOT 模式，即根据外部机会和威胁分析公司的优势和劣势。这种方法的目的是帮助公司意识到竞争性环境中的趋势、为未来的改变做准备、保证对长期发展的足够关注以及对每天压力的关注，对于功能专业化和地域分散的组织，可以保证目标与行动大体一致。但是在牺牲有利可图的利基市场和满足顾客需求的条件下，过多关注"敌人"可能导致为掌握垄断权而过于强调资源。

（二）渐进主义战略

鉴于环境的不确定性，渐进主义者认为完全了解其复杂性和变化是不可能的，因此人们理解现在和预测未来的能力必定是有限的。渐进主义战略明确承认,企业只是部分了解环境、自身优劣势以及未来变革的速率和方向,因此企业必须有意识地搜寻和了解新的信息,根据新的信息和理解对战略做出适当调整。在这种情况下,最有效的程序:为实现上述目标采取谨慎的措施、测量和评估措施的效果、调整目标并决定下一步措施。不承认当前环境复杂性以及变革和未来不确定性的公司战略,很有可能是错误的,如果完全执行,很可能带来灾难性的后果。但这并不是在创新管理中拒绝分析和理性的理由。

(三)对管理的启示

公司战略实践应该看作一种公司从分析和经验中学习的形式——学习怎样更加有效地处理复杂性和变革。对于战略形成过程的启示:鉴于不确定性,探讨未来各种可能趋势的影响、保证广泛参与和非正式的沟通渠道、鼓励使用多种信息渠道、允许争论和质疑以及根据新的证据改变战略。

二、创新的"领导者"和"追随者"

除要在理性主义战略和渐进主义战略之间做选择外,波特认为企业还必须在两种市场战略之间做出抉择。

(1)创新的领导者。企业致力于技术领先地位而先进入市场。这需要公司大力鼓励创造和冒险,与相关的新知识源保持密切联系,关注顾客的需求和反应。

(2)创新的追随者。企业致力于模仿技术领导者而后进入市场。这需要公司努力进行竞争者分析、情报获取、逆向工程,以及成本削减和制造方面的学习。

三、企业动态能力

大卫·蒂斯(David Teece)和加里·皮萨诺(Gary Pisano)对理性主义战略、渐进主义战略、创新的领导者和创新的追随者进行了整合,提出公司战略的"动态能力",强调动态变化和公司学习的重要性。他们认为,公司战略的这种能力,必须满足顾客需要,必须独特,并且难以复制。这种"动态能力"包括制度和学习等。

(一)制度

企业创新行为受到管理人员的能力、绩效评估与奖惩方式的极大影响。评估和奖励的方法在不同国家大不相同,主要取决于各国的公司治理系统,即行使和改变公司所有权和控制权的系统。广义上,可以区分为两种系统:一种是美国和英国采用的系统,又被称为"盎格鲁-撒克逊式";另一种是日本、德国及其邻国采用的系统,又被称为"日本-莱茵式"。表16-3列出了影响创新绩效的两个系统之间的重要差异。

表 16-3 公司制度对于创新的作用

特 征	盎格鲁-撒克逊式	日本-莱茵式
所有权	个人、养老基金、保险公司	公司、个人、银行
控制权管理	分散的、有距离 依靠商学院(美国) 依靠会计师(英国)	集中的、密切的和直接的 依靠接受过商业培训的工程
对研发投入的评估	公布的信息	从业人员的知识
优势	快速响应全新的技术机会 资本的有效利用	相对于股东分红,优先考虑研发
劣势	短期行为 不能评估企业特定的无形资产	应对糟糕的投资决策很慢 利用全新的技术很慢

(二) 学习

国家创新系统影响着国内企业创新的速率和方向,因此,企业可以对国家创新系统中的技术、生产和组织能力进行监测和学习,这主要有三个原因:

(1) 国家创新系统是企业通过创新获得竞争力的源泉。

(2) 国家创新系统是公司创新管理和引进国家创新系统的可能来源。

(3) 企业能够从国外创新系统产生的技术中学到更多内容。

四、获取创新收益

技术领先并不一定会自动转化为经济收益,蒂斯认为企业从技术投资中获利的能力取决于两个因素:企业将其技术优势转化为商业上可行产品或流程的能力;企业防止其竞争优势被竞争者模仿的能力。

有学者提出了影响企业从技术中获得商业利益的九种因素:保密、积累的隐性知识、提前期和售后服务、学习曲线、互补性资产、产品的复杂性、标准、开拓性的全新产品以及专利保护强度。

另外,有学者认为不同的因素会在标准形成过程的不同阶段产生影响。在早期阶段,为了说明技术具有可行性,技术优势、互补性资产、公司信誉、其他企业的数量和特征以及独占制度等因素是最重要的。在下一个阶段,创造一个市场、战略部署和管理是最重要的。在决定性阶段,基础设施、互补性资产、信誉和转换成本的影响以及网络效应是最重要的因素。

第四节 创新过程

组织管理中的创新是创新思维向实践的转化,因此管理创新有一定的规律可循,整个创新的过程遵循一定的步骤和程序,往往要经历若干个阶段,而且可能要经过不断尝试、不断失败才能取得成功。

一、搜寻

我们如何找到创新的机会?是什么触发了创新过程?我们需要了解多种创新来源以及从这些来源中搜寻和提取信号所面临的挑战。还将探讨与之互补的问题——我们如何开展搜寻活动?在不同的条件下,适合采用什么样的结构、工具和技术?我们如何在探索全新领域和以新的形式利用已有知识之间取得平衡?以及为了实现开放式创新而构建和维持丰富的网络所面临的主要挑战。

(一)创新从何而来

(1)知识推动——通过科学前沿的推动创造机会。

(2)需求拉动——需求是创新之母。在将需求拉动作为一种刺激创新的因素时,我们应该认识到这并不适用于所有的情况。

(3)大规模定制——定制中的选择。

(4)用户自发创新——用户有时会成为这场创新游戏中的主导者。

(5)极端用户——对于创新而言,寻找极端的环境或用户会发挥很大的作用。

(6)观察他人——从模仿或扩展其他人做的事情而产生的创新,如标杆管理、逆向工程和模仿。

(7)重组创新——将创意和应用由一个世界转移到另一个世界。

(8)规制——游戏规则的改变推动或拉动创新朝着新的方向发展。

(9)未来和预测——探索未来的可能性。

(10)偶发事件——意料之外的事情,提供新的创新方向。

(二)如何搜寻

(1)利用和探索之间的平衡——在有关创新的讨论中,一个中心主题就是如何平衡"利用"和"探索"之间的关系。一方面,企业需要探索知识来源,并确保有安全的渠道获取相关知识，使我们能够"做得更好"。这是从"知识利用"发展而来的，基于已知的事物，但是在这个过程中，容易产生很强的依赖感——基于"知识利用"建立起来的企业是传统型的。

问题在于不确定的环境中往往才会出现"一些不同的事"，如产品创新，或者其他一些方面的改变。这一类研究被定义为"探索"，即通过已知的事物产生新想法，并使一个公司通过一些全新的方法进行新的尝试。

（2）吸收能力——另一个研究重点在于组织何时、何地、如何利用外部的知识促进自身的发展。环境中存在许多潜在的创新来源，关键问题是如何让企业发现它们并加以利用。在现实中，创新的来源有多种，并释放着不同的信号，而发现和利用新知识的能力被称为"吸收能力"。

（3）用于搜寻的工具和机制——管理内部知识连接，扩展外部联系，创新的搜寻战略扩展（派遣侦察兵、构想未来、使用网络、与活跃的用户合作、深度挖掘、探索和学习、激活主流群体、公司创业、企业合作和内部创新、使用中介作桥梁、实现多元化、生成创意）。

二、选择

在有效搜寻过程之后，我们将支持哪一个创新选项？为何这样选择？由于潜在不确定性的存在，我们要考虑采用何种途径、工具或技术来应对，因此这类决策并非那么简单。本章将讨论另外一个核心主题——如何建立创新方案。

创新的触发机制无处不在。就变革而言，这个世界充满了有趣且富有挑战性的可能，问题在于，即便是财力最雄厚的组织也未必能为所有的可能性提供支持。一个组织迟早要面临"在所有备选项中，我们接下来要挑战的是哪一个"这样的问题。解决这个问题并不简单，决策事关资源投入，因而选择进入某一领域意味着同时将失去来自其他领域的机会。组织无法认同随意的创新，它们需要某种工作框架来阐明创新如何帮助其生存发展，基于这种观点，它们应能够同时将稀缺的资源分配到创新项目的组合当中。

在一个复杂且充满不确定性的世界里，创新的框架应具有一定的柔性，这样随着时间的推移，当想法发展为更加具体的对策时，我们就能更好地检测并调试项目；该框架同时应具有一定的刚性，这样随着实践知识不断取代对不确定性及风险的预测，我们就能够判定是应该继续还是终止创新活动。

创新在本质上与未知性、各种可能性以及涉及新事物的机遇息息相关，因此创新过程涉及对不确定性的处理。而问题在于，我们无法预知一项创新是否行之有效。

例如,技术是否如我们预期的那样可行,市场是否还存在并像我们期望的那样运作,竞争者是否转向了另一个成功的方向,政府是否会改变游戏规则,等等。以上这些都是不确定性因素,使我们的决策行动仿佛雾里看花。我们能够获得更多确定性的唯一方式就是启动项目、边做边学。所以,初试决策更像是在计算不同选项的风险,接下来的一系列决策则是关于继续上一个选择还是转移方向以减少损失。

(一)面对不确定性带来的挑战

创新管理旨在将一开始的不确定性限定在一个可量化的风险范畴,虽然不能确保成功,但至少在该过程中能尝试去重新审视创新选项,从而增加最终成功的可能性。这不仅仅是个机械的过程,一方面,风险评估仍建立在十分有限的信息之上;另一方面,还需权衡相关的风险以及创新项目取得成功时的潜在回报。

渐进性创新是一个知行相长、循序渐进的过程。我们能利用先前已经拥有的关于市场、技术及规章框架等方面的知识,做出相对准确的风险评估。突破性创新的过程涉及的情况与以往截然不同,并且由于缺乏信息而具有较高的风险。其结果有可能是大获全胜,也有可能遭遇始料未及的不测。

在这种情况下,不能忽视的是,决策不仅会受到有限事实与数据的影响,还会受到感性力量的约束。经济学家约翰·梅纳德·凯恩斯(John Maynard keynes)曾指出"非理性的动物精神"在形成决策时所发挥的重要作用。一个有说服力的理由、充满激情的言辞、被强大的恐惧或回报所驱使,都能够使人们铤而走险。

那么,在高度不确定条件下,可供选择的决策工具有哪些呢?

1.构建备选的未来道路

在"未来研究"方面,一个重要的方法是使用预测、趋势外推、情境构建等工具来创造和探索未来的可能模式,并洞察其中蕴含的潜在威胁和机会。

2.将原型作为选择过程中的桥梁

当面对常规框架之外的创新触发信号时,组织就会面临经典的创业者挑战。创业者可能会看到新事物,但要进一步将创意变成现实,则需要调动资源,要做到这一点,需要说服他人相信创业的潜力。说服的过程涉及在潜在支持者的头脑中,构建一座连接当前状态和未来可能性的桥梁。媒介因此变得尤其重要,它能够成为两者之间的垫脚石,而原型则能够帮助提供一种创造垫脚石的方式,连接新的选择。这个垫脚石很重要,因为它既有助于更好地理解创意,也能在创意的形成阶段进行修改完善。

3.试探和学习

应对不确定性问题的一种方法是试探和学习,这像是在迷雾中前行,每走一小步,就要用手电筒照一照前方的道路通向何处。这种方法与媒介密切相关,通过一系列有计划的实验,从常规框架的盒子移步到一个舒适区之外的新地方,这样做有两个作用:一方面提供有用的新信息;另一方面提出标明不安全领域的方式,从而减少情绪焦虑。

4.使用其他衡量指标和评价标准

任何选择系统内都需要标准,人们普遍将这些标准作为决策的依据,但是在不确定条件下很难做到这一点。针对这个问题,许多时候都需要调整既有的系统,因为它往往只是部分有效。

5.采用其他融资结构

正如外部金融市场认可风险投资在高风险和潜在高回报项目中的融资地位一样,越来越多的机构开始发展可替换和并行的融资方式,提供不同条件的融资渠道。例如,设立专门项目团队、搭建孵化器、成立新风险投资部门、组建公司风险投资单元和打造特种团队。其中,一部分有更正式的地位,一部分有更直接的权力或资源,另一部分则依赖于内部资助方。

在合适的时机将其带回主流是这种双重结构的一个关键问题。需要他们提供一个载体,让创意得以开发,从而能够面对主流标准和投资组合选择系统的评估,同时,应该把他们当作临时性的而不是永久的机制,否则就会产生结构分裂的风险,极端情况下甚至会失去对主流组织的知识和其他资产的利用机会。

6.使用备选的专门执行结构

对于破坏性创意相关的选择问题,一个处理策略就是允许它们到别处孵化,即脱离或至少远离常规资源分配系统的严格环境。

7.激发创业精神

一些组织试图利用内部的创业精神来帮助自己实现破坏性创新。要创造这样的环境并不容易,它不仅需要资源的投入,而且需要一系列机制将好的创意推进下去,这包括各种各样的内部开发资助和复杂多变的内部融资流程。许多这样的计划都需要提供丰厚的奖励,以鼓励那些愿意扮演领导角色,并将创意转变成可以推向市场的产品的人。此外还有一种额外的激励方式,即不仅让员工领导新想法的开发,而且让员工参与新业务的运营。而促进创业精神的机制则包括给员工提供额外的创新时间或资源。

(二)拟订商业计划书

拟订一份正式的商业计划书通常是为了获得支持并确保对项目或企业的融资。

实际上,商业计划书起着更重要的作用,它可以将抽象的、含糊的目标转化成确定的、可操作的需求,支持后期的决策,有助于权衡利弊。商业计划书可以更好地明确风险和机遇,发现未经察觉的盲目乐观和自我欺骗现象,规避将来在责任和报酬方面发生争执。

一份典型的商业计划书应该包括以下几部分:

(1)产品或服务的详细信息。
(2)市场机会的评估。
(3)目标顾客的确定。
(4)进入壁垒和竞争者分析。
(5)管理团队的经验、专长和承诺。
(6)定价方针、分销渠道和销售战略。
(7)主要风险的确定和预防方案。
(8)现金流计算,包括盈亏平衡点和敏感度分析。
(9)企业的财务及其他资源需求。

(三)预测创新

在对未来的预测方面,人类并不怎么高明,但这项活动仍然在商业计划中发挥着重要的作用。在大多数公开的案例中,预言本身甚至不如预测的过程更有价值。如果基于正确的意义进行预测,就可以提供用于收集和分享数据、诠释理由和推导假设的框架,那么挑战和风险会更明确。将预测法作为最恰当的选择取决于以下几个方面:试图预测什么、技术和市场的变化速度、信息的可得性和精确性、公司的计划范围以及预测可用的资源。

预测的方法有以下三种。

1.顾客或市场调研

大多数公司都会进行顾客调研。在消费者市场上,顾客并没有能力清楚地表达他们未来的需求,因此很容易产生问题。在工业市场上,顾客倾向于交流他们未来的需求,因此企业对企业创新的方向进行预测的依据往往来源于顾客。公司也可以询问自己的直销队伍,但不一定能得到关于未来顾客需要的最好指导,公司往往会以现有的产品和服务为根据筛选信息,并更关注当前的销售业绩而不是长期的发展潜力。

没有一种最好的方式可以识别新的商机,只有一系列可供选择的方案,如新产品或服务在什么方面非常稀有或复杂,潜在用户可能会意识到的或无法描述的是什么,他们需要什么。在这种情形下,传统的市场调研方法用处较小,因此对于要开发全新产品或服务以培养潜在用户的开发者而言,将面临更大的挑战。

2.内部分析

结构化想法的生成又称为头脑风暴,其目标是解决具体问题,或发现新的产品或服务。通常由一群专家聚在一起相互交流,一位主持人负责记录所有建议,并不做评论或批评,其目标是发现好的创意,而不是评估好的创意。最终小组成员对所有建议进行投票,尽管很可能出现管理困难,但最好是各个职能部门的代表都在场。头脑风暴并不会产生预测结果,但会对其他类型的预测提供有用的内容。

3.德尔菲法或专家意见法

外部专家意见法又称为德尔菲法,适用于存在大量不确定性或时间跨度很大,并且需要专家意见达成一致的情况。专家关注的是时机、未来的技术目标或消费者需求以及可能影响目标完成程度的因素等,这种方法尤其适用于做出长期预测。

(四)评估创新的采用

更好地理解创新为何被采用、如何被采用,有助于制定更实际的计划。为了制定更好的创新计划,需要更深入地了解哪些因素有助于创新的采用,哪些因素会限制创新的采用,这些因素如何影响不同市场和不同群体中创新扩散的速率和水平。

1.相对优势

相对优势是指在人们的感知中,一项创新超出它所取代的产品或其竞争性产品的程度。相对优势通常以狭隘的经济指标来考量,但非经济因素可能同样重要,理论上感知优势越大,创新扩散的速率才能越快。

2.兼容性

兼容性是指在感知方面,创新与潜在采用者的既有价值、经验和需要的一致性程度。兼容性包括技能和实践、价值和规范两个方面。创新与潜在采用者的既有技能、设备、规程和绩效标准的匹配程度很重要,并且相对容易评估。

3.复杂性

复杂性是指认为一项创新难以理解或使用的程度。一般对于潜在用户来说,易于理解的创新会更快被采用,而较慢被采用的就是那些需要采用者发展新技能和知识的创新。

4.可试验性

可试验性是指一项创新可以在有限基础上被试验测试的程度。一项可试验的创新意味着对潜在采用者来说有较少的不确定性,并且可以在实践中学习。可试验的创新通常会很快被采用,只有当创新的不良效应超出其有益作用时才会有例外。总之,采用者希望从创新的功能性效果中受益,同时避免不良效应,当无法将有益作用和不良效应分离时,可试验性就会降低采用的速率。

5.可观察性

可观察性是指创新的结果对于他人的可见程度。一项创新,越容易让他人看到它所带来的好处,就越容易被采用。随着潜在用户接触到创新的既有用户,创意就会传播开来。

三、实施

(一)新产品的开发

1.概念生成——识别新产品和新服务的机会

许多关于营销和产品开发的文献都集中关注市场趋势和顾客需求,以此来发现新产品的概念。在学术界中,关于市场拉动和技术推动战略对于新产品开发孰优孰劣的辩论由来已久。目前的研究显示,应被采纳的最佳策略取决于新产品的相对新颖程度。对于渐进性改进或产品线扩大来说,市场拉动可能最优,因为顾客熟悉产品类型并且能够比较容易地表达其偏好。此外,也存在许多顾客未曾意识到或难以说清的需求,在这种情况下则倾向于选择技术推动策略。多数情况下,顾客购买的不是技术,而是产品能够带来的好处,技术推动策略必须为顾客的需求提供解决方案,因此对于新技术来说,一定的顾客市场分析也是很重要的。

2.项目评估和选择——搜寻和选择满足特定条件的项目

此阶段包括开发阶段进行之前对产品概念的搜寻和选择。如果未能选择最佳项目,就会产生两种成本:一是投入糟糕项目上的资源;二是那些只要再增加一点资源投入就可能成功的边缘项目的机会成本。

评估包含两个层面:第一个层面关注产品的综合计划,这个计划决定了要开发的新产品组合。产品的综合计划试图整合不同的潜在项目,从而保证开发的项目作为整体满足公司计划的目标,并有利于构建所需要的能力。第一步是保证资源被用于正确的项目类型和项目组合;第二步是开发一个能力计划来平衡资源和需求;第三步是分析被提议的项目对组织能力产生的影响,从而保证项目能够满足未来的需求。

第二个层面考虑具体的产品概念。在这一层面最常见的两个过程是开发漏斗和门径管理。开发漏斗是一种识别、筛选、评估和集合开发项目的方法,贯穿于项目从创意到商业化的整个过程。它基于一系列明确的决策判断标准,提供了一个评估备选方案的框架。与之相似的是门径管理系统,它提供了基于明确标准筛选项目的正式框架。二者的主要区别在于,开发漏斗法设定了资源限制条件,门径管理法则无此限制。

3.产品开发——将选定的概念转化成实体产品

这个阶段包括将选择的概念转化成产品并进一步商业化的所有的必要活动。在这一阶段,产品被实际开发和生产出来,研发人员、设计师、工程师和营销人员必须合作解决一个个具体的问题,从而就各种细节做出决策。每当出现一个问题,即当前设计不足以满足要求时,开发团队必须想办法解决,而团队实现这个目标的方法决定了解决问题的速度和有效性。

4.产品商业化——测试、发布和营销推广所开发的新产品

许多时候,新产品开发的过程和产品商业化的过程难以区分开。例如,通过顾客协同开发、市场测试、alpha 测试、beta 测试和 gamma 测试等方法,不仅可以收集顾客需求和使用中出现的问题等多方面的数据,而且有助于了解顾客的购买意愿并占据初期的市场。

(二)影响产品成败的因素

1.产品优势

产品在顾客眼中的优越性、真正差异化的优势、高性价比以及为用户创造独特价值是区分成功者和失败者的首要因素,顾客感知是关键。

2.市场知识

准备工作至关重要。开发前充分的准备包括最初的评审、初步的市场评估、初步的技术评估以及详细的市场研究和业务/财务分析。对顾客和用户需求的估计是关键,竞争分析也是市场分析的一个重要部分。

3.明确的产品界定

这包括目标市场界定、明确的产品概念界定和产品价值、明确的定位策略、产品要求及产品特性的清单或在开发前协商同意使用的优先级标准清单。

4.风险评估

对项目中来自市场、技术、制造和设计等方面的风险源必须进行评估,并制定计划来应对风险。风险评估必须纳入商业可行性研究,使市场和公司的能力能够被充分考虑并进行恰当的应对。

5.项目组织

公司必须使用跨职能、多学科背景的团队自始至终地负责项目。

6.项目资源

公司必须有充分的财务和物料资源以及人员技能;公司必须拥有设计和开发新

产品所需要的管理和技术能力。

7.执行水平

公司应确保技术活动、生产活动以及所有商业化之前的商业分析和市场测试等活动的质量,用周密的市场调查为新产品的成功打下基础。

8.高层管理者的支持

关键人物或高手常常在创新过程中扮演重要角色,从产品形成概念到产品推出,管理层必须能够创造充满信任、和谐可控的环境。

(三)组织服务创新

1.顾客项目导向型

并行产品开发的精髓在于项目领导者在初期组织每个人参与并减少任务交接环节。用结构化的流程来识别和影响顾客要求,需要绘制流程并对其进行持续改善。开发系统通过倾听顾客的心声以及顾客的早期参与来满足需求。这种结构在组织上很强,但在工具/技术上较弱,如知识或技术水平不高。项目管理的艺术和技能与制成品行业的批量生产类似,它能够以强大灵活的授权来控制开发以及为目标顾客提供服务,同时可以实现高水平的服务交付、及时的市场投发和成本控制。这些对绩效的影响与基于项目的系统内置的灵活性一致,并且在动态环境中也有效。

2.机械定制型

这种类型通过外部顾客参与对产品开发和交付流程的决策而形成。标准化是控制内外部关系的一个关键因素,而电子化连接则被用来与顾客和供应商交流数据。流程控制的观念方法是为项目和产品设定标准,顾客根据他们自身的需求来帮助设定这些标准,与顾客的电子信息交换赋予了企业根据市场进行常规性调整的能力。此外,这种类型还对产品创新和产品质量提高有显著的积极影响。在这两种情况下,其中心都是外部的顾客。

3.混合知识分享型

在这种类型的组织中,人们组成小组,交叉培训,相互奖赏以强化其团队身份。为所有小组分配电子工具,让小组成员可以绘出流程,分享最佳实践和在线交流经验教训。小组系统通常相对独立,可能使这类公司更倾向于重视知识及其作用和分享,以实现一个平衡的绩效优势组合,这种类型在组织、工具以及系统整合上都很强,但缺少正式的流程。混合知识分享型组织对工具的使用可以弥补缺少流程的不足,这些工具都聚焦于知识管理。

混合知识分享型的结构使相对独立的一群人作为准专业人员成为开发和交付产

品的专家,这种组织结构通过弱化官僚等级制实现了编码知识的优势,与人们所认为的"大多数服务创新比传统产品开发的知识分享更多"一致。

4.整合创新型

整合创新型组织的特点体现在扁平化结构中位于同一办公地点的跨职能团队上。不管是面对面交流还是通过电子邮件交流,沟通都是开放的,不会受到等级的影响,其技术基础在于对专家系统和管理信息系统的利用。

在上述这些服务组织中,没有哪一种在任何情况下都是最优的,在不同的情况下,最适用的组织结构也是不同的。顾客项目导向型的服务交付效果最好;机械定制型的成本最低;混合知识分享型的整体绩效最高;整合创新型最有创新性。

本章回顾

- 本章介绍了创新的定义与意义,从组织角度出发介绍创新,指出其核心观点是如何建立创新型组织,说明制定创新战略是创新的关键要素,并按照逻辑顺序叙述了创新的全过程。
- 本书对创新的定义:在复杂的环境下,为更好地实现组织目标,组织综合运用各种资源对其产品和服务进行革新的过程,是一种贯穿于整个管理活动中的管理职能。
- 创新型组织的组成要素主要包括共同愿景、领导力和创新的意愿,合适的组织结构,关键个体,全员参与创新,有效的团队合作,创造性的氛围以及外部关注焦点。
- 在制定创新战略时,要根据外部环境及自身因素,对采用理性主义还是渐进主义的制定过程以及要做创新的"领导者"还是"追随者"等战略选择妥善地进行评估后再决策。
- 组织管理中的创新是创新思维向实践的转化,因此管理创新有一定的规律可循,整个创新过程遵循一定的步骤和程序,往往要经历搜寻、选择和实施等动态流程。

本章习题

习题及参考答案

案例讨论

案例

讨论：

1.华为采用了哪些创新战略？

2.华为是如何逐步提高自主创新能力的？

拓展阅读

拓展阅读

参考文献

[1] Robert L. Katz. Skills of an Effective Administrator[J]. Harvard Business Review, 1974: 90-102.

[2] [美]埃德加·沙因.组织文化与领导力[M].章凯,罗文豪,朱超威,等译.4版.北京:中国人民大学出版社,2014.

[3] [美]约翰·科特,詹姆斯·赫斯克特.企业文化与经营业绩[M].曾中,李晓涛,译.北京:华夏出版社,1997.

[4] [美]阿伦·肯尼迪,特伦斯·迪尔.公司文化[M].印国有,葛鹏,译.北京:生活·读书·新知三联书店,1989.

[5] [荷]Geert Hofstede.文化之重:价值、行为、体制和组织的跨国比较[M].2版.上海:上海外语教育出版社,2008.

[6] [美]斯蒂芬·罗宾斯,玛丽·库尔特.管理学[M].刘刚,程熙鎔,梁晗,等译.北京:中国人民大学出版社,2017.

[7] [美]马斯洛.动机与人格[M].许金声,程朝翔,译.北京:华夏出版社,1987.

[8] [德]马克斯·韦伯.经济与社会:第一卷[M].阎克文,译.上海:上海人民出版社,2010.

[9] [美]切斯特·I巴纳德.经理人员的职能[M].王永贵,译.北京:机械工业出版社,2007.

[10] [美]克里斯托弗·A巴特利特,萨曼特·高歇尔.个性化的公司[M].曾瑚,李克照,等译.南京:江苏人民出版社,1999.

[11] [美]詹姆斯·马奇,赫伯特·西蒙.组织[M].邵冲,译.北京:机械工业出版社,2008.

[12] [美]赫伯特·A西蒙.管理行为[M].詹正茂,译.北京:机械工业出版社,2004.

[13] [美]弗莱蒙特·E卡斯特,詹姆斯·E罗森茨韦克.组织与管理:系统方法与权变方法[M].傅严,李柱流,等译.北京:中国社会科学出版社,2000.

[14] [英]爱德华·泰罗.原始文化:神话、哲学、宗教、语言、艺术和习俗发展之研究[M].连树声,译.桂林:广西师范大学出版社,2005.

[15] 周三多.管理学[M].4版.北京:高等教育出版社,2014.

[16] 许玉林.组织设计与管理[M].上海:复旦大学出版社,2003.

[17] [美]威廉·大内.Z理论[M].朱雁斌,译.珍藏版.北京:机械工业出版社,2013.

[18] [美]约翰·P科特.领导变革[M].徐中,译.珍藏版.北京:机械工业出版社,2014.

[19] 马海刚,彭剑锋,西楠.HR+三支柱:人力资源管理转型升级与实践创新[M].北京:中国人民大学出版社,2017.